Informations- und Kommunikationstechniken für Führungskräfte

Top-Manager zwischen Technikeuphorie und Tastaturphobie

Von

Univ.-Prof. Dr. Detlef Müller-Böling

und

Dipl.-Volksw. Dr. Iris Ramme

R. Oldenbourg Verlag München Wien

CIP-Titelaufnahme der Deutschen Bibliothek

Müller-Böling, Detlef:
Informations- und Kommunikationstechniken für Führungskräfte : Top-Manager zwischen Technikeuphorie und Tastaturphobie / von Detlef Müller-Böling u. Iris Ramme. – München ; Wien : Oldenbourg, 1990
ISBN 3-486-21496-9

NE: Ramme, Iris:

Gesamtherstellung: R. Oldenbourg Graphische Betriebe GmbH, München

ISBN 3-486-21496-9

Inhaltsverzeichnis

Vorwort

Die Zahl deutscher Top-Manager, also Führungskräfte der ersten Hierarchieebene, liegt bei etwa 310.000. An sie richtet sich dieses Buch. Wir wollen ihnen sagen, worauf sie sich einzurichten haben bzw. wovon sie die Finger lassen sollten. Darüber hinaus richtet sich dieses Buch an all jene, die sich mit der Arbeit von Führungskräften beruflich auseinandersetzen: Hersteller der Informations- und Kommunikationstechnik, Kommunikations-Experten, Unternehmensberater, Organisationsspezialisten und natürlich nicht zuletzt all jene, die den Weg nach oben noch vor sich haben, also Führungskräfte aller Ebenen sowie Studenten aller Fachrichtungen.

Der Führung von Unternehmen haftet etwas Mystisches an. Erfolgreiche Manager werden geboren und führen ihr Unternehmen mit Instinkt, dem Glück des Tüchtigen und viel Risikoneigung. Die sozialpsychologische Führungslehre ebenso wie die betriebswirtschaftliche Managementlehre versucht, diesen Mythos durch Aufstellen allgemeiner Regeln für sinnvolles Handeln zu entzaubern. Vorerst mit wenig Erfolg. Als Bestseller verschlungen werden die handgestrickten, meist auf Einzelerfahrungen basierenden Kochbuchrezepte, die so leicht zu lesen, aber in der Umsetzung weit weg von dem geschilderten Fall meist so wenig Wirkung erzielen.

Wir präsentieren hier keine leichtgängigen Rezepte. Wir versuchen vielmehr, auf der Basis wissenschaftlicher Methoden Ratschläge für den Einsatz von Informations- und Kommunikationstechniken bei Führungskräften zu geben. Dabei entsteht keine einfache Kost, sondern eine sehr differenzierte Rezeptur, die Bezug nimmt auf die organisatorischen Anforderungen für die Managementarbeit sowie auf die persönlichen Bedürfnisse der Manager. Daß das Mahl verdaulich ist, darum haben wir uns durch klare Sprache und offene Bewertungen bemüht.

Betriebswirtschaftliche Forschung wird immer mehr zum Teamwork. Insofern haben eine Vielzahl von Mitarbeitern zur Entstehung dieses Buches beigetragen: Hans-Christian **Schumacher**, Werner **Gniszewski**, Simone **Gerhard** als ehemalige studentische Hilfskräfte, die nunmehr selbst auf dem Weg zur Führungskraft sind. Frank **Rynio**, Markus **Potocki**, die diesen Weg noch vor sich haben. Frau Dipl.-Kff. Elke **Klautke**, die in schwieriger Situation die Forschungsgruppe übernahm, und mit dafür sorgte, daß wir zu einem erfolgreichen Ende kamen. Ihnen allen sei herzlich gedankt für ihr Engagement und den Arbeitseinsatz, der nicht beim Versand des Fragebogens Nr. 5.791 erlahmte und Datenfiles von bisher bei uns ungekannten Ausmaßen handelte.

Dank gebührt allerdings auch den Führungskräften, mit denen wir sprechen konnten und die uns die Fragebogen ausfüllten und zurücksandten. Bei der in diesem Buch dokumentierten Belastung ist dies keine Selbstverständlichkeit. Zumindest ein Teil ihrer 59 Stundenwoche verbrachten die Top-Manager im Frühjahr 1988 mit der Beantwortung unserer Fragen.

Das Buch haben wir selbst geschrieben und dabei erhebliche Verhaltensakzeptenz am Computer gezeigt. Daß es so schön wurde, verdanken wir der Desk-Top-Publishing-Gruppe in unserem Team. In unermüdlichem Einsatz haben Rüdiger **Blasius**, Arndt **Ploeger**, Hans-Jörg **Sudhaus**, und Alexander **Teubner** umgebrochen, Graphiken erstellt, Tabellen gesetzt. Denn was für die Manager gilt, wenn festzustellen ist, daß Entscheidungen nicht nur gefällt, sondern auch textlich und graphisch an den Kommunikationspartner gebracht werden müssen, haben auch wir uns zu Herzen genommen. Frank Rynio hat es so schön doppeldeutig formuliert. Das Auge liest schließlich mit!

Daß nicht nur das Auge etwas von der Lektüre hat, das erhoffen wir uns.

Dortmund, September 1989

Detlef Müller-Böling Iris Ramme

1. Der Alltag eines Top-Managers?

Montag morgen, 8.30 Uhr. Robert Sudhoff, 50 Jahre alt, Diplom-Wirtschaftsingenieur, verheiratet, zwei Kinder, Geschäftsführer der GÖMA-Maschinenfabrik, fährt mit seinem Porsche 911 in Richtung Werksgelände. Der Pförtner erkennt den Chef schon von weitem und öffnet das Tor. Sudhoff parkt seinen Wagen direkt vor der Tür, nimmt seinen Aktenkoffer mit dem Laptop, an dem er gestern nach dem Sonntagsfrühstück mit der Familie noch einige Kennzahlen für sein Unternehmen ermittelt hat, vom Beifahrersitz und rennt die Treppe hoch in Richtung auf sein Büro. Er hat gute Laune, denn nach dem Wochenende ist er frisch und erholt und hat eine tolle Idee für eine Expansionsstrategie auf dem amerikanischen Markt, die er unbedingt an seinen Geschäftsführerkollegen Gerhard Plager weitergeben will.
Der befindet sich allerdings bereits in einer Besprechung mit Vertretern einer Zulieferfirma. Daher setzt sich Sudhoff an seinen Bildschirm und sendet Plager seine Gedankenskizzen per Electronic Mail zu. Da Sudhoff nun schon vor dem Bildschirm sitzt, schaut er sich noch schnell die Termine des heutigen Tages an und stellt dabei unter anderem fest, daß Kummzei, der langjährige Lagerleiter, heute Geburtstag hat. Sudhoff greift zum Telefonhörer, aber Kummzei spricht gerade. Da Sudhoff in vier Minuten das Gespräch mit dem neuen Großabnehmer in Schottland hat, spricht er schnell einen herzlichen Glückwunsch auf den Sprachspeicher von Kummzei.

Dann geht er die drei Schritte zum Videokonferenzraum der GÖMA und kommt gerade zurecht, wie die Leitung nach Schottland steht. Mr. McCloud, sein britischer Gesprächspartner, fragt ihn wie immer nach dem Wetter, und Sudhoff antwortet, indem er die Kamera auf die Fensterscheibe richtet, gegen die gerade der Regen klatscht. Nach diesen Präliminarien interessiert McCloud die Größe der neuen Kurbelwellen, die er von der GÖMA beziehen will. Sudhoff erläutert die Abmessungen anhand der Konstruktionszeichnungen. Zum besseren Verständnis und zum Eintragen seiner mündlichen Anmerkungen sendet er McCloud ein Exemplar per Telefax nach Schottland. Im Anschluß an das erfolgreiche Gespräch mit McCloud geht Sudhoff wieder in sein Büro.

Seine Sekretärin, Frau Gotz, reicht ihm einen Tee und weist ihn auf die von ihr entworfenen Anwortschreiben des Tages hin. Sudhoff schaut sich die Briefe auf seinem Bildschirm an, formuliert die eine oder andere Passage um und bittet dann Frau Gotz, die Briefe auszudrucken, damit er sie unterschreiben kann. Als er daraufhin seine eingegangene Mailbox-Post durchsieht, findet er eine Antwort von Plager zu seinen Amerikaplänen. Plager hat die Idee bereits weiterentwickelt und zusätzliche Gedanken festgehalten, die Sudhoff jetzt unmittelbar am Bildschirm strukturiert, so daß die beiden eine solide Grundlage für ihr nächstes persönliches Gespräch haben. Dabei kommt eine konkrete Frage nach möglichen Importbeschränkungen für Kalifornien auf. Sudhoff wählt sich ein in die Außenhandelsdatenbank der Industrie- und Handelskammer. Über die verschiedenen Suchbegriffe findet er tatsächlich eine Vorschrift, die ein Problem für die zu exportierende Kugelgelenkwelle darstellen könnte, da diese nicht den kalifornischen Normen entspricht. Mittlerweile steht allerdings bereits der junge und dynamische Mitarbeiter Harald Brackelmann in seinem Büro.

Brackelmann hat ziemlich revolutionierende Vorschläge für eine neue Verbindungstechnologie zwischen Metallteilen gemacht. Sudhoff und Plager haben beschlossen, zusammen mit Brackelmann eine Tochterfirma zu gründen, in der Brackelmann seine Ideen ausprobieren kann. Heute geht es um die Rechtsform und den Gesellschaftsvertrag der neuen Firma. Sudhoff wählt sich online in den Rechner der Firma Bifandgo Consulting Ltd. ein, die die Expertensysteme REFOWEX zur Rechtsformwahl-Ermittlung und GEFOVEX zur Erarbeitung eines Gesellschaftsvertrages zur Verfügung stellt. Nach eineinhalb Stunden liegt der Gesellschaftsvertrag für eine GmbH & Co KG, die insbesondere wegen der Haftungsbegrenzung einerseits und der steuerlichen Verrechnung der zu erwartenden hohen Anlaufverluste andererseits von REFOWEX empfohlen wurde, ausgedruckt vor ihnen auf dem Tisch. Sudhoff fühlt sich wohl und denkt mit Freude an das Abendessen. Er verläßt beschwingt das Büro. Den Anruf aus Madrid von seinem alten Geschäftsfreund Eduardo Graffas kann er auch noch am Autotelefon entgegennehmen.

1.1. Fragen über Fragen: Ein Bezugsrahmen

Sieht so der Alltag eines Top-Managers heute oder vielleicht morgen aus?

Nun, alle erwähnten Techniken von Videokonferenzen über Electronic Mail bis hin zu Expertensystemen sind heute bereits grundsätzlich verfügbar. Sie können von Managern genutzt werden. Ist dies aber wirklich **sinnvoll**? Werden die Manager sie **akzeptieren**? Oder noch genauer:

1. Für welchen Manager ist welche Technik eine auf seine Aufgaben einerseits und seine persönlichen Bedürfnisse andererseits abgestimmte Unterstützung bei seiner Arbeit?

Dieser Frage wollen wir in diesem Buch nachgehen. Wir wollen uns dabei bewußt auf die Manager konzentrieren, die an vorderster Front Führungsverantwortung tragen. Bevor wir die Frage allerdings beantworten können, ist es notwendig, einige Vorfragen zu klären:

> 2. Welche Techniken, die einen mehr oder weniger unmittelbaren Bezug zu Führungskräften haben, stehen zur Verfügung?

Wir wollen diese Frage im zweiten Kapitel aufgreifen, in dem wir die Techniken beschreiben, den derzeitigen Anwendungsstand ausloten und zukünftige Entwicklungen vorhersagen. Hierbei werden wir nach **Informationstechniken** wie Datenbanken oder Expertensystemen einerseits und **Kommunikationstechniken** wie Videokonferenz oder Electronic Mail andererseits unterscheiden.

> 3. Um wen geht es eigentlich? Das heißt, wie sieht der "typische" Top-Manager aus und - noch wichtiger - was macht er eigentlich?

Denn erst, wenn man die Frage nach den **Aufgaben**, den Tätigkeiten einer Führungskraft beantwortet hat, kann man Überlegungen dahingehend anstellen, wie diese Tätigkeit wirkungsvoll durch neue Techniken unterstützt werden kann.

Den typischen Top-Manager beschreiben wir im ersten Abschnitt des dritten Kapitels. Wir tun dies auf der Basis einer **repräsentativen** Untersuchung deutscher Top-Manager aus dem Jahre 1988 im Hinblick auf das Alter, das Geschlecht, die Ausbildung, die Unternehmen, in denen sie tätig sind, sowie ihre psychische Struktur, d.h. Risikofreudigkeit, Kompromißbereitschaft und ähnliches.

Im zweiten Abschnitt des dritten Kapitels widmen wir uns dann den Aufgaben. Wir fragen nach der Arbeitszeit, den Fachaufgaben, Schwerpunkten bei Planung, Organisation oder Repräsentation sowie einzelnen Aktivitäten etwa Besprechungen, Schreibtischarbeit oder Reisen.

> 4. Was könnte bei der Arbeit verbessert werden? Das heißt, welche Vorstellungen und Ziele von Führungskräften werden nicht erfüllt?

Arbeit im Unternehmen ist zielorientiert. **Effizienz** bedeutet sparsamer Ressourceneinsatz auf ein (oder mehrere) Ziel(e) bezogen. Ob diese Ziele erreicht werden bzw. wo **Schwachstellen** bei der Arbeit von Managern liegen, untersuchen wir im vierten Kapitel. Dazu greifen wir wiederum auf die eigenen Einschätzungen deutscher Top-Manager zurück.

5. Welche speziellen Kommunikationsbedürfnisse haben Top-Manager? Lassen sich Schwerpunkte in den Präferenzen herausarbeiten?

Jeder Mensch ist anders. Er hat spezielle Vorlieben, eingeschliffene, für ihn persönlich hervorragend wirkende Arbeitsweisen. Dies gilt in besonderem Maße für Top-Manager, die letztlich auch besser als andere Gruppen im Unternehmen in der Lage sind, ihre Bedürfnisse durchzusetzen. Der Frage nach den **Kommunikationspräferenzen** im Hinblick auf bestimmte Medien wie Briefe, Telefon oder persönliches Gespräch in verschiedenen Situationen gehen wir im fünften Kapitel nach. Denn nur unter Berücksichtigung der individuellen, persönlichen Kommunikationsbedürfnisse sind Techniken für die Unterstützung der Kommunikation auswählbar.

6. Wie steht es mit der Akzeptanz neuer Techniken durch Top-Manager? Sind sie bereit und in der Lage, sich auf neue Arbeitsweisen einzustellen?

Innovationen bringen Veränderungen mit sich. Die Bereitschaft der Top-Manager, diese Veränderungen zu akzeptieren, untersuchen wir im sechsten Kapitel. Dabei unterscheiden wir nach grundlegenden **Einstellungen** zur Technik und nach dem **Verhalten** in der Nutzung der Techniken. Wir beantworten hier auch die Frage, wieviele Top-Manager eigentlich zur Zeit welche Techniken bereits persönlich nutzen. Letztlich untersuchen wir die Faktoren, die zu Akeptanz oder Ablehnung führen.

Erst wenn wir alle diese Vorfragen geklärt haben, glauben wir gerüstet zu sein, um im Abschlußkapitel die Ausgangsfrage, für welchen Manager ist welche Technik eine sinnvolle Arbeitsunterstützung, differenziert beantworten zu können.

Den Gesamtzusammenhang stellt der **Bezugsrahmen** in Darstellung 1.-1 dar. Hier sind alle Aspekte aufgelistet, die wir in diesem Buch ansprechen wollen. Wir glauben, daß man die Frage nach der sinnvollen technischen Arbeitsunterstützung von Managern nur beantworten kann, wenn man die Informations- und Kommunikationstechniken, die Arbeit und die Aufgaben von Führungskräften bezogen auf ihre Ziele und die Führungskräfte selbst mit persönlichen Eigenschaften und Bedürfnissen einbezieht. Diesen Bogen zu spannen, haben wir uns für dieses Buch vorgenommen.

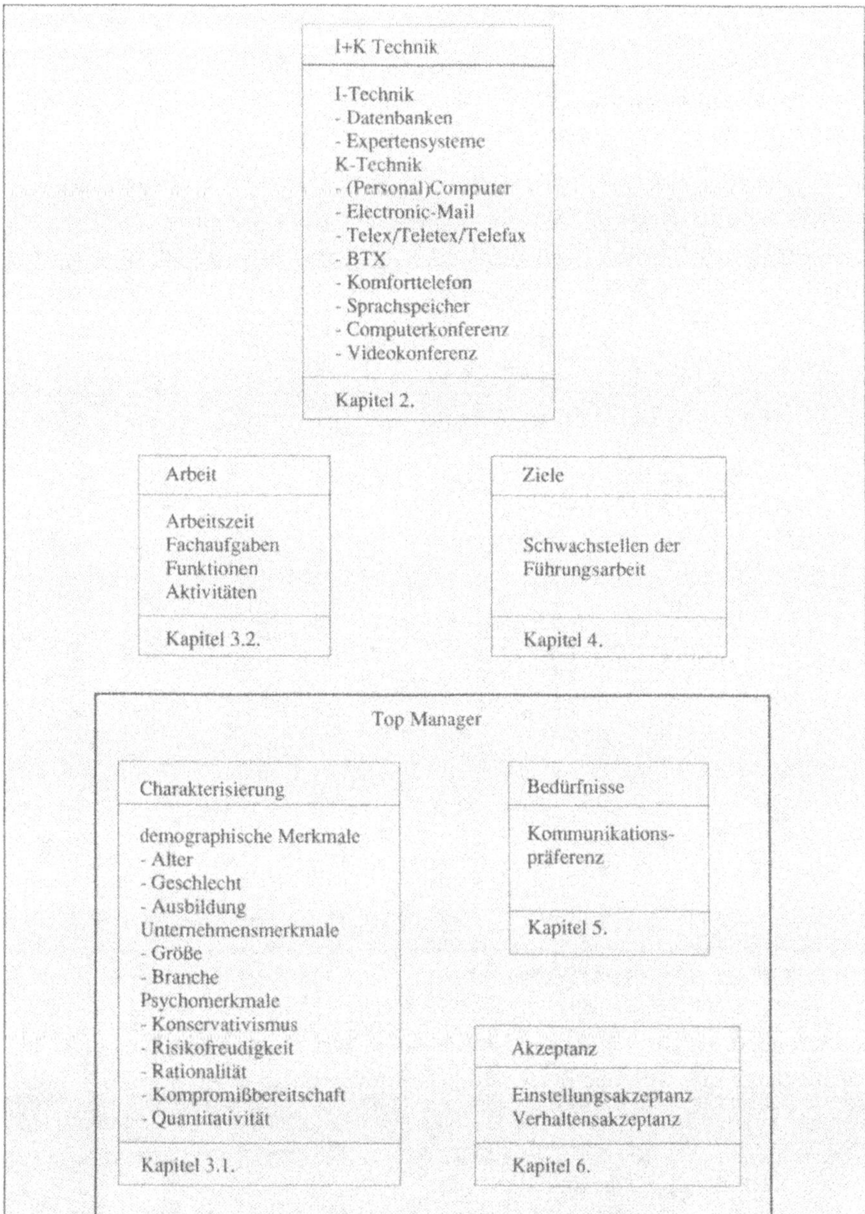

Darstellung 1.-1: Bezugsrahmen I+K-Technik für Top-Manager

1.2. Woher kommt unser Wissen?

Die Fragestellung und der Bezugsrahmen, den wir in diesem Buch aufbauen, lassen sich von einem übergeordneten Bezugsrahmen leiten, der

- Mensch,
- Technik,
- Organisation und
- Ziele

in einen interdependenten Zusammenhang setzt (Darstellung 1.-2). **Mensch, Technik** und **Organisation** müssen aufeinander abgestimmt sein, wobei eine Ausrichtung auf **Ziele** im Unternehmen erfolgen muß.[1)] Diese Ziele sind sozialer und ökonomischer Art.[2)]

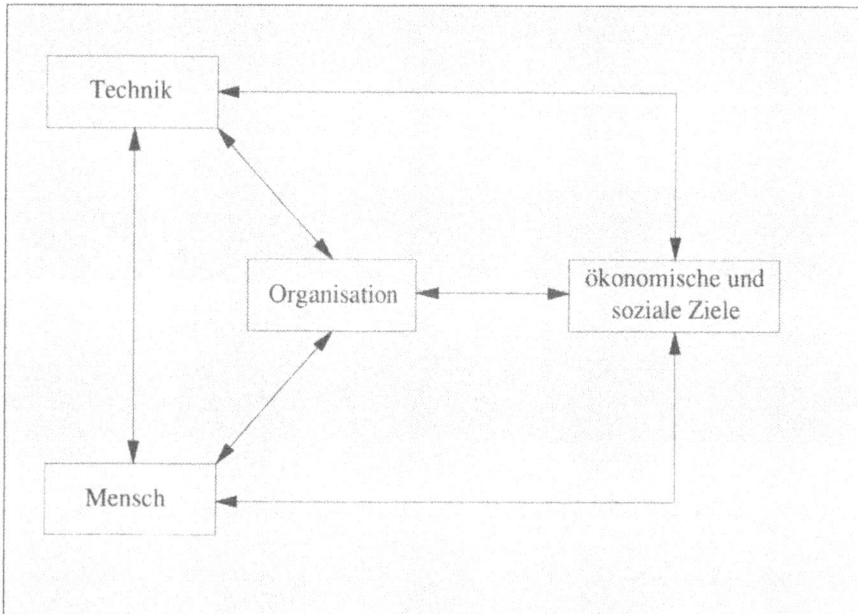

Darstellung 1.-2: Bezugsrahmen Mensch, Technik, Organisation und Ziele

Aus Gründen, auf die wir im zweiten Kapitel noch einmal konkreter eingehen, beschäftigen wir uns in diesem Buch mit den **Führungskräften**, die an vorderster Front

1) Dieser grundlegende Bezugsrahmen geht bereits auf Leavitt /Change/ 1144ff zurück und ist seither vielfach aufgegriffen worden.

2) Vgl. Müller-Böling /Datenverarbeitung/ 5ff sowie /Arbeitszufriedenheit/ 25ff mit der dort angegebenen Literatur.

Verantwortung tragen. Die im **Büro** arbeitenden Menschen können nach einer weitgehend akzeptierten Einteilung von Szyperski in

- Führungskräfte,
- Fachkräfte,
- Sachbearbeiter und
- Unterstützungskräfte

eingeteilt werden.[3)] In dieser Untergliederung spiegeln sich neben der personellen Differenzierung auch organisatorische Abgrenzungen wider, die wir unter dem Stichwort Arbeit aufnehmen werden. Der Bereich Technik ist auf **Informations- und Kommunikationstechniken** begrenzt, wobei wir uns auf aktuell verfügbare und zukünftige Techniken konzentrieren werden.

In den letzten drei Jahren haben wir innerhalb dieses Bezugsrahmens insgesamt 13 verschiedene empirische Teilstudien durchgeführt, jeweils mit unterschiedlichen Erkenntnisinteressen, aber stets vor dem Hintergrund dieses generellen Bezugsrahmens. Im Anhang findet sich ein tabellarischer Überblick über alle diese Studien sowie eine detaillierte Beschreibung der Studien, die mit ihrem Zahlenmaterial Eingang in dieses Buch gefunden haben.[4)]

Wir bekennen uns dabei zu einer **Explorationsstrategie empirischer Forschung**,[5)] die über die empirische Präzisierung von Bezugsrahmen zu neuen Erkenntnissen gelangen will. Einen derartigen globalen Bezugsrahmen legen wir mit der Darstellung 1.-2 zugrunde. Wir haben ihn auf die spezielle Fragestellung hin in der Darstellung 1.-1 bereits gedanklich etwas präzisiert und ausgefüllt. Die empirische Präzisierung erfolgt nun stufenweise in verschiedenen Forschungsschritten, eventuell von verschiedenen Forschern und zu verschiedenen Zeitpunkten. Forschungsstufen der empirischen Präzisierung sind:

Operationalisierung

Die im Bezugsrahmen enthaltenen Phänomene werden operationalisiert, d. h. meßbar gemacht. Damit sind die Variablen qualitativ oder quantitativ beschreibbar. Ergebnis dieser ersten Stufe sind **Deskriptionen** in Form von Häufigkeitsverteilungen (univariate Analysen).[6)] Wir legen beispielsweise fest, wie Akzeptanz gemessen werden soll und analysieren dann, wieviele Top-Manager in der Bundesrepublik Deutschland Computer akzeptieren. Darüberhinaus kommt es zu **Typenbildungen** mit Hilfe von Faktoren- oder Clusteranalysen (multivariate Analysen), so daß beispielsweise Manager-Typen nach verschiedenen Aufgabenschwerpunkten gebildet werden können.

3) Vgl. Szyperski u.a. /Bürosysteme/ 21ff.

4) Vgl. Anhang A.1.

5) Vgl. Müller-Böling /Methodik/.

6) Vgl. zu den verwendeten statistischen Verfahren Anhang A.2.

Beziehungszusammenhänge

In einem zweiten Schritt werden zwischen einzelnen Phänomenen des Bezugsrahmens Beziehungszusammenhänge in Form von statistischen Korrelationen und Zusammenhangsmaßen ermittelt (bivariate Analysen). Zwei derartige Phänomene können beispielsweise die Verhaltensakzeptanz und das Alter der Top-Manager sein. Ergebnis dieses Präzisierungsschrittes können **Tendenzaussagen** dahingehend sein, daß ältere Top-Manager Computer seltener selbst nutzen.

empirisch gehaltvolle Theorie

In einem letzten Schritt werden Ursachen für gefundene Tendenzen ermittelt. Hierzu werden mit Hilfe mehrfacher Varianzanalysen oder partieller Korrelationen Beziehungszusammenhänge zwischen drei oder mehr Variablen untersucht (trivariate / multivariate Analysen). Ergebnis sind **kausale Aussagen** etwa dergestalt, daß ältere Top-Manager deswegen weniger Computer nutzen, weil sie weniger lernwillig und lernfähig sind.

Der gesamte Prozeß ist selbstverständlich unterstützt durch konzeptionelle, gedankliche Arbeit; denn erstens sprechen die empirischen Zahlen nicht für sich, sondern müssen interpretiert werden, und zweitens gibt es Erkenntnisgewinn nicht nur aus Zahlen heraus, sondern auch aus der Logik und dem nicht systematisch gewonnenen Erfahrungswissen.

Nachdem wir nun die Fragestellungen sowie unsere generelle Vorgehensweise erläutert haben, wollen wir mit der Beantwortung der Fragen beginnen bzw. unseren Bezugsrahmen abarbeiten. Wir beginnen mit den Informations- und Kommunikationstechniken.

2. Informations- und Kommunikationstechniken

Unternehmungen können in unseren komplexen und dynamischen Umweltverhältnissen nur dann langfristig erfolgreich sein, wenn sie die technische Beherrschung des Faktors Information als einen **strategischen Wettbewerbsfaktor** ansehen.[1] Nach Galbraith hängt die Güte der Entscheidung im Geschäftsleben heute in einem hohen Maße von der Effizienz des "organisierten Wissens" ab.[2]

Diese **Organisation des Wissens** erstreckte sich in der Vergangenheit fast ausschließlich auf Unterstützungskräfte und Sachbearbeiter.[3] Auseinandersetzungen mit der informations- und kommunikationstechnischen Unterstützung für Fachspezialisten oder Führungskräfte gibt es erst vereinzelt.[4]

Obwohl gerade im Bereich der Führungstätigkeiten nicht unerhebliche **Schwachstellen** - auf die wir gesondert im vierten Kapitel eingehen - zu verzeichnen sind[5] und eine stärkere technische Unterstützung der Führungstätigkeiten bereits vor 40 Jahren für notwendig gehalten wurde,[6] werden Informations- und Kommunikationssysteme kaum von Führungskräften genutzt.[7] **Führungskräfte** verursachen 26 Prozent aller Personalkosten,[8] stellen aber nur 8 Prozent aller Beschäftigten im Büro.[9] Insofern ist es nicht verwunderlich, daß über Rationalisierungen in diesem Bereich nachgedacht wird.[10] Dabei geht es selbstverständlich **nicht** um den **ersatzlosen Wegfall**

1) Vgl. Meier /Büroarbeit/ 14, Schönecker /Organisatoren/ 6.

2) Vgl. Galbraith /Industriegesellschaft/.

3) Vgl. Ambros /Büro/ 834, Loewenheim /Office/ 184, Balzert /Systeme/ 808, Deutschmann /Management/ 91.

4) Vgl. Balzert /Systeme/ 809, Sorg, Zangl /Vorteile/ 474, Deutschmann /Management/ 91.

5) Vgl. auch Reichwald /Büroautomatisierung/ 1220.

6) Vgl. W.H. /Arbeitseinteilung/ 614; zu neueren Forderungen vgl. Loewenheim /Office/ 184, Heilmann /Management/ 3.

7) Vgl. dazu Töpfer u.a. /Führungskräfte I/, /Führungskräfte II/, Führungskräfte III/, Hirsch /Produktivität/ 2.

8) Vgl. Uhlig u.a. /Office/ 352.

9) Vgl. Müller-Böling, Müller /Akzeptanzfaktoren/ 16. Meier /Büroarbeit/ 16 spricht von 50% Personalkostenanteil der Führungs- und Fachkräfte bei nur einem Drittel zahlenmäßigen Anteil. Vgl. auch Dorney /Time/ 38, Hirsch /Produktivität/ 2, Kuba /Manager/ 457.

10) Vgl. Schirmer /Funktionswandel/ 353, Scholl /Büroautomation/ 22.

von Führungskräften, sondern vielmehr um den **wirkungsvollen Einsatz** ihrer Arbeitskraft. Dazu gehören beispielsweise die kostenintensive Überwindung von Distanzen, die Koordinierung von Gesprächsterminen[11)] oder die unter großem Zeitdruck stehenden Entscheidungen mit großer Tragweite.[12)]

Erste Anzeichen zu einer verstärkten Organisationsplanung auch der Führungskräftearbeit sind darin zu sehen, daß insbesondere amerikanische Unternehmen hohe Ausgaben zur Erhöhung der **Managementeffizienz** tätigen.[13)] Dieses Ziel hat einer empirischen Untersuchung zufolge auch in der Bundesrepublik Deutschland an Gewicht gewonnen.[14)] Die Erhöhung der Managementeffizienz muß nicht zwangsläufig durch den Einsatz von Technik erfolgen. Auf der anderen Seite bietet die Technik aber auch nicht unerhebliche Potentiale. In diesem Kapitel wollen wir uns daher mit den technischen Möglichkeiten auseinandersetzen, die grundsätzlich für die Unterstützung der Arbeit eines Top-Managers zur Verfügung stehen. Daß er nicht alle diese Techniken tatsächlich nutzen sollte, versteht sich von selbst. Unter welchen Bedingungen der Einsatz welcher Technik sinnvoll erscheint, wollen wir dann im siebten Kapitel erörtern.

2.1. Information und Kommunikation - gestern und morgen

Wenn wir von Informationen sprechen, dann meinen wir entweder **Daten** oder **Wissen**. Ein Datum ist beispielsweise die Eigenkapitalquote eines Unternehmens als Quotient aus Eigenkapital und Gesamtkapital (Eigen- + Fremdkapital). Wissen verknüpft Daten mit Hilfe von Theorien oder Erfahrung. Im Beispiel bedeutet Wissen dann die Kenntnis, daß eine Eigenkapitalquote von 10 Prozent gering ist, ein hohes Risiko für das Unternehmen darstellt und mit großer Sicherheit in Kürze zur Überschuldung und damit zur Liquidation führen wird. Daten legen wir seit alters her in **Statistiken** und **Archiven** ab (Darstellung 2.-1). Wissen speichern wir in **Büchern**, wobei seit 2.000 Jahren sowohl für Daten wie für Wissen das dominierende Speichermedium Papier ist. Mit der exponentiell steigenden Informationsflut wird das Anlegen, Speichern, Ändern und Wiederauffinden von Informationen zunehmend aufwendiger. Seit Mitte der sechziger Jahre werden daher Daten in computergestützten **Datenbanken** abgelegt, die diese Teilaktivitäten des Informationsprozesses, insbesondere auch das **Wiederauffinden** von Informationen unterstützen sollen. Die Zukunft ist dadurch ge-

11) Vgl. Sorg /Chancen/ 305.

12) Vgl. Deutschmann /Management/ 91f.

13) Vgl. Bernardin, Beatty /Subordinate/ 63.

14) Vgl. Krüger, Pfeiffer /Kurzfassung/ 2.

prägt, daß durch eine umfassende **Vernetzung** die mittlerweile verfügbaren Datenbanken von jedem Arbeitsplatz aus abgefragt werden können. Daher wird in Zukunft eine wesentliche Voraussetzung vor allem in der persönlichen Fähigkeit des einzelnen bestehen, eine gezielte und richtige Informationsnachfrage zu stellen.[15)]

Nachdem die Computer der **ersten Generation**, deren kommerzielle Nutzung in den fünfziger Jahren begann, lediglich **rechnen** konnten, lag der Schwerpunkt der **zweiten Generation** in der **Datenverwaltung** (sechziger Jahre). Die **Vernetzung** stand im Mittelpunkt der **dritten Computergeneration**, beginnend in den siebziger Jahren. Das augenblickliche Jahrzehnt ist geprägt von der **vierten Generation** von Computern, die in der Lage sind, **Muster zu erkennen**. Zur Zeit stehen wir an der Schwelle zur **fünften Generation**, in der es möglich sein wird, **Wissen zu verarbeiten**. Die ersten Systeme sind in der kommerziellen Anwendung. Mit einem umfassenderen Einsatz ist in den neunziger Jahren zu rechnen.[16)] Anders als in Büchern oder in Nachschlagewerken wird Wissen in Expertensystemen **zielorientierter** an den Benutzer weitergegeben. Ergebnis einer Expertensystem-Anfrage ist ein begründeter Vorschlag in Form einer Diagnose oder Beratung. **Expertensysteme** verbinden also die wissensspeichernde Funktion des Buches mit der ratgebenden Funktion des menschlichen Fachmannes. **Kommunikation** ist die Abgabe, Übermittlung oder Aufnahme von Informationen zwischen Menschen oder auch zwischen Menschen und Maschinen.[17)]

Informationen	Vergangenheit	Zukunft
Daten	Statistiken Archive	Datenbanken
Wissen	Bücher Archive	Expertensysteme

Darstellung 2.-1: Informationsmedien im Zeitvergleich

15) Vgl. Meier /Büroarbeit/ 14f.

16) Vgl. zu dieser Einteilung Szyperski /Büro/14.

17) Eine Zusammenstellung verschiedener Definitionen für den Begriff Kommunikation findet sich in Szyperski u.a. /Bürosysteme/ 291ff. Vgl. auch Coenenberg /Kommunikation/ 2342, Hax /Kommunikation 1975/ 2169f, Klingenberg, Kränzle /Kommunikationstechnik/, Luhmann /Kommunikation/ 831f, Noelle-Neumann, Schulz /Publizistik/, Klaus /Kybernetik/ 305f, Dworatscheck /Einführung/ 130f, Meyer-Eppler /Grundlagen/, Chase /Wissenschaft/, Theordoson, Theordoson /Sociology/, Wersig, Meyer-Uhlenried /Versuche/, McDougall /Group/, Graus et al. /Kommunikation/ 8, Hürlimann /Kommunikation/ 441.

Daraus wird deutlich, daß Information ohne Kommunikation und Kommunikation ohne Information nicht möglich sind. Szyperski spricht daher auch sehr anschaulich vom **siamesischen Zwillingscharakter** von Information und Kommunikation.[18)]

Der Austausch von Informationen erfolgt über **Sprache, Texte** und **Bilder**. Ursprünglich war dies nur im persönlichen Gespräch möglich. In der Vergangenheit haben sich dann eine Reihe von Kommunikationsmedien entwickelt, die Kommunikation ohne persönliche Anwesenheit möglich machen (Darstellung 2.-2).

Kommunikation	Vergangenheit	Zukunft
Text	Papier Schreibmaschine	Personal Computer BTX Telex/Teletex Electronic Mail Cityruf
Bild	Kopie Foto Film	Telefax Festbild Bewegtbild
Sprache	persönlich Diktiergerät Telefon	Komforttelefon Mobiltelefon
Text, Bild und Sprache	Persönlich	Bildtelefon Videokonferenz

Darstellung 2.-2: Kommunikationsmedien im Zeitvergleich

Papier - und seit Ende des letzten Jahrhunderts die **Schreibmaschine** - sind die traditionellen Medien der **textlichen Kommunikation**. Sie wurden und werden ersetzt bzw. erweitert durch eine Vielzahl neuer Techniken, etwa der **Textverarbeitung** in Personal Computern, dem **Bildschirmtext** oder dem **Electronic Mail**. Die **bildliche Kommunikation** - bisher auf **Fotografien, Filme** und **Kopien** begrenzt - wird ergänzt durch die elektronische Übertragung von **Fest- und Bewegtbildern** sowie durch **Telefax**. Die **Sprache** wurde bisher mittels **Telefon, Diktiergerät** oder im **persönlichen Gespräch** übertragen. Das **Komforttelefon** bringt hier erweiterte Möglichkeiten, insbesondere im Hinblick auf die Sprachspeicherung. Die gleichzeitige Kommunikation im Hinblick auf Texte, Bilder und Sprache war bisher nur im persönlichen Gespräch möglich. Zukünftig ermöglichen **Bildtelefon** und **Videokonferenzen** eine dieser ureigenen Form menschlicher Kommunikation sehr stark angenäherte Variante.

18) Vgl. Szyperski /Informationsmanagement/ 142.

Die Kommunikation wird stark beeinflußt durch die Dienste, die die **Deutsche Bundespost** als Träger des Fernmeldemonopols anbietet. Diese Dienste werden gerade in den letzten Jahren kontinuierlich ausgeweitet (Darstellung 2.-3).[19]

					Cityruf
					Bildschirmtext
					Bildfernsprechen
					Schnellfax
					Farbfaksimile
					Telezeitung
				Telefax	Telefax
				Teletex	Teletex
				Videotext	Videotext
				Funkruf	Funkruf
				Bildkonferenz	Bildkonferenz
				Fernsteuerung	Fernsteuerung
			Funktelefon	Funktelefon	Funktelefon
			Datex	Datex	Datex
			Kabelfernsehen	Kabelfernsehen	Kabelfernsehen
		Faksimile	Faksimile	Faksimile	Faksimile
		Telex	Telex	Telex	Telex
	Telefon	Telefon	Telefon	Telefon	Telefon
Telegraf	Telegraf	Telegraf	Telegraf	Telegraf	Telegraf
1847	**1877**	**1930**	**1970**	**1980**	**1990**

Darstellung 2.-3: Entwicklung der Kommunikationsdienste seit 1847

Entsprechend dem siamesischen Zwillingscharakter von Information und Kommunikation werden die bisher isoliert entwickelten Informations- und Kommunikationstechniken zunehmend miteinander **integriert.**[20] Endziel auf Benutzerseite ist das

19) Vgl. dazu o.V. /Infrastruktur/ 75.

20) Grünewald, Koch /Informationstechnik/ 37ff, Dähler /Datenverarbeitung/ 25ff, Richter /Bürokommunikation/ 197ff.

multifunktionale Terminal, das die Funktionen von Schreibmaschine, Telefon, Diktiergerät, EDV-Terminal, Kopiergerät, Telex, Teletex und Telefax miteinander verbindet. Hierzu ist es notwendig, daß die heute noch üblichen hausinternen Telefon- und Telexnebenstellenanlagen sowie Text- und DV-Arbeitsplätze über Inhouse-Netze (LAN) einerseits und öffentliche Nachrichtennetze (IDN und ISDN) andererseits zu multifunktionalen, kommunikationsfähigen Arbeitsstationen verbunden werden, um die differenzierten "Informations- und Kommunikationsbedürfnisse der Anwender und Benutzer gleichzeitig durch ein einheitliches System zu befriedigen."[21] Wann dies der Fall sein wird, kann heute niemand sagen. Deutlich ist nur das Ziel. Auch wann wir dort ankommen werden, ist unklar. Es wird allerdings mit Sicherheit später sein, als die Hersteller uns derzeit glauben machen wollen.

Eines ist jedoch bereits jetzt sicher: die Kommunikation der Zukunft ist dadurch geprägt, daß der Transport von Materie abgelöst wird durch den Transport von Signalen. Die letzten 150 Jahre sind gekennzeichnet durch eine stürmische Entwicklung im Bereich des **materiellen Transportwesens** für Menschen und für Güter. In diese Zeit fällt sowohl die Erfindung aller heute gebräuchlichen Verkehrsmittel wie Eisenbahn, Auto oder Flugzeug als auch der Ausbau der Verkehrswege wie Schienen, Kanäle, Land- oder Luftstraßen. Die Zukunft wird dagegen geprägt sein durch den Ausbau des **Transports von Signalen** in Form von Elektronen. Dadurch kommt es nicht zuletzt zu einer Entlastung der bereits jetzt überfüllten traditionellen Transportwege.

Um dies deutlich zu machen, wollen wir die in den Darstellungen 2.-1 und 2.-2 aufgeführten Informations- und Kommunikationstechniken noch etwas genauer beschreiben.

2.2. Informationstechniken

2.2.1. Datenbanken

Die weltweite technologische und wirtschaftliche Entwicklung bringt eine unüberschaubare Fülle an Informationen mit sich. Veröffentlichungen in Form von Statistiken, Büchern und Datenbanken stehen immer mehr in Konkurrenz zueinander.[22] Datenbanken haben jedoch gegenüber herkömmlichen Informationsquellen die Möglichkeit bzw. den **Vorteil**, eine große Anzahl von Daten, die in Dateien abgespeichert

21) Szyperski /Büro/ 13; vgl. auch Metzger /Bürokommunikation/ 41ff.

22) Vgl. Pieper /Information/ 10, o.V. /Fakten/ 44.

werden, mit Hilfe eines Datenbankverwaltungsprogramms gemeinsam zu verwalten und gezielt auch Einzeldaten abzurufen.[23)]

Die meisten der derzeit existierenden Datenbanken haben bibliographischen Charakter, d.h. das Informationsangebot besteht aus Referenzangaben über wissenschaftliche **Literatur**, **Patente**, **Gesetze**, **Rechtsprechung** und ähnliches mehr. Die Erfassung der Daten wird durch Auswertung der Originaltitel bzw. Primärquellen von dem jeweiligen Datenbankbetreiber durchgeführt. **Schwachpunkte** bei der Nutzung öffentlicher Datenbanken liegen zum einen in der Subjektivität, mit der die Fachleute des Datenbankbetreibers über die Aufnahme und die Beschreibung von Titeln entscheiden, zum anderen in dem time-lag, der zwischen dem Erhalt und der Abspeicherung einer Information liegt.[24)] Der Kritik an der Subjektivität der aufgenommenen Informationen begegnen die Datenbankanbieter immer mehr damit, daß sie mittlerweile auch die Volltexte zur Abfrage zur Verfügung stellen.

Weltweit werden heute rund 3.000 online abfragbare Datenbanken angeboten.[25)] Rund drei Viertel dieser Datenbanken werden in den USA unterhalten. Von den 21 Prozent, die auf europäische Datenbanken entfallen, stammen 3 Prozent aus der **Bundesrepublik Deutschland**. Ungefähr die Hälfte der international angebotenen Datenbanken enthalten **Wirtschaftsinformationen**, 15 Prozent **technische Daten** und 10 Prozent Informationen aus dem medizinischen und naturwissenschaftlichen Bereich.[26)] Während in den USA über eine halbe Million Kunden regelmäßig die Informationsdienste in Anspruch nehmen, gibt es in der Bundesrepublik wahrscheinlich kaum mehr als 10.000 kommerzielle Nutzer.[27)]

In der Bundesrepublik ist der Monitor Service von Reuters der führende Anbieter für Finanz- und Wirtschaftsdaten. Daneben sind als große, in Deutschland tätige Anbieter von Wirtschaftsdatenbanken Bertelsmann, Dun & Bradstreet, Genios und Hoppenstedt zu nennen. Auch fast alle Großbanken und eine Reihe weiterer Unternehmen treten als Datenbankanbieter auf.[28)]

Die **Akzeptanz** gegenüber Datenbanken als Informationsquelle ist in der Bundesrepublik noch sehr **gering**.[29)] Nach einer vom Institut der deutschen Wirtschaft durchgeführten Untersuchung zum "Informationsverhalten im Mittelstand" im Jahre 1986

23) Vgl. Hansen /Wirtschaftsinformatik/ 108f.

24) Vgl. Hansen /Wirtschaftsinformatik/ 712f.

25) Vgl. Pieper /Information/ 10, Hansen /Wirtschaftsinformatik/ 735, o.V. /Fakten/ 44.

26) Vgl. o.V. /Fakten/ 44.

27) Vgl. Hansen /Wirtschaftsinformatik/ 735f.

28) Vgl. Hansen /Wirtschaftsinformatik/ 737f, o.V. /Fakten/ 44.

29) Vgl. Glöckner /Datenbanken/ 81.

nutzen nur 4,5 Prozent mittelständischer Unternehmen Datenbanken als Informationsquelle.[30] Auf Seiten der Unternehmen bestehen erhebliche **Vorbehalte** gegenüber der Datenbanknutzung. Das liegt nach der Untersuchung des Instituts der deutschen Wirtschaft vor allem an folgenden Gründen:

- Datenbanken orientieren sich nicht an den Problemen des Unternehmens, sondern sind nach dokumentarischen Gesichtspunkten gegliedert
- unzureichende Benutzerfreundlichkeit
- Datenbanken sind unvollständig und nicht auf dem aktuellen Informationsstand
- Datenbankinhalte sind von erheblichen Redundanzen gekennzeichnet.[31]

Architekten, die wir in unserer Studie 7 "Architekten"[32] befragt haben, nennen ähnliche Gründe, warum sie keine Datenbanken nutzen:[33]

- Datenbankangebot unbekannt (66 Prozent)
- zu teuer (47 Prozent)
- zu umständlich (28 Prozent)
- Systeme nicht ausgereift (26 Prozent)
- DV-technische Infrastruktur fehlt (26 Prozent).

Da Datenbanken von vielen Unternehmen als ein bedeutendes Instrument im internationalen Wettbewerb angesehen werden, gehen immer mehr Unternehmen dazu über, sich eigene, **unternehmensinterne Datenbanken** anzulegen.[34] Auf Betriebsebene können Datenbanken in Verbindung mit Zentralrechnern und vernetzten Personalcomputern zu umfassenden Informationssystemen ausgebaut und dem Management abrufbereit zur Verfügung gestellt werden.[35]

2.2.2. Expertensysteme

In den letzten Jahren wurden immer mehr Verfahren der **künstlichen Intelligenz** weiterentwickelt, so daß die Informationstechnik im Büro - über den heute dominierenden Einsatz für die Verwaltung und Übermittlung von Information hinaus - die

30) Vgl. Pieper /Information/ 27ff.

31) Vgl. Pieper /Information/ 38.

32) Siehe Anhang A.1.3.

33) Vgl. Müller-Böling /Informationsmanagement 1/ 49 sowie /Informationsmanagement 4/ 47f.

34) Vgl. Glöckner /Datenbanken/ 84.

35) Vgl. Tiemeyer, Herzog /PC-Nutzung/ 28f.

im Büro tätigen Menschen bei ihren Planungs- und Problemlösungsprozessen aktiv unterstützen kann.[36] Mit Hilfe der künstlichen Intelligenz sollen Probleme gelöst werden, für die normalerweise menschliche Intelligenz benötigt wird.[37] Die **Forschungsaktivitäten umfassen**

- inhaltsbezogene, natürlichsprachliche Kommunikation,
- Mustererkennung,
- logische Beweisführung durch Programme (Deduktionssysteme),
- maschinelles Lernen,
- Robotik sowie
- Expertensysteme.

Ziel der Bearbeitung von **natürlichen Sprachen** ist es, den Benutzern einen natürlichen Umgang mit dem Rechner zu ermöglichen. Der Manager kann dann z.B. natürlichsprachlich mit einer Datenbank kommunizieren und spart sich das Erlernen von speziellen Steuersprachen.[38]

Im Bereich der **Mustererkennung** geht es beispielsweise darum, daß Computer Bilder verstehen oder Ziffern erkennen und klassifizieren können. Ersteres findet bisher eher im technischen (Kontrolle eines Fließbandes in der Fabrik) und militärischen (Fernsehkamera im Suchkopf eines Marschflugkörpers) Bereich Anwendung. Ziffernerkennungsprogramme können bereits in Versandhäusern eingesetzt werden.[39] **Deduktionssysteme** finden ihren Einsatz unter anderem beim Beweisen mathematischer Sätze, der Programmverifikation und dem Beweisen der Fehlerfreiheit von Hardwarekonfigurationen und haben somit keinen direkten Einfluß auf die Arbeit im Büro. Die auf diesem Gebiet erarbeiteten Methoden sind jedoch grundlegend für die übrigen Gebiete der künstlichen Intelligenz, insbesondere für die Expertensysteme.[40]

Das automatische **maschinelle Lernen**, eine Eigenschaft, die auch von Expertensystemen verlangt wird, steckt bisher noch in den Kinderschuhen.[41]

Künstliche Intelligenz spielt in der **Robotik** eine wichtige Rolle, indem sie es ermöglicht, Roboter mit einem Wahrnehmungssinn auszustatten, mit dessen Hilfe sie Informationen aus ihrer Umwelt benutzen können.[42] Die Einsatzgebiete sind hier wiederum im technischen Bereich zu finden.

36) Vgl. Kreifelts, Wißkirchen /Informationstechnik/48, Schmidt /Büro-Informationssysteme/ 27, Neubauer /Chip/ 154ff.

37) Vgl. Huber /Versuche/ 170 und Harmon, King /Expertensysteme/3.

38) Vgl. Savory /Nutzen/ 19 und Hahn /Sprachverarbeitung/ 52.

39) Vgl. Savory /Nutzen/ 20 und Huber /Versuche/ 170.

40) Vgl. Siekmann /Deduktionssysteme/ 55f.

41) Vgl. Savory /Nutzen/ 19f.

42) Vgl. Radig /Robotik/ 53-55.

Die für den praktischen Einsatz am weitesten fortgeschrittenen Ergebnisse sind auf dem Gebiet der **Expertensysteme** zu finden.[43] Das schnelle Wachstum bei Expertensystemen wird nicht zuletzt durch die stark steigenden Zahlen für Aufwendungen im Bereich der Expertensysteme in der Bundesrepublik Deutschland dokumentiert (Darstellung 2.-4).[44]

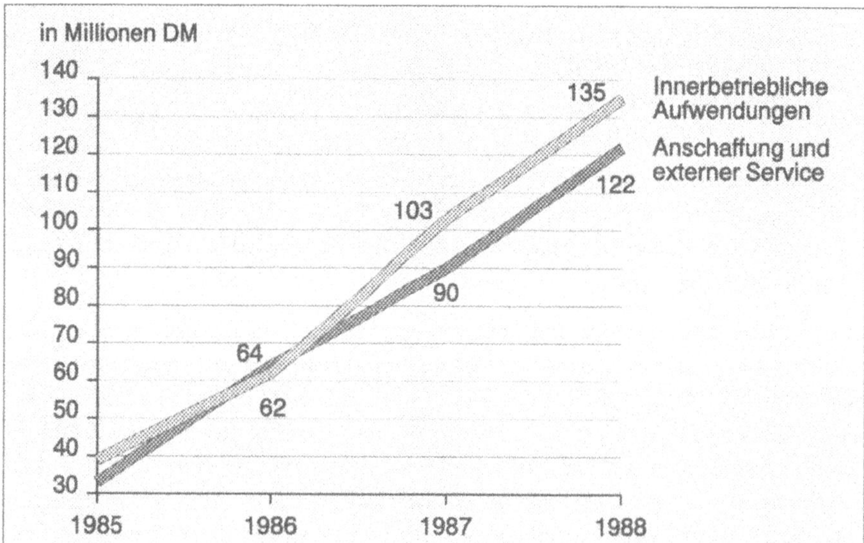

Darstellung 2.-4: Aufwendungen für Expertensysteme in der Bundesrepublik im Zeitverlauf

Wie bei jeder Neuerung ist die Abgrenzung, was als Expertensystem gelten kann und was nicht, häufig nicht einfach. Einigkeit besteht darin, daß ein Expertensystem ein **Computerprogramm** ist, das fachspezifische Kenntnisse, d.h. **Problemlösungswissen** von Experten, in einem (meist eng) **abgegrenzten Anwendungsbereich** verfügbar macht.[45]

Dabei geht ein derartiges System ebenso vor wie ein menschlicher Experte, indem es neben gesichertem theoretischen Wissen Erfahrungswissen in Form von Daumenregeln oder Heuristiken benutzt. Dieses Expertenwissen ermöglicht es dem System, komplexe Probleme zu lösen, für die es keine eindeutigen Lösungswege gibt. Im Unterschied dazu beschäftigen sich traditionelle Computerprogramme in der Regel mit Problemen, die eindeutig lösbar sind.[46]

43) Vgl. Hansen /Wirtschaftsinformatik/ 334, o.V. /Logik/ 48, Fuchs /Assistenten/.

44) Entnommen aus: Fuchs /Assistenten/ 74.

45) Vgl. Hansen /Wirtschaftsinformatik/ 399, Kurbel /Entwicklung/ 22.

46) Vgl. Harmon, King /Expertensysteme/ 8f, Kurbel /Entwicklung/ 19f.

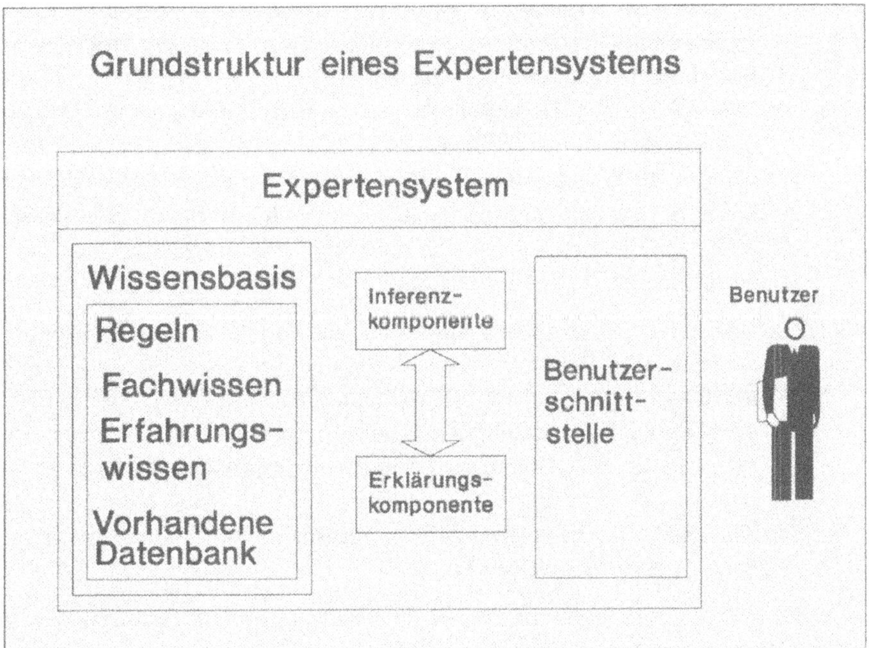

Darstellung 2.-5: Grundstruktur eines Expertenssystems

Der Grundaufbau eines Expertensystems besteht aus einer Wissensbasis, einer Inferenz- und Erklärungskomponente und der Benutzerschnittstelle (Darstellung 2.-5).[47] In der **Wissensbasis** wird das Fach- und Erfahrungswissen eines oder mehrerer Experten in Form von Regeln (Wenn-Dann-Beziehungen) abgespeichert. Eine an das Expertensystem angeschlossene Datenbank kann der Ablage schnell veränderlicher Daten dienen. Die **Inferenzkomponente** ist zuständig für die Abarbeitung der Regeln, d.h. sie verknüpft das Wissen nach einer vorgegebenen Strategie und erzeugt dadurch Folgerungen und Ergebnisse.[48] Die **Erklärungskomponente** begründet, warum die Folgerungen bzw. ein Ergebnis zustande gekommen ist. Die **Benutzerschnittstelle** steuert den Dialog zwischen Benutzer und Computer.[49]

Selbstverständlich ist es nicht möglich, einen menschlichen Experten vollständig durch ein Expertensystem zu **ersetzen**. Im Gegensatz zum Expertensystem

47) Vgl. auch Krallmann, Rieger /Executive/ 31f, Schnupp,Leibrandt /Expertensysteme/ 13.

48) Vgl. Munter /Revolution/ 185.

49) Vgl. Kreifelts, Wißkirchen /Informationstechnik/ 47, Schnupp,Leibrandt /Expertensysteme/ 13.

- ist das menschliche Wissen breit angelegt, so daß der Mensch auch in Randgebieten eines Problembereichs Lösungen finden kann oder Probleme bereichsübergreifend bearbeiten kann.
- lernt der Mensch aus seinen Erfahrungen und leitet daraus neue Regeln und Vorgehensweisen ab. Dagegen ist ein Expertensystem nicht aktiv lernfähig, da die Eingabe neuer Regeln nur über den Menschen erfolgen kann.
- können Menschen auf ihren gesunden Menschenverstand zurückgreifen und Kreativität und Innovativität in den Problemlösungsprozeß mit einfließen lassen.[50)]

Trotzdem verfügen Expertensysteme über beachtliche **Vorteile**, die ihre Anwendung empfehlenswert machen, da

- ihre Entscheidungen nicht durch Krankheit oder Streß beeinflußt werden,
- sie alle möglichen Lösungsalternativen berücksichtigen und nicht, wie Menschen, in einem komplexen Anwendungsgebiet den Überblick verlieren,
- das Wissen, das in Expertensystemen abgespeichert ist, permanent vorhanden und leicht zu transferieren ist.[51)]

Sinnvoll ist ihr Einsatz insbesondere dann, wenn ein **komplexes Problemfeld** vorliegt, wie es bei Aufgaben von Führungskräften häufig der Fall ist, oder wenn **Wissen dezentral** zur Verfügung gestellt werden soll.[52)] **Anwendungsfelder** für Expertensysteme sind auf allen jenen Gebieten gegeben, auf denen menschliche Experten arbeiten. Bei den bisher am häufigsten entwickelten Systemen handelt es sich um

- **Diagnosesysteme** (z.B. medizinische Diagnose, Diagnose von Schwachstellen im Fertigungsbereich, Kreditwürdigkeitsprüfung)
- **Konfigurationssysteme** (z.B. Konfiguration von Rechnersystemen)
- **Beratungssysteme** (z.B. Empfehlungen zur Gestaltung eines Gesellschaftsvertrages)
- **Planungssysteme** (z.B. Planung von Arbeitsabläufen, Investmentplanung) und
- **Expertisesysteme** (z.B. Erstellung von Jahresabschlußanalysen).[53)]

Die Arbeit von Führungskräften kann insbesondere durch Beratungs-, Planungs- und Expertisesysteme unterstützt werden.[54)]

50) Vgl. Lebsanft, Gill /Praxis/ 138 - 140, o.V. /Logik/ 50, Waterman /Guide/ 13 -15.

51) Vgl. Lebsanft, Gill /Praxis/ 137f, Waterman /Guide/ 12f.

52) Vgl. Mertens u.a. /Expertensystem-Anwendungen/12f, Savory /Nutzen/ 24f.

53) Vgl. Mertens u.a. /Expertensystem-Anwendungen/ 7 - 10.

54) Hierzu gehören beispielsweise auch die beiden in unserer Eingangsgeschichte erwähnten Systeme REFOWEX und GEFOVEX; vgl. Müller-Böling u.a. /REFOWEX/ sowie Müller-Böling, Bröckelmann /GEFOVEX/.

2.3. Kommunikationstechniken

2.3.1. (Personal) Computer

Computer sind zuerst einmal ein Instrument der Informationsverarbeitung. Insofern gehörte dieser Abschnitt eigentlich in das vorige Kapitel. Daß wir (Personal) Computer an den Anfang des Abschnitts Kommunikationstechniken gesetzt haben, liegt daran, daß Rechner zunehmend zu kommunikativen Zwecken eingesetzt werden. Dies läßt sich einmal an der steigenden Vernetzung zwischen Computern festmachen, aber auch an einem fast belanglosen Trend wie dem zu graphikfähigen Bildschirmen.[55)] Während Daten in Tabellenform Ergebnis eines Verarbeitungsprozesses sind, der der Analyse und der Dokumentation dient, sind Businessgraphiken Mittel der Präsentation von Informationen. Diese Präsentation von Informationen in Richtung auf Kommunikationspartner innerhalb wie außerhalb der Unternehmen hat stark an Bedeutung zugenommen. Dies gilt sicherlich in besonderem Maße, wenn wir die Aufgaben von Führungskräften betrachten.

Haupteinsatzgebiete des (Personal) Computers für den Top-Manager liegen im Bereich der

- Textverarbeitung,
- Tabellenkalkulation,
- Datenbankfunktion,
- Graphikerstellung,
- Electronic Mail und
- Terminplanung.

Dies sind im übrigen auch die Haupteinsatzgebiete von Personal Computern[56)], wobei die Funktionen Textverarbeitung, Graphikerstellung und Electronic Mail in erster Linie **kommunikativen Zwecken** dienen.

Daß immer mehr Mitarbeiter vor einem Bildschirm an einem sogenannten interaktiven Arbeitsplatz sitzen, liegt nicht zuletzt an den starken Integrations- und Vernetzungstendenzen der Informations- und Kommunikationstechnik. **Integration** meint dabei die funktionelle Zusammenfassung verschiedener Softwarekomponenten, die es erlaubt, Text, Bild, Sprache und Daten an einem Terminal verarbeiten, speichern und übertragen zu können.[57)] **Vernetzung** bezieht sich dagegen auf die daten- und

55) Vgl. Rupprecht /Regenbogen/ 99, Haidvogel, Leonhard /PC- Einsatz/ 23.

56) Vgl. Gaitanides u. a. /Personalcomputer/ 93.

57) Vgl. Meyer /Integration/.

programmorientierte Verbindung verschiedener Hardware-Einrichtungen durch inner- und zwischenbetriebliche Telekommunikationssysteme.[58)]

Da in der Kommunikationstechnik und im öffentlichen Kommunikationsangebot in den nächsten zwanzig Jahren erhebliche Entwicklungen zu erwarten sind, ist der Personal Computer in ein mehrstufiges System mit Abteilungscomputern, Mainframe und offener Verbindung zwischen internem Netzwerk und den schrittweise ausgebauten öffentlichen Kommunikationsangeboten einzubinden.

Experten haben für das Jahr 2.000 einen hohen Durchdringungsgrad mit Bürotechnik prognostiziert. Danach sollen mehr als 80 Prozent der Sekretariats- und Schreibarbeitsplätze und 60 Prozent der Arbeitsplätze in den Fachabteilungen mit Bildschirmen ausgerüstet sein. Jeder dritte Manager soll dann einen Computer zur Erledigung der täglichen Arbeit benutzen. 1990 wären es - dieser Prognose zufolge - 23 Prozent Manager-Arbeitsplätze, die mit einem Bildschirm versehen sind.[59)] Diese Vorhersage, 1987 veröffentlicht, ist nach unseren Erkenntnissen bereits überholt. In unserer repräsentativen Studie 11 "Top-Manager I+K-Technik" fanden wir bereits im Jahre 1988 insgesamt 29 Prozent Top-Manager, die persönlich einen Computer benutzen.[60)] Wir werden diesen Befund detaillierter im sechsten Kapitel erörtern.

Verstärkt werden dürfte diese Tendenz auch durch tragbare Computer. Die ersten **Laptops** kamen im Jahr 1980 auf. Inzwischen haben sie sich von der Leistungsstärke her zu einem arbeitstechnisch ernstzunehmenden Hilfsmittel entwickelt.[61)] Mobile Laptop-Computer beanspruchen eine Grundfläche von etwas mehr als einem DIN-A4 Blatt und verfügen neben Tastatur und Bildschirm über eine Speichereinheit (Diskettenlaufwerk oder Festplatte) und Peripherieanschlüsse für Drucker, Akustikkoppler etc.[62)] Die Einsatzmöglichkeiten der Laptops sind vielfältig. So kann er z.B. im Auto, im Flugzeug, im Hotelzimmer oder in der Wohnung genutzt werden, wobei jederzeit über Datex-P eine Verbindung zu Rechnernetzen hergestellt werden kann. Dies ist mittlerweile auch über das Mobiltelefon (C-Netz) möglich.[63)]

2.3.2. Electronic Mail

Electronic Mail Systeme sind computergestützte Kommunikationssysteme, die die Übertragung von Textnachrichten in die "elektronischen Postfächer" bestimmter

58) Vgl. Friedrich u.a. /Organisationsmodelle/ 18f.

59) Vgl. Friedrich u.a. /Organisationsmodelle/ 16ff, Odemer /Hemmschwellen/ 461.

60) Zur Studie siehe die Beschreibung im Anhang A.1.5.

61) Vgl. Rinderknecht /Aktenkoffer/ 45ff, Potthoff /Kommunikation/ 49.

62) Vgl. Rinderknecht /Aktenkoffer/ 49.

63) Vgl. Rinderknecht /Aktenkoffer/ 45.

Empfänger ermöglicht. Electronic Mail Systeme sind (nach dem Telefon) wohl die bekanntesten technischen Hilfsmittel zur Unterstützung der Kommunikation im Rahmen fortschrittlicher Bürosysteme.[64] Sie wurden zunächst zur überörtlichen Kommunikation genutzt, insbesondere in den USA mit dem Aufbau des Arpa-Netzes. Auch die Deutsche Bundespost verfügt über einen Dienst zum elektronischen Nachrichtenversand - den Teleboxdienst.[65]. Die Verbreitung des Teleboxdienstes ist allerdings sehr eingegrenzt (Darstellung 2.-6).

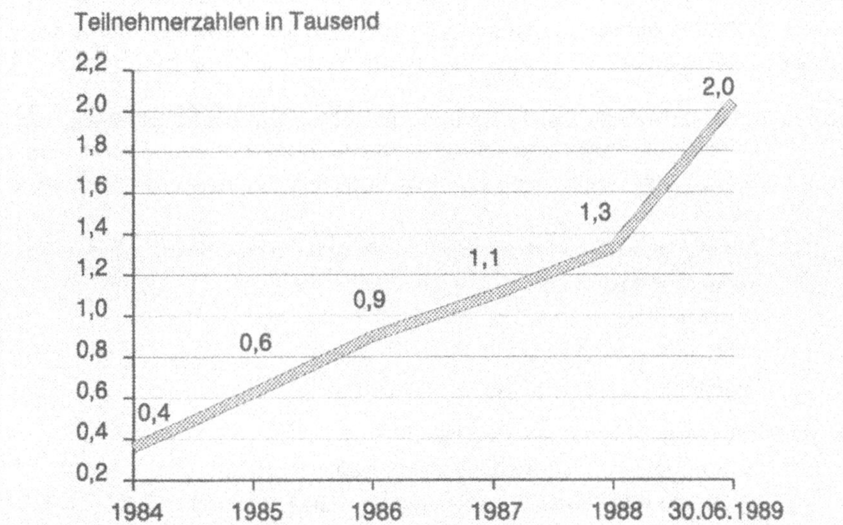

Darstellung 2.-6: Entwicklung des Teleboxdienstes in der Bundesrepublik Deutschland seit der Einführung im Jahre 1984[66]

In der Bundesrepublik gibt es somit drei Typen von Electronic Mail Systemen

- **öffentliche Mailboxen,**
  die von kommerziellen und privaten Anbietern betrieben werden, und den Nutzern ein Mailboxfach zur Verfügung stellen,[67]
- **Inhouse-Systeme,**
  die der internen elektronischen Textkommunikation im Unternehmen dienen und meist durch herstellerspezifische Systeme gekennzeichnet sind,[68] sowie

64) Vgl. Gabriel, Lamersdorf /Anforderungsanalyse/.

65) Vgl. Meier /Büroarbeit/ 64.

66) Entnommen aus: Bundesministerium /Telekommunikationsdienste/.

67) Vgl. Gutschmidt /Mailboxen/ 61, Koch /Mail/ 88.

68) Vgl. Hansen /Wirtschaftsinformatik/ 729, Gutschmidt /Mailboxen/ 61.

- **Hobby-Mailboxen,**
  die vor allem von Computerfreaks betrieben werden und einen mehr oder weniger begrenzten Teilnehmerkreis haben.[69)]

Electronic Mail Systeme vereinfachen und beschleunigen das Versenden, Verteilen, Empfangen und Lesen von Nachrichten. Es besteht weiterhin die Möglichkeit, solche Systeme als Archive zu benutzen, um Mitteilungen und Dokumente aufzubewahren. Electronic Mail Systeme sind **nicht als Ersatz** für die persönliche Kommunikation oder das Telefon gedacht,[70)] sie stellen vielmehr eine Ergänzung dar, die vor allem auf Managerebene den Informationsaustausch verbessern und die firmeninterne Korrespondenz erleichtern soll.[71)]

Electronic Mail Systeme verfügen im allgemeinen über folgende **Funktionen**[72)]

- Erstellen und Speichern von Nachrichten, Graphiken und Dokumenten,
- Senden von Nachrichten an einen Empfänger oder an eine Empfängergruppe,
- Ablage nach Stichworten, nach (selbsterstelltem) Aktenplan,
- Wiedervorlage,
- Einschreiben,
- Eilbrief,
- Weiterleitung zur Bearbeitung, zur Kenntnis.

Die **Vorteile** elektronischer Postsysteme sind:[73)]

- Verkürzung der Übermittlungszeiten von Nachrichten,
- automatisierte Dokumentation ausgetauschter Nachrichten,
- gute Erreichbarkeit der Teilnehmer ohne Störung wie etwa beim Telefon,
- Kommunikation unabhängig von Anwesenheit (Zeitzonen),
- Möglichkeit, Sitzungen vorzubereiten und Sitzungen von überflüssigem Ballast zu befreien,
- Einbeziehung größerer Personengruppen in kommunikative Prozesse durch die einfache Möglichkeit der Verteilung von Nachrichten an Gruppen.

Als mögliche **Nachteile** sind zu nennen:[74)]

- Überflutung mit Informationen,
- Zurückdrängung persönlicher Kontakte,

69) Vgl. Gutschmidt /Mailboxen/ 61, o.V. /Computer/ 196f.

70) Vgl. Maciejewski /Bildschirm/ 33.

71) Vgl. Meier /Büroarbeit/ 65.

72) Vgl. Nagel /Mailboxen / 125ff.

73) Vgl. Kreifelts, Wißkirchen /Informationstechnik/ 74f.

74) Vgl. Kreifelts, Wißkirchen /Informationstechnik/ 74f.

- Abwälzung von Aufgaben auf andere (aufgrund der einfachen Nachrichtendisposition),
- Zwang, sich ans Terminal zu setzen, um die eingegangene elektronische Post zu bearbeiten, verbunden mit einem Medienbruch, da die Papierpost weiterläuft.

2.3.3. Telex

Seit mehr als 50 Jahren steht der Telexdienst, der auf einem eigenen Netz, dem Telexnetz basiert, für kurze elektronische Textmitteilungen zur Verfügung. 146.000 Teilnehmer in der Bundesrepublik Deutschland sind in der Lage, weltweit mit 1,7 Mio. Teilnehmern in 206 Ländern der Erde zu kommunizieren.[75)] Für den grenzüberschreitenden Verkehr aufgrund der hohen **internationalen Teilnehmerzahlen**, der zeitunabhängigen Erreichbarkeit der Teilnehmer, der Dialogfähigkeit sowie der Kostengünstigkeit wird eine gleichbleibende Bedeutung des Telexnetzes erwartet.[76)] Wegen des beschränkten Zeichenvorrats und der äußerst **geringen Übertragungsgeschwindigkeit** ist es jedoch für die üblichen Datenfernverarbeitungsanwendungen unbrauchbar.[77)] Seit der Einführung des Teletex-Dienstes der Deutschen Bundespost im Jahre 1982 wird mit einem Rückgang der Anschlüsse an das Telex-Netz gerechnet, da die oben genannten Schwachpunkte beim Teletex-Dienst behoben wurden.[78)](Darstellung 2.-7)

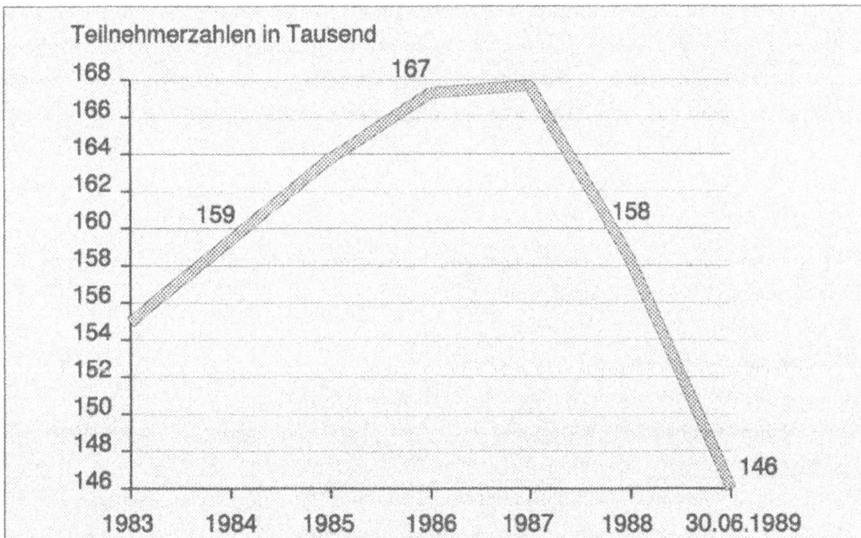

Darstellung 2.-7: Entwicklung des Telexdienstes in der Bundesrepublik Deutschland seit 1983[79)]

Allerdings ist bei diesen Vorhersagen nicht die überraschend hohe Verbreitungsgeschwindigkeit von Telefax (s. Kap. 2.3.5) berücksichtigt.

2.3.4. Teletex

Die Deutsche Bundespost bietet in der Bundesrepublik Deutschland für das Büroferschreiben seit 1982 den internationalen, öffentlichen Teletex-Dienst an. Der Teletex-Dienst ermöglicht den Teilnehmern im Gegensatz zum Telex-Dienst, ganze **Textbriefe** im Format DIN A4 von kommunikationsfähigen Textverarbeitungssystemen (Speicherschreibmaschinen) in allen am Teletexdienst teilnehmenden Ländern und auch zwischen diesen auszutauschen. So kann eine Seite über das Datex-L-Netz innerhalb von **10 Sekunden** übertragen werden.[80)] Im Gegensatz zum Fernschreibverkehr, für den sich meist betriebliche Telexzentralen entwickelt haben, ist beim Teletex die Übertragung der Texte von einem Terminal am Arbeitsplatz in den Fachabteilungen sowie von den Vorzimmern und Sekretariaten möglich.[81)] Drei Jahre nach der Einführung des Teletex-Dienstes waren 12.525 Teilnehmer angeschlossen; die Erwartungen der deutschen Bundespost lagen mit 40.000 Teilnehmern allerdings weit über den tatsächlichen Anschlüssen.[82)] Auch heute sind diese Voraussagen noch nicht erreicht worden.(Darstellung 2.-8)[83)]

Ein Grund für die **mangelnde Akzeptanz** ist der relativ hohe Einstiegspreis. So belaufen sich die Grundgebühren für einen Anschluß auf 400 DM plus 180 oder 220 DM Monatsgebühren. Dazu kommen 50 DM Mindestgebühren für die gewählten Verbindungen. Erschwerend wirkt auch, daß vielen potientiellen Anwendern die Möglichkeiten, Teletex z.B. in den PC oder die multifunktionale Workstation oder auch in ein Mehrplatzsystem einzubinden, nicht bekannt oder zu aufwendig sind.[84)]

75) Entnommen aus: Bundespostministerium /Telekommunikationsdienste/.

76) Vgl. Hansen /Wirtschaftsinformatik/ 679f.

77) Vgl. Hansen /Wirtschaftsinformatik/ 585.

78) Vgl. Hansen /Wirtschaftsinformatik/ 682.

79) Vgl. Bundespostministerium /Telekommunikationsdienste/.

80) Vgl. Hansen /Wirtschaftsinformatik/ 693, Meier /Büroarbeit/ 63f.

81) Vgl. Hansen /Wirtschaftsinformatik/ 695, o.V. /System/ 32.

82) Vgl. Meier /Büroarbeit/ 63f, Bundespostministerium /Telekommunikationsdienste/.

83) Vgl. Bundespostministerium /Telekommunikationsdienste/.

84) Vgl. o.V. /System/ 32.

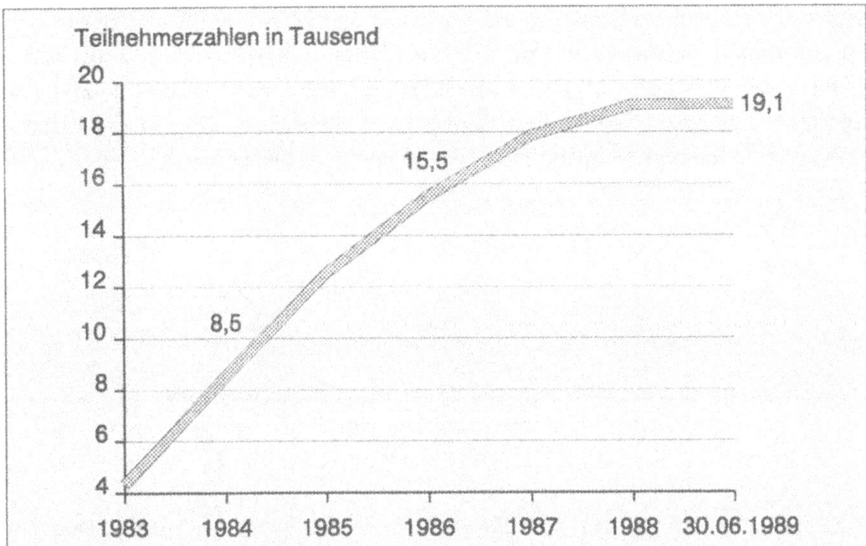

Darstellung 2.-8: Entwicklung der Teletexanschlüsse in der Bundesrepublik Deutschland seit 1983

2.3.5. Telefax

Aufbauend auf dem 1966 von der Deutschen Bundespost erstmals genehmigten Anschluß von Fernkopierern an das öffentliche Telefonnetz, hat die DBP im Jahre 1979 als erste Fernmeldeverwaltung der Welt für das **Fernkopieren** einen öffentlichen Fernmeldedienst, den Telefaxdienst, eingeführt. Der Telefax-Dienst bietet den Teilnehmern die Möglichkeit, nach einheitlichen Übertragungsnormen Graphiken, Tabellen, Texte, Handschriften, Formeln und Pläne mit Fernkopierern im öffentlichen Telefonnetz zu übertragen.[85] Sämtliche für diesen Dienst zugelassenen Typen von Fernkopierern können miteinander korrespondieren. Die Übertragungsdauer ist je nach Tarifgruppe mit einer bis sechs Minuten pro Seite noch relativ hoch.[86] Mit der Einführung des ISDN-Netzes wird sich die Übertragungsgeschwindigkeit jedoch auf 10 Sekunden pro Seite steigern, was auch zu einer weiteren Erhöhung der Wirtschaftlichkeit dieses Dienstes beitragen wird, da die Gebühren an die Übertragungszeiten gebunden sind.[87]

85) Vgl. Runge /Telefax/ 333, o.V. /Draht/ 36.

86) Vgl. Hansen /Wirtschaftsinformatik/ 697, Meier /Büroarbeit/63.

87) Vgl. o.V. /Draht/ 38, Dieckmann, Fuchs /Faxen/ 46.

Gegenüber dem Teletex-Dienst stiegen die Teilnehmerzahlen beim Telefax-Dienst seit der Einführung im Jahre 1979 **sprunghaft** an. Dies ist nicht zuletzt darauf zurückzuführen, daß die Bedienung auf sehr einfachen, bereits für jeden Mitarbeiter im Büro erprobten Handgriffen basiert, dem Fotokopieren. Darstellung 2.-9 gibt einen Überblick über die Bestandsentwicklung der Telefaxgeräte in Deutschland.[88)]

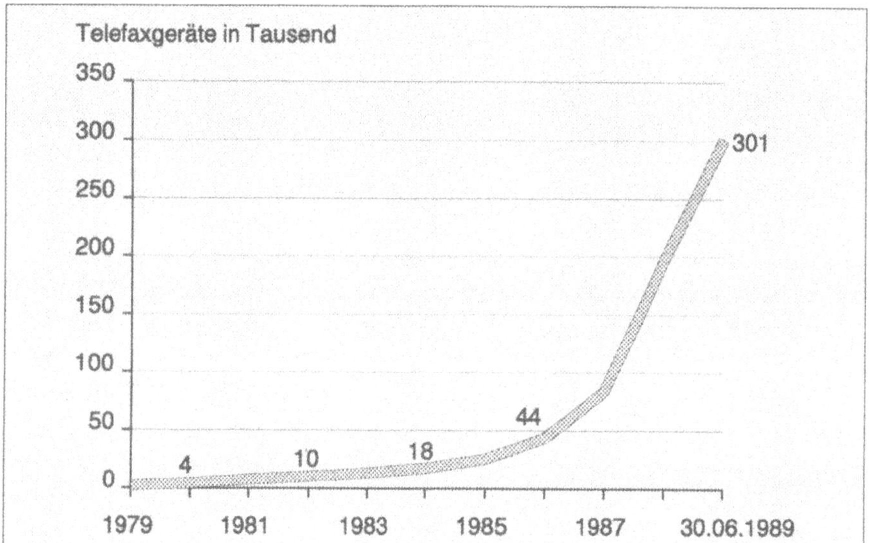

Darstellung 2.-9: Bestandsentwicklung Telefaxgeräte von 1979 bis 1989

Der Komfort eines Gerätes hängt entscheidend vom Gerätetyp ab. Komfortable Geräte verfügen, wie moderne Telefonanlagen auch, über eine **Wahlwiederholung, Kurzruf, Rufnummer-Speicher, Listen für Telefax-Rundsenden, verzögertes Absenden, automatische Vorlagenverkleinerung, Zwischenspeicher für Dokumente.**[89)] **Portable Telefaxgeräte** können sowohl für den direkten Netzanschluß zum Mittragen als auch netzunabhängig, ausgerüstet mit einem Datenadapter bzw. Akustikkoppler, eingesetzt werden. Zusätzlich kann das Telefaxgerät auch als Fotokopierer eingesetzt werden. Besonders für das mobile Büro interessant ist die Kombination eines Laptops in Verbindung mit einem portablen Telefaxgerät.[90)]

88) Vgl. Bundesministerium /Telekommunikationsdienste/. Vgl. aber auch Runge /Telefax/ 333 sowie die Entwicklung in Europa in Preissner-Polte /Fax/ 228.

89) Vgl. o.V. /Draht/ 38.

90) Vgl. Rinderknecht /Aktenkoffer/ 49.

2.3.6. Bildschirmtext (BTX)

Bildschirmtext, das im Jahre 1984 von der Deutschen Bundespost eingeführt wurde, ist ein öffentlicher Fernmeldedienst, bei dem die Teilnehmer elektronisch gespeicherte, textorientierte Informationen abrufen, Datenverarbeitungsleistungen und andere Dienste bestimmter Anbieter in Anspruch nehmen sowie Mitteilungen an von ihnen bestimmte Teilnehmer elektronisch übermitteln können. Hierbei werden öffentliche Fernmeldenetze (Telefonnetz und DATEX-P-Netz) zur Übertragung und typischerweise Farbfernsehbildschirme unter Verwendung bestimmter Zusatzeinrichtungen (Decoder, Modem) zur Wiedergabe verwendet.[91)] Die Übertragungsgeschwindigkeit von der Bildschirmtextzentrale zum Teilnehmer beträgt 1.200 bit/s, vom Teilnehmer zur Bildschirmtextzentrale sind es nur 75 bit/s.[92)]

Von größter kommerzieller Bedeutung und voraussichtlich auch maßgeblich für die Akzeptanz von BTX sowohl auf der Anwenderseite als auch auf der Nachfragerseite ist vor allem die Möglichkeit zur Übermittlung von Nachrichten an Informationsanbieter, die eigene Rechner an das Bildschirmtextsystem angeschlossen haben. Wirtschaftsbereiche, die Bestellungen, Reservierungen usw. entgegennehmen, versprechen sich vom BTX eine Belebung ihrer Geschäftstätigkeit. Dies sind vor allem Banken, Versicherungen, Bausparkassen, Reiseveranstalter, Hotelketten, Transportbetriebe, Kaufhäuser, Versandhandelshäuser.93)

Die **Entwicklung der BTX-Anschlüsse** in der Bundesrepublik Deutschland ist jedoch hinter den hochgesteckten Erwartungen der Deutschen Bundespost zurückgeblieben.[94)] So sagte die Deutsche Bundespost noch Anfang 1985 für das Jahr 1986 eine Million Teilnehmer voraus, tatsächlich wurden 1986 nur 50.000[95)] und bis Ende 1988 etwa 150.000 Teilnehmer registriert.[96)] Darstellung 2.-10 verdeutlicht die Entwicklung der BTX-Teilnehmer seit der Einführung im Jahr 1984.

Gründe für die zurückhaltende Nutzung des Bildschirmtextes sind vor allem in den hohen Preisen für den Anschluß eines Decoders bei den Privathaushalten zu suchen.[97)] Dadurch wurde die rasche Ausbreitung der BTX-Anschlüsse gehemmt. Ein weiterer Nachteil ist in den geringen Übertragungsgeschwindigkeiten und den damit verbundenen Wartezeiten sowie in dem mühsamen Suchverfahren über hierarchische

91) Vgl. Hansen /Wirtschaftsinformatik/ 700.

92) Vgl. Hansen /Wirtschaftsinformatik/ 704.

93) Vgl. Hansen /Wirtschaftsinformatik/ 708.

94) Vgl. o.V. /Parolen/ 25ff.

95) Vgl. Hansen /Wirtschaftsinformatik/ 731, o.V. /Parolen/ 25.

96) Vgl. o.V. /Btx/ 28 sowie Bundesministerium /Telekommunikationsdienste/.

97) Vgl. o.V. /Parolen/ 30.

Menüs zu sehen.[98)] Vielfach wird auch die Einführungsstrategie der Deutschen Bundespost kritisiert, die - anders als in Frankreich - nicht für eine genügend große Anfangsteilnehmerzahl gesorgt habe. Die französische Post hatte BTX-Geräte anstelle der Telefonbücher kostenlos abgegeben.

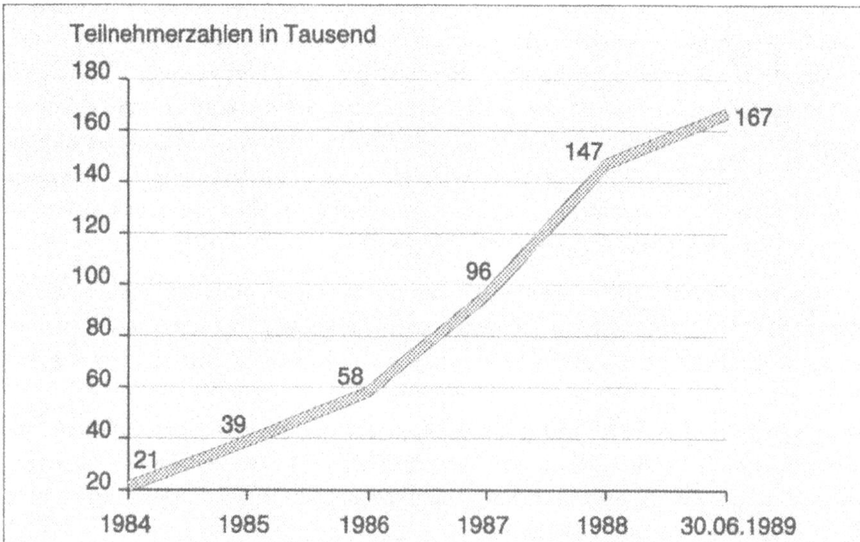

Darstellung 2.-10 Entwicklung der BTX-Teilnehmer seit 1984

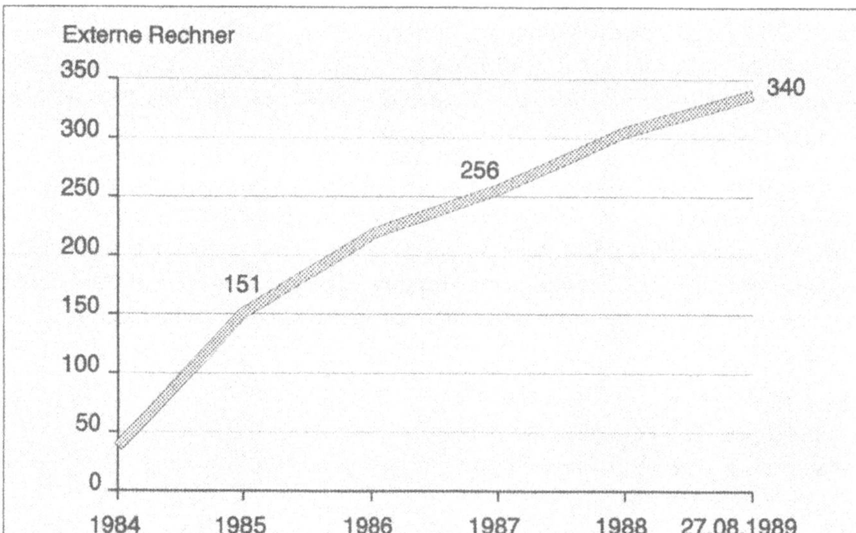

Darstellung 2.-11: BTX-Rechneranschlüsse

Wenn auch eine **Akzeptanz** des BTX-Dienstes bei privaten Haushalten (vorerst?) gescheitert ist, so steigen die Teilnehmerzahlen im kommerziellen Bereich, d.h. zwischen Unternehmen, kontinuierlich. Dies läßt sich nicht zuletzt an den verzeichneten Rechneranschlüssen ablesen (Darstellung 2.-11)

2.3.7. Komforttelefone

Im weitesten Sinne kann man Telefone dann als Komforttelefone bezeichnen, wenn sie über die einfache Wählfunktion hinaus über weitere zusätzliche Funktionen verfügen, wie

- Abstellen,
- Anklopfen,
- Wahlwiederholung,
- Kurzwahl,
- Direktruf und Tonruf,
- automatischen Rückruf,
- Anrufumleitung,
- Freisprechen und Lauthören,
- Notizbuchfunktionen,
- Gebührenanzeige und Display,
- Konferenzgesprächsführung,
- Sprachspeicher.[99)]

Innerhalb von Unternehmen sind diese Funktionen spätestens seit 1985, dem Zeitpunkt der Einführung der digitalen **ISDN-fähigen Nebenstellenanlagen**, möglich.[100)] Die digitalen Telefonnebenstellenanlagen können darüberhinaus auch zur Verknüpfung einzelner Rechner in den verschiedenen Abteilungen eines Unternehmens genutzt werden.[101)] Dabei wird zusätzlich die Möglichkeit geboten, die Computer über das Telefonnetz später in das zukünftige ISDN-Netz einzubinden.[102)]

Eine der wichtigsten Funktionen für Top-Manager sind die **Sprachspeicher**. Prinzipiell funktionieren Sprachspeichersysteme (Voice Message Handling Systems) genauso wie Electronic Mail Systeme, mit dem Unterschied, daß nicht geschriebene Nachrichten, sondern gesprochene Nachrichten gespeichert werden. Der Benutzer kann

99) Vgl. Sauga /Telefon/ 39, Deutsche Bundespost (Hrsg.) /Telefon/.

100) Vgl. Hansen /Wirtschaftsinformatik/ 620, 655, Sauga /Telefon/.

101) Vgl. Uebel, Thoms /Telefon/ 88, Metzger /Bürokommunikation/ 40.

102) Vgl. Uebel, Thoms /Telefon/ 88.

von einem Terminal oder einem beliebigen Telefonapparat aus gesprochene Nachrichten in den Postfächern anderer Teilnehmer deponieren. Die Mitteilungen werden in digitaler Form abgespeichert und beim Abruf durch den berechtigten Benutzer wieder in die gewohnte analoge Form gebracht. Eine Nachricht wird so empfangen und verstanden, als ob sie unmittelbar vom Gesprächspartner käme. [103)] Sprachspeichersysteme ermöglichen demnach das "zeitversetzte Telefonieren"[104)] und sind letztlich nichts anderes als eine technisch andere Lösung der bereits seit langem bekannten telefonischen Anrufbeantworter. Jeder Mitarbeiter kann Nachrichten senden und empfangen, unabhängig davon, ob der Arbeitsplatz zur Zeit gerade besetzt ist oder nicht. Ein solches Speichersystem verhindert, daß Fehlanrufe getätigt werden, die häufig viel Zeit in Anspruch nehmen.[105)]

* **Mobile Telefone**

Unter mobilen Telefonen versteht man zum einen das **Autotelefon** und zum anderen das **schnurlose Telefon**, das Telefonieren ohne Kabel im Umkreis von 200 Metern von der Feststation ermöglicht.[106)]

In den USA hat das schnurlose Telefon mit bereits 50 Millionen Nutzern weite Verbreitung gefunden. In England sind es knapp 800.000 Nutzer und in der Bundesrepublik gibt es ungefähr 200.000 Nutzer schnurloser Telefone.[107)] Schätzungen zufolge sollen bis zum Jahr 2000 rund 50 Prozent aller Telefon-Teilnehmer in der Bundesrepublik, also etwa 15 Millionen, schnurlos telefonieren.[108)]

Mit dem im Jahre 1985 in Betrieb genommenen **C-Netz** der Deutschen Bundespost ist es mit dem Autotelefon möglich, durch Selbstwahl drahtlos mit den Sprechstellen des öffentlichen Telefonnetzes des In- und Auslandes - auch mit anderen Funktelefonen, im In- und Ausland - in Verbindung zu treten oder von diesen erreicht zu werden.[109)] Selbst wenn der Standort während eines Gespräches verändert wird, kann telefoniert werden, ohne daß der Gesprächspartner dies merkt.[110)] Da viele Autotelefonkunden der älteren Netze schneller, als die Post es voraussah, auf das C-Netz umgestiegen sind, gibt es in einigen Ballungsgebieten der Bundesrepublik bereits Engpässe, die zu längeren Wartezeiten führen.[111)] (Darstellung 2.-12)

103) Vgl. Hansen /Wirtschaftsinformatik/ 691.

104) Vgl. Hansen /Wirtschaftsinformatik/ 119.

105) Vgl. Meier /Büroarbeit/ 62.

106) Vgl. Deutsche Bundespost /Telefon/ 24.

107) Vgl. o.V. /Phones/ 5.

108) Vgl. o.V. /Invasion/ 23.

109) Vgl. Potthoff /Kommunikation/ 49.

110) Vgl. Rinderknecht /Aktenkoffer/ 49.

111) Vgl. Bundespostministerium /Telekommunikationsdienste/ sowie o.V. /Autotelefon/ 38.

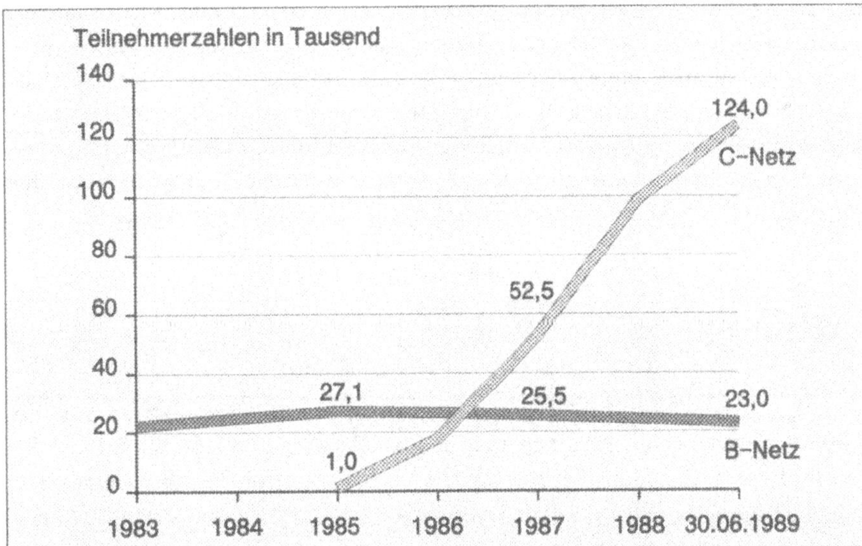

Darstellung 2.-12: Entwicklung der Teilnehmerzahlen von Funktelefonen seit 1983

*** Bildtelefon**

Kaum ein Kommunikationssystem hat in den vergangenen Jahren so viel für Diskussionsstoff gesorgt wie das Bildtelefon. Etliche Experten haben Zweifel, ob sich in naher Zukunft das Bildtelefon durchsetzen wird.[112)] Bis jetzt sind nur einige kleinere Netze in multinationalen Unternehmen installiert. Das von der deutschen Bundespost 1983 gestartete Pilotprojekt wurde 1986 aufgrund der positiven Resonanz der Testnutzer erfolgreich beendet. Einer der häufigsten Nutzer in diesen Testjahren war das Großversandhaus Quelle. Hier wurde eine besonders hohe Akzeptanz bezüglich des Bildtelefons festgestellt.[113)] Ein weiteres Untersuchungsergebnis zeigte, daß das Bildtelefon sehr nahe am Arbeitsplatz stehen muß, damit es genutzt wird. Ein entscheidender Nachteil des Bildtelefons sind die anfallenden Telefongebühren. Bis 1995 rechnen Experten jedoch mit Geräten und Netzen, die eine Bildtelefongebühr in der zwei- bis dreifachen Höhe eines normalen Telefons ermöglichen.[114)] Die Anschaffungskosten sind ebenfalls nicht unerheblich. Die Deutsche Bundespost rechnet mit einem Marktpreis von 2.000 bis 3.000 DM pro Stück.

Die Bildqualität ist recht eingeschränkt. Die Bundespost spricht von gezielten Abstrichen bei der Qualität in der Auflösung des Bildes, die etwa halbem Fernsehstandard

112) Vgl. o.V. /Bildtelefon/ 30f.

113) Vgl. o.V. /Bildtelefon/ 30f.

114) Vgl. o.V. /Bildtelefon/ 30f.

mit verlangsamtem Bewegungsablauf entspreche. Ob sich das Bildtelefon angesicht dieser Schwächen ab 1990 flächendeckend durchsetzen wird, wie die Deutsche Bundespost einmal mehr optimistisch prognostiziert, ist mehr als zweifelhaft.[115] Aller Voraussicht nach wird sich das Bildtelefon - wie im übrigen das Telefon Anfang dieses Jahrhunderts auch - zuerst im Bereich der **Geschäftskommunikation** durchsetzen. Dann ermöglicht es allerdings auch einen stark erweiterten Rahmen an mimischer und nonverbaler Kommunikation, die insgesamt menschenangemessener ist.

2.3.8. Cityruf

Der Cityruf ist ein **Mobilfunkdienst**, der seit Frühjahr 1989 von der Deutschen Bundespost angeboten wird. Er ergänzt die bestehenden Mobilfunkdienste Autotelefon und Eurosignal. Der Cityruf ermöglicht die Übertragung von Signalen, Ziffern oder kurzen Texten. Auf einem Display erscheinen die Informationen auf einem scheckkartengroßen Funkrufempfänger. Der Cityruf verzeichnete Mitte des Jahres 1989 bereits 2.500 Teilnehmer.[116] Prognosen der Deutschen Bundespost gehen davon aus, daß bis zum Jahr 1993 etwa 400.000 Cityruf-Empfänger im Einsatz sein werden.[117]

2.3.9. Videokonferenzsysteme

Werden neben der akustischen Übertragung wie beim Telefon und einem Dokumentenaustausch wie bei der Computerkonferenz auch noch Bewegtbilder der Personen übertragen, spricht man von einer Bildkonferenz bzw. Videokonferenz. Bei der Videokonferenz bieten sich hochqualifizierte Möglichkeiten für die **Bild-**, **Text-**, **Daten-** und **Dokumentenübertragung** in Farbfernsehqualität. Da in den meisten Fällen nicht alle Dokumente zur Hand sind, muß zur reinen Sprachverbindung, die ohne Unterbrechung in beiden Richtungen möglich ist, eine schnelle und hochqualitative Dokumentenübertragung etwa in Form von **Telefax** hinzukommen.

Videokonferenzen werden mit steigender Tendenz bereits seit längerem in den USA eingesetzt. Die Deutsche Bundespost installierte seit 1985 ein Videokonferenz-Netz und richtete hierfür in rund einem Dutzend Großstädten **Videokonferenzstudios** ein.[118] Darüberhinaus gibt es ca. 50 Teilnehmer in der Bundesrepublik Deutschland

115) Vgl. Bundesministerium /Bildtelefon/.

116) Vgl. Bundespostministerium /Telekommunikationsdienste/.

117) Vgl. Doil /Cityruf/ 6f.

118) Vgl. Wilkens /Telekonferenz/ 336, Hansen /Wirtschaftsinformatik/ 631, o.V. /Videokonferenzen/ 43.

mit eigenen Videokonferenzstudios (Stand Frühjahr 1988). Die Nutzung des Videokonferenz-Versuchsnetzes kostet neben einer Grundgebühr von 1.500,-DM bei nationaler Verbindung 800,-DM, bei Verbindungen innerhalb Europas 1.200,-DM und bei außereuropäischen Verbindungen 2.500,-DM je Stunde.[119)]

Es ist davon auszugehen, daß Videokonferenzen schon in naher Zukunft eine allgemein übliche und wichtige Kommunikationsart im Geschäftleben sein werden.[120)] Dies gilt sowohl bei räumlich dezentral gelegenen Betriebsstätten zur **unternehmensinternen Kommunikation** wie auch bei **unternehmensübergreifenden Kommunikationskontakten**. In jedem Fall können Reisezeiten und Reisekosten eingespart werden.[121)] Erste Erfahrungen zeigen außerdem, daß Videokonferenzen zielorientierter ablaufen als herkömmliche Konferenzen.[122)] Das liegt vor allem an der schnellen Verfügbarkeit von Zusatzinformationen im eigenen Haus und an der Möglichkeit, eigene Mitarbeiter ad hoc in die Konferenz mit einzubeziehen.[123)] Gerade bei komplexen Sachverhalten, bei denen das Wort durch optische Hilfsmittel wie z.B. Zeichnungen, Pläne, Fotos oder Dokumente unterstützt werden muß, bietet sich die Videokonferenz an.

Videokonferenzen können mit Sicherheit den persönlichen Kontakt **nicht** ersetzen. Dieser ist zum Aufbau einer Vertrauensbasis für Kommunikationspartner unerläßlich. Vielmehr können sie dazu dienen, Entscheidungen vorzubereiten sowie Abstimmungsprozesse zu vereinfachen oder zu beschleunigen. Videokonferenzen eignen sich besonders dann, wenn an einer Konferenz Personen teilnehmen, die sich bereits kennen und auf anderem Weg eine Vertrauensbasis aufgebaut haben. Ein noch unzureichend gelöstes Problem ist die Vermittlung des Blickkontaktes, da die auf einer Wiedergabeeinrichtung dargestellte Person den Betrachter nur anzuschauen scheint, wenn sie bei der Aufnahme direkt in die Aufnahmekamera sieht.[124)]

119) Vgl. Hansen /Wirtschaftsinformatik/ 631.

120) Vgl. o.V. /Trend/, Berke /Fernsehen/ 106.

121) Vgl. Heiner /Videokonferenzen/ 253, Schulte-Döinghaus /Büroschlafs/ 171f.

122) Vgl. o.V. /Videokonferenzen/ 44, Schulte-Döinghaus /Büroschlafs/ 171.

123) Vgl. Maciejewski /Bildschirm/ 32.

124) Vgl. Wilkens /Telekonferenz/ 335.

3. Top-Manager und ihre Arbeit

Nachdem wir uns nunmehr mit neuen Informations- und Kommunikationstechniken auseinandergesetzt haben, wollen wir die Zielgruppe der **Top-Manager** etwas näher beleuchten.

Nach der Leseranalyse "Entscheidungsträger 1988" gibt es in der Bundesrepublik Deutschland ca. 1.042.000 Führungskräfte. Davon sind

178.000 selbständig,
475.000 leitende Angestellte,
202.000 Beamte und
187.000 freiberuflich tätig.[1)]

Genauere statistische Zahlen über die Anzahl der Führungskräfte in der Bundesrepublik liegen nicht vor, aber diese Werte werden als recht zuverlässig eingeschätzt.[2)] Die Zahl der Top-Manager, d.h. der Führungskräfte der ersten Ebene, liegt danach, bereinigt um die Freiberufler, die Beamten sowie die leitenden Angestellten der zweiten Führungsebene, bei 313.000.[3)] Diese rund 300.000 deutschen Top-Manager sind es, mit denen wir uns in diesem Buch befassen.

Die Frage, der wir uns in diesem Kapitel widmen wollen, lautet:

Wie sieht der typische Top-Manager aus? Und vielleicht noch interessanter: **Was macht er eigentlich**?

3.1. Der typische deutsche Top-Manager

Der typische deutsche Top-Manager des Jahres 1988 ist
50 Jahre, männlich, Diplom-Kaufmann und führt ein Unternehmen des produzierenden Gewerbes mit 100 bis 500 Mitarbeitern.

1) Vgl. Arbeitsgemeinschaft LAE 88 /LAE/.

2) Vgl. Langer /Führungskräfte/ 879.

3) Vgl. Arbeitsgemeinschaft LAE 88 /LAE/ 15.

Natürlich ist er in dieser Form ein **statistisches Kunstprodukt**, das wir gebildet haben aus den Ergebnissen einer Repräsentativbefragung von insgesamt 1.493 Top-Managern. Wir haben hierzu die beiden Studien 10 "Top-Manager Arbeit" und 11 "Top-Manager I+K-Technik" zusammengefaßt.[4] Schaut man sich die Ergebnisse einmal detaillierter an, dann ergibt sich folgendes Bild der Struktur von Top-Managern in der Bundesrepublik Deutschland.[5]

3.1.1. Alter

Das **Durchschnittsalter** der Top-Manager beträgt 50 Jahre (Darstellung 3.-1). Nur 12 Prozent sind jünger als 40 Jahre. Der Hauptanteil von 80 Prozent liegt im Bereich zwischen 40 und 60 Jahren, wobei die Aufteilung auf die beiden Dezennien mit jeweils knapp 40 Prozent gleichmäßig erfolgt. Andere Untersuchungen von Führungskräften weisen höhere Anteile bei den jüngeren Jahrgängen aus, allerdings beziehen sie dann auch Führungskräfte der zweiten und dritten Ebene mit ein.[6]

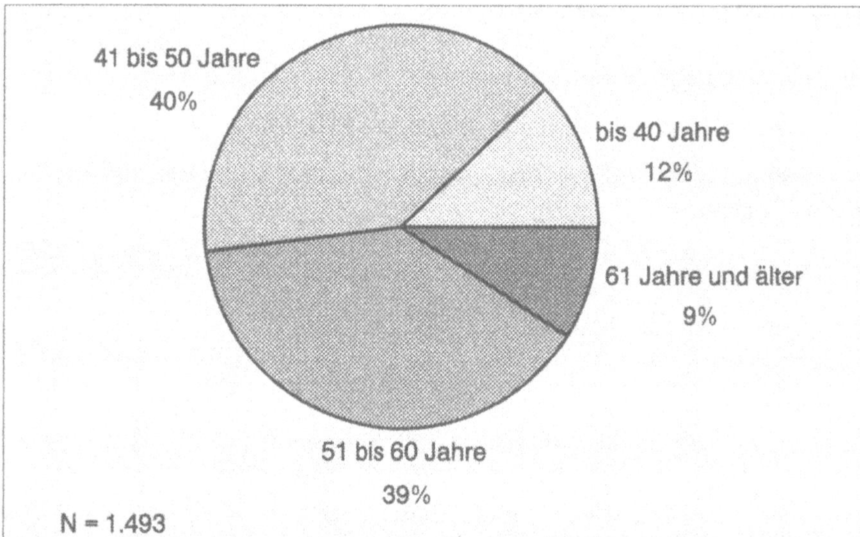

Darstellung 3.-1: Alter deutscher Top-Manager

4) Vgl. die Erläuterungen zu den Studien im Anhang.

5) Vgl. auch Ramme /Stichprobe/.

6) Vgl. Arbeitsgemeinschaft LAE /LAE/ Tabelle 2, Bertelsmann Stiftung /Arbeitsmotivation/ 57; Zahlen wiedergegeben im Anhang.

Top-Manager-Befund Nr. 1

Jeweils etwa 40 Prozent der deutschen Top-Manager sind zwischen 40 und 50 bzw. 50 und 60 Jahre alt. Die restlichen rund 20 Prozent verteilen sich auf die unter 40-Jährigen (12 Prozent) und die über 60-Jährigen (9 Prozent).

3.1.2. Geschlecht

Nur etwas mehr als zwei Prozent der Top-Manager sind **Frauen** (Darstellung 3.-2). Andere Untersuchungen bestätigen das. So sind im Hoppenstedt-Handbuch insgesamt nur 4,4 Prozent Frauen vertreten. Die Arbeitsgemeinschaft LAE weist 4,0 Prozent leitende Frauen aus.[7] Dies spricht dafür, daß Frauen in den Top-Etagen der Wirtschaft immer noch Ausnahmeerscheinungen sind.[8]

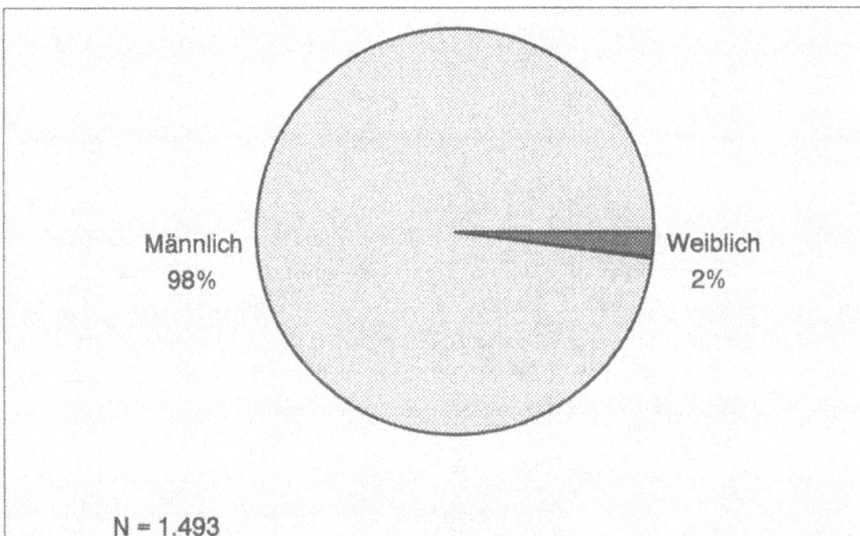

Darstellung 3.-2: Geschlecht deutscher Top-Manager

7) Vgl. o. V. /Literatur/ 88, Arbeitsgemeinschaft LAE 88 /LAE/ Tabelle 2.

8) Spätestens an dieser Stelle muß die Referenz an die weibliche Schreibweise für die Bezeichnung Manager erfolgen. Uns ist bekannt, daß diese Managerinnen lauten könnte. Wir verwenden aber weiterhin den auch im englischen neutralen Begriff Manager. Dies gilt in gleicher Weise für den Begriff Führungskraft.

Dabei hat der Hauptanteil der Frauen **kein Studium** absolviert. Nur 47 Prozent gründen ihren Spitzenjob auf einen erfolgreichen Hochschulabschluß, während diese Zahl bei den Männern bei 70 Prozent liegt (Darstellung 3.-3). Frauen gelangen also in Top-Management-Positionen eher aufgrund **berufspraktischer Ausbildung**.

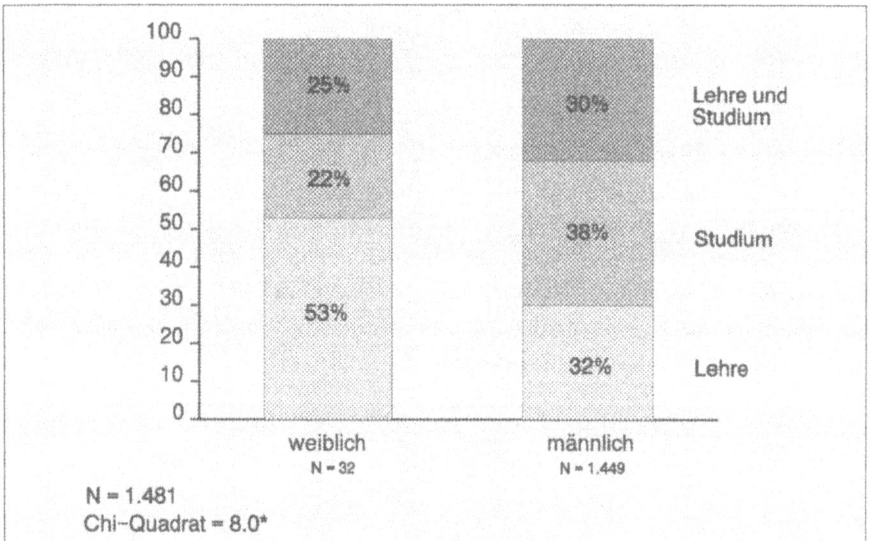

Darstellung 3.-3: Ausbildungsniveau weiblicher und männlicher Top-Manager

Dies mag auch damit zusammenhängen, daß die weiblichen Top-Manager häufiger in kleineren Unternehmen arbeiten, in denen insgesamt der Akademisierungsgrad der Manager geringer ausfällt. Vor allem in Unternehmen mit weniger als 100 Mitarbeitern sind weibliche Führungskräfte im Vergleich zu männlichen Managern etwas häufiger vertreten. In den Großbetrieben mit über 1.000 Beschäftigten ist das Gegenteil der Fall.[9] Allerdings sind die Unterschiede nicht signifikant.

Top-Manager-Befund Nr. 2
Die wenigen Frauen in Top-Management-Positionen (2,3 Prozent) sind häufiger berufspraktisch ausgebildet als die Männer, die öfter ein Studium absolviert haben. Der Akademiker-Anteil bei den Frauen liegt bei 47 Prozent, während er bei den Männern 70 Prozent beträgt.

9) Vgl. Ramme /Stichprobe/.

3.1.3. Ausbildungsniveau

Nur 3 Prozent der Top-Manager haben ihre Position mit der Hauptschul- bzw. Volksschulbildung erreicht (Darstellung 3.-4). Weitere 15 Prozent haben eine Realschule, Handelsschule oder Fachoberschule besucht. 12 Prozent haben als höchsten Abschluß das Abitur und 69 Prozent können einen Universitäts- oder Fachhochschulabschluß nachweisen. Mehr als zwei von drei Managern haben also studiert.[10] Die inhaltliche und unter Umständen auch die formale Qualifikation ist für das Erreichen einer Top-Position in der Wirtschaft demnach von besonders großer Bedeutung.

	absolut	relativ
Volks-/Hauptschule	51	3 %
Real-/Handelsschule	187	13 %
Fachoberschule	36	2 %
Gymnasium	172	12 %
Fachhochschule/Universität	1.025	69 %
Sonstige	19	1 %
keine Angaben	3	0 %
Gesamt	1.493	100 %

Darstellung 3.-4: Ausbildung deutscher Top-Manager

Der hohe **Akademisierungsgrad** deutscher Top-Manager geht allerdings nicht mit einer praxisfernen Grundstruktur einher. Vielmehr haben knapp ein Drittel die Doppelqualifikation einer berufspraktischen Ausbildung in Verbindung mit einem Studium genossen (Darstellung 3.-5). Ebenfalls knapp ein Drittel kann allein eine Berufsausbildung nachweisen, ein weiteres gutes Drittel hat nur studiert. Die bundesdeutschen Top-Manager sind somit hervorragend ausgebildet.

10) Ähnlich hohe Zahlen werden aus anderen Studien belegt: Arbeitsgemeinschaft LAE 88 /LAE/ Tabelle 2, Bruhn, Wuppermann /Geschäftsführer/, Evers, von Landsberg /Qualifikation/ 18ff.

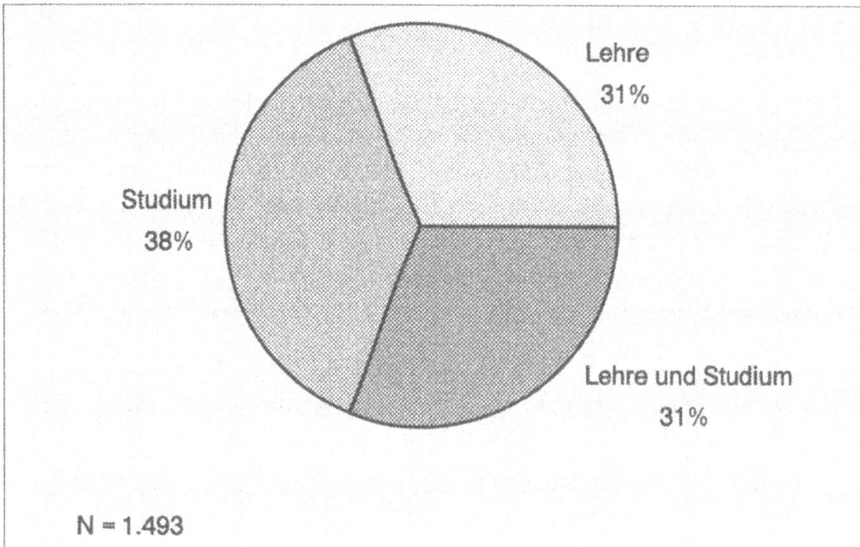

Darstellung 3.-5: Ausbildungsniveau deutscher Top-Manager

Top-Manager-Befund Nr. 3

Das Ausbildungsniveau deutscher Top-Manager ist sehr hoch. 62 Prozent haben mit einer Lehre eine berufspraktische Ausbildung und 69 Prozent haben mit einem Studium eine wissenschaftliche Ausbildung absolviert. Ein hoher Anteil von mehr als 31 Prozent der Top-Manager ist durch Lehre und Studium doppelqualifiziert.

Deutliche Unterschiede bestehen in den branchenbezogenen Qualifikationsanforderungen. Die meisten Top-Manager mit einer berufspraktischen Ausbildung sind im **Handel** beschäftigt, während im **produzierenden Gewerbe** insbesondere mit Hochschulausbildung qualifizierte Manager arbeiten (Darstellung 3.-6).

Top-Manager-Befund Nr. 4

Die meisten Akademiker in Top-Management-Positionen finden sich im produzierenden Gewerbe, die wenigsten im Handel.

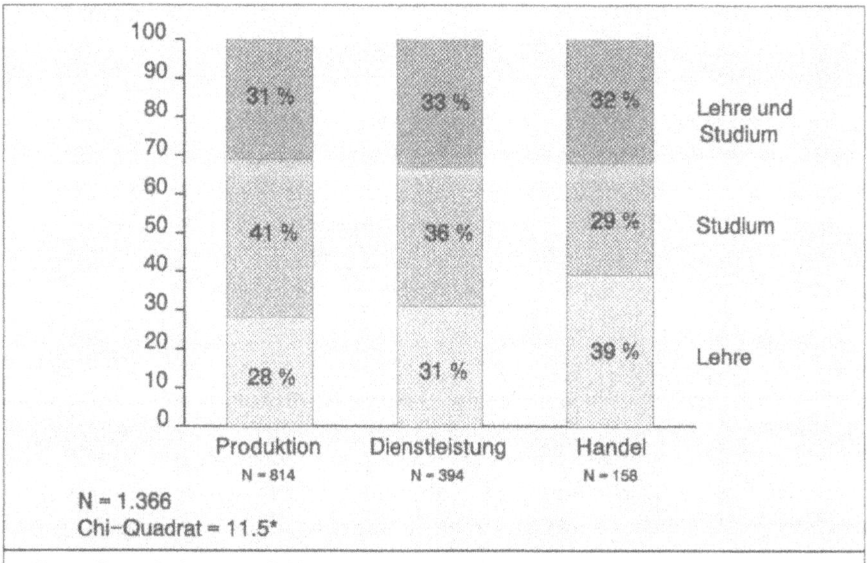

Darstellung 3.-6: Ausbildungsniveau deutscher Top-Manager in verschiedenen Branchen

Eine besonders deutliche Tendenz gilt für jüngere Top-Manager, die zu einem höheren Prozentsatz studiert haben. Während bei den Älteren nur 35 Prozent ein Studium absolviert haben, sind es bei den unter 40-Jährigen bereits 45 Prozent. Der Anteil an Doppelqualifizierten bleibt dagegen gleich (Darstellung 3.-7).

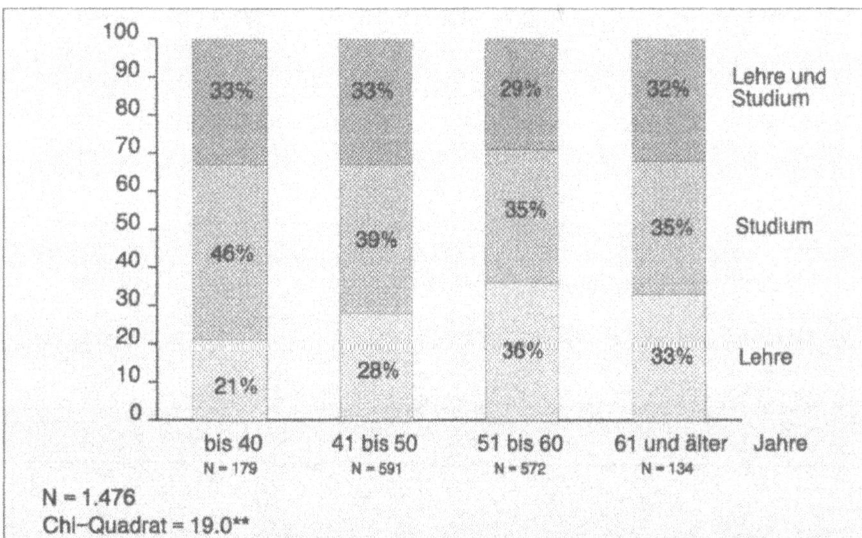

Darstellung 3.-7: Ausbildungsniveau deutscher Top-Manager nach Alterklassen

Top-Manager-Befund Nr. 5
Die Ausbildungsstruktur deutscher Top-Manager ist im Umbruch. Ein erfolgreich abgeschlossenes Studium wird weitestgehend zur Eingangsvoraussetzung für den Einzug in die Chefetage. Während bei den über 60-Jährigen der Akademikeranteil 67 Prozent beträgt, liegt er bei den unter 40-jährigen Top-Managern bereits bei 79 Prozent.

3.1.4. Ausbildungsrichtung

Bei den Ausbildungsgängen dominiert eindeutig die **kaufmännische Ausbildung** mit fast 50 Prozent (Darstellung 3.-8). 36 Prozent der Top-Manager haben ein wirtschaftswissenschaftliches Studium absolviert. Damit steht die ökonomische Ausbildung bei deutschen Top-Managern klar im Vordergrund. Ein weiterer Schwerpunkt liegt bei den Ingenieurwissenschaften: Ein Viertel der Top-Manager sind Diplom-Ingenieure.

	absolut	relativ
Kaufmännische Ausbildung	700	47 %
Studium der Wirtschaftswissenschaften	541	36 %
Studium der Ingenieurwissenschaften	371	25 %
Gewerblich-technische Ausbildung	145	10 %
Handwerkliche Ausbildung	124	8 %
Studium der Rechtswissenschaften	117	9 %
Studium der Naturwissenschaften	67	5 %
Studium der Geisteswissenschaften	30	2 %
Andere Ausbildung	75	5 %
Anderes Studium	48	3 %

Darstellung 3.-8: Ausbildungsrichtung deutscher Top-Manager (Mehrfachnennungen)

Die Dominanz einer ökonomisch-geisteswissenschaftlichen über eine technisch-handwerkliche Orientierung wird besonders deutlich, wenn man die kaufmännisch bzw. wirtschaftswissenschaftlich ausgebildeten Top-Manager zusammen mit den Juristen, Geisteswissenschaftlern und Top-Managern mit anderen Studien- bzw. Berufsausbildungsrichtungen in der Gruppe " **Ökonomie**" zusammenfaßt und die Ingenieure, Handwerker sowie Top-Manager mit gewerblich-technischer Berufsausbildung in eine Gruppe " **Technik**" einbringt. Über 60 Prozent verfügen dann über eine rein ökonomisch orientierte Ausbildung bei nur etwa einem knappen Viertel rein technisch orientierter Top-Manager (Darstellung 3.-9). Darüberhinaus verfügen 13 Prozent über eine kombinierte Qualifikation ökonomisch-technischer Ausbildung, etwa eine kaufmännische Lehre in Verbindung mit einem Ingenieurstudium.

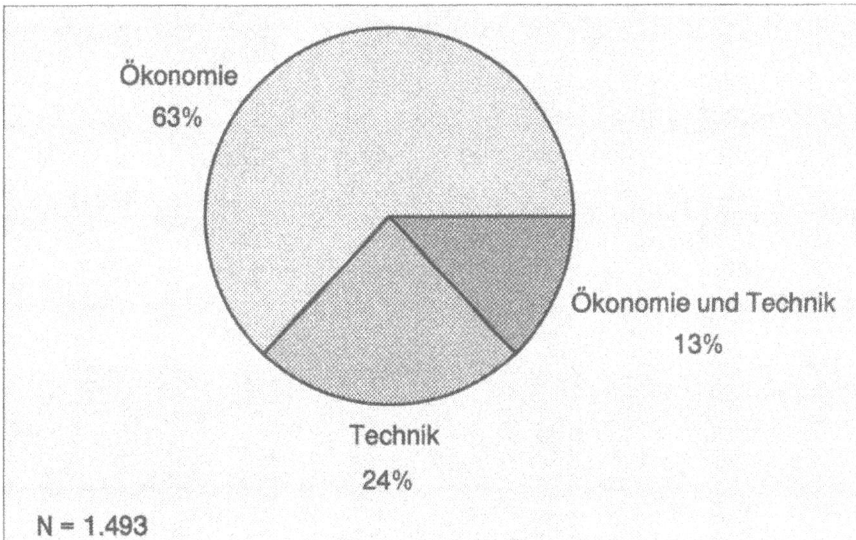

Darstellung 3.-9: Ausbildungsschwerpunkte deutscher Top-Manager

Top-Manager-Befund Nr. 6

Die deutschen Top-Manager sind überwiegend Ökonomen. Drei Viertel verfügen über eine ökonomische Ausbildung in Form einer kaufmännischen Lehre oder eines wirtschaftswissenschaftlichen Studiums. 37 Prozent haben eine technische Ausbildung in Form einer gewerblich-technischen oder handwerklichen Lehre bzw. eines Ingenieurstudiums. Mit etwas über 10 Prozent ist eine kleine Minderheit doppelt in ökonomischer und technischer Hinsicht qualifiziert.

Dabei wird sich das Verhältnis in den nächsten Jahren weiterhin zugunsten der Ökonomen verschieben, da bereits jetzt ihr Anteil in den unteren Altersgruppen deutlich höher ausfällt.[11)]

Während der Weg der Top-Manager zu einer ökonomischen Ausbildung etwa zu gleichen Teilen über eine **Lehre** (38 Prozent) oder ein **Studium** (32 Prozent) geführt hat, ist die Lehre bei einer technischen Orientierung mit 10 Prozent eher die Ausnahme (Darstellung 3.-10). In der **Kombination** sind Lehre und Studium mit 43 Prozent am häufigsten. Allerdings ist das Doppelstudium ebenso wie die zweifache Lehre keineswegs selten (jeweils 28 Prozent).

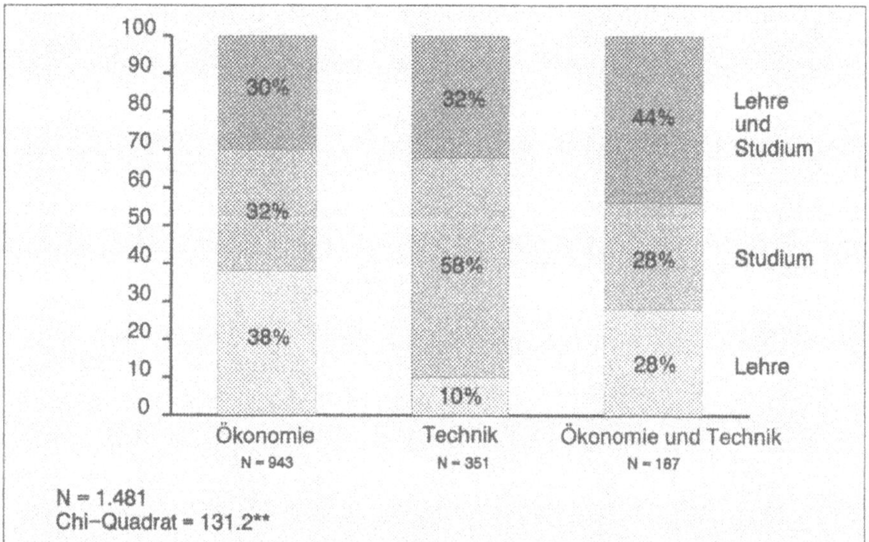

Darstellung 3.-10: Ausbildungsniveau deutscher Top-Manager nach Ausbildungsrichtungen

Eindeutige Trends bestehen auch hinsichtlich der Ausbildungsschwergewichte in den einzelnen Branchenklassen. Im **produzierenden Gewerbe** dominieren vor allem technisch orientierte Top-Manager, während im **Dienstleistungsbereich** besonders viele ökonomisch orientierte Top-Manager arbeiten (Darstellung 3.-11). In **Handelsunternehmen** finden sich dagegen kaum technisch orientierte Top-Manager und wenn, dann nur mit zusätzlicher ökonomischer Qualifikation.

11) Vgl. Ramme /Stichprobe/.

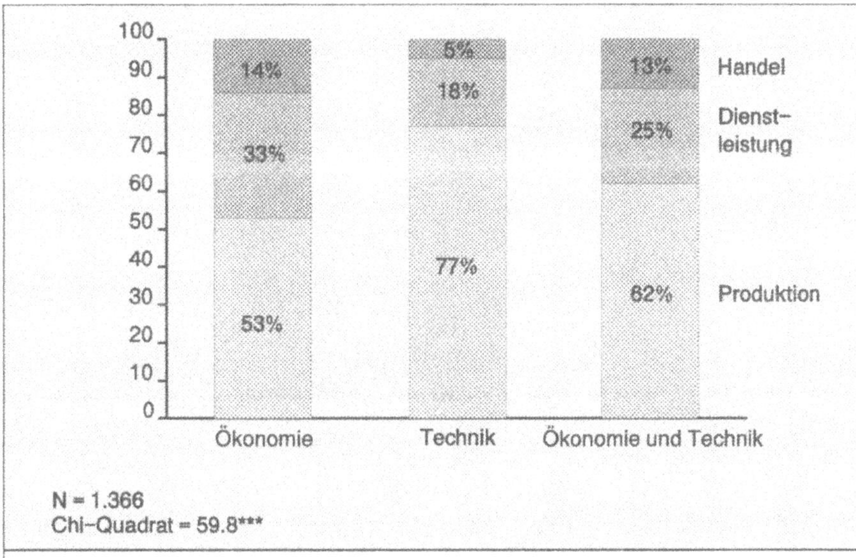

Darstellung 3.-11: Ausbildungsrichtung deutscher Top-Manager in verschiedenen Branchen

Top-Manager-Befund Nr. 7

Die Techniker unter den Top-Managern haben eher ein Studium abgeschlossen, die Ökonomen gleichgewichtig entweder Lehre oder Studium. Die Kombination von ökonomischer und technischer Ausbildung findet sich am häufigsten in der Kombination Lehre und Studium. Techniker sind überwiegend im produzierenden Gewerbe und praktisch nicht im Handel tätig. Unternehmen des Dienstleistungsbereichs und des Handels werden schwerpunktmäßig von Ökonomen geführt.

3.1.5. Unternehmensgröße und Branche

Fast drei Viertel aller Top-Manager führen ein Unternehmen mit weniger als 500 Mitarbeitern.[12] 10 Prozent der Top-Manager leiten ein Unternehmen mit 500 bis 1.000 Beschäftigten und 17 Prozent der Top-Manager sind in einem Großunternehmen mit mehr als 1.000 Mitarbeitern beschäftigt (Darstellung 3.-12).

12) Auch diese Zahlen sind wiederum gut durch andere Studien belegt; vgl. Arbeitsgemeinschaft LAE 88 /LAE/ Tabelle 121, Bertelsmann Stiftung /Arbeitsmotivation/ 58.

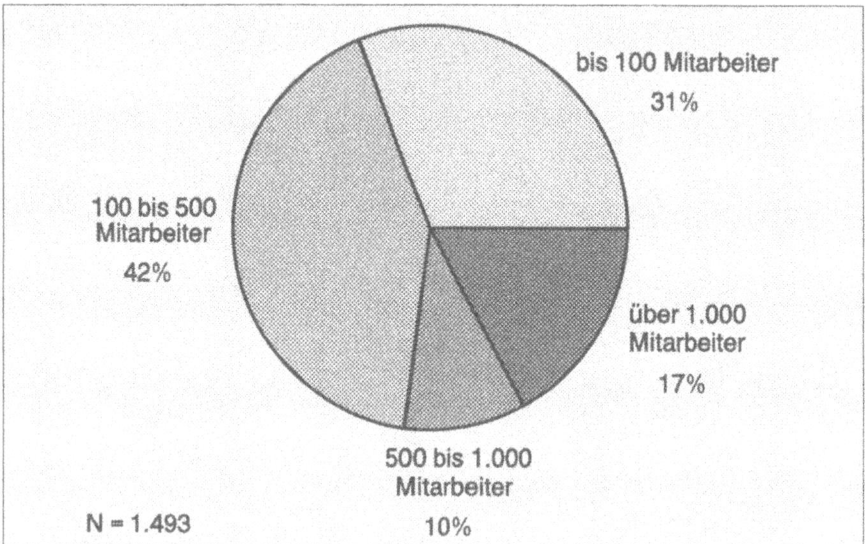

Darstellung 3.-12: Verteilung deutscher Top-Manager auf Unternehmensgrößen

Top-Manager-Befund Nr. 8
Wegen der größeren Zahl kleinerer Unternehmen in unserem Wirtschaftssystem ist die Zahl von Top-Managern in kleineren Unternehmen zwangsläufig bedeutend größer. Mehr als 70 Prozent der deutschen Top-Manager arbeiten in kleinen und mittelständischen Unternehmen mit bis zu 500 Beschäftigten.

Es besteht nur eine **sehr schwache Tendenz**, nach der die Top-Manager in den kleineren Unternehmen etwas jünger sind und in den größeren älter. So sind immerhin 27 Prozent der unter 50-Jährigen gegenüber 39 Prozent der über 50-Jährigen in Großunternehmen mit mehr als 1.000 Beschäftigten tätig. Bei Kleinunternehmen mit bis zu 100 Mitarbeitern beträgt das Verhältnis 64 Prozent der unter 50-Jährigen gegenüber 62 Prozent der über 50-Jährigen.[13)]

Ganz deutlich ist dagegen der **Trend zur akademischen Ausbildung** bei den Top-Managern **großer Unternehmen**. Während in Unternehmen mit bis zu 100 Mitarbeitern immerhin noch 38 Prozent der Top-Mananger allein eine berufspraktische Ausbildung etwa in Form einer Lehre haben, sinkt der Anteil mit steigender Unternehmens-

13) Vgl. Ramme /Stichprobe/.

größe kontinuierlich ab bis auf 17 Prozent bei Unternehmen mit mehr als 1.000 Mitarbeitern (Darstellung 3.-13).

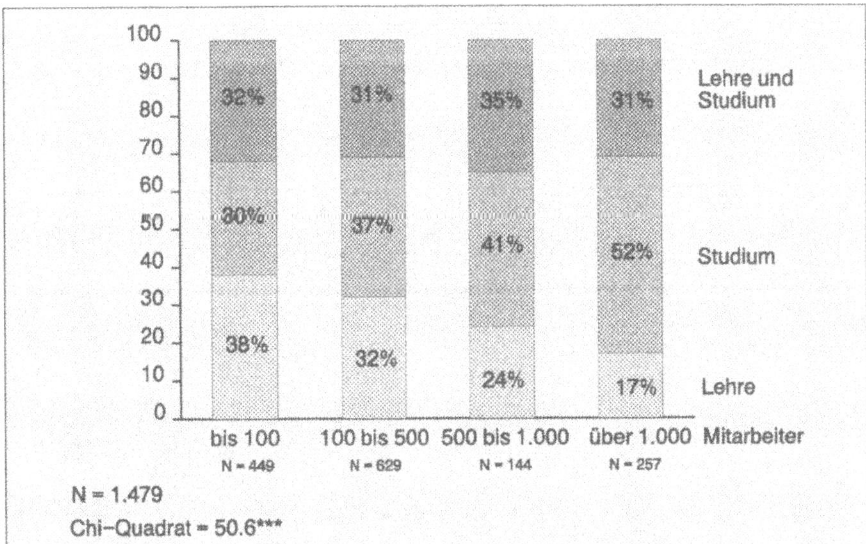

Darstellung 3.-13: Ausbildungsniveau deutscher Top-Manager in verschiedenen Unternehmensgrößen

Top-Manager-Befund Nr. 9

Der insgesamt hohe Akademisierungsgrad der deutschen Top-Manager von insgesamt 69 Prozent (siehe Top-Manager-Befund Nr. 3) ist entsprechend der Unternehmensgröße, in der die Manager tätig sind, zu differenzieren. Während in Klein-Unternehmen mit bis zu 100 Mitarbeitern lediglich 61 Prozent eine akademische Ausbildung genossen haben, sind es in Großunternehmen mit über 1.000 Beschäftigten 84 Prozent.

Definitionsgemäß sind Top-Manager in allen Branchen tätig. Von daher können nur Schwerpunktbranchen herausgearbeitet werden. Folgt man der Einteilung der Branchen im statistischen Jahrbuch[14], dann sind die meisten Top-Manager in **Dienstleistungsunternehmen**, und hier speziell in Finanzdienstleistungsunternehmen, zu finden (Darstellung 3.-14).

14) Vgl. Statistisches Bundesamt /Jahrbuch/.

	absolut	relativ
Kredit, Versicherung	192	13 %
Dienstleistungen	189	13 %
Handel	160	11 %
Stahl-, Maschinen-, Fahrzeugbau	141	9 %
Elektrotechnik	119	8 %
Ernährung und Genußmittel	82	6 %
Baugewerbe	80	5 %
Chemische Industrie	75	5 %
Metallerzeugung, -bearbeitung	73	5 %
Holz, Papier, Druck	62	4 %
Leder, Textil, Bekleidung	61	4 %
Energie, Wasser	37	3 %
Kunststoff, Gummi	33	2 %
Verkehr, Nachrichten	31	2 %
Steine, Erden, Feinkeramik	31	2 %
Verarbeitendes Gewerbe	24	2 %
Gebietskörperschaften	9	1 %
Organisationen o. Erwerbszweck	6	0 %
Land-, Forstwirtschaft	4	0 %
keine Zuordnung	84	6 %
Gesamt	1.493	100 %

Darstellung 3.-14: Verteilung deutscher Top-Manager nach Branchen

Dies liegt allerdings nicht zuletzt an der undifferenzierten Untergliederung des Statistischen Bundesamtes. Die Einteilung in **Produktion**, **Dienstleistung** und **Handel** bringt einen eindeutigen Schwerpunkt im **produzierenden Gewerbe** (55 Prozent). Besonders häufig werden hier die Zweige Stahl-, Maschinen- und Fahrzeugbau, Elektrotechnik, Ernährungs- und Genußmittel sowie Metallerzeugung und -bearbeitung angegeben (Darstellung 3.-15).

Daß in den einzelnen Branchen unterschiedliche **Personalverantwortungen** für die Manager auftreten, wird durch die Aufteilung der Unternehmensgrößen nach Branchen deutlich. Die Produktionsbetriebe, in denen die überwiegende Zahl der Top-Manager tätig sind, liegen hauptsächlich in den Größenklassen bis 500 Beschäftigten

(Darstellung 3.-16). Das gleiche gilt für den Dienstleistungsbereich. Dagegen besteht bei den Handelsunternehmen ein deutlicher Trend zu entweder Kleinunternehmen mit weniger als 100 Beschäftigten oder Großunternehmen mit über 1.000 Mitarbeitern.

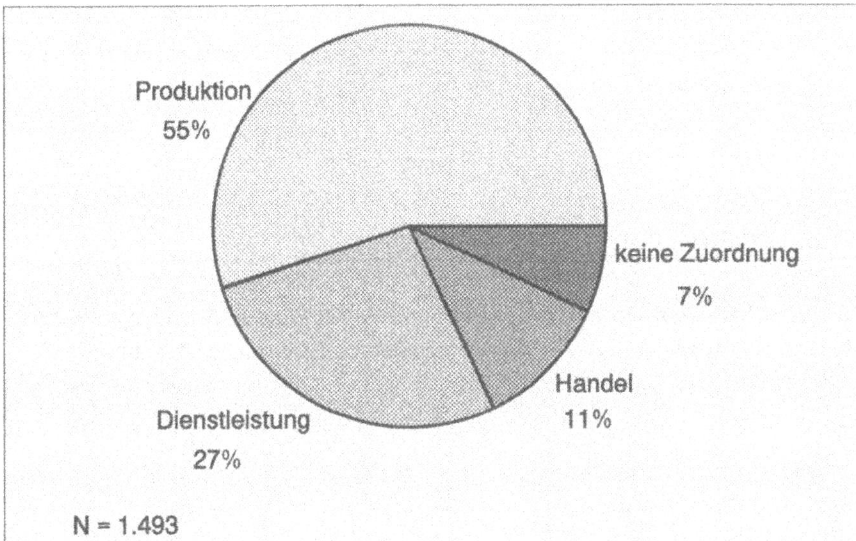

Darstellung 3.-15: Verteilung deutscher Top-Manager nach Branchengruppen

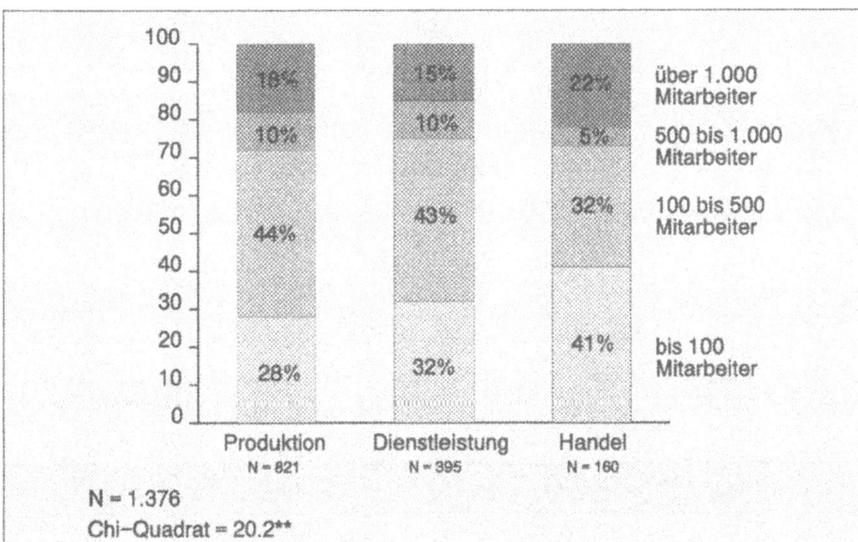

Darstellung 3.-16: Verteilung deutscher Top-Manager auf Unternehmensgrößen in verschiedenen Branchen

Top-Manager-Befund Nr. 10

Im produzierenden Gewerbe, in dem die meisten Top-Manager beschäftigt sind, ist die überwiegende Zahl in Klein-Unternehmen bis 500 Beschäftigte tätig. Das gleiche gilt für den Dienstleistungssektor. Dagegen gibt es im Handel eine Polarisierung zu kleinen oder großen Unternehmen.

3.1.6. Psycho-Typen

Zu einer Charakterisierung ihrer psychographischen Eigenschaften haben die Top-Manager sich auf einer Liste von Gegensatzpaaren eingeordnet (Darstellung 3.-17).[15)]

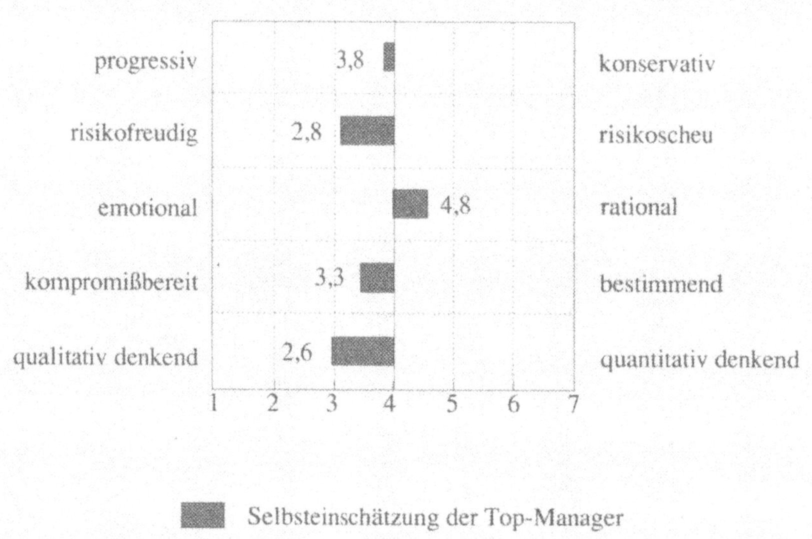

Darstellung 3.-17: Durchschnittliche Selbsteinschätzung psychographischer Merkmale deutscher Top-Manager

15) Es handelt sich um ein sogenanntes semantisches Differential bzw. Polaritätsprofil; vgl. beispielsweise Friedrichs /Methoden/ 184ff.

Die durchschnittliche Bewertung über alle Top-Manager hinweg[16)] zeigt eine Selbsteinschätzung, die weder progressiv noch konservativ, eher risikofreudig, rational, kompromißbereit und qualitativ denkend ausfällt (Darstellung 3.-17).

Um die Komplexität der insgesamt fünf Variablen für die psychographischen Variablen zu reduzieren, haben wir mittels einer **Clusteranalyse** untersucht, ob es Top-Manager gibt, die sich in der Kombination psychographischer Merkmale sehr ähnlich sind.[17)] Vier Gruppen lassen sich herausarbeiten (Darstellung 3.-18):

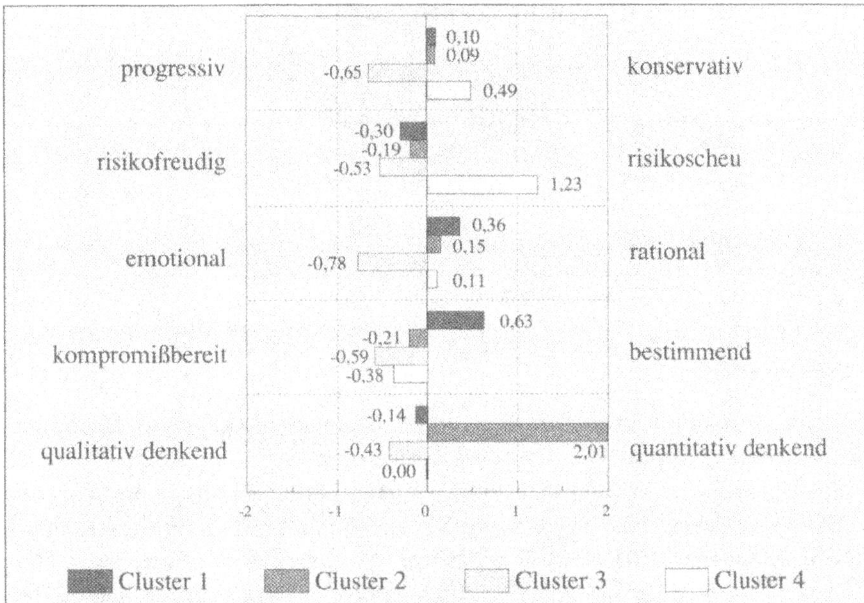

Darstellung 3.-18: Mittelwertabweichungen für die einzelnen Clusterlösungen der Psycho-Typen

* **Der Kompromißlose**

Eine Gruppe von Top-Managern (Cluster 1) schätzt sich im wesentlichen wie der Durchschnitt ein: weder konservativ noch progressiv, eher risikofreudig, mehr rational und qualitativ denkend. Diese Manager zeichnen sich in besonderer Weise dadurch aus, daß sie sich **eher für bestimmend als kompromißbereit** halten. Wir wollen diesen Typ daher den "Kompromißlosen" nennen, er kommt mit 42 Prozent am häufigsten vor (Darstellung 3.-19). Ältere Top-Manager gehören diesem Typ häufiger an als jüngere.

16) Daten basierend auf Studie 11 "Top-Manager I+K-Technik", siehe Anhang A.1.5.

17) Vgl. Ramme /Typisierung/ 23ff.

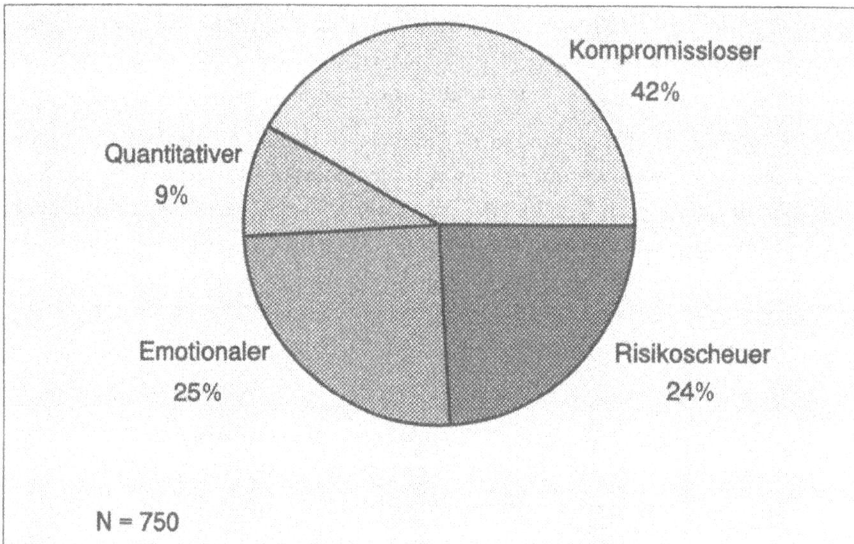

Darstellung 3.-19: Psycho-Typen

* **Der Quantitative**

Eine zweite Gruppe (Cluster 2) ist charakterisiert durch ein **ausgeprägtes quantitatives Denken**. Er entspricht in den sonstigen Eigenschaften bis auf die größere Kompromißbereitschaft dem Kompromißlosen. Wegen der extremen Ausrichtung auf zahlenbezogenes Denken nennen wir diesen Typ den "Quantitativen". Zu dieser Gruppe gehören allerdings nur 9 Prozent Top-Manager, wobei die jüngeren überwiegen. Nur in ganz wenigen Fällen hat er kein Studium absolviert. Er ist in erster Linie an der Führung von Unternehmen mit mehr als 500 Mitarbeitern beteiligt.

* **Der Emotionale**

Die dritte Gruppe (Cluster 3) zeichnet sich gegenüber den anderen Typen durch eine **stark emotionale**, verbunden mit einer **progressiven Haltung** aus. Auch die Risikofreudigkeit ist noch etwas stärker ausgeprägt als bei den anderen Typen. Wegen der besonderen Dominanz des gefühlsmäßigen Elements wollen wir diesen Typen als den "Emotionalen" bezeichnen. Ein Viertel der Top-Manager gehört dieser Gruppe an, wobei die meisten aus dem Kreis der 40-50-Jährigen stammen. Besonders häufig ist er allein durch eine berufspraktische Ausbildung etwa in Form einer Lehre qualifiziert und arbeitet in mittelständischen Unternehmen bis 500 Mitarbeitern.

* **Der Risikoscheue**

Die letzte Gruppe (Cluster 4) - ebenfalls mit einem Anteil von knapp 25 Prozent - ist durch eine von allen anderen Typen abweichende **Risikoabneigung** geprägt. Geringe Risikobereitschaft ist bei diesen Top-Managern gepaart mit einer tendenziell **konservativen Grundhaltung**. Entsprechend bietet sich für diesen Typ die Bezeichnung der "Risikoscheue" an. Die 50-60-Jährigen sind in dieser Gruppe besonders stark vertreten. Häufiger haben sie lediglich ein Studium ohne berufspraktische Ausbildung absolviert und führen Kleinunternehmen mit bis zu 100 Mitarbeitern, seltener aus dem Bereich des produzierenden Gewerbes.[18)]

Top-Manager-Befund Nr. 11
Nach den psychischen Merkmalen lassen sich Top-Manager in vier Psycho-Typen klassifizieren: ***Der Kompromißlose*** *eher risikofreudig, mehr rational und qualitativ denkend, in erster Linie aber sehr bestimmend, mit 42 Prozent sehr zahlreich,* ***Der Quantitative*** *eher kompromißbereit, starkes zahlenbezogenes Denken, mit 9 Prozent sehr selten,* ***Der Emotionale*** *eher progressiv, risikofreudig, starkes gefühlsmäßiges Element, mit 25 Prozent recht zahlreich,* ***Der Risikoscheue*** *eher konservativ, ohne jede Risikoneigung, mit 24 Prozent recht zahlreich.*

18) Vgl. auch Ramme /Stichprobe/.

3.1.7. Präzisierter Bezugsrahmen "Top-Manager - Charakterisierung": Zusammenfassung der Befunde

Top-Manager-Befund Nr. 1

Jeweils etwa 40 Prozent der deutschen Top-Manager sind zwischen 40 und 50 bzw. 50 und 60 Jahre alt. Die restlichen rund 20 Prozent verteilen sich auf die unter 40-Jährigen (12 Prozent) und die über 60-Jährigen (9 Prozent).

Top-Manager-Befund Nr. 2

Die wenigen Frauen in Top-Management-Positionen (2,3 Prozent) sind häufiger berufspraktisch ausgebildet als die Männer, die öfter ein Studium absolviert haben. Der Akademiker-Anteil bei den Frauen liegt bei 47 Prozent, während er bei den Männern 70 Prozent beträgt.

Top-Manager-Befund Nr. 3

Das Ausbildungsniveau deutscher Top-Manager ist sehr hoch. 62 Prozent haben mit einer Lehre eine berufspraktische Ausbildung und 69 Prozent haben mit einem Studium eine wissenschaftliche Ausbildung absolviert. Ein hoher Anteil von mehr als 31 Prozent der Top-Manager ist durch Lehre und Studium doppelqualifiziert.

Top-Manager-Befund Nr. 4

Die meisten Akademiker in Top-Management-Positionen finden sich im produzierenden Gewerbe, die wenigsten im Handel.

Top-Manager-Befund Nr. 5

Die Ausbildungsstruktur deutscher Top-Manager ist im Umbruch. Ein erfolgreich abgeschlossenes Studium wird weitestgehend zur Eingangsvoraussetzung für den Einzug in die Chefetage. Während bei den über 60-Jährigen der Akademikeranteil 67 Prozent beträgt, liegt er bei den unter 40-jährigen Top-Managern bereits bei 79 Prozent.

Top-Manager-Befund Nr. 6

Die deutschen Top-Manager sind überwiegend Ökonomen. Drei Viertel verfügen über eine ökonomische Ausbildung in Form einer kaufmännischen Lehre oder eines wirtschaftswissenschaftlichen Studiums. 37 Prozent haben eine technische Ausbildung in Form einer gewerblich-technischen oder handwerklichen Lehre bzw. eines Ingenieurstudiums. Mit etwas über 10 Prozent ist eine kleine Minderheit doppelt in ökonomischer und technischer Hinsicht qualifiziert.

Top-Manager-Befund Nr. 7

Die Techniker unter den Top-Managern haben eher ein Studium abgeschlossen, die Ökonomen gleichgewichtig entweder Lehre oder Studium. Die Kombination von ökonomischer und technischer Ausbildung findet sich am häufigsten in der Kombination Lehre und Studium. Techniker sind überwiegend im produzierenden Gewerbe und praktisch nicht im Handel tätig. Unternehmen des Dienstleistungsbereichs und des Handels werden schwerpunktmäßig von Ökonomen geführt.

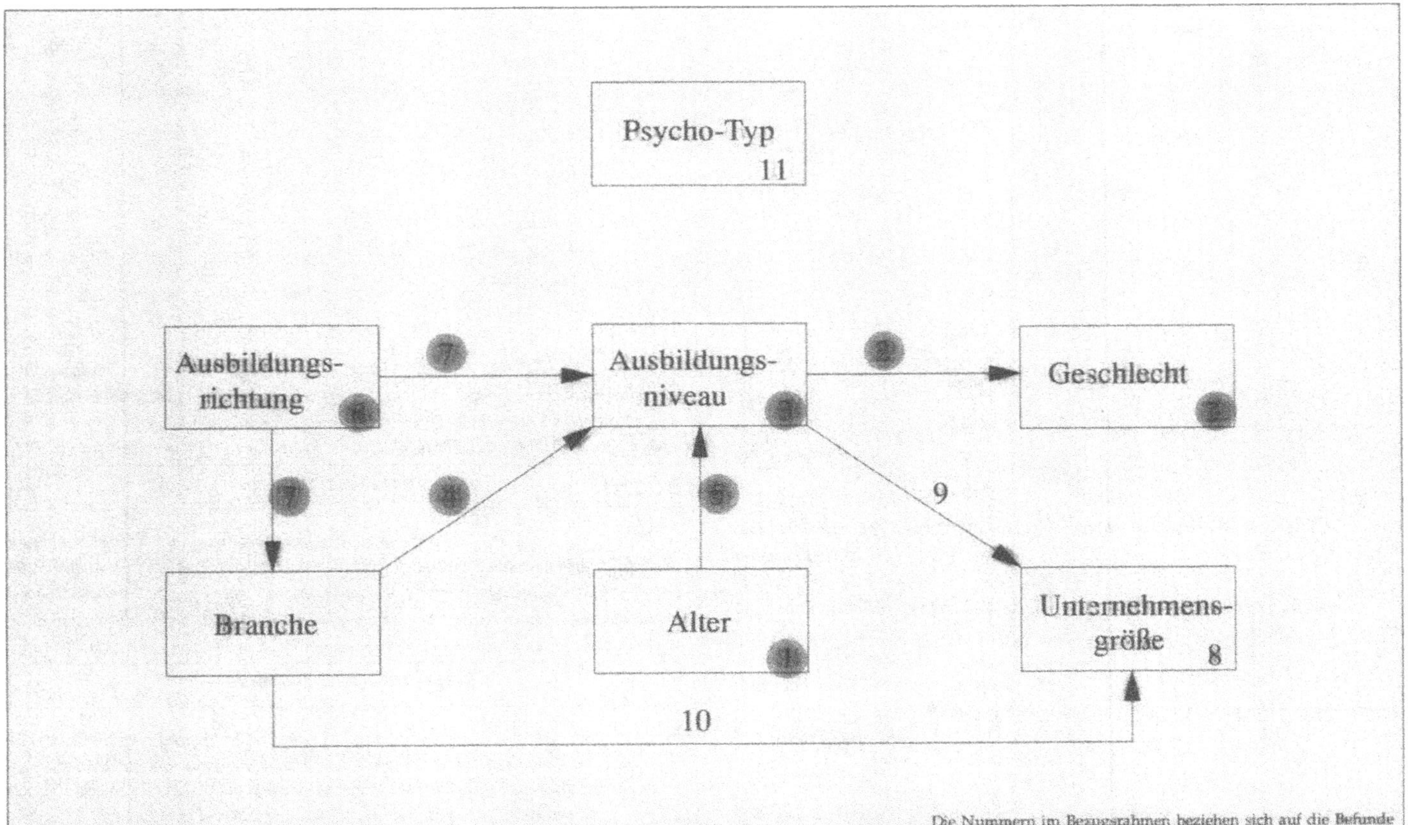

Darstellung 3.-20: *Präzisierter Bezugsrahmen "Top-Manager - Charakterisierung"*

Top-Manager-Befund Nr. 8

Wegen der größeren Zahl kleinerer Unternehmen in unserem Wirtschaftssystem ist die Zahl von Top-Managern in kleineren Unternehmen zwangsläufig bedeutend größer. Mehr als 70 Prozent der deutschen Top-Manager arbeiten in kleinen und mittelständischen Unternehmen mit bis zu 500 Beschäftigten.

Top-Manager-Befund Nr. 9

Der insgesamt hohe Akademisierungsgrad der deutschen Top-Manager von insgesamt 69 Prozent (siehe Top-Manager-Befund Nr. 3) ist entsprechend der Unternehmensgröße, in der die Manager tätig sind, zu differenzieren. Während in Klein-Unternehmen mit bis zu 100 Mitarbeitern lediglich 61 Prozent eine akademische Ausbildung genossen haben, sind es in Großunternehmen mit über 1.000 Beschäftigten 84 Prozent.

Top-Manager-Befund Nr. 10

Im produzierenden Gewerbe, in dem die meisten Top-Manager beschäftigt sind, ist die überwiegende Zahl in Klein-Unternehmen bis 500 Beschäftigte tätig. Das gleiche gilt für den Dienstleistungssektor. Dagegen gibt es im Handel eine Polarisierung zu kleinen oder großen Unternehmen.

Top-Manager-Befund Nr. 11

Nach den psychischen Merkmalen lassen sich Top-Manager in vier Psycho-Typen klassifizieren:

Der Kompromißlose
eher risikofreudig, mehr rational und qualitativ denkend, in erster Linie aber sehr bestimmend, mit 42 Prozent sehr zahlreich,

Der Quantitative
eher kompromißbereit, starkes zahlenbezogenes Denken, mit 9 Prozent sehr selten,

Der Emotionale
eher progressiv, risikofreudig, starkes gefühlsmäßiges Element, mit 25 Prozent recht zahlreich,

Der Risikoscheue
eher konservativ, ohne jede Risikoneigung, mit 24 Prozent recht zahlreich.

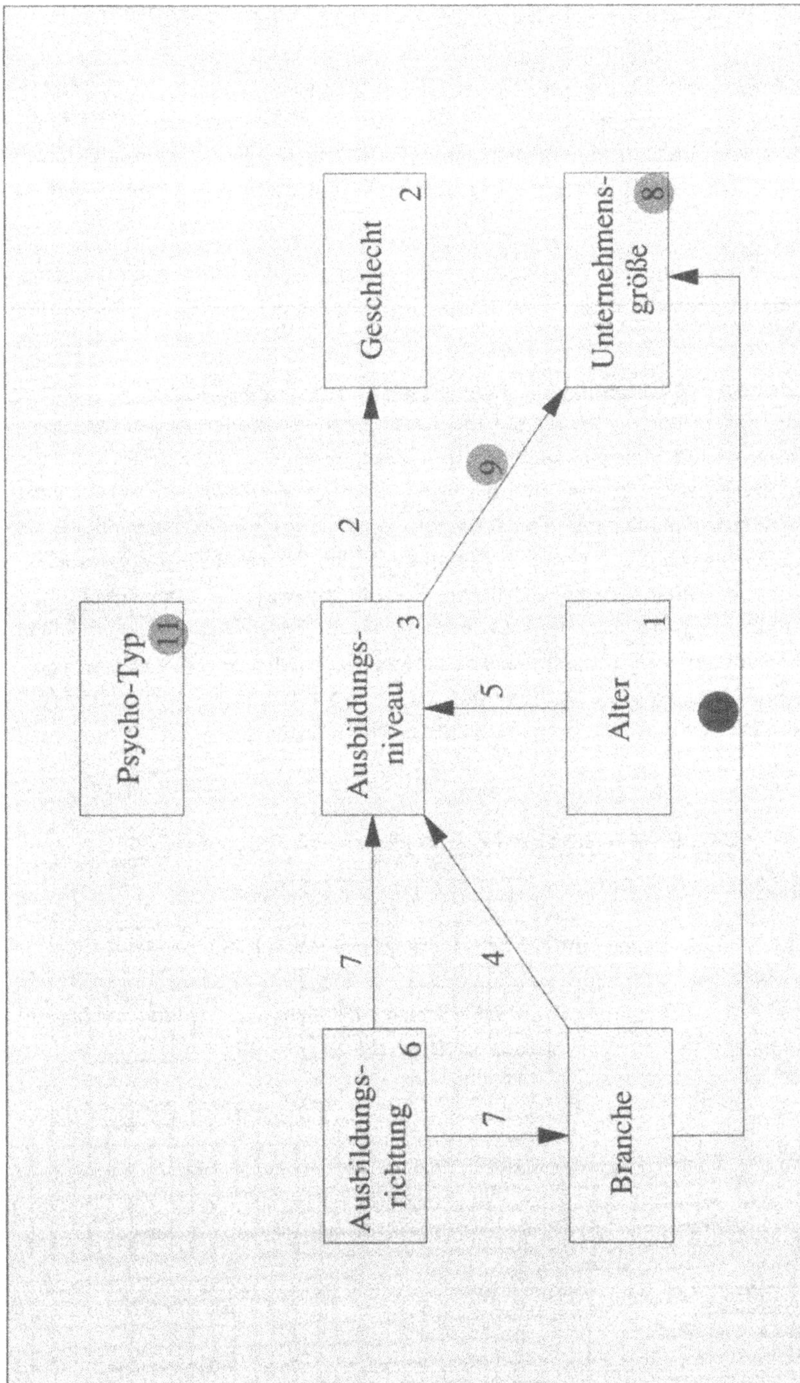

Die Nummern im Bezugsrahmen beziehen sich auf die Befunde

Darstellung 3-20: *Präzisierter Bezugsrahmen "Top-Manager - Charakterisierung"*

3.2. Die Arbeit von Top-Managern

Was tun Führungskräfte eigentlich? Diese Frage stellt sich nicht nur im Zusammenhang mit der Einführung neuer Technologien. Auch Probleme eines besseren Zeitmanagements oder Streß im Management lassen diese Frage immer wieder aktuell werden. Nicht zuletzt gehört zur Gestaltung jeder Stelle im Unternehmen eine **Aufgabenanalyse**.

Die Analyse der Aufgaben von Organisationsmitgliedern wird um so schwieriger, je komplexer und unstrukturierter die Tätigkeit ist. Dies ist genau bei Führungskräften der Fall.[19)]

In der Literatur existieren daher zahlreiche Ansätze zur Charakterisierung der Arbeit von Führungskräften.[20)] Danach sollen Führungskräfte: planen, organisieren, entscheiden, durchsetzen, kontrollieren, informieren, delegieren, koordinieren, kooperieren, motivieren, konferieren, evaluieren, repräsentieren, telefonieren, reisen, kommunizieren usw. Die Liste von Aufgaben, Tätigkeiten, Funktionen oder ähnlichem ist endlos, genauso wie die jeweilige Kritik an einzelnen Systematisierungsversuchen. Snyder und Wheelen sprechen in diesem Zusammenhang von einem Dschungelkrieg[21)] und beziehen sich dabei auf Koontz[22)], der die Entwicklung auf dem Gebiet der Managementtheorie als Dschungel beschreibt. Denn jedes neue Konzept wird von Vertretern anderer Ansätze kritisiert, aber nicht im Sinne von konstruktiver Kritik, sondern in Form von Abwertung und Geringschätzung.[23)]

3.2.1. Systematisierungskonzepte für die Arbeit von Führungskräften - Ansätze in der Literatur

Nicht anders wird es unserem Versuch der Systematisierung ergehen, von dem wir glauben, daß das Ergebnis nicht nur einsichtig, sondern auch für die Analyse und die Organisation der Führungskräftearbeit hilfreich ist.[24)] Schauen wir uns zunächst an, wie Führungskräftearbeit bisher strukturiert wurde.

19) Vgl. Nealey, Fiedler /Leadership/ 319.

20) Christensen u.a. /Business/ 14 behaupten, daß trotz zahlreicher Versuche, die Arbeit von Führungskräften zu charakterisieren, kaum vorweisbare Ergebnisse vorliegen.

21) Vgl. Snyder, Wheelen /Roles/ 249.

22) Vgl. Koontz /Management/ 175.

23) Vgl. Koontz /Management/ 175, Snyder, Wheelen/ Roles/ 249.

24) Vgl. detaillierter Ramme /Arbeit/ sowie Müller-Böling, Ramme /Interviews/.

(1) Aspekt Funktion[25)]

Die erste Systematisierung der Arbeit von Führungskräften[26)] stammt aus dem Jahr 1916 von **Fayol**.[27)] Fayol benutzte den **funktionalen Ansatz**. Die Funktionen, die Fayol den Führungskräften zuschreibt, sind **Planung, Organisation, Führung, Koordination** und **Kontrolle**.[28)] Sie werden inzwischen schon als klassische Funktionen von Führungskräften bezeichnet.[29)] Zu diesem Konzept existieren zahlreiche Weiterentwicklungen, die sich teilweise nur in der Terminologie und teilweise auch durch Hinzufügen oder Weglassen der Kategorien Fayols unterscheiden. Greenwood reduziert die Managementfunktionen auf die drei Kategorien Planung, Organisation und Kontrolle.[30)] Einige Autoren beschränken sich auf Planung, Organisation, Kontrolle und Menschenführung.

Mintzberg hält das Konzept der Funktionen für völlig **ungeeignet**.[31)] Er bezeichnet die Führungsfunktionen als bequeme Abstraktion für die Umschreibung der Unwissenheit über die Arbeit von Führungskräften.[32)] Denn Führungsfunktionen geben zwar einen ungefähren Einblick in die Arbeit einer Führungskraft; was sie tatsächlich tun, ist allerdings so nicht zu erfassen.[33)] Vielmehr geben sie das Ziel der Führungsarbeit an.[34)] Außerdem passen sie deswegen nicht auf das tatsächliche Verhalten von Managern, da Planungen z.B. nicht systematisch erfolgen und somit nicht als abgrenzbare Tätigkeit erscheinen.[35)] Schließlich gibt es keine Übereinstimmung darüber, welche Einzelfunktionen zu berücksichtigen sind,[36)] und es werden unterschiedliche Ter-

25) Siehe zu der sehr umfangreichen Literatur auf diesem Gebiet Ramme /Arbeit/ 13ff und 37ff.

26) Vgl. Federico /Management/ 36, Mintzberg /Job/ 49.

27) Vgl. Fayol /Verwaltung/.

28) Vgl. Fayol /Verwaltung/ 6ff.

29) Vgl. Strehl /Arbeitsrollen/ 34, Carlson /Behavior/ 23, Christensen u.a. /Business/ 14 und Ramme /Konzepte/ 5.

30) Vgl. Greenwood /Management/ 2. Gleiches wird behauptet von Mee /History/ 284ff und Appley /Management/ 11, die statt der Kategorie Controlling "Executing" verwenden. Beide sind zitiert in Greenwood /Management/ 3. Daß diese drei Funktionen die am häufigsten genannten sind, stellt auch Beyer /Lehre/ 37 fest. Auch Pack /Unternehmungsführung/ reduziert die Managementfunktionen schließlich wieder auf Führung, Planung und Organisation.

31) Vgl. Mintzberg /Work/ 108. Vgl. auch Pavett, Lau /Work/ 170.

32) Vgl. Mintzberg /Look/ 21.

33) Vgl. Mintzberg /Nature/ 10, Carlson /Behavior/ 23, beide auch zitiert in Deutschmann /Management/ 178. Vgl. auch Mintzberg /Myths/ 92.

34) Vgl. Christensen u.a. /Business/ 14, Mintzberg /Job/ 49, Mintzberg /Look/ 21, Strehl /Arbeitsrollen/ 34.

35) Vgl. Kotter /General/ 85.

36) Vgl. Miner /Management/ 50.

mini für die gleiche Funktion verwendet, im anglo-amerikanischen Raum z.B. Staffing, Directing, Motivation für Mitarbeiterführung.[37)] Das Konzept der Führungsfunktionen wird als zu ungenau kritisiert, da die Einzelfunktionen nicht trennbar voneinander sind,[38)] was nichts anderes bedeutet, als daß die Führungsfunktionen nicht überschneidungsfrei sind.[39)] Weitere Argumente gegen das Konzept bestehen darin, daß häufig selbständige Funktionen genannt werden, die aber nur der Durchführung der Führungsfunktionen dienen, wie z.B. die Kommunikation ein Bestandteil aller Führungsfunktionen ist.[40)]

Befürworter des funktionalen Konzeptes führen empirische Untersuchungen an. Mahoney u.a. behaupten von den von ihnen eingesetzten Funktionen, sie seien überschneidungsfrei. So wurde eine Gruppe von Führungskräften gebeten, von einer Liste mit 100 Beispielen von Führungstätigkeiten eine Zuordnung zu Funktionen vorzunehmen. Dieser Test stellte sich als erfolgreich heraus. Im Mittel gab es eine 70%ige Übereinstimmung zwischen der von dieser Gruppe vorgenommenen Zuordnung und der von den Forschern vorgenommenen Zuordnung. Auch die Test-Retest-Reliabilität ergab befriedigende Resultate.[41)] Auch Haas u.a. behaupten, daß sich das Konzept der Führungsfunktionen in ihrer empirischen Untersuchung von 355 Bankmanagern bewährt habe.[42)]

Unstrittig ist, daß mit den Funktionen wesentliche Aspekte der Führung in Unternehmen angesprochen werden. Problematisch sind die Einzelabgrenzungen einerseits sowie andererseits der Versuch, auch anders dimensionierte Aspekte in den Ansatz zu integrieren. Dies führt zu Mehrdeutigkeiten, die funktionale Gesichtspunkte zur Beschreibung der Führungskräftearbeit allerdings **nicht grundsätzlich ungeeignet** erscheinen lassen.[43)]

(2) Aspekt Aktivität[44)]

Teilweise als Anwort auf die abstrakten Funktionen werden die auf den ersten Blick griffigeren Aktivitäten einer Führungskraft in einer zweiten Gruppe von Arbeiten zur Beschreibung herangezogen.

37) Vgl. Beyer /Lehre/ 41.

38) Vgl. Stewart /Contrasts/ 121.

39) Vgl. Koontz, O'Donnell /Management/ 47, Horne, Lupton /Activities/ 22, Beyer /Lehre/ 41.

40) Vgl. Beyer /Lehre/ 42. Vgl. dazu auch Pack /Planung/ 1712.

41) Vgl. Mahoney u.a. /Management/ 100.

42) Vgl. Haas u.a. /Managers/ 73.

43) Auch Miner /Management/ 50f.

44) Vgl. auch hier die sehr umfangreiche Literaturzusammenstellung in Ramme /Arbeit/ 22ff sowie 42ff.

Einige Autoren unterteilen die **Aktivitäten** von Führungskräften explizit in **Kommunikation, Verwaltung, Analyse** und **Dokumentenerzeugung**.[45] Zur Kommunikation gehören dabei formelle Sitzungen, informelle Besprechungen und Telefonate. Verwaltungsarbeit ist zum Beispiel die tägliche Erledigung der Post. Zu Analysetätigkeiten zählen Fachaufgaben wie Berechnungen oder Fachliteraturstudium. Werden Berichte oder ähnliches erstellt, kann dies der Dokumentenerzeugung zugeordnet werden. Wird diese Unterteilung nicht gemacht, ist es in der Regel möglich, die von den einzelnen Autoren angegebenen Aktivitäten diesen Blöcken zuzuordnen.

Aktivitäten geben Auskunft über die **Eigenschaften** der Führungsarbeit, aber nicht über den **Inhalt** der Arbeit von Führungskräften.[46] Mit Aktivitäten werden nur die gewöhnlichen Tätigkeiten erfaßt, nicht jedoch die beiläufigen, spontanen Aktivitäten.[47] Auch kreative Tätigkeiten - als Hauptbestandteile von Führungstätigkeiten - sind über die Aktivitäten nicht erfaßbar,[48] da sie zeitlich nicht eindeutig fixiert und häufig nicht von anderen Aufgaben getrennt werden können. Sie fallen vielmehr "oftmals als Nebenergebnisse in andere Tätigkeitsbereiche"[49] hinein. Es bleibt fraglich, ob die eigentlichen Aufgaben von Führungskräften, nämlich die **Problemlösung** und Entscheidung unter Unsicherheit sowie die **Konsensbildung**,[50] durch Aktivitäten wie Telefonate, Besprechungen oder Reisen abgebildet werden können. Der berühmte IBM-Grundsatz "Think!" ist an Aktivitäten in der Regel nicht sichtbar. Kevenhörster und Schönbohm meinen daher, daß der Ertrag von Zeitstudien über Aktivitäten in erster Linie darin liegt, solche Tätigkeitsbereiche auszuweisen, die Führungskräfte an ihren eigentlichen Aufgaben hindern.[51]

Insofern dürfte klar sein, daß die Komplexität der Führungskräftearbeit nicht allein durch Aktivitäten einzufangen ist. Allerdings gilt auch hier, daß Tätigkeitsanalysen von Führungskräften **keineswegs wertlos** sind.

(3) Aspekt Fachaufgabe[52]

Führungskräfte haben nicht nur **Führungsaufgaben im engeren Sinn**, sondern immer auch **Fachaufgaben** zu erfüllen. Hierbei handelt es sich um die Verantwortungsbereiche, die funktionalen Inhalte, die Art der Aufgaben oder die zu lösenden Pro-

45) Vgl. insbesondere Scholl /Büroautomation/ 14 bzw. Tellefsen /Estimating/.

46) Vgl. Mintzberg /Nature/ 24, Stewart /Contrasts/ 122.

47) Vgl. Kevenhörster, Schönbohm /Management/ 26.

48) Vgl. Carroll, Gillen /Functions/ 43.

49) Vgl. Kevenhörster, Schönbohm /Management/ 26.

50) Vgl. Szyperski u.a. /Bürosysteme/ 21ff.

51) Vgl. Kevenhörster, Schönbohm /Management/ 27.

52) Vgl. dazu die Literaturhinweise in Ramme /Arbeit/ 32ff und 80ff.

blembereiche.[53] Christensen u.a. nennen dies die technischen Aufgaben von Managern.[54] Die Einteilungen der unterschiedlichen Autoren orientieren sich in der Regel an den Funktionsbereichen **Beschaffung**, **Produktion**, **Absatz**, **Finanzierung**, **Personalwesen**, **Forschung** und **Entwicklung** sowie **Verwaltung** von Unternehmen.[55] Als Beispiel für die Aufgabe eines Marketing-Managers mag die Ausarbeitung einer neuen Marketingstrategie für ein Hauptprodukt des Unternehmens dienen.[56]

In diesem Zusammenhang wird betont, daß es wichtiger ist, die Aufgaben zu erfassen als die Aktivitäten, da es auf die Inhalte ankommt. Die Inhalte sind nur mittels der Aufgaben zu erfassen, nicht aber durch die Aktivitäten.[57]Gerade die funktionale Einteilung der Unternehmensstruktur in Marketing, Rechnungswesen, Forschung und Entwicklung etc. erlaubt eine - zumindest innerhalb einer Unternehmung - klare und eindeutige Erfassung der Aufgaben von Führungskräften.[58]

Fachaufgaben gehören **nicht** zu den **Führungsaufgaben**.[59] Sie gehören aber zu den **Aufgaben von Führungskräften**, da diese immer auch Fachleute sind. Insofern gehört die Analyse von Fachaufgaben mit zum Konzept, wenn es darum geht, die Arbeit von Führungskräften zu erfassen und zu strukturieren.

(4) Aspekt Rolle[60]

Im Gegensatz zu den Konzepten, die sich auf die Funktionen bzw. auf die Aktivitäten von Managern beziehen, gibt es relativ wenige Autoren, die dem Rollenkonzept folgen.

Kotter und Lawrence ermitteln bei Bürgermeistern den Bürokraten, der mittels formaler Autorität seine Führungsfunktionen ausübt, den Unternehmer, der sich ohne formale Autorität den Zugriff auf benötigte Ressourcen wie Informationen oder Mitarbeiter verschafft, und letztendlich das Individuum, das ohne Ressourcen auskommt und alle Arbeiten allein erledigt.[61] Kotter und Lawrence benutzen allerdings nicht

53) Vgl. Mahoney u.a. /Management/ 101, Campbell u.a. /Behavior/ 95, Alexander /Effect/ 186, Marples /Studies/ 293, Connors, Hutts /Administrators/ 48 sowie Luijk /Executives/ 69.

54) Vgl. Christensen u.a. /Business/ 16.

55) Vgl. Szyperski, Winand /Grundbegriffe/ 44. Andere Einteilungen liefern Alexander /Effect/ 186, Campbell u.a. /Behavior/ 95f, Dubin, Spray /Behavior/ 101, Scholl /Büroautomation/ 15.

56) Vgl. Boyatzis /Manager/ 17.

57) Vgl. Reichwald /Büroautomatisierung/ 1218.

58) Vgl. Burns /Management/ 47f.

59) Vgl. Koontz /Management/ 183.

60) Vgl. zur Literatur Ramme /Arbeit/ 29ff und 74ff.

61) Vgl. Kotter, Lawrence /Mayors/ 87ff.

den Begriff der Rolle. Dies gilt auch für Mahoney u.a., die von **Aufgabentypen** sprechen. Sie haben die Funktionen von Führungskräften analysiert und dann nach diesen Funktionen Typenklassen gebildet,[62)] die auch als Rollen bezeichnet werden können. Genau dies hat auch Stewart getan, die aufgrund der Untersuchung von Aktivitäten fünf Jobtypen ermittelt hat.[63)]

Das eigentliche Rollenkonzept jedoch wurde von Mintzberg entwickelt.[64)] Rollen beschreiben Anforderungen an eine Führungskraft hinsichtlich auszuführender Aktivitäten und zu tragender Verantwortlichkeiten.[65)] Im einzelnen unterscheidet Mintzberg zehn Rollen.[66)] Als Repräsentant (*figurehead*) hat der Manager soziale, rechtliche und zeremonielle Verpflichtungen. Die Führerrolle (*leader*) beschreibt alle diejenigen Beziehungen der Führungskraft zu den Mitarbeitern, die Einstellung, Ausbildung und Motivation der Mitarbeiter betreffen. Als Koordinator (*liaison*) knüpft und pflegt der Manager Kontakte nach außen. Die Rolle des Informationssammlers (*monitor*) bezieht sich auf die Suche und Entgegennahme von Informationen jeglicher Art. In der Informationsverteilerrolle (*disseminator*) werden Informationen an die Mitarbeiter verteilt. Als Informant von externen Gruppen (*spokesman*) repräsentiert er das Unternehmen nach außen. Der Manager als Unternehmer (*entrepreneur*) übernimmt Verantwortung für Änderungen im Unternehmen. Als Krisenmanager (*disturbance handler*) ist der Manager gefordert, wenn Krisen, wie z.B. Streiks, Aufgabe einer Niederlassung oder Wechsel einer Führungskraft, das Unternehmen bedrohen. Der **Ressourcenzuteiler** (*ressource allocator*) entscheidet über die Verteilung von Budgets und/oder Kompetenzen. Die Rolle des Verhandlungsführers (*negotiator*) schließlich ist erforderlich, wenn sich das Unternehmen in wichtigen Fragen mit anderen gesellschaftlichen Gruppen auseinandersetzen muß.[67)] Das Konzept von Mintzberg wurde, teilweise modifiziert, von etlichen Autoren aufgegriffen.[68)]

Schließlich sind noch Konzepte zu nennen, die sich zwar mit den Rollen von Managern beschäftigen, die aber nicht in der Absicht entwickelt wurden, die Arbeit von

62) Vgl. Mahoney u.a. /Management/ 104.

63) Vgl. Stewart /Managers/ 102ff.

64) Vgl. Snyder, Wheelen/ Roles/ 249, Stewart /Contrasts/ 123, Koontz /Management/ 181, Boyatzis /Manager/ 17, Stoner /Management/ 1ff.

65) Vgl. Boyatzis /Manager/ 17.

66) Die Übersetzung folgt der von Staehle /Management/ 78. Eine teilweise andere Übersetzung liefert Strehl /Arbeitsrollen/ 35ff.

67) Vgl. Mintzberg /Nature/ 54ff, Mintzberg /Look/ 21f, Mintzberg /Job/ 54ff, Mintzberg /Planning/ 55. Auch dargestellt in Frese /Unternehmungsführung/ 90ff.

68) Vgl. Alexander /Effect/ 187, Boyatzis /Manager/ 17, Snyder, Wheelen /Roles/ 252, Mc Call, Segrist /Pursuit/ zitiert in Stewart /Model/ 7f, Tsui /Role/ 71, Pavett, Lau /Work/ 173, Paolillo /Role/ 91ff, o.V. /Rollen/ 74ff.

Führungskräften zu erfassen. So wird der Manager als Neuerer (*innovator*), Vermittler (*change agent*) und Steuermann (*guiding light*) des Unternehmens bezeichnet.[69] Aber auch Ordnungshüter, Herausforderer, Förderer und Kulturarchitekt werden genannt.[70]

Bei der Anwendung des Rollenkonzepts von Mintzberg stellten Snyder und Wheelen fest, daß einige Aktivitäten keiner der Rollen zuordenbar war. Außerdem behaupten sie, daß die einzelnen Rollen **nicht überschneidungsfrei** seien. Die Führerrolle in Mintzbergs Konzept sei letztlich den anderen Rollen übergeordnet, so daß sich hier die gleichen Mängel herauskristallisieren wie beim funktionalen Konzept.[71] Koontz hält das Rollenkonzept von Mintzberg für nicht angemessen, da so wichtige Tätigkeiten von Managern wie Auswahl und Förderung von Mitarbeitern oder Festlegung von langfristigen Unternehmenszielen in den Rollen nicht auftauchen. Darüberhinaus seien einige der von Mintzberg genannten Rollen identisch mit den Führungsfunktionen, die er selbst stark kritisiert.[72] Stewart zufolge variiert die relative Wichtigkeit der einzelnen Rollen stark von Führungskraft zu Führungskraft. Das Rollenkonzept passe außerdem nicht auf alle Managerjobs. Schwierigkeiten entstehen bei der Zuordnung von Aktivitäten zu den Rollen. Einige der von Mintzberg entwickelten Rollen, insbesondere die Führerrolle, seien zu weit gefaßt, als daß sie von praktischem Nutzen sein könnten.[73]

Trotz dieser berechtigten Detailkritiken verbergen sich hinter den Rollen **Aufgabenbündel**, die für die Arbeit von Führungskräften konstituierend sind und insofern bei der Frage nach der Arbeit von Führungskräften eine strukturierende Funktion übernehmen können.

Berücksichtigt man die Vor- und Nachteile der vorgetragenen Konzepte, **dann wird klar, daß Führungskräftearbeit nicht** allein mit einem Ansatz umschrieben werden kann. Wir sind daher der Meinung, daß mit den Funktionen, Aktivitäten und Fachaufgaben jeweils **unterschiedliche Dimensionen** angesprochen werden, die alle in ein Konzept zur Arbeit von Führungskräften mit integriert werden müssen. Darüberhinaus sollte die Arbeitszeit - als besonders operationales und im Zusammenhang mit der Belastung wichtiges Kriterium - Eingang in das Konzept finden. Dementsprechend wollen wir im folgenden die Arbeit von Führungskräften im Hinblick auf die

- **Arbeitszeit,**
- **Fachaufgaben,**

69) Vgl. Federico /Management/ 40.

70) Vgl. Müri /Chef/ 320ff.

71) Vgl. Snyder, Wheelen /Roles/ 251f.

72) Vgl. Koontz /Management/ 181.

73) Vgl. Stewart /Contrasts/ 123.

- **Funktionen** und
- **Aktivitäten**

differenzieren. Darauf aufbauend können dann bestimmte Typen als **übergeordnete Aufgabenbündel** ermittelt werden, die den Gedanken der **Rolle** wieder aufgreifen.

Grundlage für die folgenden Erörterungen sind die Daten der Studie 10 "Top-Manager Arbeit", die auf einer repräsentativen Befragung von 712 deutschen Top-Managern beruhen.[74)]

3.2.2. Arbeitszeit

Ergebnisse verschiedener Untersuchungen haben ergeben, daß Führungskräfte im Schnitt **über 50 Stunden** in der Woche arbeiten. Darstellung 3.-21 faßt die Ergebnisse dieser Studien überblicksartig zusammen.[75)] Berechnet man einen Durchschnittswert für alle 4.300 untersuchten Führungskräfte aus den verschiedensten Zeiten und den unterschiedlichsten Ländern, dann kommt man auf einen Wert von 53 Arbeitsstunden pro Woche.

Die deutschen Top-Manager, die wir in der Studie 10 "Top-Manager Arbeit"[76)] untersucht haben, arbeiten mit einem Wochenschnitt von **59 Stunden**, einschließlich der Arbeit zu Hause, nicht unerheblich über dem Durchschnittswert der Führungskräfte aller anderen Studien. Die **Wochenarbeitszeit** liegt sogar am obersten Rand aller verfügbaren Untersuchungen. Nur eine Minderheit von 5 Prozent arbeitet weniger als 50 Stunden pro Woche (Darstellung 3.-22). Das heißt, daß es die 40-Stunden-Woche oder gar die 35-Stunden-Woche für Top-Manager nicht gibt. Immerhin arbeiten sogar noch 15 Prozent mehr als 70 Wochenstunden.

74) Siehe Anhang A.1.5.

75) Vgl. Carlson /Behavior/ 63, Strong /Time/ 487, eigene Berechnungen, Case /Executive/ 69, Stewart /Managers/ 29ff, Mintzberg /Look/ 26, Snyder, Glueck /Managers/ 72, Martin, Willower /Behavior/ 71, Kmetz, Willower /School/ 65, Pross, Boetticher /Manager/ 22, Copeman /Executives/ 7, Kevenhörster, Schönbohm /Management/ 26, 30, eigene Berechnungen, Maccoby /Gamesman/ 38, Lau et al. /Nature/ 517, Worthy /arbeiten/ 37, Rose /Forschung/ 82, Ploeger, Schuh /Ergebnisse/ 10, Klare, Gidom /Arbeitsumfeld/ 73, eigene Berechnungen, Gerhard, Vollmerig /Architekten/ 22, Bertelsmann Stiftung /Arbeitsmotivation/ 20f, eigene Berechnungen. Vgl. zu den Untersuchungen genauer Müller- Böling, Ramme /Interviews/ 11ff, sowie Ramme /Arbeit/ 181.

76) Siehe Anhang A.1.5.

Autor	Stichprobengröße	Stunden pro Woche
Carlson	9	50
Strong	37	58
Case	52	46
Stewart	160	42
Mintzberg	5	40
Snyder und Glueck	2	39
Martin und Willower	5	53
Kmetz und Willower	5	50
Pross und Boetticher	145	55
Copeman	58	50
Kevenhörster und Schönbohm	127	53
Maccoby	250	43
Lau et al.	370	60
Agentur Korn und Ferry	1362	56
Rose	1	55
Ploeger, Schuh	1	45
Klare, Gidom	30	50
Gerhard, Vollmerig	274	55
Bruhn, Wuppermann	346	55
Bertelsmann, IWG	1065	49
Durchschnitt		53

Darstellung 3.-21: Arbeitszeit von Führungskräften in verschiedenen empirischen Untersuchungen

Die Abweichung zu den anderen Führungskräften ist zu einem großen Teil mit der hierarchischen Ebene der Top-Manager zu erklären. Je höher Führungskräfte in der Hierarchie steigen, desto länger arbeiten sie. Die Führungskräfte unserer Studie 4 "Exploration Arbeit"[77], die der zweiten bis vierten Hierarchieebene entstammten, hatten eine durchschnittliche wöchentliche Arbeitszeit von 47 Stunden, die Führungskräfte der Studie 6 "Exploration Arbeit und I+K-Technik"[78], die allesamt zur obersten Leitungsebene gehörten, arbeiteten dagegen 63 Stunden.

77) Siehe Anhang A.1.1. sowie Müller-Böling, Ramme /Intensivinterviews/ 9.

78) Siehe Anhang A.1.2. sowie Müller-Böling, Ramme /Interviews/ 13.

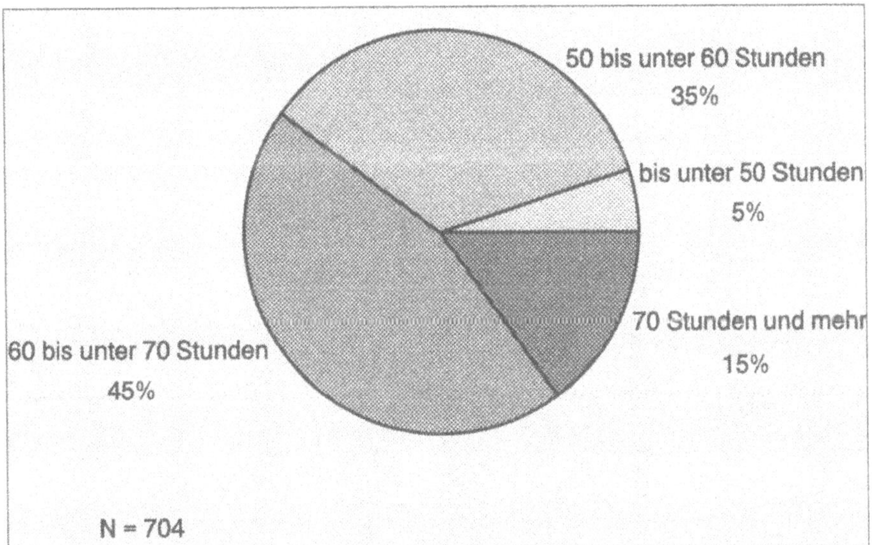

Darstellung 3.-22: Arbeitszeit von Top-Managern

Was führt Top-Manager dazu, so lange zu arbeiten? Eine Befragung von 346 GmbH-Geschäftsführern in der Bundesrepublik Deutschland ergab, daß der **Grund** für das starke zeitliche Engagement in dem Erfolgserlebnis liegt, zusammen mit den Mitarbeitern etwas bewegen zu können.[79)] Ausschlaggebend dürfte aber auch die erhebliche Eigenmotivation sein, die gestellten Aufgaben zu erfüllen und schwierige Probleme zu meistern.

Andererseits wird eingewandt, daß ab einer gewissen Grenze eine **Belastung** erreicht sei, ab der auch Führungskräfte nicht mehr effektiv arbeiten könnten.[80)] Cooper et al. setzen diese Grenze bei 40 Stunden an.[81)] Auch einige der von Maccoby befragten Führungskräfte schließen sich dieser Kritik an. Insbesondere die Führungskräfte, die mit einer 40-Stunden-Woche auskamen, bezeichneten eine Arbeitsbelastung von mehr als 50 Stunden in der Woche als **Überaktivität**, die die Effektivität der Arbeit mindere. Diese Führungskräfte waren darüberhinaus stolz darauf, mit weniger Arbeitszeit auszukommen als ihre Kollegen.[82)]

Insbesondere Top-Manager über 61 Jahre arbeiten etwas weniger, mit durchschnittlich 56 Stunden pro Woche allerdings immer noch erheblich über dem Niveau anderer Beschäftigtengruppen (Darstellung 3.-23).

79) Vgl. Bruhn, Wuppermann /Geschäftsführer/ 431.

80) Vgl. Worthy /arbeiten/ 37ff.

81) Vgl. Cooper et al. /Stress/ 90.

82) Vgl. Maccoby /Gamesman/ 38.

	Mittelwert	N
bis 40 Jahre	60	91
41 bis 50 Jahre	60	268
51 bis 60 Jahre	59	280
61 Jahre und älter	56	62
Gesamt	59	701
F-Wert	4.0**	

Darstellung 3.-23: Arbeitszeit von Top-Managern verschiedener Altersklassen

Ausbildungsniveau und **Ausbildungsrichtung** von Top-Managern haben **keinen** Einfluß auf ihre wöchentliche Arbeitszeit.[83)] Dagegen gestaltet sie sich in Unternehmen unterschiedlicher Größe differenziert (Darstellung 3.-24). Mit steigender **Unternehmensgröße** wird mehr gearbeitet. Führungskräfte, die wir mit diesem Befund konfrontierten, erklärten ihn mit dem steigenden Gruppendruck in großen Unternehmen, der die Arbeitszeit "hochtreibe".

	Mittelwert	N
bis 100 Mitarbeiter	58	216
100 bis 500 Mitarbeiter	59	292
500 bis 1000 Mitarbeiter	61	62
über 1000 Mitarbeiter	62	132
Gesamt	59	702
F-Wert	5.7***	

Darstellung 3.-24: Arbeitszeit von Top-Managern unterschiedlicher Unternehmensgrößen

83) Beleg bei Ramme /Arbeit/ 219f.

Arbeits-Befund Nr. 1
Mit 59 Arbeitsstunden pro Woche zeigen Top-Manager ein starkes Engagement für ihre Arbeit, wobei der Wirkungsgrad unsicher ist. Ältere Top-Manager arbeiten mit durchschnittlich 56 Wochenstunden zwar signifikant, aber nur unwesentlich weniger als ihre jüngeren Kollegen. Stark unterschiedlich ist die Wochenarbeitszeit von Top-Managern unterschiedlicher Unternehmensgrößen. In kleineren Unternehmen wird insgesamt kürzer gearbeitet als in Großunternehmen, in denen der soziale Druck die Arbeitszeit hochtreibt.

3.2.3. Fachaufgaben

Die Fachaufgaben bilden die **Verantwortungsbereiche**. Hier sind die Führungskräfte als Fachleute gefragt, wobei sie häufig aufgrund besonderer Kenntnisse und Fähigkeiten auf ihrem Spezialgebiet in Führungsfunktionen aufsteigen.

Bei deutschen Top-Managern liegt ein deutlicher Schwerpunkt bei Aufgaben aus dem **Absatzbereich**. Jeder zweite Top-Manager ist danach unter anderem für den Absatz der Produkte verantwortlich. Sehr häufig sind aber auch Aufgaben der allgemeinen Verwaltung und aus dem Finanzierungsbereich vertreten (Darstellung 3.-25). Dies stimmt überein mit Ergebnissen anderer Untersuchungen.[84)].

Bei der vorhergehenden Darstellung handelte es sich um eine Auswertung, die Mehrfachnennungen berücksichtigte. Aus dem Prozentsummenwert kann geschlossen werden, daß Top-Manager im Schnitt 1,7 Fachaufgaben erledigen. Berücksichtigt man, daß wir es hier bereits mit Fachaufgabenklassen zu tun haben, die ein großes Bündel von Teilaufgaben umfassen, dann ist das Fachaufgabenspektrum von Top-Managern weit gestreut. Dies bestätigt die These, daß Top-Manager eher **Generalisten** als **Spezialisten** sind. Verdichtet man die Informationen nun derart, daß eine eindeutige Zuordnung zu einem Aufgabengebiet erfolgt, ergeben sich die in Darstellung 3.-26 dargestellten Resultate. Wir haben dazu die mehr **nach innen gerichteten kaufmännischen Tätigkeiten** Verwaltung, Personal und Finanzierung in eine Gruppe zusammengefaßt, die mehr **nach außen gerichteten Aufgaben** Beschaffung und Absatz in eine andere. Eine dritte Gruppe wird gebildet aus den auf die **technische Seite** des Produktes ausgerichteten Aufgaben Produktion sowie Forschung und Entwicklung. Die letzte Gruppe besteht aus der **Kombination** der vorgenannten drei

84) Vgl. insbesondere Bruhn, Wuppermann /Geschäftsführer/ 425ff. Zu einer Zusammenstellung insbesondere auch internationaler Untersuchungen vgl. Ramme /Arbeit/ 80ff.

Bereiche. Daß diese Kombinationsgruppe mit 42 Prozent besonders stark ausfällt, unterstreicht noch einmal die Heterogenität der Fachaufgaben von Top-Managern.

Art der Fachaufgabe	absolut	relativ
Absatz	350	52 %
Allgemeine Verwaltung	279	41 %
Finanzierung	212	31 %
Produktion	103	15 %
Forschung und Entwicklung	93	14 %
Personal	73	11 %
Beschaffung	55	8 %
Gesamt	676	172 %

Darstellung 3.-25: Fachaufgaben von Top-Managern (Mehrfachnennungen)[85]

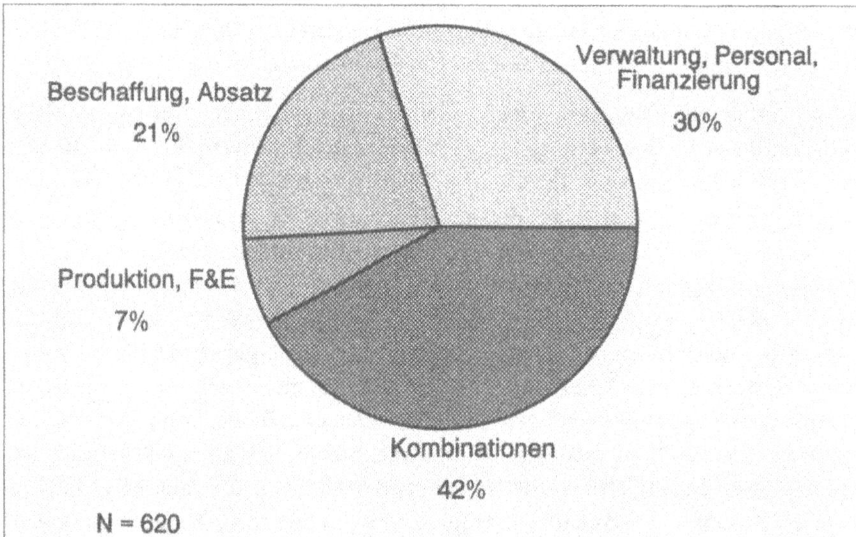

Darstellung 3.-26: Fachaufgaben von Top-Managern (ohne Mehrfachnennungen)

85) Die Kategorisierung folgt Szyperski, Winand /Grundbegriffe/ 48.

Zwangsläufig ergibt sich eine Konzentration einzelner Fachaufgaben in verschiedenen **Branchen** (Darstellung 3.-27). Im **Dienstleistungsbereich** finden sich besonders viele Top-Manager mit den nach innen gerichteten kaufmännischen Aufgaben Verwaltung, Personal und Finanzierung, im **Handel** dominieren dagegen Manager mit den Fachaufgaben Beschaffung und Absatz. Besonders viele Top-Manager mit kombinierten Fachaufgaben finden sich im **produzierenden Gewerbe**.

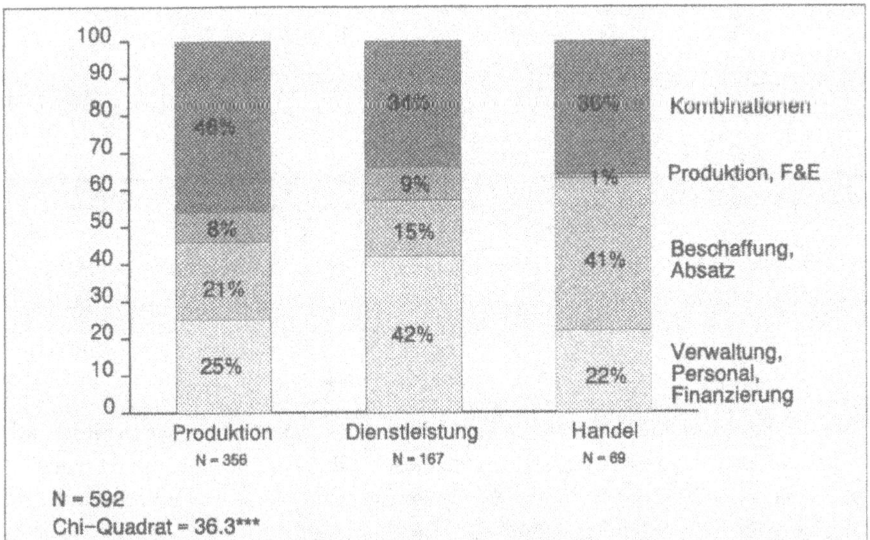

Darstellung 3.-27: Fachaufgaben von Top-Managern nach Branchen

Arbeits-Befund Nr. 2

Top-Manager sind überwiegend Generalisten ohne spezielle Ausrichtung auf eine Fachaufgabe allein. Die häufigsten Fachaufgaben sind Aufgaben aus dem Absatz- (52 Prozent), Verwaltungs- (41 Prozent) und Finanzierungsbereich (31 Prozent). In Dienstleistungsunternehmen sind Top-Manager eher mit den nach innen gerichteten Fachaufgaben Verwaltung, Personal und Finanzierung, im Handel mit den nach außen orientierten Aufgaben Beschaffung und Absatz beschäftigt. Im produzierenden Gewerbe finden sich die meisten Top-Manager mit Kombinationen aller Fachaufgaben.

Je nach Fachaufgabenschwerpunkt von Top-Managern differiert ihre **Wochenarbeitszeit** (Darstellung 3.-28). Erstaunlicherweise arbeiten Top-Manager mit den nach innen gerichteten Fachaufgaben Verwaltung, Personal, Finanzierung im Schnitt 2 Stunden mehr in der Woche als ihre Kollegen mit anderen Fachaufgaben, von denen etwa im Absatz eine umfangreichere Reisetätigkeit zu erwarten wäre.

	Mittelwert	N
Verwaltung, Personal, Finanzierung	61	183
Beschaffung, Absatz	59	128
Produktion, F&E	59	43
Kombinationen	59	258
Gesamt	59	612
F-Wert	3.1*	

Darstellung 3.-28: Arbeitszeit von Top-Managern mit unterschiedlichen Fachaufgaben

Die Aufteilung der Führungskräftearbeit in Führungsaufgaben im engeren Sinne und Fachaufgaben führt zu der Frage, wie sich diese beiden Aufgabengruppen verteilen. Im Schnitt erledigen Top-Manager 40 Prozent Fachaufgaben und 60 Prozent Führungsaufgaben (Darstellung 3.-29). Reine Fachleute mit mehr als zwei Drittel Fachaufgabenanteil gibt es nur wenige (12 Prozent). Top-Manager sind somit zum überwiegenden Teil nicht nur Generalisten im Hinblick auf die Heterogenität der Fachaufgaben, sondern in sehr viel entscheidenderem Maß auch dahingehend, daß sie nur zu einem geringen Teil Aufgaben als Fachspezialisten erfüllen. Oder anders formuliert: Top-Manager sind eher **Führungs-** als **Fachkräfte**. Das Verhältnis von Führungs- und Fachaufgaben ist eindeutig eine Funktion der Hierarchieebene. Führungskräfte unterer hierarchischer Ebenen haben einen höheren Fachaufgabenanteil, der mit zunehmenden Aufstieg in der Hierarchie geringer wird zugunsten des Führungsaufgabenanteils.

Arbeits-Befund Nr. 3

Der Anteil an Fachaufgaben steht bei Top-Managern mit durchschnittlich 40 Prozent eindeutig im Hintergrund gegenüber allgemeinen Führungsaufgaben mit 60 Prozent Arbeitsanteil.

Anteil Fachaufgaben	absolut	relativ
über zwei Drittel Fachaufgaben	83	12 %
ein bis zwei Drittel Fachaufgaben	329	46 %
unter einem Drittel Fachaufgaben	297	42 %
Gesamt	709	100 %
Durchschnitt	Anteil 40 Prozent	

Darstellung 3.-29: Fachaufgabenanteil von Top-Managern

3.2.4. Funktionen

Auf der Basis der Studien 4 "Exploration Arbeit" und 6 "Exploration Arbeit und I+K-Akzeptanz"[86] sind wir zu der Überzeugung gelangt, daß eine Einteilung in die Funktionen

- **Planung**,
- **Organisation**,
- **Steuerung und Kontrolle**,
- **Menschenführung** sowie
- **Repräsentation**

sinnvoll ist und von Führungskräften verstanden wird.

Wie sich deutlich zeigt, sind die Schwergewichte in den einzelnen Funktionen bei Top-Managern unterschiedlich ausgeprägt. Bewußt haben wir dabei nur den globalen Zeitaufwand für die einzelnen Funktionen schätzen lassen, da die Angabe von genauen Zeiteinheiten sehr schwierig sein dürfte (Darstellung 3.-30).

Top-Manager räumen allen Führungsfunktionen einschließlich der Repräsentation einen **hohen Stellenwert** ein. Immerhin beschäftigt sich fast die Hälfte der Top-Manager häufig oder viel mit **Repräsentationsaufgaben**. Allerdings hat die Repräsentationsaufgabe zusammen mit der **Organisationsfunktion** relativ gesehen die geringste

86) Siehe Anhang A.1.1. sowie A.1.2. Die Befunde sind niedergelegt in Müller-Böling, Ramme /Intensivinterviews/, Müller-Böling, Ramme /Interviews/ sowie Ramme /Arbeit/ 142ff.

Bedeutung. An erster Stelle stehen die **Steuerung und Kontrolle** als Führungsaufgabe. Als fast genauso wichtig wird auch die **Mitarbeiterführung** empfunden und die **Planung**.[87] Es dürfte einleuchtend sein, daß die Schwergewichte im Hinblick auf die Führungsfunktionen zeitlichen Veränderungen unterworfen sind. So nehmen die inhaltlichen und zeitlichen Anforderungen an die Menschenführungsfunktion in den letzten Jahren aufgrund der Höherqualifizierung der Mitarbeiter ständig zu.

	absolut	relativ
Führungsaufgabe: Planung		
gar nicht oder selten	87	12 %
manchmal	179	25 %
häufig oder viel	440	62 %
Führungsaufgabe: Organisation		
gar nicht oder selten	154	22 %
manchmal	270	38 %
häufig oder viel	284	40 %
Führungsaufgabe: Steuerung und Kontrolle		
gar nicht oder selten	61	9 %
manchmal	179	25 %
häufig oder viel	468	66 %
Führungsaufgabe: Mitarbeiterführung		
gar nicht oder selten	75	11 %
manchmal	189	27 %
häufig oder viel	443	63 %
Führungsaufgabe: Repräsentation		
gar nicht oder selten	197	28 %
manchmal	204	29 %
häufig oder viel	309	44 %

Darstellung 3.-30: Führungsfunktionen von Top-Managern

87) Zu den Ergebnissen anderer empirischer Untersuchungen vgl. die Zusammenstellung bei Ramme /Arbeit/ 37ff.

Arbeits-Befund Nr. 4

Top-Manager weisen den Führungsfunktionen Planung, Organisation, Steuerung / Kontrolle, Mitarbeiterführung und Repräsentation eine fast gleichgewichtig hohe Bedeutung zu. Relativ gesehen, setzen sie die meisten Schwergewichte im Bereich Steuerung / Kontrolle, Mitarbeiterführung und Planung.

3.2.5. Aktivitäten

Wiederum vorbereitet und angeregt durch die Interviews in den Studien 4 "Exploration Arbeit" und 6 "Exploration Arbeit und I+K-Akzeptanz"[88] erarbeiteten wir eine Liste von Aktivitäten im Sinne von Tätigkeiten, mit denen sich Top-Manager beschäftigen. Die Zuordnung dieser Tätigkeiten erfolgte in die Klassen

- **Kommunikationsaktivitäten**
  für die Tätigkeiten, die Gespräche mit Kommunikationspartnern beinhalten,
- **Schreibtischaktivitäten**
  für Tätigkeiten, die der Schriftgutbearbeitung gewidmet sind, und
- **außerbetriebliche Aktivitäten**
  für Tätigkeiten, die außerhalb des Unternehmens anfallen.

Die Top-Manager der Studie 10 "Top-Manager Arbeit" bekamen eine Liste von Aktivitäten vorgelegt, in die sie den Zeitaufwand in Stunden eintragen konnten. Um die Angaben zu erleichtern, war die Bezugsgröße (Tag, Woche, Monat, Jahr) frei wählbar. Für die Auswertungen wurden die Daten in Anteile umgerechnet, so daß die Werte miteinander vergleichbar sind.[89]

(1) Kommunikationsaktivitäten

Trotz der unterschiedlichen Auffassungen darüber, wie man der Arbeit von Führungskräften näherkommen soll, gibt es eine Gemeinsamkeit aller Untersuchungen: Einen erheblichen Anteil an der Arbeitszeit macht **Kommunikation** aus. In der Mintz-

88) Siehe Anhang A.1.1. und A.1.2. sowie Müller-Böling, Ramme /Intensivinterviews/, Müller-Böling, Ramme /Interviews/, Ramme /Arbeit/ 142ff.

89) Vgl. dazu Ramme /Typisierung/ 8f. Zu den Ergebnissen anderer empirischer Untersuchungen vgl. den Überblick bei Ramme /Arbeit/ 42ff.

berg-Untersuchung, die allerdings nur auf der Basis von 5 Top-Managern erstellt wurde, ergaben sich zum Beispiel 75 Prozent Kommunikationsanteil.[90)] Stewart ermittelte bei 160 Managern 57 Prozent.[91)] Die deutschen Top-Manager haben ebenfalls einen hohen Kommunikationsanteil bei ihrer Arbeit. Sie verbringen 40 Prozent ihres Arbeitspensums mit Kommunikation (Darstellung 3.-31). Den größten Raum nehmen dabei mehr oder weniger ungeplante **Besprechungen** ein, gefolgt von **Telefonaten** und **offiziellen Sitzungen**.

Kommunikationsaktivitäten	Zeitanteil
Offizielle Sitzungen	8 %
Besprechungen	19 %
Telefonate	13 %
Gesamt N = 707	40 %

Darstellung 3.-31: Kommunikationsaktivitäten von Top-Managern

(2) Schreibtischaktivitäten

Zu den Schreibtischaktivitäten gehören die Postbearbeitung, die Erstellung sowie das Lesen von Schriftstücken. Alles in allem nehmen diese Tätigkeiten mit 38 Prozent an

Schreibtischaktivitäten	Zeitanteil
Eingangspost	8 %
Ausgangspost	7 %
Erstellung Schriftstücke	11 %
Vorlagen lesen	11 %
Gesamt N = 707	38 %

Darstellung 3.-32: Schreibtischaktivitäten von Top-Managern

90) Vgl. Mintzberg /Nature/ 39, Ramme /Arbeit/ 59.

91) Vgl. Stewart /Managers/ 132, Ramme /Arbeit/ 54.

der Gesamtarbeitszeit fast genauso viel Zeit in Anspruch wie die Kommunikationsaktivitäten. Die **Postbearbeitung** beansprucht insgesamt 15 Prozent des gesamten Zeitbudgets von Top-Managern. 22 Prozent der Arbeitszeit werden mit der **Erstellung von Schriftstücken** oder dem **Lesen von Vorlagen** verbracht (Darstellung 3.-32).

(3) Außerbetriebliche Aktivitäten

Ungefähr ein Fünftel der Gesamtarbeitszeit verbringen Top-Manager außerhalb des Betriebes, wenn sie an Arbeitsessen teilnehmen, zu Gremiensitzungen fahren, Tagungen besuchen oder Vorträge halten bzw. hören (Darstellung 3.-33). Unter **Gremien** sind die unterschiedlichsten Institutionen zu verstehen. Hierzu gehören sowohl Arbeitgeberverbände, Kammern, branchenbezogene Vereinigungen wie auch wissenschaftliche Gesellschaften oder politische Parteien bzw. Parlamente. Die Gremienarbeit hat nicht immer einen unmittelbaren Zusammenhang mit der beruflichen Tätigkeit, eine enge Verbindung besteht jedoch insofern, als die hohe berufliche Stellung meist Voraussetzung für die Funktion in den Gremien ist. Nicht zuletzt wird durch die Verbindungen zu anderen Personen des Gremiums die berufliche Arbeit unmittelbar gefördert.[92)]

Außerbetriebliche Aktivitäten	Zeitanteil
Arbeitsessen	5 %
Gremien	3 %
Tagungen	3 %
Vorträge	1 %
Reise- / Fahrzeiten	10 %
Gesamt N = 707	22 %

Darstellung 3.-33: Außerbetriebliche Aktivitäten von Top-Managern

Die außerbetrieblichen Aktivitäten nehmen insgesamt nicht sehr viel Zeit in Anspruch, da sie naturgemäß seltener auftreten. Lediglich die reinen **Fahrtzeiten** schlagen mit 10 Prozent zu Buche. Allerdings sagen die Zeitanteile noch nicht unbedingt etwas über die Bedeutung oder Wirksamkeit der einzelnen Aktivitäten aus. Denn die

92) Vgl. Anhang A.1.1. sowie Müller-Böling, Ramme /Intensivinterviews/ 37.

Repräsentanzfunktion durch die Mitarbeit in gesellschaftlichen oder politischen Gremien ist häufig außerordentlich wichtig, wie wir in den Gesprächen der Studien 4 "Exploration Arbeit" und 6 "Exploration Arbeit und I+K-Akzeptanz" erfahren konnten. Auch aus anderen Untersuchungen wissen wir, daß Top-Manager die Verantwortung gegenüber der Öffentlichkeit sehr ernst nehmen.[93)]

Arbeits-Befund Nr. 5
Die Arbeitszeit von Top-Managern verteilt sich im Verhältnis 2:2:1 auf Kommunikations-, Schreibtisch- und außerbetriebliche Aktivitäten.

3.2.6. Top-Manager-Typen

Bisher haben wir die Funktionen, Fachaufgaben und Aktivitäten von Top-Managern isoliert behandelt. Dabei zeigt sich eine nicht unerhebliche Bandbreite von Differenzierungen bei Top-Managern. Wie wir gesehen haben, setzen sie unterschiedliche Schwerpunkte bei der Bearbeitung

- der Fach- oder Führungsaufgaben,
- der Führungsfunktionen sowie
- der Aktivitäten.

Mit Hilfe von **Clusteranalysen** haben wir nun untersucht, ob es Top-Manager gibt, die sich hinsichtlich der Arbeit sehr ähnlich sind.[94)] Die so ermittelten Typen kann man auch als **Rollen** im Sinne von Mintzberg interpretieren.[95)] Es stellt sich heraus, daß es auf der Basis der Führungsfunktionen in Verbindung mit den Fachaufgabenanteilen drei gut abgrenzbare Typen gibt und daß auf der Basis der Aktivitäten ebenso drei Typen unterschieden werden können.

Betrachten wir zunächst die Ergebnisse bezogen auf die **Funktionen** in Verbindung mit den **Fachaufgaben** (Darstellung 3.-34):[96)]

93) Vgl. Bruhn, Wuppermann /Geschäftsführer/ 432.

94) Zum Verfahren der Clusteranalyse allgemein siehe Anhang A.2.3., zum Vorgehen Ramme /Arbeit/ 198ff und /Typisierung/ 2ff.

95) Vgl. Abschnitt 3.2.1. Systematisierungskonzepte für die Arbeit von Führungskräften.

96) Zu den Ergebnissen anderer empirischer Untersuchungen im Hinblick auf das Rollenkonzept vgl. den Überblick bei Ramme /Arbeit/ 74ff.

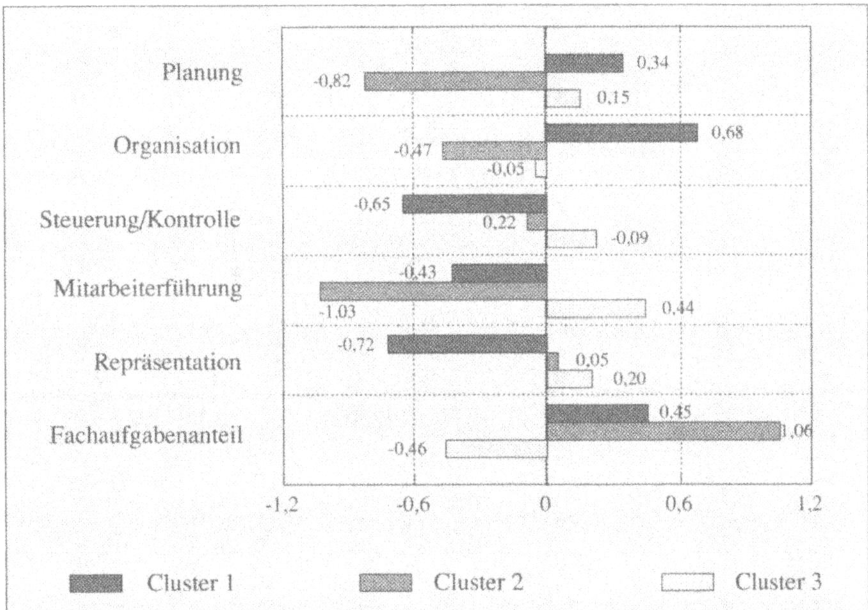

Darstellung 3.-34: Mittelwerte für die einzelnen Clusterlösungen der Funktions-Typen

* **Mannschaftskapitän**

Eine Gruppe von Top-Managern (Cluster 3) ist dadurch geprägt, daß sie hohe Zeitanteile in den Führungsfunktionen **Menschenführung, Steuerung / Kontrolle**, sowie **Repräsentation** aufweist. Der Fachaufgabenanteil ist bei diesen Top-Managern besonders gering. Häufig bezieht er sich auf die Fachaufgaben **Verwaltung, Personal, Finanzen**97), also auf übergreifende Aufgaben. Sie sind daher am ehesten **Generalisten**. Wegen des hohen Anteils der Verantwortung für die Mitarbeiter sowie der Gesamtverantwortung für das Unternehmen haben wir diesen Top-Managern die Bezeichnung "Mannschaftskapitän" gegeben. Unter deutschen Top-Managern ist der Mannschaftskapitän mit 63 Prozent am häufigsten vertreten (Darstellung 3.-35). Der Mannschaftskapitän ist in **Kleinbetrieben** mit bis zu 100 Mitarbeitern etwas seltener als in größeren Betrieben, obwohl er auch hier der dominierende Funktions-Typ ist. Der Anteil an **Akademikern** ist etwas höher als der Anteil berufspraktisch ausgebildeter Top-Manager.[98)]

97) Vgl. hier und auch im folgenden Ramme /Arbeit/ 232.

98) Vgl. hier und auch im folgenden Ramme /Arbeit/ 228, 230.

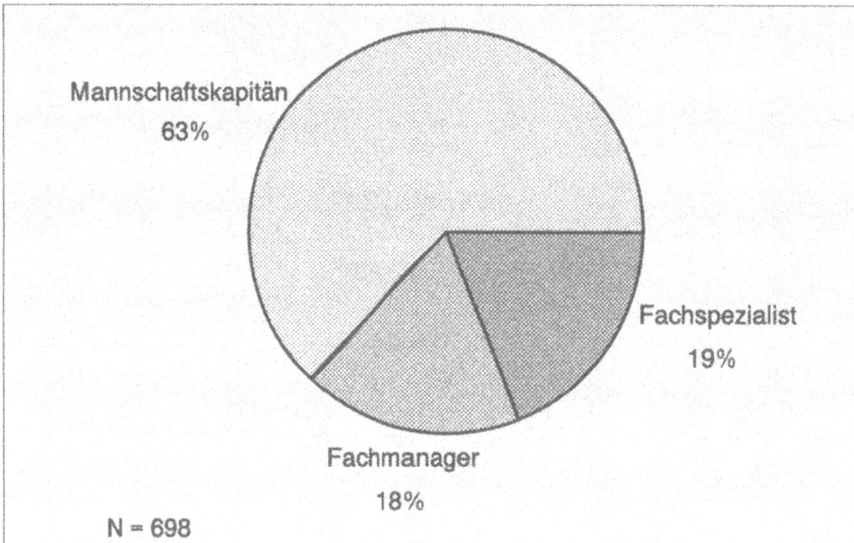

Darstellung 3.-35: Funktions-Typen bei Top-Managern

* **Fachmanager**

Eine zweite Gruppe von Top-Managern (Cluster 1) widmet den Führungsfunktionen **Organisation** und **Planung** besonders viel Zeit. Dagegen ist die Repräsentationsfunktion unterausgeprägt. Der **Fachaufgabenanteil** ist deutlich höher als bei dem Mannschaftskapitän, wobei keine Schwerpunkte hinsichtlich einzelner Fachaufgaben erkennbar sind. Da diese Top-Manager auf der einen Seite einen hohen Anteil an Fachaufgaben aufweisen, andererseits aber mit der Organisation und Planung sowie der Menschenführung wesentliche Managementfunktionen übernehmen, haben wir diesen Top-Managern die Bezeichnung "Fachmanager" gegeben. Mit 18 Prozent ist er unter deutschen Top-Managern bedeutend seltener als der Mannschaftskapitän vertreten.Der Fachmanager findet sich in allen Größenklassen von Unternehmen gleichmäßig wieder, lediglich in **Großbetrieben** mit mehr als 1.000 Mitarbeitern ist er etwas seltener. **Akademiker** und **Nichtakademiker** halten sich die Waage.

* **Fachspezialist**

Eine dritte Gruppe von Top-Managern (Cluster 2) weist besonders hohe Fachaufgabenanteile auf. Diese beziehen sich in erster Linie auf die Fachaufgaben **Beschaffung**, **Produktion**, **F&E** sowie Kombinationen davon. Allgemeine Verwaltungs-, Personal- oder Finanzierungsaufgaben sind deutlich seltener. Der Anteil an allen Führungsfunktionen, insbesondere aber an der Menschenführung, ist im Verhältnis zu den anderen beiden Gruppen besonders niedrig ausgeprägt. Wir haben es hier mit einem

Top-Manager zu tun, der viel mit Fachaufgaben beschäftigt ist und weniger Führungsaufgaben wahrnimmt. Daher haben wir für die Top-Manager dieser Gruppe die Bezeichnung "Fachspezialist" gewählt. Die Gruppe ist mit einem Anteil von 19 Prozent praktisch genauso groß wie die der Fachmanager. Fachspezialisten arbeiten überdurchschnittlich häufig in **Kleinbetrieben** mit bis zu 100 Mitarbeitern, bei denen die Fachaufgabe im Verhältnis zur Administration noch deutlich im Vordergrund steht. Der **Nichtakademiker-Anteil** überwiegt.

Arbeits-Befund Nr. 6

Nach den Funktionen sowie Fachaufgabenanteilen lassen sich Top-Manager in drei Funktions-Typen klassifizieren:

Mannschaftskapitän
relativ wenig Fachaufgaben, Schwerpunkte in der Führung der Mitarbeiter, der Steuerung / Kontrolle sowie Repräsentation des Unternehmens, mit 63 Prozent am häufigsten, in Kleinbetrieben seltener, Akademikeranteil überdurchschnittlich.

Fachmanager
hoher Anteil an Fachaufgaben sowie Schwerpunkt bei den Führungsfunktionen Organisation und Planung, keine Repräsentationsaufgaben, mit 18 Prozent selten, gleichverteilt über Unternehmen aller Größen, Akademiker wie Nicht-Akademiker.

Fachspezialist
großer Anteil an Fachaufgaben bei unterdurchschnittlicher Beschäftigung mit allen Führungsfunktionen, insbesondere Mitarbeiterführung, mit 19 Prozent ebenfalls selten, häufiger in Kleinbetrieben, Nicht-Akademiker-Anteil überwiegt.

Die Interpretation von Top-Manager-Typen nach den Aktivitäten fällt sehr leicht, denn die empirische Verteilung der Manager entspricht deutlich der vorherigen konzeptionellen Klasseneinteilung der Aktivitäten (Darstellung 3.-36).[99)]

* **Kommunikator**

In der ersten Gruppe von Top-Managern (Cluster 1) ist der Zeitanteil, der für **Kommunikationsaktivitäten** aufgewandt wird, herausragend hoch, während Schreibtischaktivitäten und außerbetriebliche Aktivitäten unterdurchschnittlich ausfallen. Es

99) Vgl. Stewart /Managers/ 102ff, die ebenfalls auf der Basis von Clusteranalysen sehr ähnliche Jobtypen ermittelt.

liegt nahe, die Top-Managern dieser Gruppe mit der Bezeichnung "Kommunikator" zu belegen. Der Kommunikator ist mit 57 Prozent der unter den Top-Managern am häufigsten vertretene Typ (Darstellung 3.-37).

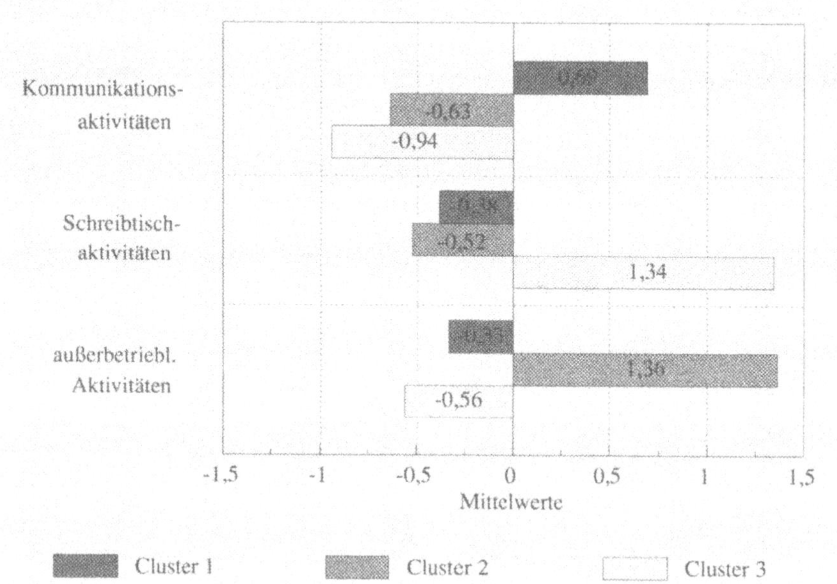

Darstellung 3.-36: Mittelwerte für die einzelnen Clusterlösungen der Aktivitäts-Typen

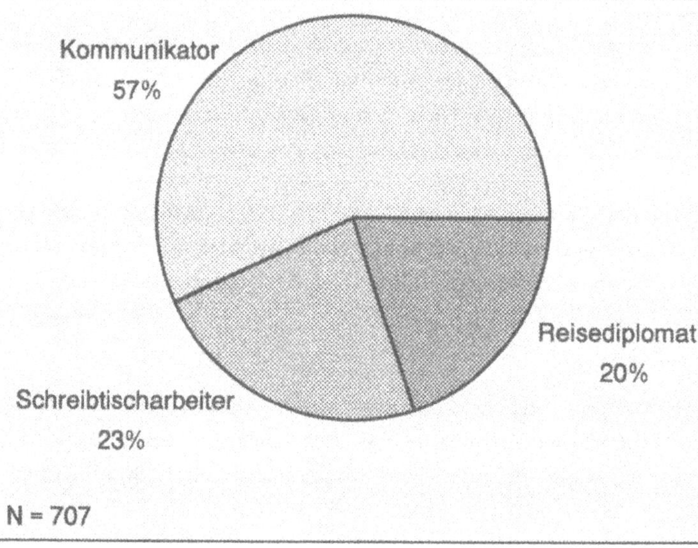

Darstellung 3.-37: Aktivitäts-Typen bei Top-Managern

* **Schreibtischarbeiter**

Eine zweite Gruppe von Top-Managern (Cluster 3) sitzt die meiste Zeit am **Schreibtisch** und verbringt deutlich weniger Zeit mit Kommunikation oder außerbetrieblichen Aktivitäten. Die Top-Manager dieser Gruppe nennen wir daher folgerichtig "Schreibtischarbeiter". Sie arbeiten mit 58 Stunden in der Woche etwas weniger als der Durchschnitt[100)] und stellen mit 23 Prozent knapp ein Viertel aller Top-Manager.

* **Reisediplomat**

Der dritten Gruppe (Cluster 2) gehören all jene Top-Manager an, die besonders viel außerhalb des Unternehmens engagiert sind durch **Arbeitsessen** und **Empfänge, Tagungen** und **Kongresse, Gremienarbeit** oder **Vorträge**. Dabei fallen die Schreibtischarbeit sowie die Kommunikation auf Sitzungen, Besprechungen oder bei Telefonaten im Verhältnis zu den übrigen Top-Managern geringer aus. Dies schlägt sich auch in einer mit 60 Stunden etwas höheren Wochenarbeitszeit nieder. In die Gruppe der "Reisediplomaten" fallen 20 Prozent aller Top-Manager.

Arbeits-Befund Nr. 7
Nach den Aktivitäten lassen sich Top-Manager in drei Aktivitäts-Typen unterscheiden: ***Kommunikatoren*** *überdurchschnittlicher Zeitanteil an der Wochenarbeitszeit für Sitzungen, Besprechungen und Telefonate, mit 57 Prozent Top-Managern am häufigsten.* ***Schreibtischarbeiter*** *überdurchschnittlicher Anteil an Postbearbeitung, Schriftstückerstellung und Vorlagenbearbeitung, 23 Prozent Top-Manager.* ***Reisediplomat*** *überdurchschnittliches Engagement bei Arbeitsessen und Empfängen, Tagungen und Kongressen, Gremienarbeit oder Vorträgen, 20 Prozent Top-Manager.*

Um Mißverständnissen an dieser Stelle vorzubeugen: Bei allen Typen sind die jeweils genannten Charakterisierungen der Top-Manager - seien es Führungsfunktionen wie Menschenführung oder Aktivitäten wie Kommunikation - lediglich **besonders stark** ausgeprägt. Die anderen Führungsfunktionen oder Aktivitäten werden von den jeweiligen Typen selbstverständlich **ebenfalls** ausgeübt. Die Top-Manager eines Typs sind lediglich durch einen oder mehrere Schwerpunkte gekennzeichnet. Das heißt, der Kommunikator reist selbstverständlich genauso und der Mannschaftskapitän

100) Vgl. Ramme /Arbeit/ 222. Die Differenz ist statistisch signifkant.

übernimmt auch Fachaufgaben, nur eben in Relation zu den anderen Typen weniger intensiv.

Letztlich wollen wir den Zusammenhang zwischen Funktionen und Aktivitäten untersuchen, also prüfen, ob Fachspezialisten beispielsweise mehr kommunizieren oder am Schreibtisch sitzen. Darstellung 3.-38 gibt Aufschluß darüber, ob ein **Zusammenhang** zwischen den Typen besteht, das heißt, ob es häufig auftretende Kombinationen gibt.

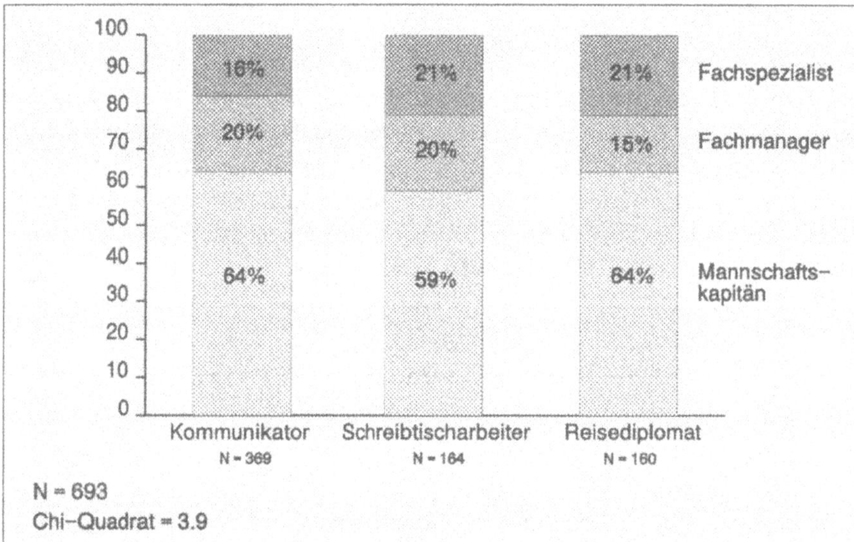

Darstellung 3.-38: Zusammenhang zwischen Funktions- und Aktivitäts-Typen

Deutlich ist, daß es **keinen** statistisch signifikanten Zusammenhang gibt. Unter den Mannschaftskapitänen gibt es praktisch gleichviel Kommunikatoren, Schreibtischarbeiter oder Reisediplomaten. Genauso verhält es sich beim Fachmanager und beim Fachspezialisten. Offensichtlich besteht kein Zusammenhang: Einzelne funktionale Aufgabenschwerpunkte werden nicht über bestimmte Aktivitäten realisiert.

Arbeits-Befund Nr. 8

Unter den Mannschaftskapitänen, Fachmanagern und Fachspezialisten gibt es jeweils gleichviel Kommunikatoren, Schreibtischarbeiter oder Reisediplomaten. Das bedeutet, daß wir es im Rahmen der Arbeit von Top-Managern mit jeweils unabhängigen Typen zu tun haben, die in jeder Kombination auftreten.

Dieser Befund **stützt** generell **unser Konzept**, Arbeit von Führungskräften über Funktionen, Fachaufgaben und Aktivitäten zu analysieren.

3.2.7. Präzisierter Bezugsrahmen "Arbeit": Zusammenfassung der Befunde

Arbeits-Befund Nr. 1

Mit 59 Arbeitsstunden pro Woche zeigen Top-Manager ein starkes Engagement für ihre Arbeit, wobei der Wirkungsgrad unsicher ist. Ältere Top-Manager arbeiten mit durchschnittlich 56 Wochenstunden zwar signifikant, aber nur unwesentlich weniger als ihre jüngeren Kollegen. Stark unterschiedlich ist die Wochenarbeitszeit von Top-Managern unterschiedlicher Unternehmensgrößen. In kleineren Unternehmen wird insgesamt kürzer gearbeitet als in Großunternehmen, in denen der soziale Druck die Arbeitszeit hochtreibt.

Arbeits-Befund Nr. 2

Top-Manager sind überwiegend Generalisten ohne spezielle Ausrichtung auf eine Fachaufgabe allein. Die häufigsten Fachaufgaben sind Aufgaben aus dem Absatz- (52 Prozent), Verwaltungs- (41 Prozent) und Finanzierungsbereich (31 Prozent). In Dienstleistungsunternehmen sind Top-Manager eher mit den nach innen gerichteten Fachaufgaben Verwaltung, Personal und Finanzierung, im Handel mit den nach außen orientierten Aufgaben Beschaffung und Absatz beschäftigt. Im produzierenden Gewerbe finden sich die meisten Top-Manager mit Kombinationen aller Fachaufgaben.

Arbeits-Befund Nr. 3

Der Anteil an Fachaufgaben steht bei Top-Managern mit durchschnittlich 40 Prozent eindeutig im Hintergrund gegenüber allgemeinen Führungsaufgaben mit 60 Prozent Arbeitsanteil.

Arbeits-Befund Nr. 4

Top-Manager weisen den Führungsfunktionen Planung, Organisation, Steuerung / Kontrolle, Mitarbeiterführung und Repräsentation eine fast gleichgewichtig hohe Bedeutung zu. Relativ gesehen, setzen sie die meisten Schwergewichte im Bereich Steuerung / Kontrolle, Mitarbeiterführung und Planung.

Arbeits-Befund Nr. 5

Die Arbeitszeit von Top-Managern verteilt sich im Verhältnis 2:2:1 auf Kommunikations-, Schreibtisch- und außerbetriebliche Aktivitäten.

Arbeits-Befund Nr. 6

Nach den Funktionen lassen sich Top-Manager in drei Funktions-Typen klassifizieren:

Mannschaftskapitän

relativ wenig Fachaufgaben, Schwerpunkte in der Führung der Mitarbeiter, der Steuerung / Kontrolle sowie Repräsentation des Unternehmens, mit 63 Prozent am häufigsten, in Kleinbetrieben seltener, Akademikeranteil überdurchschnittlich.

Fachmanager

hoher Anteil an Fachaufgaben sowie Schwerpunkt bei den Führungsfunktionen Organisation und Planung, keine Repräsentationsaufgaben, mit 18 Prozent selten, gleichverteilt über Unternehmen aller Größen, Akademiker wie Nicht-Akademiker.

Fachspezialist

großer Anteil an Fachaufgaben bei unterdurchschnittlicher Beschäftigung mit allen Führungsfunktionen, insbesondere Mitarbeiterführung, mit 19 Prozent ebenfalls selten, häufiger in Kleinbetrieben, Nicht-Akademiker-Anteil überwiegt.

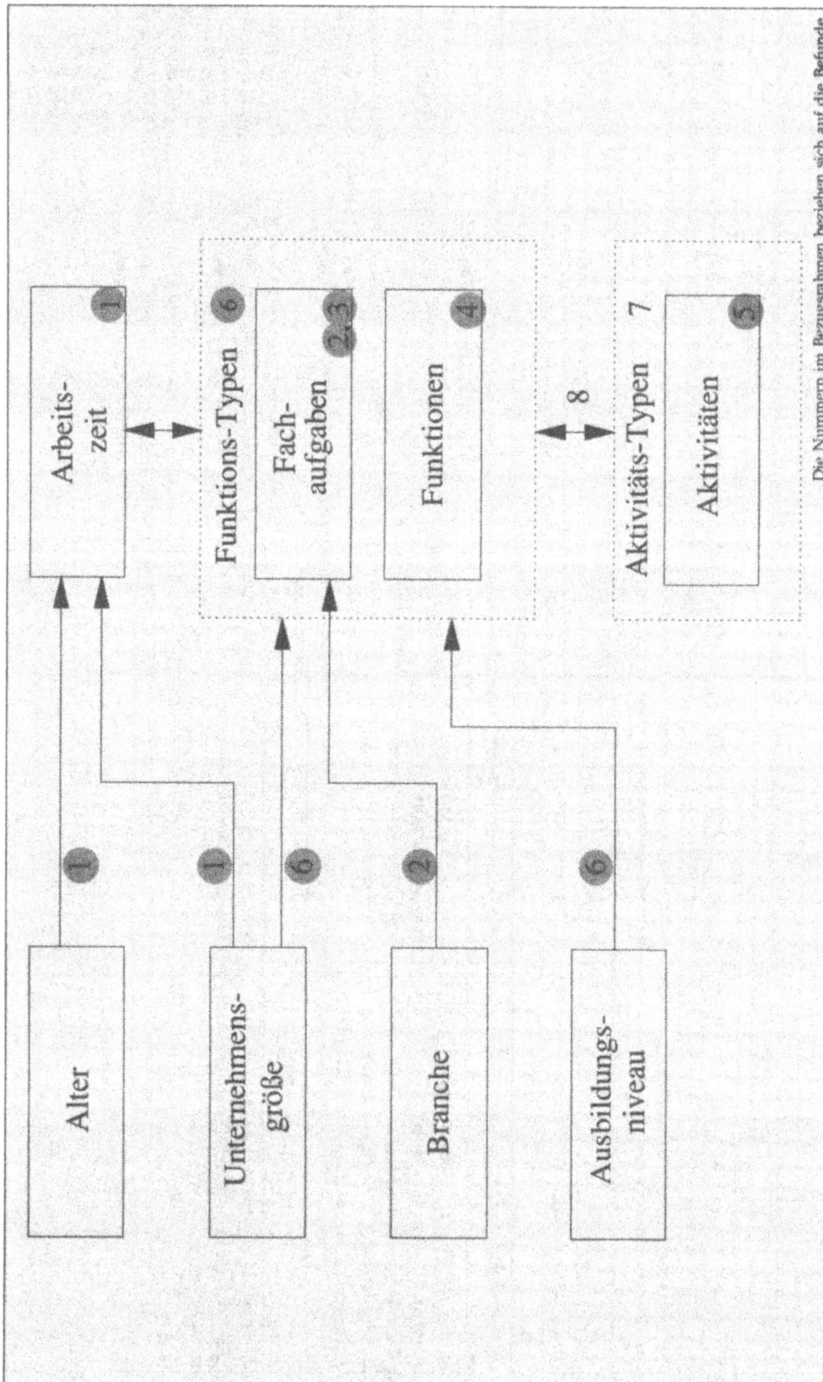

Darstellung 3.-39: *Präzisierter Bezugsrahmen "Arbeit"*

Arbeits-Befund Nr. 7

Nach den Aktivitäten lassen sich Top-Manager in drei Aktivitäts-Typen unterscheiden:

Kommunikatoren

überdurchschnittlicher Zeitanteil an der Wochenarbeitszeit für Sitzungen, Besprechungen und Telefonate, mit 57 Prozent Top-Managern am häufigsten.

Schreibtischarbeiter

überdurchschnittlicher Anteil an Postbearbeitung, Schriftstückerstellung und Vorlagenbearbeitung, 23 Prozent Top-Manager.

Reisediplomat

überdurchschnittliches Engagement bei Arbeitsessen und Empfängen, Tagungen und Kongressen, Gremienarbeit oder Vorträgen, 20 Prozent Top-Manager.

Arbeits-Befund Nr. 8

Unter den Mannschaftskapitänen, Fachmanagern und Fachspezialisten gibt es jeweils gleichviel Kommunikatoren, Schreibtischarbeiter oder Reisediplomaten. Das bedeutet, daß wir es im Rahmen der Arbeit von Top-Managern mit jeweils unabhängigen Typen zu tun haben, die in jeder Kombination auftreten.

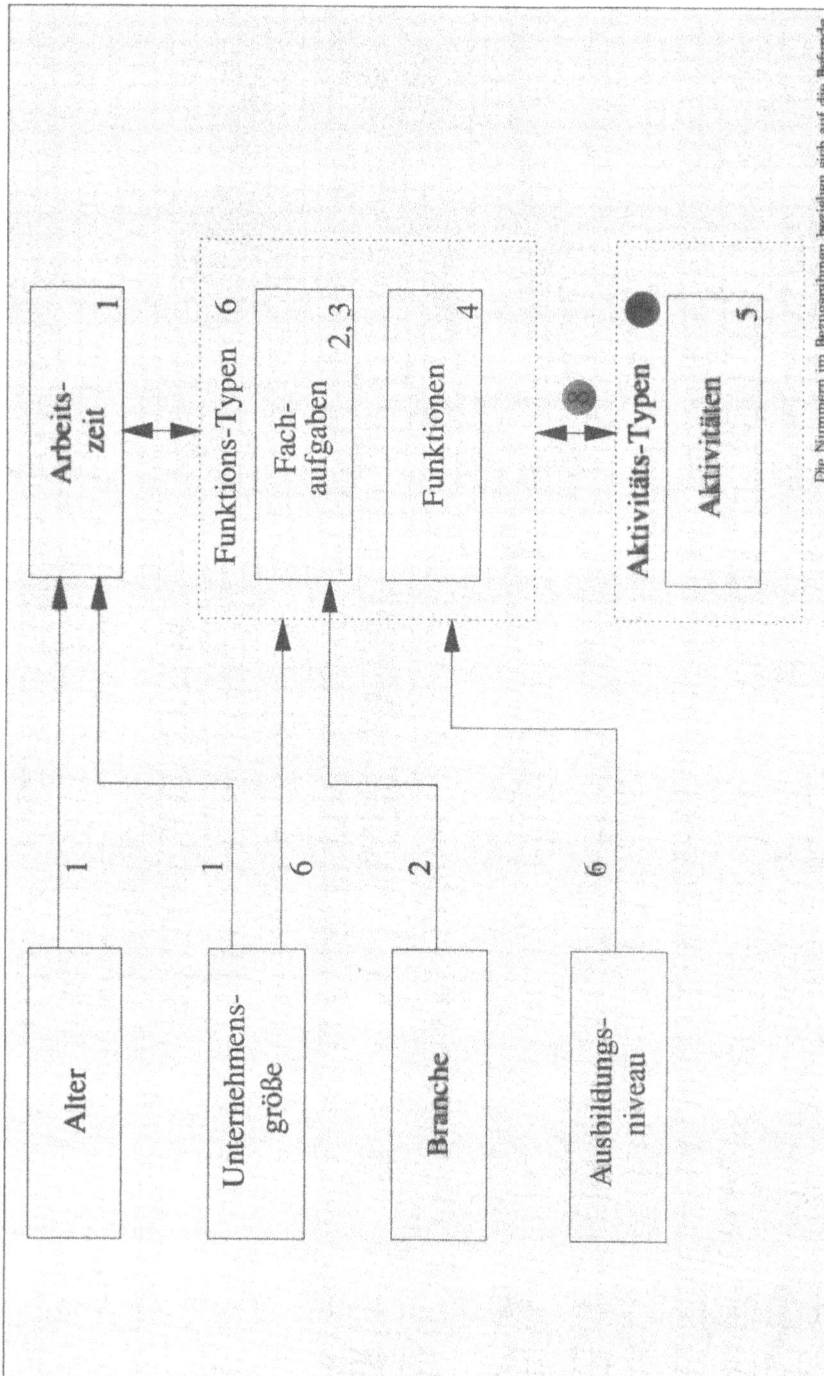

Darstellung 3.-39: *Präzisierter Bezugsrahmen "Arbeit"*

4. Schwachstellen der Arbeit von Top-Managern

Bereits im Eingangskapitel haben wir betont, daß Arbeit im Unternehmen **zielorientiert** erfolgt. Dabei sind Ziele im Unternehmen nicht immer leicht auszumachen. Die Unternehmensziele Gewinn, Marktanteil oder Kapitalrendite sind schon schwer genug exakt zu bestimmen, ganz abgesehen von der Frage, wie man diese Ziele erreicht. Noch schwieriger gestaltet es sich, wenn man nach den Zielen der Organisationsarbeit, d.h. hier nach den Zielen der organisatorischen Gestaltung der Führungskräftearbeit fragt. Zielkriterien wie zweckmäßige **Aufgabenteilung, Qualität der Entscheidung, Flexibilität und Anpassungsfähigkeit, Motivation** und **Zufriedenheit** werden dann beispielsweise genannt.[1] Sie zu erfassen, ist allerdings außerordentlich kompliziert und mit einer großen Fehleranfälligkeit behaftet.[2]

In den Studien 4 "Exploration Arbeit" sowie 6 "Exploration Arbeit und I+K-Akzeptanz"[3] haben wir daher Führungskräfte danach gefragt, was sie bei ihrer Arbeit stört. Die 15 wichtigsten **Störgrößen** haben wir in einer Liste zusammengefaßt und der repräsentativen Gruppe von Top-Managern in der Studie 10 "Top-Manager Arbeit"[4] vorgelegt. Wir erfassen damit letztlich **nicht-erfüllte Bedürfnisse** (Ziele) der Führungskräfte. Dies scheint uns ein sehr gangbarer Weg zur Verbesserung der Führungskräftearbeit zu sein.

4.1. Was stört Top-Manager bei ihrer Arbeit?

Sitzungen dauern zu lange. Dieses Ärgernis steht bei Top-Managern an allererster Stelle. Danach folgen der **Entscheidungsdruck** sowie die **Papierflut**, die ihn erstickt (Darstellung 4.-1). Am Ende der Skala - nur von einer Minderheit der Top-Manager bejaht - stehen **Postwege** oder mangelnder **privater Kontakt zu Kollegen**.

1) Vgl. Welge /Organisation/ 21ff, Krüger /Grundlagen/ 41f, Grochla /Grundlagen/ 92ff, Grochla, Thom /Organisationsformen/ 149ff.

2) In der empirischen Forschung behandelt man diese Probleme methodisch unter den Stichworten der Reliabilität und Validität; vgl. Müller-Böling /Methodik/.

3) Anhang A.1.1. und A.1.2.

4) Anhang A.1.5.

Störgrößen von Top-Managern	Zustimmung
Sitzungen dauern zu lange.	66 %
Als Führungskraft steht man unter dem Druck, Entscheidungen schnell treffen zu müssen.	57 %
Die Papierflut ist fast nicht mehr zu bewältigen.	48 %
Bei Sitzungen geht viel Zeit dadurch verloren, daß ich Informationen erhalte, die ich schon kenne.	47 %
Durch Telefonate fühle ich mich gestört.	46 %
Bei Sitzungen kommen Redner nicht zur Sache.	40 %
Das Tagesgeschäft nimmt derart viel Zeit in Anspruch, daß ich kaum Zeit für eigentliche Führungsaufgaben habe.	37 %
Kommunikationspartner sind nicht erreichbar.	36 %
Bei Vorlagen, die man lesen muß, läßt die Qualität oft zu wünschen übrig.	27 %
Die Informationsgrundlagen für die Entscheidungsvorbereitung sind schlecht.	25 %
Es dauert lange, bis Mitarbeiter Vorlagen auf den Tisch bringen.	25 %
Bei Unterschriftsleistungen muß man sich immer wieder in einen alten Vorgang hineindenken.	21 %
Zu viele Dienstreisen stehlen mir kostbare Zeit, da Reisezeiten gleichbedeutend mit toten Zeiten sind.	19 %
Die internen und externen Postwege sind zu lang.	19 %
Mit meinen Kollegen kann ich nicht über private Dinge sprechen.	19 %

Darstellung 4.-1: Rangliste der Störgrößen von Top-Managern

Wir wollen die einzelnen Störgrößen nach Inhaltsgruppen zusammengefaßt diskutieren. Dazu haben wir die Aussagen aller Top-Manager einer **Faktorenanalyse** unterworfen.[5)] Die einzelnen Items können sinnvoll vier Faktoren zugeordnet werden (Dar-

5) Zum Verfahren siehe Anhang A.2.4. Faktorenanalyse mit Varimax- Rotation. Die Zuordnung erfolgte ab einem Faktorladungswert von 0,4.

stellung 4.-2), wobei lediglich das letzte herausfällt. Ein erster Faktor beinhaltet Aussagen zur Belastung im täglichen Arbeitsprozeß. Wir wollen ihn daher "**Tagesstreß**" nennen. Im zweiten Faktor finden sich Aussagen über die Dauer und das Verhalten von Teilnehmern in Sitzungen. Als Kurzbezeichnung scheint uns daher auch der Begriff "**Sitzungen**" angemessen. Der dritte Faktor spricht Fragen der Informationsgrundlagen und der Entscheidungsvorlagen an. In Verbindung mit der Arbeitsteilung im Unternehmen wollen wir diesen Faktor "**Zuarbeit durch Mitarbeiter**" nennen. Der vierte Faktor beinhaltet zeitliche Aspekte des Entscheidungsdrucks, der Postwege und der Einarbeitung. Ihn wollen wir unter der Bezeichnung "**Zeitdruck**" weiterführen.

	Tagesstreß	**Sitzungen**	**Zuarbeit durch Mitarbeiter**	**Zeitdruck**
Sitzungen zu lange		X		
zuviel Entscheidungsdruck				X
Papierflut				X
Doppelinformationen		X		
Telefonate stören	X			
Redner nicht zur Sache		X		
zuviel Tagesgeschäft	X			
fehlende Erreichbarkeit	X			
Vorlagenqualität schlecht			X	
Infogrundlagen schlecht			X	
Vorlagen zu spät			X	
Unterschriften				X
zuviel Dienstreisen	X			
Postwege zu lang				X
keine privaten Dinge				

Darstellung 4.-2: Zuordnung der Items zu vier Faktoren

Die Wichtigkeit der einzelnen Störgrößengruppen deutete sich bereits in der Übersicht am Anfang an. Auf die einzelnen Faktoren bezogen sind die Sitzungen die wesentlichste Schwachstelle aus der Sicht von Top-Managern (Darstellung 4.-3).[6] Wir werden die Einzelaspekte nunmehr in der Reihenfolge zunehmender Bedeutung der Störgrößengruppen diskutieren.

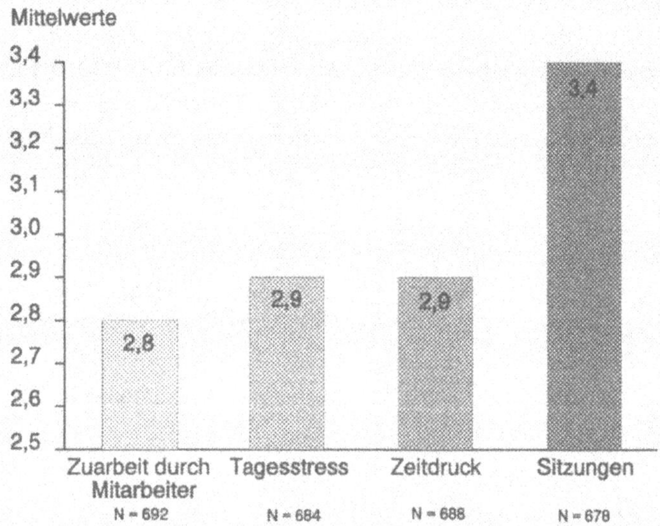

Darstellung 4.-3: Mittelwerte der Schwachstellen-Faktoren

4.2. Zuarbeit durch Mitarbeiter

Schlechte **Informationsgrundlagen** für die Entscheidungsvorbereitung beklagen lediglich 25 Prozent der Top-Manager. Fast die Hälfte ist mit der Entscheidungsvorbereitung zufrieden (Darstellung 4.-4). Auf den ersten Blick scheint damit ein größeres Potential für Entscheidungsunterstützungssysteme für Top-Manager nicht gegeben zu sein. Unter Umständen sind diese Systeme für die zweite Ebene im Unternehmen, die die Entscheidungsvorbereitung vornimmt, eher geeignet; denn die Top-Manager verlassen sich zu einem großen Teil auf die Vorarbeiten ihrer Mitarbeiter.

Dabei sind sie überwiegend zufrieden mit ihren Mitarbeitern. Klage darüber, daß Mitarbeiter für ihre **Vorlagen** zu lange benötigen, führen ebenfalls nur ein Viertel der Top-Manager (Darstellung 4.-5).

6) Die Bewertung der Einzelaussagen erfolgte über eine Skala von 1 (keine Schwachstelle) bis 5 (große Schwachstelle). Die Durchschnittswerte für die Faktoren wurden durch Summierung der Itemwerte des Faktors und Division durch die Zahl der zugehörigen Items ermittelt.

Die Informationsgrundlagen für die Entscheidungsvorbereitung sind schlecht.

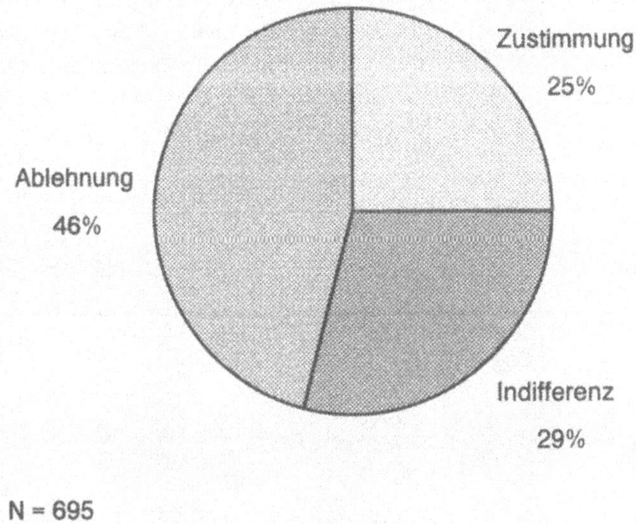

Darstellung 4.-4: Störgröße Informationsgrundlagen

Es dauert lange, bis Mitarbeiter Vorlagen auf den Tisch bringen.

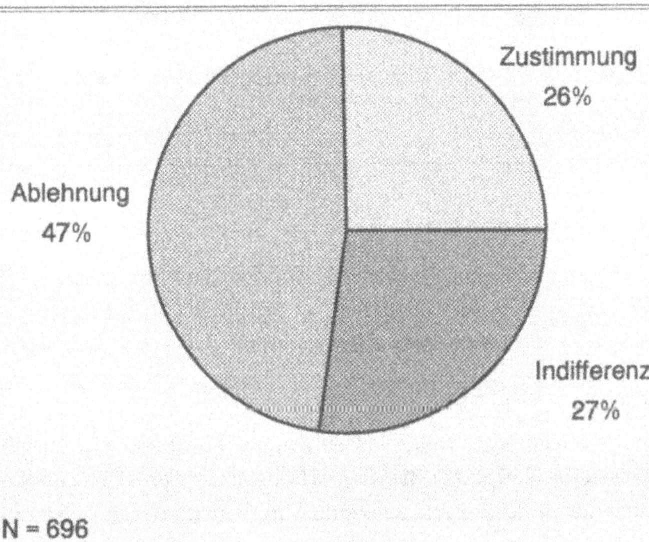

Darstellung 4.-5: Störgröße Vorlagen

Den gleichen Schluß kann man ziehen, wenn man die Bewertung der **Vorlagenqualität** betrachtet. Nur 27 Prozent der Top-Manager sind mit der Qualität von Vorlagen unzufrieden, allerdings steigt der Anteil der Unentschiedenen gegenüber der Vorfrage deutlich an (Darstellung 4.-6). Zu einem nicht unerheblichen Teil sind Manager also unsicher über die Qualität der von ihren Mitarbeiter vorbereiteten Unterlagen.

Bei Vorlagen, die man lesen muß, läßt die Qualität oft zu wünschen übrig.

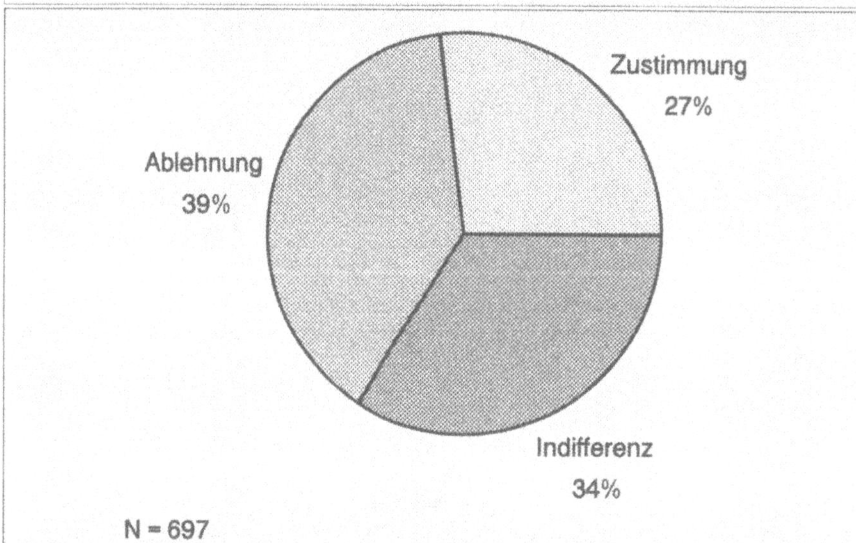

Darstellung 4.-6: Störgröße Vorlagenqualität

Schwachstellen-Befund Nr. 1
Rund ein Viertel der Top-Manager empfindet die Informationsgrundlagen bei Entscheidungen als unzureichend. Bei einem Drittel herrscht große Unsicherheit über die Qualität der von den Mitarbeitern erarbeiteten Vorlagen.

Auch aus anderen Untersuchungen wissen wir, daß Führungskräfte sich überdurchschnittlich belastet fühlen durch die Auswirkungen der Fehler von anderen auf das eigene Arbeitsergebnis und durch zu wenig Mitarbeiter, die zur Verfügung stehen.[7)]

7) Vgl. Stehle /Belastungssituationen/ 109.

4.3. Tagesstreß[8)]

Dienstreisen werden von Top-Managern nicht als besonders lästig empfunden, obwohl der Anteil der Reise- und Fahrtzeiten immerhin 10 Prozent ausmacht und vereinzelt Reisen als Zeitverschwendung bezeichnet werden[9)] (Darstellung 4.-7). Dies stimmt mit den Ergebnissen der Studie von Kevenhörster und Schönbohm überein, wenn man nur die Top-Manager ihrer Studie betrachtet.[10)] Angehörige des mittleren Managements dagegen empfinden Reisen als zu zeitaufwendig.[11)]

Zu viele Dienstreisen stehlen mir kostbare Zeit, da Reisezeiten gleichbedeutend mit toten Zeiten sind.

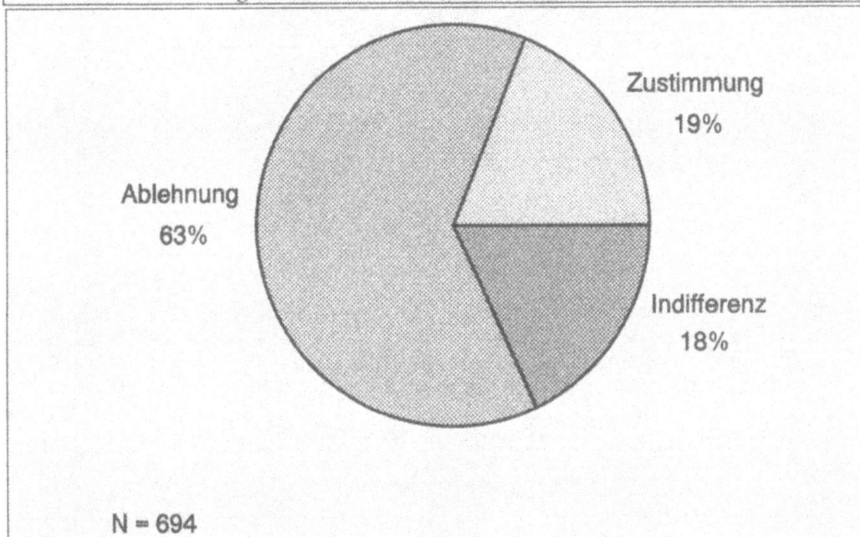

Darstellung 4.-7: Störgröße Dienstreisen

Daß das **Tagesgeschäft** zuviel Zeit beansprucht, empfinden 37 Prozent der Top-Manager als Schwachstelle (Darstellung 4.-8). Auch in der Untersuchung von Lau et al.

8) Vgl. zum Themenkomplex Streß im Management z.B. Hausmann /Manager/, Mann /Streß/, Noelle-Neumann, Piel /Bericht/, Cooper /Streß/, Cooper /World/, Cooper, Hensman /Investigation/, Cooper et al. /Stress/.

9) Vgl. Gilson /Principal/ 268.

10) Vgl. Kevenhörster, Schönbohm /Management/ 40. Der Zeitanteil für Reisen beträgt bei den dortigen Top-Managern allerdings nur etwa 5 Prozent. Vgl. Kevenhörster, Schönbohm /Management/ 33.

11) Vgl. Kevenhörster, Schönbohm /Management/ 52.

beklagten die Führungskräfte, daß das Tagesgeschäft ihnen viel Zeit raube, die sie lieber für die Erledigung ihrer Führungsaufgaben einsetzen würden.[12)] Zu viel Routinetätigkeiten beklagen auch Wissenschaftler.[13)]

Das Tagesgeschäft nimmt derart viel Zeit in Anspruch, daß ich kaum Zeit für eigentliche Führungsaufgaben habe.

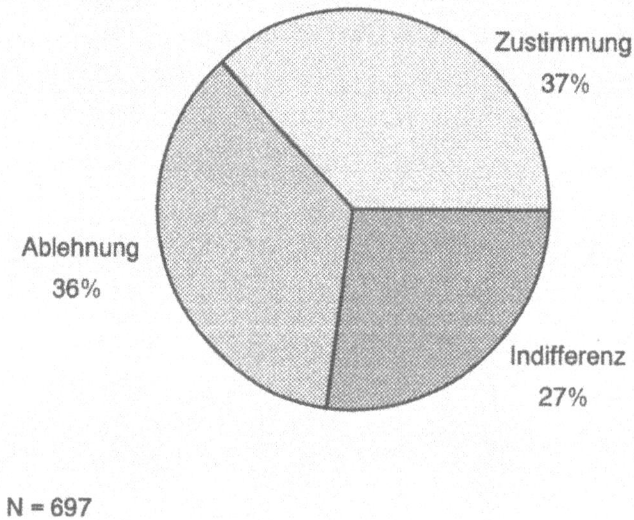

Darstellung 4.-8: Störgröße Tagesgeschäft

Schwachstellen-Befund Nr. 2
37 Prozent der Top-Manager beklagen eine zu starke Einbindung ins Tagesgeschäft, die keine Freiräume für eigentliche Führungsaufgaben beläßt.

Daß für zusammenhängende längerfristige Überlegungen kein Raum bleibt, liegt nicht zuletzt daran, daß die Arbeit von Führungskräften durch viele Unterbrechungen geprägt ist. Fast die Hälfte der Top-Manager fühlt sich durch **Telefonate** gestört (Dar-

12) Vgl. Lau et al. /Nature/ 519.

13) Der Anteil der Arbeitszeit, der auf Routinetätigkeiten entfällt, sollte nach Meinung von etwa zwei Dritteln der von Peters, Lees /Scientists/ 46 befragten 172 Wissenschaftler drastisch gesenkt werden.

stellung 4.-9). Auch in der Studie von Kevenhörster und Schönbohm bewerten die Führungskräfte den Zeitaufwand für Telefonate als zu hoch.[14)]

Durch Telefonate fühle ich mich gestört.

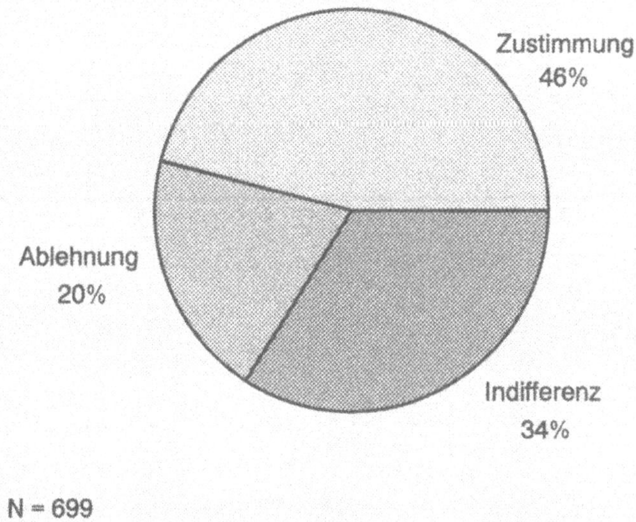

Darstellung 4.-9: Störgröße Telefonate

Abhilfe bei Störungen schaffen Abschirmungen, sei es durch die Sekretärin, die Anrufe abblockt oder indem gar nicht erst abgehoben wird.[15)] Dies führt allerdings zu einer Schwachstelle beim Kommunikationssuchenden. So ist es denn für rund ein Drittel der Top-Manager eine nicht unerhebliche Störgröße, daß **Kommunikationspartner nicht erreichbar** sind (Darstellung 4.-10).[16)] Diese Tatsache erhält ein noch größeres Gewicht, wenn man bedenkt, daß Top-Manager in der Regel durch ein Sekretariat in der Verbindungsaufnahme unterstützt werden. Andere Untersuchungen berichten, daß jeder dritte Telefonanruf vergeblich ist.[17)]

14) Vgl. Kevenhörster, Schönbohm /Management/ 40, 52.

15) Den Rat, Zeiten zu reservieren, in denen Telefonate nicht entgegengenommen werden, sondern nur vom Sekretariat beantwortet werden, gibt beispielsweise Gardner /Manager/ 52.

16) Gilson /Principal/ 268 zufolge wird viel Zeit verschwendet, wenn man auf den Anruf des Kommunikationspartners wartet oder das Telefon des Kommunikationspartners besetzt ist oder nicht abgehoben wird.

17) Vgl. Lanius, Schwieder /Kommunikation/ 8, zitiert in Karcher /Büro/ 337f.

Kommunikationspartner sind nicht erreichbar.

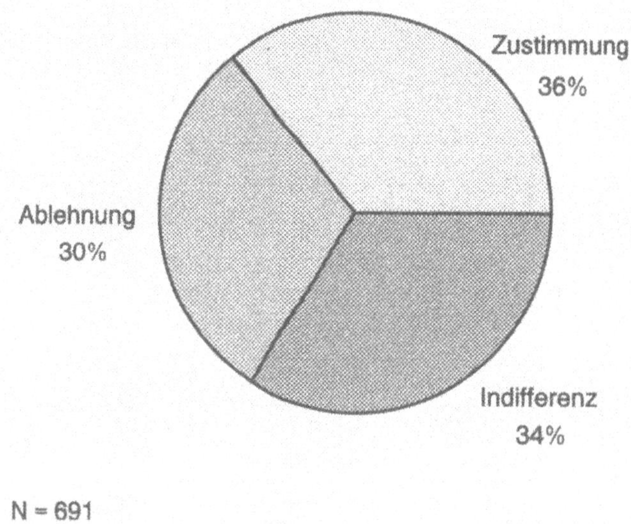

Darstellung 4.-10: Störgröße Erreichbarkeit

Schwachstellen Befund Nr. 3

Kommunikation über das Telefon hat für Top-Manager einerseits die Schwachstelle, zu häufig gestört zu werden, andererseits oft genug auf eine Kommunikationsverbindung warten zu müssen. Kommunikation stört Top-Manager also zweifach: Kommt Kommunikation zustande, so wird er bei der Arbeit unterbrochen. 46 Prozent Top-Manager fühlen sich dadurch gestört. Kommt Kommunikation nicht zustande, so behindert ihn das ebenfalls bei seiner Arbeit. 36 Prozent der Top-Manager beklagen dies.

Einen deutlichen Trend gibt es bei der Tagesbelastung von Top-Manager unterschiedlicher **Unternehmensgrößen**: Je kleiner das Unternehmen ist, desto stärker empfinden die Top-Manager den Tagesstreß als Belastung (Darstellung 4.-11). In kleinen Unternehmen stehen weniger Mitarbeiter zur Verfügung, an die alltägliche Aufgaben delegiert werden können. Dies bezieht sich einmal auf den Service durch ein gut funktionierendes Sekretariat hinsichtlich der Kommunikationsaufnahme bzw. -abschirmung, zum anderen auf das Fehlen von Assistenten oder Stäben, womit die Klage über zuviel Tagesgeschäft verbunden ist.

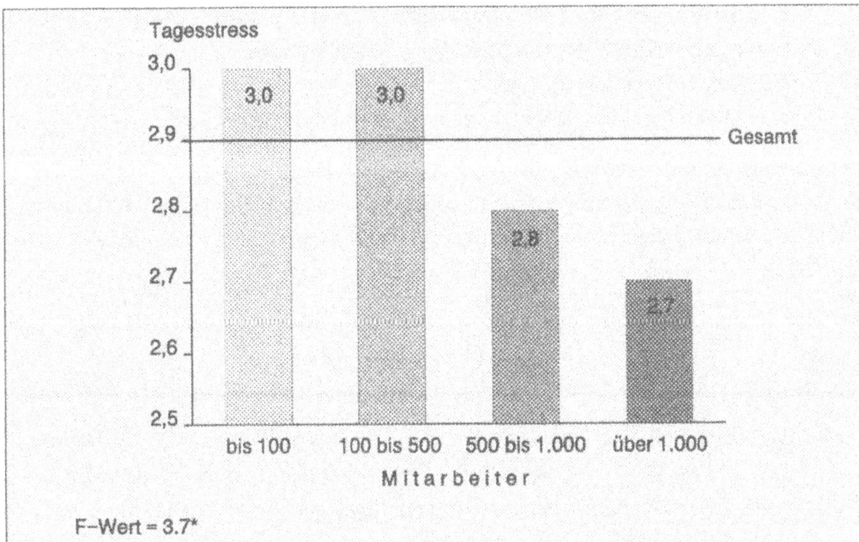

Darstellung 4.-11: Schwachstelle Tagesstreß in unterschiedlichen Unternehmensgößen

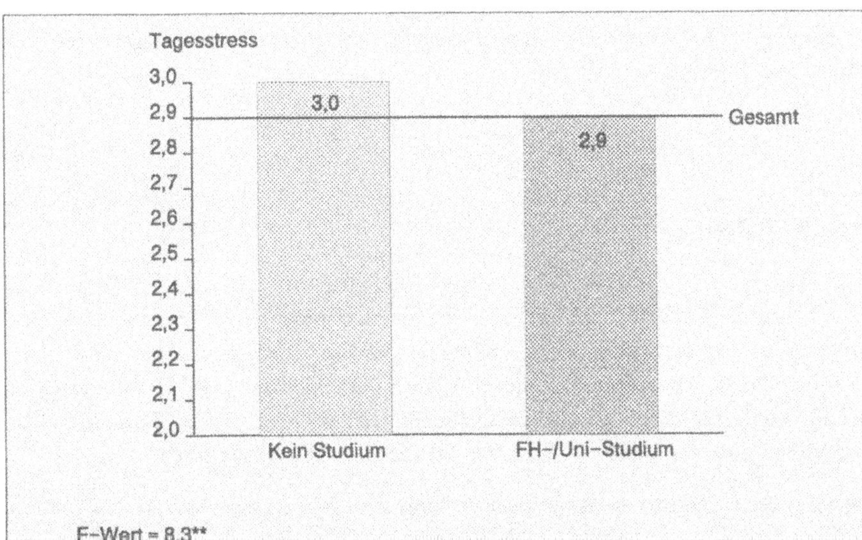

Darstellung 4.-12: Schwachstelle Tagesdruck nach Ausbildungsniveau

Vielleicht aber finden sich gerade auch in kleineren Unternehmen Top-Manager, denen es besonders schwer fällt zu **delegieren**, möglicherweise,

- weil sie am Aufbau des Unternehmens entscheidend mitgewirkt haben und weiterhin Aufgaben erledigen, die delegierbar sind,
- aus dem Trott heraus oder
- weil der Top-Manager nicht gelernt hat zu delegieren.

Dies scheint eher für Top-Manager zu gelten, die nicht studiert haben. Gerade bei den **Nicht-Akademikern**, die im übrigen häufiger in kleineren Unternehmen zu finden sind (Top-Manager-Befund Nr. 9), wird ein höherer Tagesstreß empfunden (Darstellung 4.-12).

Schwachstellen-Befund Nr. 4
Der Tagesstreß ist bei Top-Managern kleinerer Unternehmen, die weniger Aufgaben delegieren können oder wollen, größer. Bei akademisch qualifizierten Top-Managern, die eher in größeren Unternehmen arbeiten und jünger sind, ist er kleiner.

So gilt denn: Obwohl oder weil (?) Top-Manager kleinerer Unternehmen zeitlich **weniger** arbeiten (Arbeits-Befund Nr. 1), empfinden sie **mehr** Tagesstreß. Bei den Top-Managern aus Großunternehmen ist dies genau umgekehrt. Sie arbeiten **länger** und empfinden **weniger** Streß.

4.4. Zeitdruck

In der Gruppe Zeitdruck sind Schwachstellen zusammengefaßt, die teils eine sehr große, teils nur eine untergeordnete Rolle für die Top-Manager spielen. So beklagen sich über zu lange **Postwege** weniger als ein Fünftel (Darstellung 4.-13). Damit ist dies die am wenigsten empfundene Schwachstelle. Obwohl hier häufiger Defizite in Unternehmen gesehen werden,[18)] empfinden dies die Top-Manager nicht.

Weniger bedeutend ist auch die Einarbeitung in alte Vorgänge. Knapp drei Fünftel der Top-Manager sehen keine Probleme darin, sich bei **Unterschriftsleistungen** wieder in alte Vorgänge einarbeiten zu müssen (Darstellung 4.-14).

18) Vgl. Zangl /Durchlaufzeiten/ 282. Durch Warten auf ankommende Briefe wird Gilson /Principal/ 268 zufolge viel Zeit verschwendet.

Die internen und externen Postwege sind zu lang.

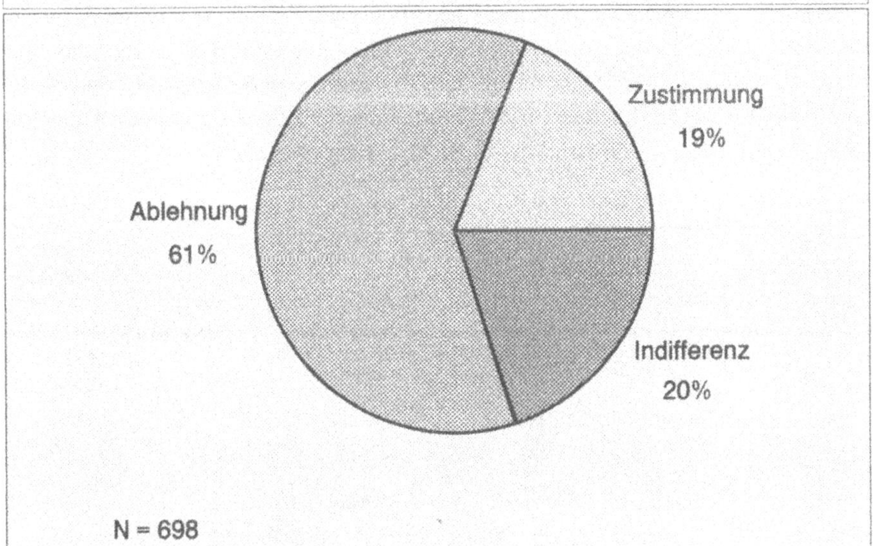

Darstellung 4.-13: Störgröße Postwege

Bei Unterschriftsleistungen muß man sich immer wieder in einen alten Vorgang hineindenken.

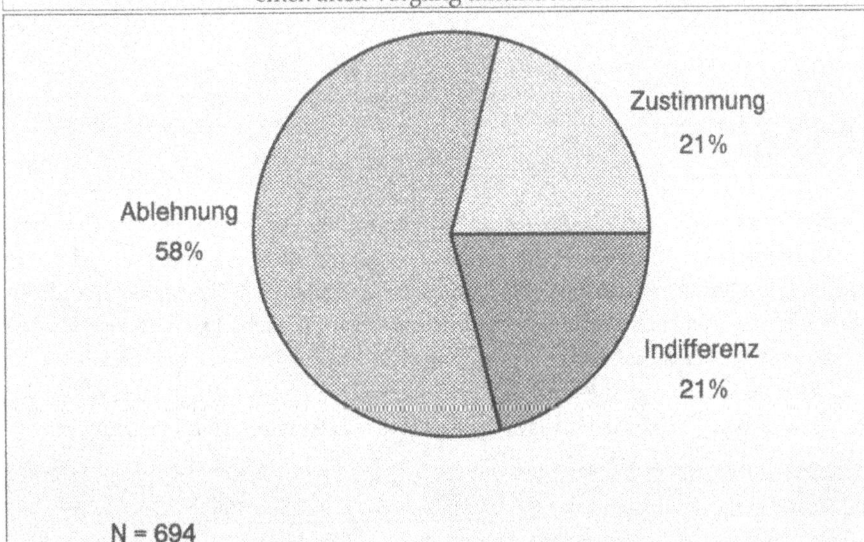

Darstellung 4.-14: Störgröße Unterschriften

Die fast nicht mehr zu bewältigende **Papierflut** hingegen wird als starke Schwachstelle gesehen (Darstellung 4.-15). Dieses Problem scheint zeitlos. Bereits 1941 wird empfohlen, "die Sintflut an Schrifttum, Schriftwechsel, Informationen, Untersuchungen und ähnlichem" zurückzudämmen.[19] Immerhin verbringen Top-Manager knapp 40 Prozent ihrer Arbeitszeit mit dem Bearbeiten von Eingangspost und Lesen von Vorlagen (Arbeits-Befund Nr. 5). Dies mag nicht zuletzt daran liegen, daß sie häufig mehrere Kopien ein- und derselben Nachricht erhalten.[20]

Die Papierflut ist fast nicht mehr zu bewältigen.

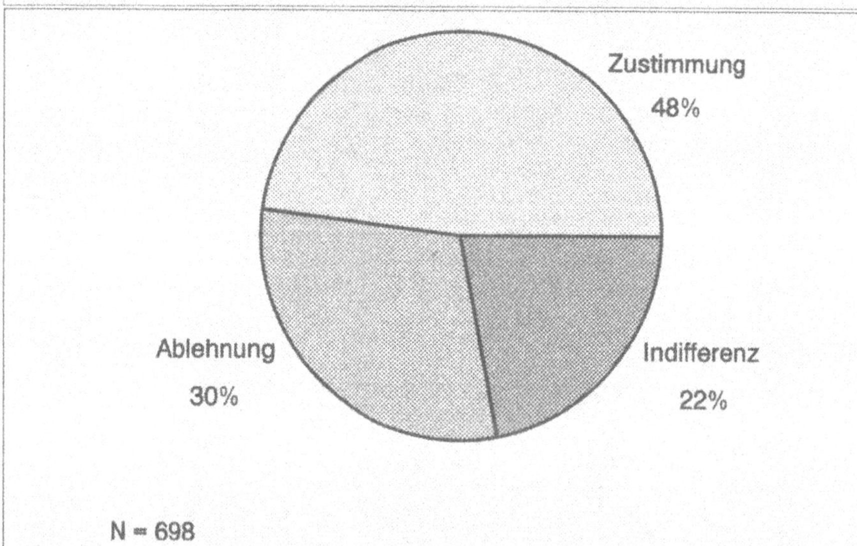

Darstellung 4.-15: Störgröße Papierflut

Noch schwerwiegender als die Papierflut empfinden Top-Manager aber den **Entscheidungsdruck**. Über die Hälfte von ihnen beklagt die Notwendigkeit schneller Entscheidungen (Darstellung 4.-16). In dieser Frage sind sich Top-Manager auch sicher: Entweder empfinden sie Entscheidungsdruck oder nicht. Der Anteil an Unentschiedenen ist bei dieser Frage sehr gering. Der Entscheidungsdruck gehört damit nach den zu langen Sitzungen zu den am intensivsten empfundenen Störgrößen der Führungsarbeit. Termindruck insgesamt wird als überaus belastend empfunden.[21]

19) Holden et al. /Führungskunst/ 209. Zur Bewältigung der Papierflut schlägt Gardner /Manager/ 52 vor, die Eingangspost vom Sekretariat nach Wichtigkeit sortieren zu lassen.

20) Vgl. Gilson /Principal/ 268.

21) So auch bei den von Stehle /Belastungssituationen/ 109 befragten Führungskräften.

Als Führungskraft steht man unter dem Druck, Entscheidungen schnell treffen zu müssen.

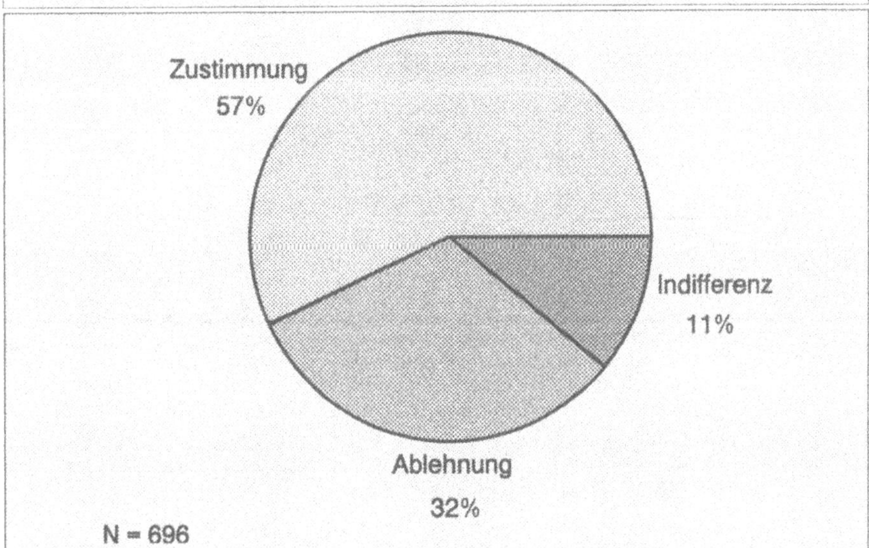

Darstellung 4.-16: Störgröße Entscheidungsdruck

Deutliche Unterschiede in der Empfindung von Entscheidungsdruck treten bei einzelnen Top-Manager-Typen auf (Darstellung 4.-17). Der **Schreibtischarbeiter** fühlt sich durch Zeitdruck am meisten gestört. Obwohl oder gerade weil er am meisten von allen Top-Managern am Schreibtisch sitzt (Arbeits-Befund Nr. 7), klagt er auch am ehesten über die Papierflut. Auch der Entscheidungsdruck kommt diesem Typ nicht entgegen. Am wenigsten empfindet der Reisediplomat Zeitdruck als belastend. Er ist es allerdings auch, der am längsten arbeitet (Arbeits-Befund Nr. 6).

Zeitdruck scheint im Gegensatz zu Termindruck allerdings keine Frage der Arbeitszeit zu sein. Denn sowohl Top-Manager kleiner Unternehmen, die weniger arbeiten, als auch Top-Manager von Großunternehmen, die deutlich mehr arbeiten, empfinden in etwa den gleichen Zeitstreß (Darstellung 4.-18). Lediglich bei Top-Managern von **mittelgroßen Unternehmen** mit 500 bis 1.000 Mitarbeitern tritt der Zeitdruck deutlich zurück. Dies mag daran liegen, daß sie einerseits genügend große Delegationsmöglichkeiten besitzen, darüberhinaus überschaubare Einheiten führen und der Gruppendruck innerhalb des Unternehmens noch nicht zu einem verstärkten Zeitengagement führt.

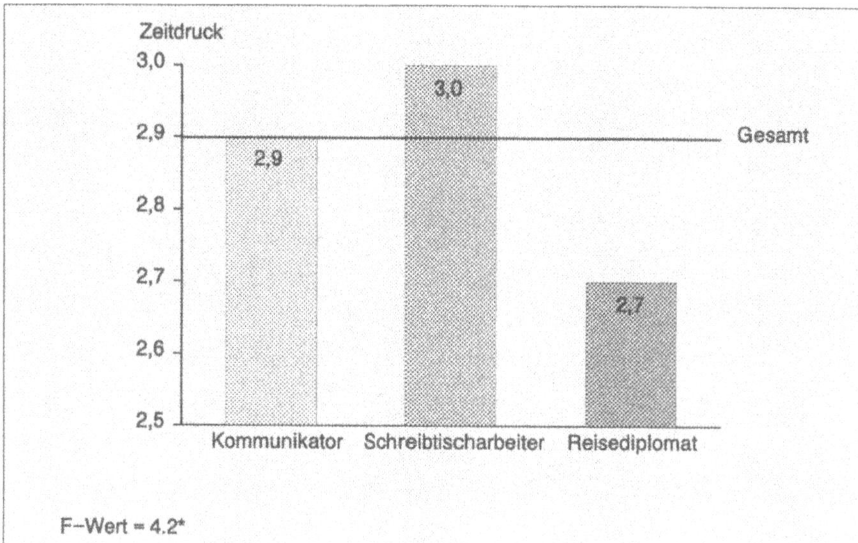

Darstellung 4.-17: Schwachstelle Zeitdruck bei unterschiedlichen Aktivitäts-Typen

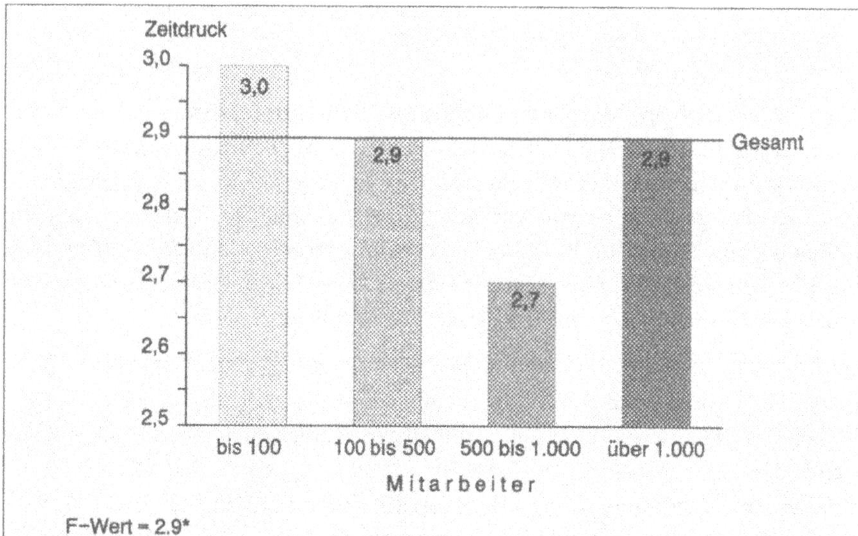

Darstellung 4.-18: Schwachstelle Zeitdruck in unterschiedlichen Unternehmensgößen

Ganz besondere Unterschiede bestehen im Zeitdruckempfinden von **Akademikern** und **Nicht-Akademikern** (Darstellung 4.-19). Praktisch ausgebildete Top-Manager empfinden einen sehr viel höheren Zeitdruck bei ihrer Arbeit als die Akademiker. Dies mag daran liegen, daß die Papierflut für Praktiker lästiger ist als für die, die bereits in der Ausbildung viel mit Schriftgut und der Verarbeitung von auf Papier gespeichertem Wissen zu tun hatten. Darüberhinaus vermittelt ein Studium vermutlich wissenschaftliche Arbeitstechniken, mit denen Sachverhalte von hoher Komplexität rationeller erledigt werden können.

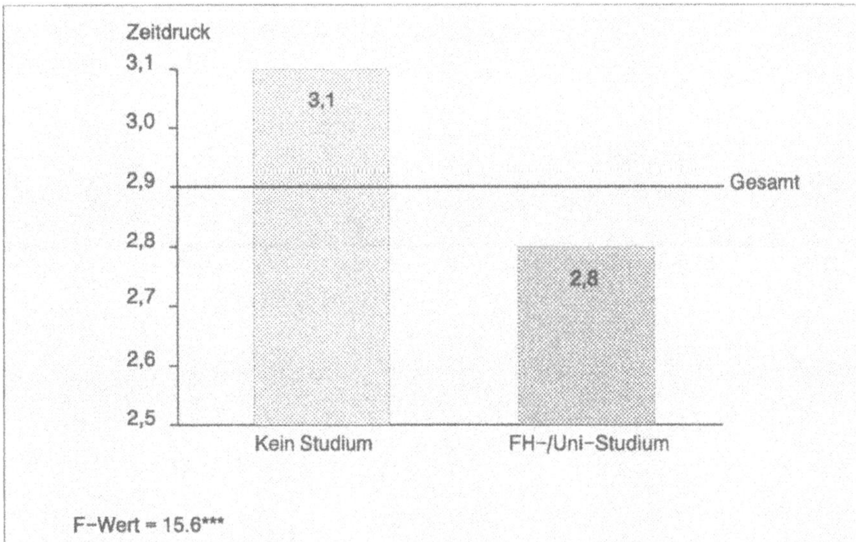

Darstellung 4.-19: Schwachstellen Zeitdruck und Ausbildungsniveau

Schwachstellen-Befund Nr. 5
Über die Papierflut klagen 48 Prozent aller Top-Manager. Entscheidungen unter Zeitdruck treffen zu müssen, ist für 57 Prozent der Top-Manager eine Belastung. Der Zeitstreß ist besonders groß für Schreibtischarbeiter und für Nicht-Akademiker.

4.5. Sitzungen

Zwei Drittel aller Top-Manager ärgern sich darüber, daß **Sitzungen zu lange** dauern (Darstellung 4.-20). Es handelt sich hierbei um die Schwachstelle, die von den meisten Top-Managern empfunden wird. Bedenkt man, daß Top-Manager 8 Prozent ihrer Arbeitszeit in Sitzungen verbringen,[22] - das sind immerhin durchschnittlich knapp 5

22) Siehe Darstellung 3.-31.

Stunden in der Woche - müßte sich ein erhebliches Potential zur Verbesserung der Führungsarbeit ergeben.[23] Auch wenn diese Zahl vielleicht objektiv gesehen nicht so hoch sein mag, sollte allein die große Übereinstimmung über dieses Ärgernis Anlaß für Maßnahmen sein.

Sitzungen dauern zu lange.

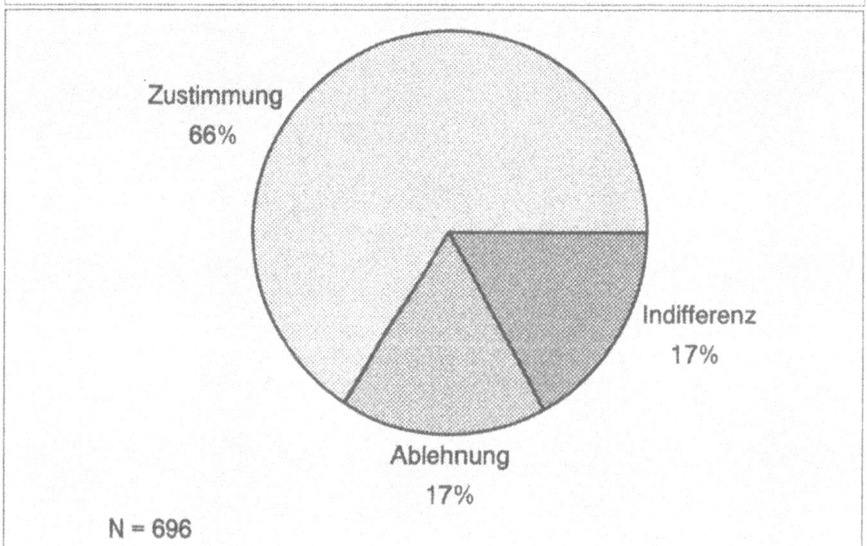

Darstellung 4.-20: Störgröße lange Sitzungen

Auch die von Kevenhörster und Schönbohm befragten Mitglieder des Top-Managements sind der Meinung, daß Sitzungen zu lange dauern. Dagegen empfinden sie Besprechungen nicht als zu zeitintensiv.[24]

Ein Grund für die Top-Manager liegt darin, daß **Redner** nicht zur Sache kommen (Darstellung 4.-21). Dabei muß es nicht nur um Abstimmungen oder die Verbreitung von Klatsch gehen, wie Weber aufgrund von Managerbefragungen meint.[25]

Häufig ist das Gefühl, Redner kämen nicht zur Sache, auch dadurch begründet, daß andere Sitzungsteilnehmer auf den gleichen Informationsstand gebracht werden müssen.[26] Insofern beklagen Top-Manager Zeitverlust durch **Doppelinformationen**, d.h. durch Wiedergabe bereits bekannter Informationen. Fast jeder zweite Top-Manager fühlt sich davon betroffen (Darstellung 4.-22).

23) Vielfach wird das Problem zu langer Sitzungen angesprochen vgl. Case /Executive/ 69, Weltz /Leitungsfunktion/ 468, Hinrichs /Time/ 48.

24) Vgl. Kevenhörster, Schönbohm /Management/ 40, aber auch 52.

25) Vgl. Weber /Foulspiel/ 90.

26) Vgl. Hirzel /Effizienz/ 164.

Bei Sitzungen kommen Redner nicht zur Sache.

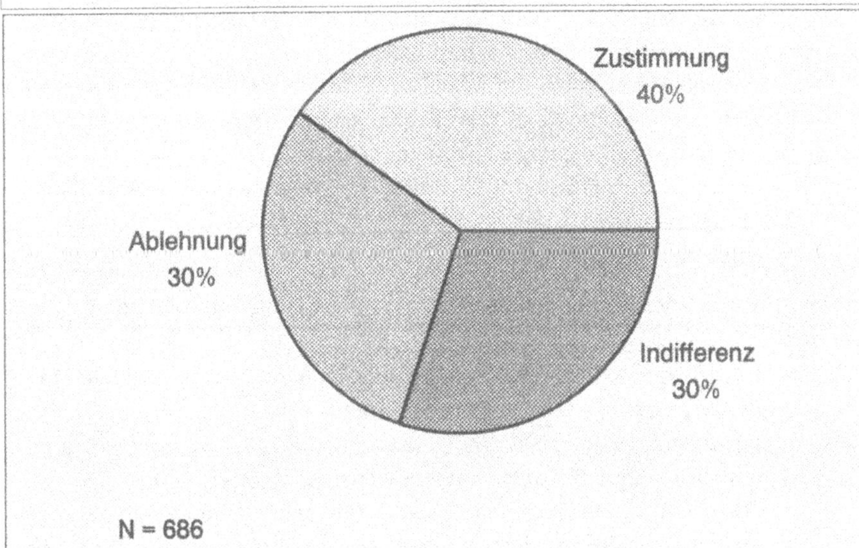

Darstellung 4.-21: Störgröße Redner

Bei Sitzungen geht viel Zeit dadurch verloren, daß ich Informationen erhalte, die ich schon kenne.

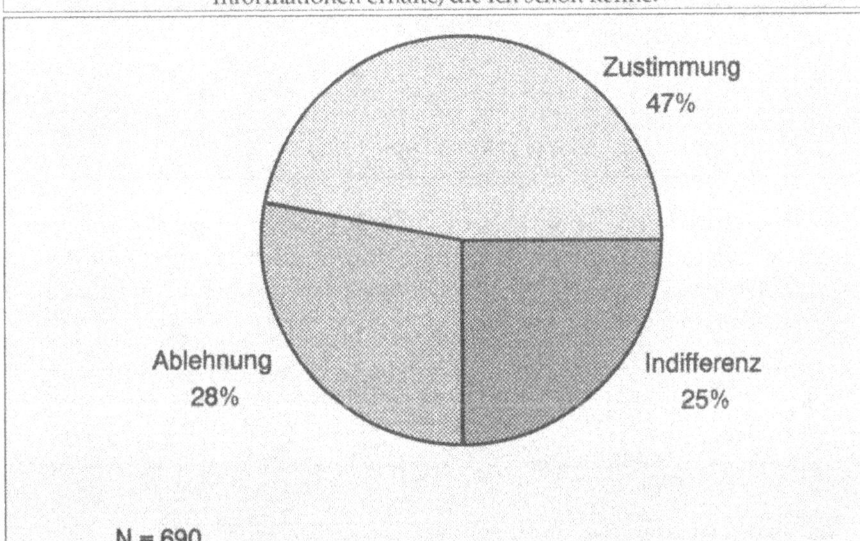

Darstellung 4.-22: Störgröße Doppelinformationen

Als **Gründe** für zu lange Sitzungen werden ansonsten genannt:[27]

- Sitzungsunterlagen werden zu spät zugestellt,
- Sitzungsunterlagen werden nicht von allen Teilnehmern genutzt,
- nicht alle Sitzungen werden protokolliert,
- schlechte Sitzungsleitung,
- bei Kontroversen wird nicht frühzeitig genug vertagt,
- Teilnehmer sind nicht genügend motiviert,
- Sitzungen werden zum Austausch von Informationen mit anderen Teilnehmern verwendet,
- Teilnehmer verspäten sich.

Konkret für ein Unternehmen wurden folgende Gründe für **ineffiziente** Sitzungen ermittelt:[28]

- nur bei einem Viertel der Tagesordnungspunkte wurden konkrete Ergebnisse erzielt,
- nur bei 10 Prozent gab es genaue Zieldefinition,
- aktiv beteiligte sich nur ein Viertel der Teilnehmer,
- 45 Prozent der Besprechungen wurden um mehr als ein Viertel überzogen,
- ein Drittel der Teilnehmer war überflüssig, weil sowohl Fach- als auch Entscheidungskompetenz fehlten.

Insbesondere das letzte Argument wirkt schwer, weil die **Sitzungszeit mit zunehmender Teilnehmerzahl steigt**. Kevenhörster und Schönbohm haben ermittelt, daß die Sitzungsdauer mit jedem zusätzlich in eine Sitzung einbezogenen Teilnehmer um 20 Prozent verlängert wird.[29]

Schwachstellen-Befund Nr. 6
Die Hauptschwachstelle, die von zwei Drittel aller Top-Manager empfunden wird, bezieht sich auf zu lange Sitzungen. Daß Sitzungen eine erhebliche Belastung darstellen, gilt für Top-Manager jeden Alters, jeder Ausbildung, jeder Branche, jeder Unternehmensgröße und jedes Psycho-Typs in gleicher Weise.

27) Vgl. Gilson /Principal/ 268, Kevenhörster, Schönbohm /Management/ 105.

28) Vgl. Hirzel /Effizienz/ 165.

29) Vgl. Kevenhörster, Schönbohm /Management/ 105.

4.6. Präzisierter Bezugsrahmen "Schwachstellen": Zusammenfassung der Befunde

Schwachstellen-Befund Nr. 1

Rund ein Viertel der Top-Manager empfindet die Informationsgrundlagen bei Entscheidungen als unzureichend. Bei einem Drittel herrscht große Unsicherheit über die Qualität der von den Mitarbeitern erarbeiteten Vorlagen.

Schwachstellen-Befund Nr. 2

37 Prozent der Top-Manager beklagen eine zu starke Einbindung ins Tagesgeschäft, die keine Freiräume für eigentliche Führungsaufgaben beläßt.

Schwachstellen Befund Nr. 3

Kommunikation über das Telefon hat für Top-Manager einerseits die Schwachstelle, zu häufig gestört zu werden, andererseits oft genug auf eine Kommunikationsverbindung warten zu müssen. Kommunikation stört Top-Manager also zweifach: Kommt Kommunikation zustande, so wird er bei der Arbeit unterbrochen. 46 Prozent Top-Manager fühlen sich dadurch gestört. Kommt Kommunikation nicht zustande, so behindert ihn das ebenfalls bei seiner Arbeit. 36 Prozent der Top-Manager beklagen dies.

Schwachstellen-Befund Nr. 4

Der Tagesstreß ist bei Top-Managern kleinerer Unternehmen, die weniger Aufgaben delegieren können oder wollen, größer. Bei akademisch qualifizierten Top-Managern, die eher in größeren Unternehmen arbeiten und jünger sind, ist er kleiner.

Schwachstellen-Befund Nr. 5

Über die Papierflut klagen 48 Prozent aller Top-Manager. Entscheidungen unter Zeitdruck treffen zu müssen, ist für 57 Prozent der Top-Manager eine Belastung. Der Zeit-streß ist besonders groß für Schreibtischarbeiter und für Nicht-Akademiker.

Schwachstellen-Befund Nr. 6

Die Hauptschwachstelle, die von zwei Drittel aller Top-Manager empfunden wird, bezieht sich auf zu lange Sitzungen. Daß Sitzungen eine erhebliche Belastung darstellen, gilt für Top-Manager jeden Alters, jeder Ausbildung, jeder Branche, jeder Unternehmensgröße und jedes Psycho-Typs in gleicher Weise.

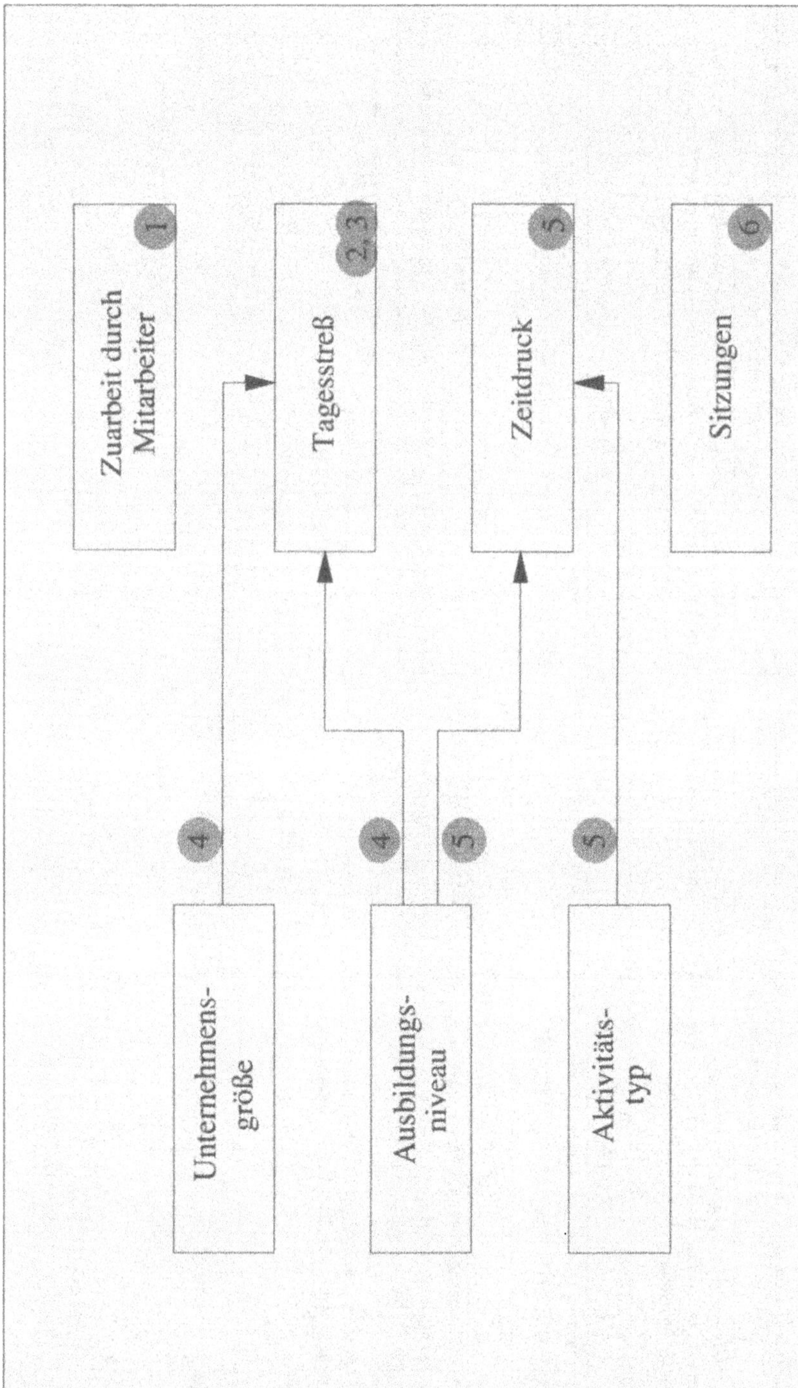

Die Nummern im Bezugsrahmen beziehen sich auf die Befunde

Darstellung 4.-23: *Präzisierter Bezugsrahmen "Schwachstellen"*

5. Kommunikationspräferenzen von Top-Managern

Im Eingangskapitel haben wir gesagt, daß jeder Mensch anders ist, und wollten mit dieser Binsenweisheit unser Anliegen unterstreichen, daß Informations- und Kommunikationstechniken auf die speziellen Bedürfnisse von Top-Managern auszurichten sind. Hierzu gilt es, diese Bedürfnisse im Hinblick auf unterschiedliches **Kommunikationsverhalten** festzumachen. So mag es Manager geben, die eine besondere Vorliebe für das persönliche Gespräch entwickeln und hiermit die größten Erfolge erzielen. Ein anderer mag vielleicht lieber schriftlich mit anderen Menschen umgehen und ist hierbei besonders erfolgreich.

Informationen - oder allgemeiner - Kommunikationsinhalte werden übertragen durch Kommunikationsmedien wie persönlichen Kontakt, Telefon, Brief, Notizen und Formulare, Massenmedien in Form von Büchern, Zeitungen oder Werbeprospekten, Zeichnungen usw.[1)]

Im zweiten Kapitel haben wir bereits die aus unserer Sicht für die Managerarbeit relevanten technischen Kommunikationsmittel wie zum Beispiel Telefax, Electronic Mail oder Videokonferenzen vorgestellt. Wenn man die **Kommunikationspräferenzen** von Top-Managern heute untersuchen will, dann kann man sich verständlicherweise nur auf Kommunikationsmedien beziehen, die Manager derzeit einsetzen. Wir müssen uns also zwangsläufig beschränken. Allerdings werden wir versuchen, **wesentliche Merkmale** der heutigen Techniken herauszuarbeiten, um dann zusammen mit der generellen Technikakzeptanz der Top-Manager, die wir im nächsten Kapitel aufgreifen werden, auch Aussagen über die Präferenzen der **zukünftigen Techniken** zu machen.

Die Kommunikationsmedien, mit denen Top-Manager derzeit arbeiten, sind:[2)]

- persönlicher Kontakt,
- Telefon,
- Brief,
- Kurzbrief oder Aktennotiz,
- Haftnotiz und
- Telex, Teletex oder Telefax.

1) Vgl. Burns /Management/ 54.

2) Vgl. auch den Abschnitt Verhaltensakzeptanz im nächsten Kapitel.

Ein ganz wesentliches Unterscheidungsmerkmal von **Kommunikationsmedien** ist die Differenzierung in:[3)]

- mündlich
  * sichtbar
  * unsichtbar
- schriftlich.

Hiermit werden unterschiedliche Sinnesorgane angesprochen, die die Kommunikationsqualität erheblich beeinflussen.[4)] So ist sichtbare Kommunikation der unsichtbaren überlegen, da Feedback möglich ist und die nonverbalen Reaktionen des Kommunikationspartners mit berücksichtigt werden können. Mimik und Gestik beispielsweise können über das konventionelle Telefon nicht übertragen werden.[5)] Schriftliche Kommunikation ist in dieser Hinsicht noch weiter eingegrenzt.[6)] Ein Grund, der z.B. für schriftliche Kommunikation sprechen kann, ist die Überwindung räumlicher und zeitlicher Distanz bei Übermittlung eines umfangreichen Informationsinhalts, verbunden mit der Dokumentationsmöglichkeit, die bei einer mündlichen Kommunikation nicht gegeben wäre.[7)] Persönliches Kennenlernen und Vertrauensbildung ist dagegen nur über persönlichen Kontakt möglich.[8)] Zu den **mündlichen Kommunikationsmedien** gehören der persönliche Kontakt und das Telefon, aber auch Videokonferenzen oder Sprachspeicher. Zu den **schriftlichen** zählen Brief, Kurzbrief bzw. Aktennotiz, Haftnotizen und Telex, Teletex und Telefax sowie Electronic Mail, Bildschirmtext, Computerkonferenzen und Cityruf.

Eine eng mit der bereits angeführten Unterteilung verbundene Differenzierung ist die nach synchroner und asynchroner Kommunikation. Bei **synchroner Kommunikation** ist eine unmittelbare Rückkopplung durch den Kommunikationspartner möglich.[9)] Synchrone Kommunikation setzt zeitgleiche Anwesenheit der Kommunikationspartner voraus. Gerade dies ist ein besonderes Problem unter Top-Managern (Schwachstellen-Befund Nr. 3). Synchrone Kommunikationsmedien sind persönlicher Kontakt, Telefon, Computer- oder Videokonferenzen. **Asynchrone** sind Brief, Kurzbrief bzw.

3) Vgl. Weinshall /Communication/ 140. Zu anderen Unterscheidungen vgl. Klingenberg, Kränzle /Kommunikationstechnik/ 39, Mintzberg /Nature/ 38, Burns /Management/ 54f, Karcher /Büro/ 330.

4) Vgl. Weinshall /Communication/ 140.

5) Vgl. Whitely /Study/ 45.

6) Vgl. Weinshall /Communication/ 140f.

7) Vgl. Burns /Management/ 55.

8) Vgl. Karcher /Einsatzchancen/ 386.

9) Die Wichtigkeit des Feedbacks unterstreicht Whitely /Study/ 42.

Aktennotiz, Haftnotizen und Telex, Teletex und Telefax sowie Electronic Mail, Bildschirmtext, Computerkonferenzen, Cityruf und - als nicht-schriftliches Medium - Sprachspeicher.

Der Einsatz der Kommunikationsmedien ist einmal von **objektiven Kriterien** der jeweiligen Situation abhängig, in der sich Kommunikationspartner befinden. So ist beispielsweise bekannt, daß in einigen Betrieben mehr Präferenz für schriftliche und in anderen mehr für mündliche Kommunikation besteht. Die stärkere Präferenz für mündliche Kommunikation liegt eher bei Branchen mit starkem technischen Wandel und großem Reaktionsbedarf auf Marktänderungen vor.[10)] Zum anderen ist die Kommunikation in Großunternehmen formaler.[11)]

Kriterien für die Beurteilung der **Eignung** einzelner Medien sind beispielsweise:

- Übertragungsgeschwindigkeit,
- Schnelligkeit der Codierung und Decodierung,
- Möglichkeiten auch zu nonverbaler Kommunikation,
- Speicher- und Weiterverarbeitungsmöglichkeiten,
- Möglichkeit, genaue Informationen zu übermitteln,
- Möglichkeit, synchron oder asynchron zu kommunizieren,
- Schnelligkeit der Rückkopplungsprozesse.[12)]

Neben diesen objektiven Kriterien für die Wahl eines Kommunikationsmediums spielen jedoch - und dies ist eine Aussage, die uns **besonders wichtig** ist - auch **persönliche Vorlieben oder Präferenzen** eine Rolle, die sich auf die Erfahrung, das Vertrautsein oder die in der Vergangenheit mit bestimmten Kommunikationsformen verbundenen Erfolgserlebnisse gründen.

Wir haben daher in der repräsentativen Studie 11 "Top-Manager I+K-Technik" Führungskräfte gebeten, anzugeben, welche Medien sie in bestimmten Situationen vorziehen. Bei der Wahl des Mediums sind dann sowohl die grundsätzliche Eignung als auch die persönliche Präferenz mit einbezogen.[13)] Uns interessieren daher folgende Fragen:

Erstens: Welche Medien präferieren Top-Manager **unabhängig** von der Situation? Hierbei wollen wir in erster Linie nach bestimmten Medienvorlieben von Top-Managern suchen, die sich aus ihrem Werdegang oder aus ihren psychographischen Eigenschaften ergeben.

10) Vgl. Burns /Management/ 45ff.

11) Vgl. Mintzberg /Nature/ 107 sowie Choran /Managers/ und Stewart /Managers/ beide zitiert in Mintzberg /Nature/ 107.

12) Vgl. Klingenberg, Kränzle /Kommunikationstechnik/ 41ff., Heinrich, Hartwig /Ersetzbarkeit/ 11.

13) Vgl. zu diesem Problemkreis genauer Heinrich, Hartwig /Ersetzbarkeit/ 11.

Zweitens: In welcher **Situation** nutzen Top-Manager welche **Medien**? Uns interessiert dabei, ob es eine Situationszwang für einzelne Medien gibt.

Letztlich wollen wir prüfen, ob sich Typen von Managern herausarbeiten lassen, die sich in ihrer Kommunikationspräferenz sehr ähnlich sind.

Wir tun dies auf der Basis der Ergebnisse unserer repräsentativen Studie 11 "Top-Manager I+K-Technik".[14)]

5.1. Mündlich oder schriftlich? Wie kommunizieren Top-Manager am liebsten?

Schauen wir uns als erstes an, wie Top-Manager generell mit den Medien umgehen (Darstellung 5.-1). Überzeugend wird deutlich, daß **zwei Medien** auf jeden Fall **unverzichtbar** sind. 99 Prozent aller Top-Manager ziehen zumindest in einer der angegebenen Situationen den **persönlichen Kontakt** oder das **Telefon** vor. Oder umgekehrt: Jeweils nur 1 Prozent aller Top-Manager verzichten am liebsten auf persönliches Gespräch oder Telefon. Für den **Brief** gilt dies bereits in einem deutlich höheren Maße. Immerhin gehören 5 Prozent Top-Manager zu Briefgegnern, die in keiner Situation gerne einen Brief schreiben möchten. **Kurzbriefe** werden zu 78 Prozent genutzt, die Postdienste **Telex**, **Teletex** und **Telefax** zu 72 Prozent, jedoch die **Haftnotizen** nur zu 35 Prozent[15)]. Generell gilt, wie bereits gesagt, daß Manager eine Vorliebe für persönlichen Kontakt und für das Telefon haben.[16)]

	Pers. Kontakt	Telefon	Brief	Kurz-brief	Haft-notiz	Telex u.a.	Mündliche Kommunik.	Schriftliche Kommunik.
Anteil an Top-Managern N = 781	99 %	99 %	95 %	78 %	35 %	72 %	100 %	99 %

Darstellung 5.-1: Kommunikationspräferenz von Top-Managern, situationsunabhängig

14) Siehe Anhang A.1.5.

15) Diese Zahl stimmt auch mit Erhebungen des Marktführers von Haftnotizen überein, wie wir aus zuverlässiger Quelle wissen.

16) Vgl. Mintzberg /Myths/ 95.

Von den 781 Top-Managern wurden den insgesamt 12 Situationen[17] im Schnitt jeweils knapp zwei Kommunikationsmedien zugeordnet. Dies ergab genau 18.141 Kommunikationsvorfälle. Von diesen Kommunikationsvorfällen entfallen insgesamt 57 Prozent auf **mündliche Kommunikationsformen** und 43 Prozent auf **schriftliche Kommunikation** (Darstellung 5.-2). Im Vordergrund aller Kommunikation von Top-Managern steht die **Face-to-Face-Kommunikation**, die von den Top-Managern zu 32 Prozent präferiert wird. Eine derartige Kommunikation ist für Führungskräfte unverzichtbar, da der Dialog unmittelbar und direkt ist, persönliche und vertrauliche Informationen weitergegeben und komplexe Inhalte ausgetauscht werden können sowie eine persönliche Nähe zum Kommunikationspartner aufgebaut wird.[18]

Unmittelbar an zweiter Stelle steht das **Telefon**, das in 25 Prozent aller Kommunikationsvorfälle gewählt wird und damit die Bedeutung der persönlichen Kommunikation unterstreicht. Lediglich 18 Prozent aller Kommunikation soll per **Brief** abgewickelt werden, wobei die technisch unterstützte Text- und Bildkommunikation in Form von **Telex / Teletex / Telefax** mit 14 Prozent bereits nahe an den traditionellen Brief herankommt. Kurz-Kommunikation in Form von **Kurzbriefen** und Aktennotizen bzw. **Haftnotizen** ist demgegenüber mit 9 Prozent bzw. 3 Prozent aller Kommunikationsvorfälle recht unbedeutend.

	Pers. Kontakt	Telefon	Brief	Kurz-brief	Haft-notiz	Telex u.a.	Mündliche Kommunik.	Schriftliche Kommunik.
Anteil an Gesamtkommunikation N = 18.141	32 %	25 %	18 %	9 %	3 %	14 %	57 %	43 %

Abweichung durch Rundung bis zu 1%

Darstellung 5.-2: Kommunikationspräferenz von Top-Managern nach der Gesamtheit aller Kommunikationsvorfälle

Zahlreiche empirische Untersuchungen haben ergeben, daß Manager eine starke Präferenz für mündliche Kommunikationsformen zuungunsten schriftlicher Kommunikation haben.[19] Dies gilt auch für deutsche Top-Manager. Allerdings ist der Anteil schriftlicher Kommunikation mit 43 Prozent aller Kommunikationsvorfälle keinesfalls vernachlässigbar.

17) Siehe den nächsten Abschnitt.

18) Dies stellen Reichwald, Stauffert /Bürokommunikationstechnik/ 10f als Voraussetzungen für eine optimale Aufgabenerfüllung im Führungsbereich dar.

19) Vgl. Karcher /Einsatzchancen/ 387, Mintzberg /Nature/ 38, Weinshall /Communication/ 139f, Lau et al. /Nature/ 519.

Kommunikationspräferenz-Befund Nr. 1

Top-Manager legen ein deutliches Schwergewicht auf die mündliche Kommunikation mittels persönlicher Gespräche und Telefon. Die schriftliche Kommunikation insbesondere per Brief, Telex, Teletex oder Telefax nimmt jedoch ebenfalls einen breiten Raum ein. Das Verhältnis mündlicher zu schriftlicher Kommunikation am Gesamtaufkommen beträgt etwa 60 : 40 Prozent.

Wir hatten betont, daß Kommunikation und Kommunikationsstile eine sehr individuelle Angelegenheit sind. Dennoch lassen sich Top-Manager finden, die sich zumindest tendenziell in ihrem Kommunikationsverhalten ähneln. Eingangs haben wir einige Klassifizierungskriterien für Top-Manager eingeführt, etwa unternehmensbezogene Merkmale wie Unternehmensgröße oder -branche, demographische Merkmale wie Alter oder Ausbildung und psychographische Merkmale wie Hang zum Risiko oder zur Rationalität.[20)]

(1) Unternehmensbranche

Top-Manager aus dem **Dienstleistungsbereich** unterscheiden sich im Hinblick auf ihre Anteile an mündlicher und schriftlicher Kommunikation signifikant von Top-Managern aus dem produzierenden Gewerbe oder dem Handel (Darstellung 5.-3), signifikante Befunde hervorgehoben). Dienstleister kommunizieren zu 59 Prozent lieber mündlich als schriftlich (41 Prozent), verbunden mit einer deutlichen Abneigung gegen Telex, Teletex und Telefax (11 Prozent gegenüber 15 Prozent in anderen Branchen). Top-Manager des produzierenden Gewerbes telefonieren am wenigsten (25 Prozent), die des Handels am meisten (27 Prozent).

	Pers. Kontakt	Telefon	Brief	Kurz-brief	Haft-notiz	Telex u.a.	Mündliche Kommunik.	Schriftliche Kommunik.
Produktion	31 %	**25 %**	18 %	9 %	2 %	**15 %**	**56 %**	**44 %**
Dienstleistung	33 %	**26 %**	18 %	9 %	3 %	**11 %**	**59 %**	**41 %**
Handel	29 %	**27 %**	18 %	9 %	3 %	**15 %**	**56 %**	**44 %**
F-Wert	2.8	**4.1***	0.1	0.5	0.8	**10.5*****	3.8*	

Abweichung durch Rundung bis zu 1%

Darstellung 5.-3: Medienpräferenz in Abhängigkeit von der Unternehmensbranche

20) Vgl. Kapitel 1, Überblick in Darstellung 1.-1, oder Kapitel 3.1. Der typische deutsche Top-Manager.

(2) Unternehmensgröße

Keine Unterschiede bei Top-Managern verschiedener Unternehmensgrößen bestehen hinsichtlich mündlicher oder schriftlicher Kommunikation. Lediglich die Top-Manager großer Unternehmen über 1.000 Mitarbeiter tendieren stärker zur schriftlichen anstelle der mündlichen Kommunikation (Darstellung 5.-4). Was die mündlichen Kommunikationsmedien betrifft, so werden sie von Top-Managern aller Unternehmensgrößen gleich häufig gewählt. Bei den **schriftlichen Medien** allerdings treten einige deutliche Unterschiede auf. So werden Briefe um so lieber geschrieben, je kleiner das Unternehmen ist. Genauso verhält es sich mit Telex, Teletex und Telefax. Kurzbriefe und Haftnotizen, die eher einer verkürzten Kommunikation dienen, werden um so mehr genutzt, je größer das Unternehmen ist. In Großunternehmen gibt es offensichtlich viel interne Kommunikation, die auch über Kurzkommunikation effizient erledigt werden kann.

	Pers. Kontakt	Telefon	Brief	Kurz-brief	Haft-notiz	Telex u.a.	Mündliche Kommunik.	Schriftliche Kommunik.
bis 100 Mitarbeiter	31 %	26 %	19 %	7 %	2 %	14 %	57 %	43 %
100 bis 500 Mitarbeiter	32 %	25 %	18 %	9 %	2 %	10 %	57 %	43 %
500 bis 1.000 Mitarbeiter	32 %	25 %	17 %	10 %	3 %	9 %	57 %	43 %
über 1.000 Mitarbeiter	30 %	24 %	16 %	11 %	4 %	8 %	54 %	46%
F-Wert	1.4	1.8	3.5*	8.6***	8.4***	0.8	1.9	

Abweichung durch Rundung bis zu 1%

Darstellung 5.-4: Medienpräferenz in Abhängigkeit von der Unternehmensgröße

Kommunikationspräferenz-Befund Nr. 2

Top-Manager aus dem Dienstleistungsbereich bevorzugen deutlich häufiger mündliche Kommunikationsmedien, während im Handel mündliche Kommunikation weniger gewünscht wird. Top-Manager aus Großunternehmen mit mehr als 1.000 Beschäftigten präferieren eher schriftliche Kommunikation als Top-Manager anderer Größenklassen.

(3) Ausbildungsniveau

Ein sehr ähnliches Befundbild ergibt sich hinsichtlich unterschiedlicher Ausbildungsniveaus von Top-Managern (Darstellung 5.-5). Deutliche Unterschiede treten dahingehend auf, daß Hochschulabsolventen häufiger Kurzbriefe und Haftnotizen verwenden, aber weniger gern Briefe schreiben. Die Neigung zu **kurzer Kommunikation** ist also bei ihnen stärker ausgeprägt.

Vergegenwärtigen wir uns, daß der Anteil an Akademikern mit der Unternehmensgröße steigt (Top-Manager-Befund Nr. 9), dann ergänzen sich die Ergebnisse der Kommunikationspräferenzen von Top-Managern unterschiedlicher Unternehmensgrößen und Ausbildungsniveaus.

	Pers. Kontakt	Telefon	Brief	Kurz-brief	Haft-notiz	Telex u.a.	Mündliche Kommunik.	Schriftliche Kommunik.
kein Studium	32 %	26 %	19 %	8 %	2 %	14 %	57 %	43 %
Studium	31 %	25 %	17 %	10 %	3 %	14 %	56 %	44 %
F-Wert	0.3	0.4	5.4*	15.2***	6.7***	0.2	0.8	

Abweichung durch Rundung bis zu 1%

Darstellung 5.-5: Medienpräferenz in Abhängigkeit vom Ausbildungsniveau

---

Kommunikationspräferenz-Befund Nr. 3

Top-Manager kleinerer Unternehmen, die häufiger eine berufspraktische Ausbildung absolviert haben, präferieren eher briefliche Kommunikation, während Top-Manager größerer Unternehmen, die meist ein Studium hinter sich haben, zu Kurzkommunikation mittels Kurzbrief / Aktennotiz oder Haftnotiz neigen. Bei der schriftlichen Kommunikation dominiert in kleineren Unternehmen die betriebsexterne Kommunikation mittels Brief, während mit zunehmender Unternehmensgröße die interne Kommunikation über Kurzbriefe / Aktennotizen sowie Haftnotizen ansteigt. Bei der Präferenzenbildung kumulieren sich also sachliche Anforderungen der betriebsinternen oder -externen Kommunikation mit den ausbildungsbedingten Sozialisationsprozessen von Top-Managern.

(4) Alter

Die **generelle** Präferenz für mündliche oder schriftliche Kommunikation ist **unabhängig** vom Alter. Innerhalb der mündlichen Kommunikation bestehen allerdings erhebliche Unterschiede (Darstellung 5.-6). Insbesondere die 40- bis 50jährigen Top-Manager greifen lieber zum **Telefon**, als daß sie einen Termin für ein persönliches Gespräch ausmachen. Die älteren Top-Manager über 60 Jahre präferieren in hohem Maße das **persönliche Gespräch**. Innerhalb der schriftlichen Medien gibt es keine altersbedingten Unterschiede.

	Pers. Kontakt	Telefon	Brief	Kurz-brief	Haft-notiz	Telex u.a.	Mündliche Kommunik.	Schriftliche Kommunik.
bis 40 Jahre	33 %	25 %	17 %	8 %	3 %	14 %	58 %	42 %
41 bis 50 Jahre	30 %	27 %	18 %	9 %	3 %	14 %	56 %	44 %
51 bis 60 Jahre	32 %	24 %	18 %	9 %	2 %	14 %	57 %	43 %
über 60 Jahre	35 %	24 %	19 %	9 %	2 %	11 %	59 %	41 %
F-Wert	4.4***	3.7*	0.8	0.4	2.2	1.5	0.7	

Abweichung durch Rundung bis zu 1%

Darstellung 5.-6: Medienpräferenz in Abhängigkeit vom Alter

Kommunikationspräferenz-Befund Nr. 4

Top-Manager im Alter zwischen 40 und 50 Jahren telefonieren besonders gern, während ältere Top-Manager eher das persönliche Gespräch suchen.

(5) Psycho-Typ

Letztlich ergeben sich noch geringe Unterschiede in der Kommunikationspräferenz bei den Psycho-Typen. Diese beziehen sich allerdings lediglich auf das Medium **Brief** (Darstellung 5.-7). So schreiben der quantitative und der emotionale Typ weniger gern Briefe, während der Kompromißlose und insbesondere der Risikoscheue dieses Medium häufig nutzen. Daß vor allem der Risikoscheue eine Vorliebe für Briefe hat, ist sicherlich darauf zurückzuführen, daß Briefe von allen Kommunikationsmedien die beste Beweiskraft haben, worauf der risikoscheue Typ offensichtlich besonderen Wert legt.

	Pers. Kontakt	Telefon	Brief	Kurz-brief	Haft-notiz	Telex u.a.	Mündliche Kommunik.	Schriftliche Kommunik.
Kompromißloser	32 %	25 %	18 %	9 %	2 %	13 %	57 %	43 %
Quantitativer	32 %	26 %	16 %	9 %	3 %	13 %	59 %	41 %
Emotionaler	31 %	26 %	17 %	9 %	3 %	14 %	57 %	43 %
Risikoscheuer	30 %	26 %	19 %	9 %	3 %	14 %	55 %	45 %
F-Wert	2.3	1.1	3.1*	0.2	0.6	0.7	1.0	

Abweichung durch Rundung bis zu 1%

Darstellung 5.-7: Medienpräferenz in Abhängigkeit von Psycho-Typen

Kommunikationspräferenz-Befund Nr. 5

Der Quantitative unter den Top-Managern schreibt eher ungern Briefe, während der Risikoscheue dieses Medium wegen seiner Beweiskraft stärker präferiert.

Insgesamt können wir daher feststellen, daß Top-Manager bereits **unabhängig von der Situation** unterschiedliche Medien präferieren, ihre Kommunikation also **individuell** gestalten. Hierauf gilt es, sich im Hinblick auf die Entwicklung und den Einsatz von Informations- und Kommunikationstechniken einzustellen.

5.2. Kommunikationspräferenzen nach Situationen

Nun wollen wir untersuchen, ob dieser generelle Befund über die Präferenz von Kommunikationsmedien situationspezifisch zu differenzieren ist. Hierzu unterscheiden wir innerhalb der Kommunikationssituation nach unterschiedlichen

- Kommunikationspartnern,
- Kommunikationszwecken und
- Kommunikationsinhalten.

Wie nicht anders zu erwarten, werden in einzelnen Situationen Schwerpunkte hinsichtlich der präferierten Medien gesetzt. Generell ist allerdings zu konstatieren, daß es nicht für eine Situation ein eindeutiges Medium gibt, sondern jeweils eine von

Top-Managern präferierte Bandbreite von Medien. Anders formuliert: Die Situation bestimmt nicht völlig das Medium. Vielmehr verbleiben dem Manager Freiräume, die er individuell nach seinen persönlichen Vorlieben ausfüllt.

5.2.1. Kommunikationspartner

Die Wahl des Kommunikationsmediums hängt vom Kommunikationspartner[21)] ab, da der Empfänger nur über ein begrenztes Repertoire an Kommunikationsmedien verfügt und selbst individuelle Bedürfnisse hat, auf die sich der Sender möglicherweise einstellen möchte oder muß.

Die Anzahl der in die Kommunikation einzubeziehenden Personen[22)] beeinflußt ebenfalls die Wahl des Mediums. Nicht nur, weil einige Medien, wie z.B. das Telefon, weitestgehend (noch) nicht geeignet sind, simultan Kommunikation mit mehreren Partnern herzustellen, sondern weil mit bestimmten Medien auch gezielt mehrere Partner gleichzeitig informiert werden können. In der Studie 5 "Exploration E-Mail" empfanden es selbst Manager, die Electronic Mail lediglich als Ersatzmedium ansahen, als Vorteil, die gleiche Nachricht an mehrere Empfänger abschicken zu können.[23)]

Organisationsmitglieder lassen sich in ihrer Wahl für ein Kommunikationsmedium auch dadurch beeinflussen, welche Hierarchieebenen an der Kommunikation beteiligt sind. So unterscheidet man in horizontale, vertikale[24)] und diagonale Kommunikation.[25)] **Horizontale Kommunikation** bedeutet, daß die Kommunikation auf einer hierarchischen Ebene stattfindet. Bei der **vertikalen Kommunikation** entstammen die Kommunikationspartner mehreren hierarchischen Ebenen.[26)] **Diagonale Kommunikation** ist Kommunikation mit einer höheren oder niedrigeren Ebene außerhalb der unmittelbaren Organisationseinheit. Vertikale oder diagonale Kommunikation läuft eher über schriftliche Medien, während horizontale Kommunikation eher über persönlichen Kontakt und das Telefon stattfindet.[27)]

Die Entfernung der Kommunikationspartner hat Conrath zufolge den größten Einfluß auf die Wahl des Kommunikationsmediums.[28)] Je näher der Kommunikations-

21) Vgl. Coenenberg /Kommunikation/ 2344.

22) Vgl. Karcher /Büro/ 330.

23) Vgl. Müller-Böling, Ramme /Electronic Mail/ 14f.

24) Vgl. Mag /Kommunikation/ 1036.

25) Vgl. Wickesberg /Networks/ zitiert in Karcher /Büro/ 324.

26) Vgl. Mag /Kommunikation/ 1036.

27) Vgl. Wickesberg /Networks/.

28) Vgl. Conrath /Measuring/ 8, Karcher /Büro/ 326.

partner ist, desto eher findet ein persönliches Gespräch statt, je weiter die Entfernung ist, desto eher kommen Telekommunikations- oder Telekonferenzsysteme zur Anwendung.[29)]

Je nachdem, ob die Kommunikation innerhalb der Organisation stattfindet, oder ob es sich um Kommunikation nach außen handelt, unterscheidet man **organisationsinterne** und **organisationsexterne Kommunikationsströme**. Innerhalb der Organisation gibt es dann noch abteilungsinterne und -externe Kommunikation.[30)] **Abteilungsintern** findet man häufig das persönliche Gespräch, **unternehmungsintern** meist das Telefon, **unternehmungsextern** gelangen Telefon, Brief und Fernschreiben zur Anwendung.[31)] Hier gibt es einen starken Zusammenhang mit dem Merkmal Entfernung der Kommunikationspartner, da abteilungsinterne Kommunikation nur kurze Wege erfordert.[32)]

	Pers. Kontakt	Telefon	Brief	Kurz-brief	Haft-notiz	Telex u.a.	Mündliche Kommunik.	Schriftliche Kommunik.
unbekannt	21 %	26 %	36 %	3 %	0 %	14 %	47 %	53 %
bekannt	23 %	32 %	15 %	9 %	2 %	19 %	55 %	45 %
vertraut	29 %	29 %	9 %	13 %	8 %	15 %	58 %	42 %
Gesamt N = 18.141	32 %	25 %	18 %	9%	3 %	14 %	57 %	43 %

Abweichung durch Rundung bis zu 1%

Darstellung 5.-8: Kommunikationspräferenzen bei verschiedenen Kommunikationspartnern

Top-Manager variieren ihre Medien bei verschiedenen Kommunikationspartnern (Darstellung 5.-8).[33)] Allerdings sind die Unterschiede - wie die folgenden Analysen

29) Vgl. Karcher /Büro/ 326.

30) Vgl. Karcher /Büro/ 325.

31) Vgl. Picot, Reichwald /Untersuchungen/ 51 zitiert in Karcher /Büro/ 325.

32) Vgl. Karcher /Büro/ 328.

33) Im Gegensatz zu den vorherigen Tabellen werden bei den folgenden Analysen keine Signifikanzniveaus ausgeworfen. Sinnvoll sind lediglich paarweise t-Tests zwischen den einzelnen Gruppensituationen. Dies führt bezogen auf die drei unterschiedenen Kommunikationspartner bei einem Medium zu drei Tests, bei allen 6 Medien zu 18 Tests. Bei fünf Kommunikationszwecken sind es bereits 10 * 6 = 60 Tests. Wegen des paarweisen Vergleichs wird die Darstellung so unübersichtlich, daß wir auf die Wiedergabe verzichten.

zeigen werden - im Hinblick auf die Partner nicht so gravierend wie etwa im Hinblick auf die Kommunikationsinhalte oder Kommunikationszwecke. Generell gilt, daß mit zunehmendem **Vertrautheitsgrad** des Partners die mündliche Kommunikation ansteigt.

(1) Kommunikationspartner unbekannt

Bei unbekanntem Kommunikationspartner nimmt mit insgesamt 47 Prozent die mündliche Kommunikation einen breiten Raum ein. Hierbei überwiegt etwas der telefonische Kontakt vor dem persönlichen Gespräch. Das am meisten bevorzugte Medium ist der Brief. Kurz-Briefe / Aktennotizen oder Haftnotizen werden praktisch überhaupt nicht verwendet.

Auch im Gegensatz zu den späteren Situationen ist die **Medienpräferenz recht weit gestreut**. Telefon und Brief nehmen zusammen 62 Prozent ein. Dies ist - wie sich in den folgenden Analysen zeigen wird - ein relativ geringer Wert, der darauf hindeutet, daß bei **unbekanntem Kommunikationspartner** keine eindeutige Medienpräferenz vorliegt, sondern Top-Manager hier vielfältig vorgehen, entweder in Abhängigkeit von sonstigen situativen Faktoren oder von ihrem Persönlichkeitsbild, etwa der Fähigkeit oder Neigung, auf fremde Menschen zuzugehen. Ist der Partner also noch nicht bekannt, wählen Top-Manager eher ein Medium, das die Distanz wahrt.

(2) Kommunikationspartner bekannt

Ist der Partner bekannt, steigt die **mündliche Kommunikation** deutlich an. Dominierendes Medium ist dann mit 32 Prozent das Telefon. Allerdings gibt es auch hier wiederum keine eindeutigen Schwerpunkte, sondern eine erhebliche Bandbreite in den Präferenzen. Alle Medien weisen im wesentlichen Prozentanteile auf, die sie auch an der Gesamtkommunikation haben.

(3) Kommunikationspartner vertraut

Haben die Kommunikationspartner bereits ein vertrautes Verhältnis, so steigt der Anteil an **persönlicher Kommunikation** noch einmal etwas - auf insgesamt 58 Prozent - an. Diese Anteile verteilen sich gleichmäßig auf das persönliche Gespräch und das Telefon. Bei der schriftlichen Kommunikation steigt der Anteil von Haftnotizen und auch Kurzbriefen deutlich an. Allerdings gilt auch hier wieder, daß eine erhebliche Bandbreite in den Kommunikationsmedien besteht. Ein alleiniger Schwerpunkt ist nicht vorhanden.

Kommunikationspräferenz-Befund Nr. 6
Insgesamt wählen Top-Manager ihre Kommunikationsmedien nur teilweise nach dem Bekanntheitsgrad ihrer Kommunikationspartner aus. Insofern besteht auch bei einzelnen Kommunikationspartner-Typen noch eine erhebliche Bandbreite in den präferierten Medien. Eine Tendenz besteht dahingehend, daß sich bei zunehmender Vertrautheit mit dem Kommunikationspartner die Schwerpunkte vom Brief über das Telefon hin zum persönlichen Gespräch verschieben.

5.2.2. Kommunikationszweck

Generell sollen durch Kommunikation Aufgaben erfüllt und das Überleben der Organisation gesichert werden. Als Kommunikationszwecke können gelten:[34)]

- Ideenfindung,
- reine Informationsweitergabe,
- Anweisung,
- Verhandlung,
- Entscheidungsfindung.

Die einseitige Kommunikation ist im Hinblick auf die Kommunikationsrichtung[35)] von der zweiseitigen Kommunikation zu trennen.[36)] **Einseitige Kommunikation** bedeutet, daß der Kommunikationsprozeß nur aus dem Senden oder Empfangen einer Information besteht. Der **zweiseitige Kommunikationsprozeß** beinhaltet das Senden und Empfangen von Informationen.[37)] Der zweiseitige Kommunikationsprozeß ist also durch die Möglichkeit des direkten Feedbacks gekennzeichnet.

Typische Kommunikationsprozesse für die einseitige Kommunikation sind die Informationsweitergabe sowie die Anweisung. Für Kommunikationsprozesse, die Diskussion erfordern oder soziale Beziehungen mit einbeziehen, wie z.B. die Ideenfindung, die Entscheidungsfindung und die Verhandlung, ist zweiseitige Kommunikation besonders geeignet.[38)]

34) Andere Unterteilungen finden sich in Pye, Young /Designers/ 7d, Karcher /Büro/ 329, Weinshall /Communication/ 359, 396, Mintzberg /Myths/ 94f, Whitely /Study/ 45.

35) Vgl. Coenenberg /Kommunikation/ 2344.

36) Vgl. Mag /Kommunikation/ 1035.

37) Vgl. Karcher /Büro/ 324.

38) Vgl. Klingenberg, Kränzle /Kommunikationstechnik/ 51ff.

Ein Beispiel für ein Kommunikationsmedium, das nur einseitige Kommunikation zuläßt, ist der Brief. Aber auch ein für den zweiseitigen Kommunikationsprozeß typisches Beispiel, nämlich das Telefon, kann zum einseitigen Kommunikationsmedium degenerieren, wenn der Kommunikationspartner nicht erreichbar ist und die Informationen lediglich über das Sekretariat weitergeleitet werden.

Betrachten wir die präferierten Kommunikationsmedien unter dem Aspekt des **Kommunikationszwecks**, dann zeigt sich deutlich eine **sehr viel stärkere Differenzierung** als bei den Kommunikationspartnern. Dies gilt für die Unterscheidung in mündliche und schriftliche Kommunikation ebenso wie für die Einzelmedien (Darstellung 5.-9).

	Pers. Kontakt	Telefon	Brief	Kurz-brief	Haft-notiz	Telex u.a.	Mündliche Kommunik.	Schriftliche Kommunik.
Ideenfindung	60 %	24 %	8 %	3 %	2 %	4 %	84 %	16 %
Info-Weitergabe	6 %	24 %	17 %	22 %	9 %	22 %	30 %	70 %
Anweisung	19 %	21 %	18 %	25 %	7 %	11 %	40 %	60 %
Verhandlung	55 %	26 %	10 %	2 %	0 %	7 %	81 %	19 %
Entsch'findung	49 %	28 %	11 %	4 %	1 %	8 %	77 %	23 %
Gesamt N = 18.141	32 %	25 %	18 %	9%	3 %	14 %	57 %	43 %

Abweichung durch Rundung bis zu 1%

Darstellung 5.-9: Kommunikationspräferenzen bei verschiedenen Kommunikationszwecken

(1) Kommunikationszweck Ideenfindung

Wenn die Kommunikation der Ideenfindung dient, gibt es eine eindeutige Vorliebe für die mündliche Kommunikation. 84 Prozent aller Kommunikationsvorfälle sollten unter dieser Bedingung mündlich ablaufen, wobei eine eindeutige Präferenz für das persönliche Gespräch vorliegt. Denn in über 60 Prozent aller Fälle wird der persönliche Kontakt gesucht. Bei der Ideenfindung kommt es sehr stark auf das direkte Feedback an, das nur persönlich oder eventuell noch am Telefon möglich ist. Auffällig ist, daß - was nicht aus der Tabelle hervorgeht - immerhin 7 Prozent der Top-Manager zum Zwecke der Ideenfindung nicht kommunizieren und sich offensichtlich nur auf ihre eigenen Einfälle verlassen.

(2) Kommunikationszweck Informationsweitergabe

Wenn Informationen weitergegeben werden sollen, wird eindeutig die **schriftliche Kommunikation** bevorzugt (70 Prozent). Allerdings wird auch sehr häufig das Telefon benutzt, offensichtlich zur schnellen Weitergabe kurzer Informationen. Insgesamt werden alle Medien bis auf den persönlichen Kontakt fast gleichgewichtig eingesetzt. Die **Haftnotizen** haben mit der Informationsweitergabe ihre Kernfunktion; denn hier erreichen sie mit 9 Prozent den höchsten Wert unter allen Situationsmöglichkeiten.

(3) Kommunikationszweck Anweisung

Auch für Anweisungen wird mehrheitlich zu immerhin 60 Prozent die **schriftliche Kommunikation** bevorzugt. Dies steht im Gegensatz zu Ergebnissen, nach denen Manager Anweisungen lieber schriftlich erhalten und mündlich erteilen.[39)] Diese Differenz könnte kulturell bedingt sein: Deutsche Top-Manager präferieren eher Medien, die eine beweiskräftige Kontrollierbarkeit bei Anweisungen ermöglichen. Im Verhältnis zur Informationsweitergabe gehen bei Anweisungen die Medien Telex / Teletex / Telefax sowie Telefon leicht zugunsten des persönlichen Kontakts zurück. Allerdings ist das Spektrum, mit dem Anweisungen erteilt werden, ebenfalls sehr groß. Einzig Haftnotizen erreichen keine allzu hohen Werte, obwohl auch sie bei Anweisungen überdurchschnittlich häufig eingesetzt werden.

(4) Kommunikationszweck Verhandlung

Wenn es um Verhandlungen geht, gibt es mit 81 Prozent eine eindeutige Dominanz der **mündlichen Kommunikation**.[40)] Wie bei der Ideenfindung steht der persönliche Kontakt stark im Vordergrund. Verhandlungen erfordern als außerordentlich komplexe soziale Prozesse eigentlich das gesamte Spektrum menschlicher Ausdrucks- und Wahrnehmungsformen, die nur im persönlichen Kontakt ermöglicht werden. Immerhin wird in 26 Prozent auch das Telefon präferiert, das zwar Feedback ermöglicht, allerdings lediglich auf der eingeschränkten verbalen Ebene. Insgesamt 19 Prozent der Verhandlungskommunikationen werden auch schriftlich abgewickelt, insbesondere per Brief oder Telex / Teletex / Telefax.

(5) Kommunikationszweck Entscheidungsfindung

Eine ähnliche Verteilung wie bei der Verhandlung zeigt sich, wenn die Top-Manager zum Zweck der Entscheidungsfindung kommunizieren. Die **mündliche Kommunikation** überwiegt mit 77 Prozent eindeutig gegenüber der schriftlichen. Der persönliche Kontakt ist nicht mehr ganz so zwingend. Er tritt leicht zurück zugunsten aller anderen Medien, bleibt jedoch eindeutig dominierend.

39) Vgl. Weinshall /Communication/ 396.

40) Vgl. auch Weinshall /Communication/ 396.

Kommunikationspräferenz-Befund Nr. 7

Zur Ideenfindung, bei Verhandlungen und in der Entscheidungsfindung bevorzugen Top-Manager zu etwa 80 Prozent die mündliche Kommunikation und hier insbesondere den persönlichen Kontakt als Kommunikationsmedium (jeweils 50 bis 60 Prozent), weil dieser die umfangreichsten Möglichkeiten für die menschlichen Wahrnehmungs- und Ausdrucksformen bietet. Allerdings werden auch in etwa einem Viertel der Fälle die eingeschränkten Kommunikationsmöglichkeiten des Telefons als durchaus annehmbar für Ideenfindung, Verhandlung und Entscheidungsfindung angesehen. Informationsweitergabe und auch Anweisungen erfolgen vornehmlich schriftlich. Hierbei gibt es keine eindeutige Dominanz eines einzelnen Mediums. Telefon, Brief, Kurzbrief / Aktennotiz sowie Telex / Teletex / Telefax werden in jeweils etwa einem Fünftel der Fälle präferiert.

5.2.3. Kommunikationsinhalt

Für die Charakterisierung von Kommunikationsinhalten gibt es keine Vorbilder. Wir wählten die Dimensionen

- vertraulich,
- dringlich,
- umfangreich,
- kompliziert.

Auch unter diesen unterschiedlichen Bedingungen entscheiden sich Top-Manager wiederum sehr deutlich für verschiedene Kommunikationsmedien (Darstellung 5.-10).

(1) Kommunikationsinhalt vertraulich / geheim

Der Grad der Vertraulichkeit der Kommunikation ist ein Faktor, der die Wahl eines Mediums deutlich beeinflußt.[41)] Es dominiert eindeutig die **mündliche Kommunikation** mit 72 Prozent. In überwiegendem Umfang werden vertrauliche Informationen im persönlichen Gespräch ausgetauscht, da über alle anderen Medien ein Zugriff durch unbefugte Personen möglich ist. Daneben kommen noch Telefon und Brief in Frage. Über diese drei Medien werden dann aber auch 95 Prozent aller vertraulichen Kommunikationsvorfälle abgewickelt. Dies ist die stärkste Konzentration von Medien aller untersuchten Situationen. Die übrigen Medien sind im Zusammenhang mit vertraulichen Informationen bedeutungslos.

41) Vgl. auch Karcher /Büro/ 330.

	Pers. Kontakt	Telefon	Brief	Kurz-brief	Haft-notiz	Telex u.a.	Mündliche Kommunik.	Schriftliche Kommunik.
vertraulich	52 %	20 %	23 %	4 %	0 %	1 %	72 %	28 %
dringlich	12 %	44 %	3 %	5 %	2 %	35 %	56 %	44 %
umfangreich	20 %	9 %	45 %	8 %	0 %	17 %	29 %	71 %
kompliziert	36 %	16 %	30 %	6 %	0 %	13 %	81 %	19 %
Gesamt N = 18.141	32 %	25 %	18 %	9%	3 %	14 %	57 %	43 %

Abweichung durch Rundung bis zu 1%

Darstellung 5.-10: Kommunikationspräferenzen bei verschiedenen Kommunikationsinhalten

(2) Kommunikationsinhalt dringlich

Auch bei dringlicher Kommunikation gibt es eindeutige Schwerpunkte. Bei der mündlichen Kommunikation wird das **Telefon** bevorzugt, bei der schriftlichen Kommunikation dominieren **Telex** / **Teletex** / **Telefax**. Diese Postdienste haben hier ihren Höchstwert aller untersuchten Kommunikationssituationen. Schriftliche und mündliche Kommunikation sind in dringlichen Fällen mit 44 zu 56 Prozent eher gleichgewichtig vertreten. Insgesamt ist ein Trend zu immer dringender werdender Kommunikation zu verzeichnen.[42] Mit steigender Dringlichkeit wächst auch die Bereitschaft, Telekommunikationssysteme einzusetzen.[43]

(3) Kommunikationsinhalt umfangreich

Über umfangreiche Kommunikationsinhalte kommunizieren Top-Manager vornehmlich, nämlich zu 71 Prozent, schriftlich. Hierbei steht der **Brief** mit 45 Prozent das einzige Mal an erster Stelle der Präferenzenliste. Die Alternative besteht im persönlichen Gespräch, das in 20 Prozent der Fälle gesucht wird. Das Telefon ebenso wie der Kurzbrief werden bedeutungslos. Die schnellen Postdienste Telex / Teletex / Telefax ereichen mit 17 Prozent der Kommunikationsvorfälle ebenfalls noch einen nennenswerten Anteil.

42) Vgl. Szyperski u.a. /Bürosysteme/.

43) Vgl. Karcher /Büro/ 327, empirischer Befund bei Klingenberg, Kränzle /Kommunikationstechnik/ 83.

(4) Kommunikationsinhalt kompliziert

Bei komplizierten Inhalten ziehen Top-Manager entweder **Face-to-Face-Kommunikation** oder **Briefe** vor. Im persönlichen Gespräch kann Unverständliches sofort näher erläutert werden. Beim Brief hingegen besteht von vorneherein der Zwang, sich konkret und verständlich auszudrücken.[44)]

Kommunikationspräferenz-Befund Nr. 8
Bei vertraulichen Kommunikationsinhalten wählen Top-Manager zu insgesamt 95 Prozent den persönlichen Kontakt, das Telefon oder einen Brief, wobei die mündliche Kommunikation im persönlichen Gespräch überwiegt (52 Prozent). Dringliche Kommunikationsinhalte werden entweder per Telefon (44 Prozent) oder über Telex /Teletex / Telefax (35 Prozent) übermittelt. Bei umfangreichen Kommunikationsinhalten überwiegt die schriftliche Kommunikation (71 Prozent), in erster Linie der Brief (45 Prozent). Komplizierte Kommunikationsinhalte werden entweder im persönlichen Gespräch (36 Prozent) oder per Brief (30 Prozent) übermittelt.

5.2.4. Situationsspezifika von Medien

Abschließend soll die spezifische Situation insgesamt beschrieben werden, die nach unseren Befunden zu einzelnen Medien gehört. Wir versuchen nunmehr die **Situation** zu charakterisieren, die bei der Nutzung einzelner Medien vorliegt.[45)]

Der **persönliche Kontakt ist in allen Situationen dienlich. Er wird lediglich weniger bei der Informationsweitergabe und der Anweisung gesucht, dagegen mehr, wenn der Kommunikationszweck in der Ideenfindung, der Verhandlung oder der Entscheidungsfindung besteht, sowie wenn der Inhalt der ausgetauschten Kommunikation vertraulich ist (Darstellung 5.-11).**

Noch deutlicher als beim persönlichen Kontakt greifen Top-Manager in praktisch **allen Situationen** zum **Telefon**. Eine telefonspezifische Kommunikationssituation gibt

44) In einem Interview der Studie 5 "Exploration E-Mail" wurde die Meinung geäußert, daß der Zwang, sich schriftlich auszudrücken, zu einer Beschränkung auf wesentliche Dinge führe; vgl. Müller- Böling, Ramme /Electronic Mail/ 31f.

45) Hierzu werten wir die Spaltenprozente aller Kommunikationsvorfälle aus, während wir bisher die Zeilenprozentwerte der einzelnen Situationsmerkmale verglichen haben.

es nicht. Vielmehr verteilt sich der Telefoneinsatz dem Durchschnitt aller Kommunikationsvorfälle entsprechend auf alle Kommunikationspartner, -inhalte und -zwecke. Besondere Situationsspitzen liegen nicht vor. Das Telefon ist daher das universelle Kommunikationsmedium von Top-Managern für jeden Partner, Zweck und Inhalt.

	Pers. Kontakt	Telefon	Brief	Kurzbrief	Haftnotiz	Telex u.a.	Summe
Kommunikationspartner							
unbekannt	6 %	9 %	17 %	2 %	1 %	8 %	8 %
bekannt	9 %	14 %	10 %	12 %	9 %	15 %	12 %
vertraut	11 %	13 %	5 %	15 %	29 %	11 %	11 %
Zweck der Kommunikation							
Ideenfindung	12 %	6 %	2 %	2 %	4 %	2 %	6 %
Info-Weitergabe	2 %	9 %	9 %	24 %	28 %	15 %	10 %
Anweisung	6 %	7 %	8 %	24 %	19 %	7 %	9 %
Verhandlung	13 %	7 %	4 %	2 %	1 %	3 %	7 %
Entsch'findung	12 %	8 %	4 %	3 %	1 %	4 %	7 %
Inhalt der Kommunikation							
vertraulich	12 %	5 %	9 %	3 %	1 %	0 %	7 %
dringlich	3 %	14 %	1 %	4 %	5 %	19 %	8 %
umfangreich	5 %	3 %	17 %	6 %	1 %	8 %	7 %
kompliziert	9 %	5 %	13 %	5 %	1 %	7 %	8 %

N = 18.141

Darstellung 5.-11: Situationsspezifika einzelner Kommunikationsmedien

Dagegen schreiben Top-Manager deutlich mehr **Briefe**, wenn der Kommunikationspartner unbekannt ist und es sich um umfangreiche und komplizierte Inhalte handelt. In Hinsicht auf den Zweck der Kommunikation gibt es keine briefspezifischen Schwerpunkte.

Kurz-Briefe und **Aktennotizen** sind eindeutig Mittel der internen Kommunikation. Sie dienen zur Informationsweitergabe oder zur Anweisung unabhängig vom Inhalt der Kommunikation, werden aber dementsprechend nicht bei unbekanntem Kommunikationspartner genutzt.

Ähnlich werden **Haftnotizen** von Top-Managern in erster Linie zur Weitergabe von Informationen und zu Anweisungen - allerdings nur noch bei vertrauten Personen - eingesetzt.

Die Postdienste **Telex** / **Teletex** / **Telefax** werden hauptsächlich zur dringlichen Weitergabe von Informationen genutzt, unabhängig vom Bekanntheitsgrad der Kommunikationspartner.

Damit sind deutliche situationsspezifische **Trends** beim Einsatz einzelner Medien aufgezeigt. Allerdings zeigen die Befunde auch, daß es keinen eindeutigen Zwang zum Einsatz eines Mediums aus der Situation heraus gibt, sondern daß Top-Manager einen erheblichen **Spielraum** haben und ihn auch tatsächlich nutzen.

Kommunikationspräferenz-Befund Nr. 9

Top-Manager nutzen einzelne Kommunikationsmedien tendenziell in den folgenden Situationen:

Medium	Situationsspezifika	
persönlicher Kontakt	Partner	keine
	Zweck	Ideenfindung, Entscheidungsfindung, Verhandlung
	Inhalt	vertraulich
Telefon	Partner	keine
	Zweck	keine
	Inhalt	keine
Brief	Partner	unbekannt
	Zweck	keine
	Inhalt	umfangreich, kompliziert
Kurzbrief Aktennotiz	Partner	bekannt, vertraut
	Zweck	Informationsweitergabe, Anweisung
	Inhalt	keine
Haftnotiz	Partner	vertraut
	Zweck	Informationsweitergabe, Anweisung
	Inhalt	keine
Telex Teletex Telefax	Partner	keine
	Zweck	Informationsweitergabe
	Inhalt	dringlich

5.3. Kommunikations-Typen

Insgesamt haben wir gesehen, daß die Bandbreite der Kommunikationsmedien und der Kommunikationssituationen sehr groß ist. Wir wollen daher abschließend fragen, ob wir - wie bereits bei den Aufgaben und den psychographischen Merkmalen - Typen von Top-Managern finden können, die gleiche oder zumindest sehr **ähnliche Kommunikationspräferenzen** haben. Wiederum suchen wir mit Hilfe einer **Clusteranalyse** nach Gruppen von Top-Managern, die sich hinsichtlich ihrer Medienpräferenz innerhalb einer Gruppe oder eines Typs sehr ähnlich sind, zwischen den Gruppen aber stark voneinander unterscheiden.[46] Das Ergebnis der Drei-Typen-Lösung ist gut interpretierbar (Darstellung 5.-12).

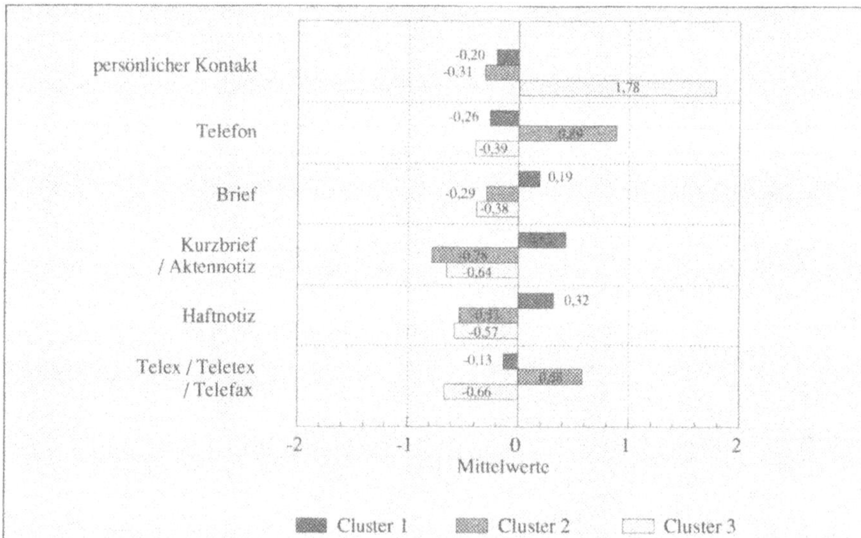

Darstellung 5.-12: Mittelwerte für die einzelnen Clusterlösungen der Kommunikations-Typen

* **Kurz-Kommunikator**

Eine Gruppe von Top-Managern (Cluster 1) verwendet besonders gern **Kurzbriefe bzw. Aktennotizen** und Haftnotizen. Top-Manager dieses Typs sind also gekennzeichnet durch eine besonders kurze und knappe Kommunikation, die der Informationsweitergabe oder Anweisungen dient. Wir wollen diesen Typ daher Kurz-Kommunikator nennen. Kurz-Kommunikatoren sind mit insgesamt 64 Prozent am stärksten vertreten (Darstellung 5.-13).

46) Vgl. zum statistischen Verfahren Anhang A.2.3., zum Vorgehen Ramme /Typisierung/ 15ff.

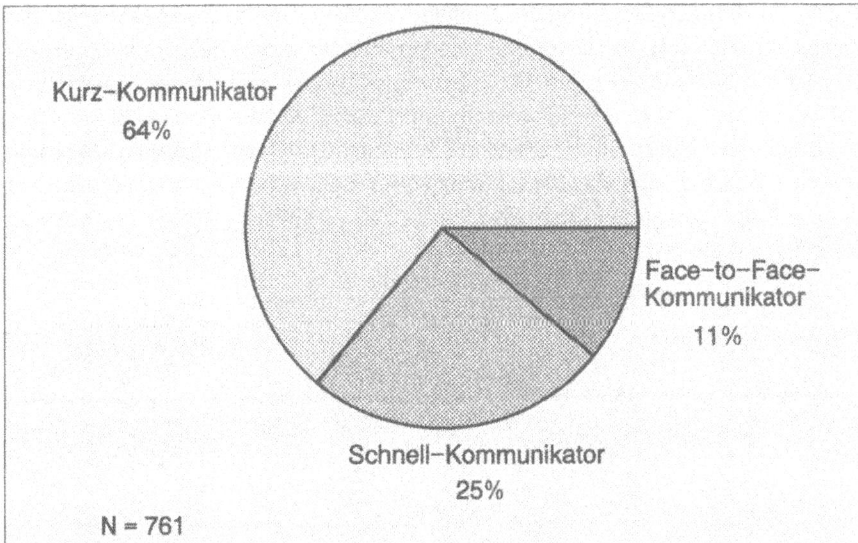

Darstellung 5.-13: Kommunikations-Typenia

* **Schnell-Kommunikator:**

Eine zweite Gruppe von Top-Managern (Cluster 2)verwendet am liebsten schnelle Medien wie **Telefon** oder **Telex / Teletex / Telefax**. Gleichzeitig lehnen diese Top-Manager Haftnotizen und Kurzbriefe stark ab und sind auch sehr zurückhaltend im persönlichen Kontakt. Manager dieses Typs zielen auf eine besonders dringliche Kommunikation bei organisationsinternen wie -externen Partnern. Wir wollen ihn daher Schnell-Kommunikator nennen. Zu dieser Gruppe gehört ein Viertel der Top-Manager.

* **Face-to-Face-Kommunikator**

Die dritte Gruppe (Cluster 3) ist gekennzeichnet durch eine extreme Bevorzugung des **persönlichen Kontakts** unter weitgehender Ablehnung aller anderen Medien. Obwohl persönlicher Kontakt für alle Top-Manager besonders wichtig ist, gibt es mit insgesamt 11 Prozent nur verhältnismäßig wenig Top-Manager, die Kommunikation so ausschließlich von Angesicht zu Angesicht betreiben. Wir nennen diesen Typ von Top-Managern Face-to-Face-Kommunikator.

Wir können nun anhand dieser Typen erneut belegen, daß der Kommunikationsstil von Top-Managern - bei allen bestehenden Freiräumen - zumindest beeinflußt wird durch **unternehmensbezogene Zwänge** und **Kulturen** einerseits sowie **ausbildungsbedingte Sozialisation** andererseits.

So gibt es - wie schon aufgrund der detaillierten Analyse der Kommunikationspräferenz zu erwarten war - bei den Kurz-Kommunikatoren mehr Hochschulabsolventen (Darstellung 5.-14). Dagegen sind die berufspraktisch ausgebildeten Top-Manager häufiger Schnell- oder Face-to-Face-Kommunikatoren. **Akademiker** tendieren offensichtlich eher zu einem auf kurze schriftliche Mitteilungen und Anfragen ausgerichteten Stil, dagegen sind **Berufspraktiker** von der Tendenz her entweder eher auf schnelle Kommunikation mittels Telefon oder Telex / Teletex / Telefax aus, oder sie bevorzugen mehr das persönliche Gespräch.

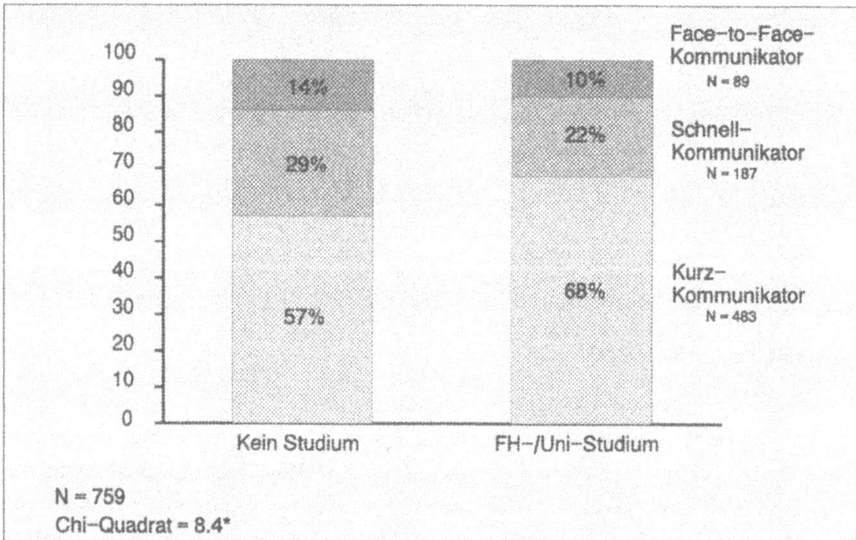

Darstellung 5.-14: Kommunikations-Typ in Abhängigkeit vom Ausbildungsniveau

Was die unternehmensbezogenen Zwänge oder Kulturen anbetrifft, so werden die Trends bei den Einzelanalysen der vorigen Abschnitte auch durch die Analyse der Kommunikations-Typen bestätigt: Top-Manager in **kleinen Unternehmen** kommunizieren lieber im persönlichen Face-to-Face-Kontakt, während Top-Manager aus großen Unternehmen eher auf Medien zugreifen, die eine kurze und dann schriftliche Kommunikation ermöglichen (Darstellung 5.-15). Dies steht auch in Einklang mit Befunden von Mintzberg, nach denen in kleinen Organisationen die Kommunikation weniger formal ist, was sich in einer größeren Zahl von Telefonaten und Ad-Hoc-Besprechungen ausdrückt.[47)] Dagegen nimmt der Zeitanteil für formale Sitzungen mit steigender Unternehmensgröße zu, und Telefonate nehmen ab.[48)]

47) Vgl. Mintzberg /Nature/ 107, sowie Stewart /Managers/ und Choran /Managers/, beide zitiert in Mintzberg /Nature/ 107 .

48) Vgl. Ramme /Arbeit/ 234.

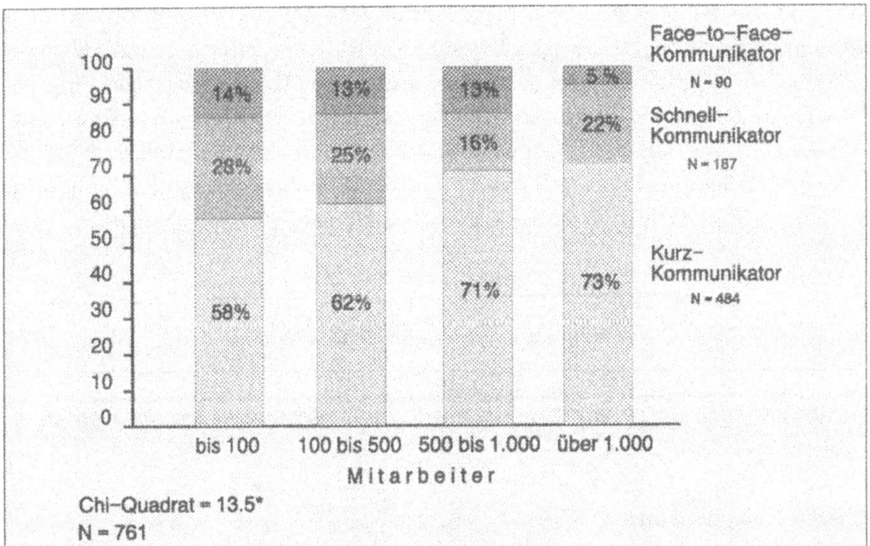

Darstellung 5.-15: Kommunikations-Typ in Abhängigkeit von der Unternehmensgröße

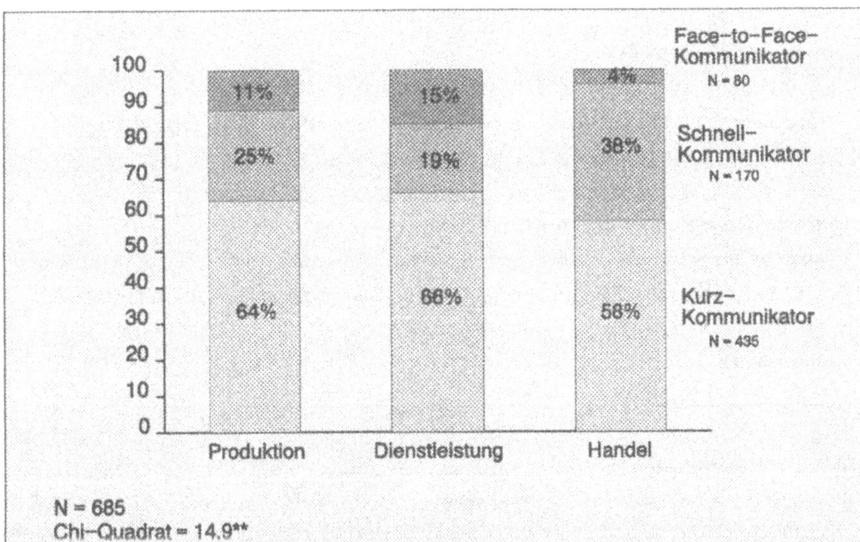

Darstellung 5.-16: Kommunikations-Typ in Abhängigkeit von der Branche

Letztlich spielt die **Branche**, in die das Unternehmen eingebettet ist, eine Rolle für den Kommunikationsstil (Darstellung 5.-16). Top-Manager des Dienstleistungsbereichs sind häufiger Face-to-Face- oder Kurz-Kommunikatoren, seltener jedoch Schnell-Kommunikatoren. Sie bevorzugen also entweder kurze schriftliche Kommunikation oder den persönlichen Kontakt. Top-Manager aus dem Handel bevorzugen dagegen die schnelle Kommunikation über die Postdienste und sind kaum Face-to-Face-Kommunikatoren. Top-Managern von Dienstleistungsunternehmen kommt es mehr auf den persönlichen Kontakt an, während ihre Kollegen aus dem Handel mündliche Kommunikation - wenn überhaupt - eher schnell über das Telefon abwickeln.

Kommunikationspräferenz-Befund Nr. 10

Nach den Kommunikationspräferenzen lassen sich Top-Manager in drei Kommunikations-Typen klassifizieren:

Kurz-Kommunikator
greift besonders gern auf Kurzbriefe / Aktennotizen sowie Haftnotizen zurück, mit 64 Prozent sehr häufig, höherer Akademikeranteil, mit steigender Unternehmensgröße Anteil zunehmend, eher in Unternehmen des Dienstleistungsbereichs.

Schnell-Kommunikator
kommuniziert am liebsten über Telefon oder die Postdienste Telex / Teletex / Telefax, 25 Prozent der Top-Manager, eher Nicht-Akademiker, mit sinkender Unternehmensgröße Anteil zunehmend, häufiger in Unternehmen des Handels.

Face-to-Face-Kommunikator
besonders ausgeprägte Vorliebe für das persönliche Gespräch, in dieser extremen Form mit 11 Prozent relativ selten, leichte Tendenz zu Nicht-Akademikern, in Großunternehmen über 1.000 Beschäftigten praktisch nicht vertreten, häufiger in Dienstleistungsunternehmen

Um Mißverständnissen erneut vorzubeugen: Bei allen Typen sind die jeweils genannten Charakterisierungen der Top-Manager - seien es Kurz-, Schnell- oder Face-to-Face-Kommunikation - nur besonders stark ausgeprägt. Die anderen Medien werden von den jeweiligen Typen selbstverständlich **auch** genutzt. Die Top-Manager eines Typs sind lediglich durch den charakterisierenden Schwerpunkt besonders gekennzeichnet. Das heißt, der Face-to-Face-Kommunikator schreibt selbstverständlich auch Briefe und der Kurz-Kommunikator führt auch Telefonate, nur eben in Relation zu den anderen Typen weniger intensiv.

5.4. Präzisierter Bezugsrahmen "Kommunikationspräferenzen": Zusammenfassung der Befunde

Kommunikationspräferenz-Befund Nr. 1

Top-Manager legen ein deutliches Schwergewicht auf die mündliche Kommunikation mittels persönlicher Gespräche und Telefon. Die schriftliche Kommunikation insbesondere per Brief, Telex, Teletex oder Telefax nimmt jedoch ebenfalls einen breiten Raum ein. Das Verhältnis mündlicher zu schriftlicher Kommunikation am Gesamtaufkommen beträgt etwa 60 : 40 Prozent.

Kommunikationspräferenz-Befund Nr. 2

Top-Manager aus dem Dienstleistungsbereich bevorzugen deutlich häufiger mündliche Kommunikationsmedien, während im Handel mündliche Kommunikation weniger gewünscht wird. Top-Manager aus Großunternehmen mit mehr als 1.000 Beschäftigten präferieren eher schriftliche Kommunikation als Top-Manager anderer Größenklassen.

Kommunikationspräferenz-Befund Nr. 3

Top-Manager kleinerer Unternehmen, die häufiger eine berufspraktische Ausbildung absolviert haben, präferieren eher briefliche Kommunikation, während Top-Manager größerer Unternehmen, die meist ein Studium hinter sich haben, zu Kurzkommunikation mittels Kurzbrief / Aktennotiz oder Haftnotiz neigen. Bei der schriftlichen Kommunikation dominiert in kleineren Unternehmen die betriebsexterne Kommunikation mittels Brief, während mit zunehmender Unternehmensgröße die interne Kommunikation über Kurzbriefe / Aktennotizen sowie Haftnotizen ansteigt. Bei der Präferenzenbildung kumulieren sich also sachliche Anforderungen der betriebsinternen oder -externen Kommunikation mit den ausbildungsbedingten Sozialisationsprozessen von Top-Managern.

Kommunikationspräferenz-Befund Nr. 4

Top-Manager im Alter zwischen 40 und 50 Jahren telefonieren besonders gern, während ältere Top-Manager eher das persönliche Gespräch suchen.

Kommunikationspräferenz-Befund Nr. 5

Der Quantitative unter den Top-Managern schreibt eher ungern Briefe, während der Risikoscheue dieses Medium wegen seiner Beweiskraft stärker präferiert.

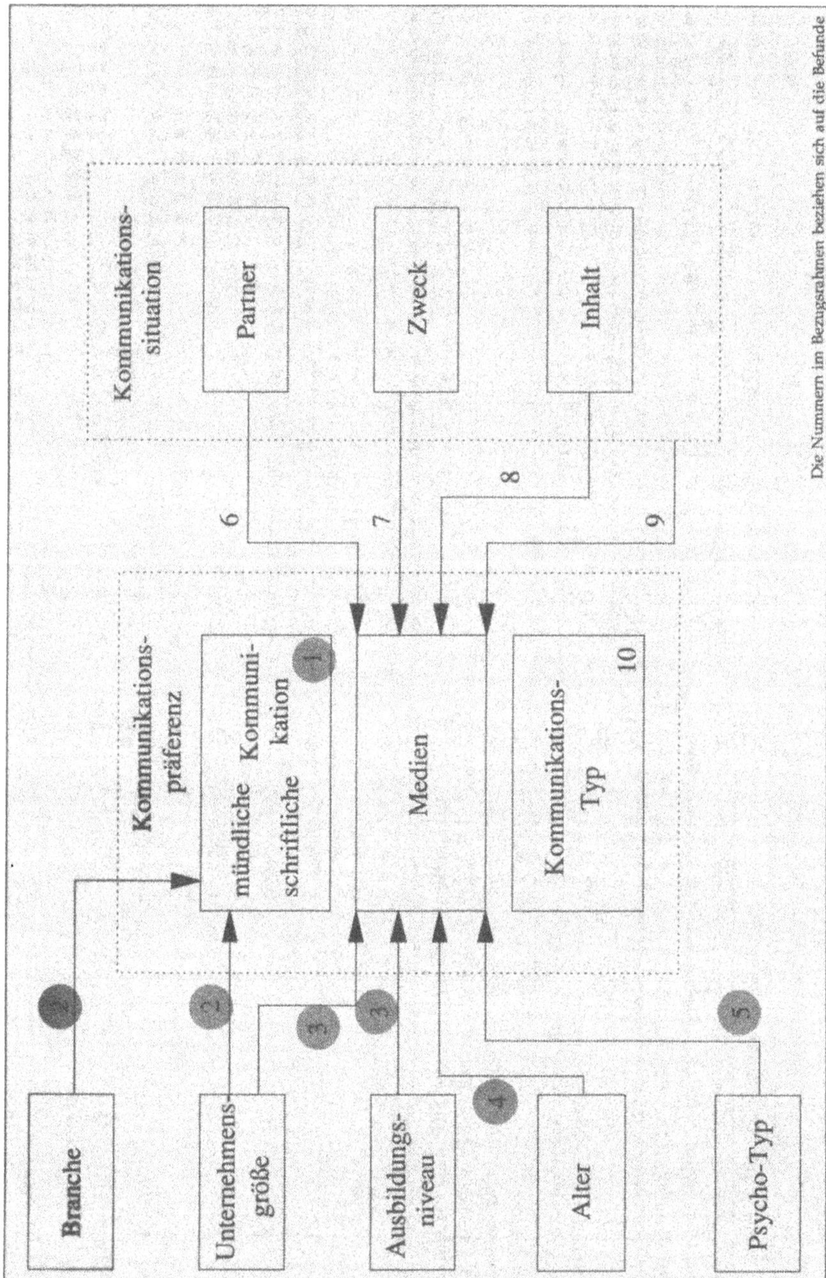

Darstellung 5.-17: *Präzisierter Bezugsrahmen "Kommunikationspräferenzen"*

Kommunikationspräferenz-Befund Nr. 6

Insgesamt wählen Top-Manager ihre Kommunikationsmedien nur teilweise nach dem Bekanntheitsgrad ihrer Kommunikationspartner aus. Insofern besteht auch bei einzelnen Kommunikationspartner-Typen noch eine erhebliche Bandbreite in den präferierten Medien. Eine Tendenz besteht dahingehend, daß sich bei zunehmender Vertrautheit mit dem Kommunikationspartner die Schwerpunkte vom Brief über das Telefon hin zum persönlichen Gespräch

Kommunikationspräferenz-Befund Nr. 7

Zur Ideenfindung, bei Verhandlungen und in der Entscheidungsfindung bevorzugen Top-Manager zu etwa 80 Prozent die mündliche Kommunikation und hier insbesondere den persönlichen Kontakt als Kommunikationsmedium (jeweils 50 bis 60 Prozent), weil dieser die umfangreichsten Möglichkeiten für die menschlichen Wahrnehmungs- und Ausdrucksformen bietet. Allerdings werden auch in etwa einem Viertel der Fälle die eingeschränkten Kommunikationsmöglichkeiten des Telefons als durchaus annehmbar für Ideenfindung, Verhandlung und Entscheidungsfindung angesehen. Informationsweitergabe und auch Anweisungen erfolgen vornehmlich schriftlich. Hierbei gibt es keine eindeutige Dominanz eines einzelnen Mediums. Telefon, Brief, Kurzbrief / Aktennotiz sowie Telex / Teletex / Telefax werden in jeweils etwa einem Fünftel der Fälle präferiert.

Kommunikationspräferenz-Befund Nr. 8

Bei vertraulichen Kommunikationsinhalten wählen Top-Manager zu insgesamt 95 Prozent den persönlichen Kontakt, das Telefon oder einen Brief, wobei die mündliche Kommunikation im persönlichen Gespräch überwiegt (52 Prozent). Dringliche Kommunikationsinhalte werden entweder per Telefon (44 Prozent) oder über Telex /Teletex / Telefax (35 Prozent) übermittelt. Bei umfangreichen Kommunikationsinhalten überwiegt die schriftliche Kommunikation (71 Prozent), in erster Linie der Brief (45 Prozent). Komplizierte Kommunikationsinhalte werden entweder im persönlichen Gespräch (36 Prozent) oder per Brief (30 Prozent) übermittelt.

Kommunikationspräferenz-Befund Nr. 9

Top-Manager nutzen einzelne Kommunikationsmedien tendenziell in den folgenden Situationen:

Medium	Situationsspezifika	
persönlicher Kontakt	Partner	keine
	Zweck	Ideenfindung, Entscheidungsfindung, Verhandlung
	Inhalt	vertraulich
Telefon	Partner	keine
	Zweck	keine
	Inhalt	keine
Brief	Partner	unbekannt
	Zweck	keine
	Inhalt	umfangreich, kompliziert
Kurzbrief Aktennotiz	Partner	bekannt, vertraut
	Zweck	Informationsweitergabe, Anweisung
	Inhalt	keine
Haftnotiz	Partner	vertraut
	Zweck	Informationsweitergabe, Anweisung
	Inhalt	keine
Telex Teletex Telefax	Partner	keine
	Zweck	Informationsweitergabe
	Inhalt	dringlich

Kommunikationspräferenz-Befund Nr. 10

Nach den Kommunikationspräferenzen lassen sich Top-Manager in drei Kommunikations-Typen klassifizieren:

Kurz-Kommunikator

greift besonders gern auf Kurzbriefe / Aktennotizen sowie Haftnotizen zurück, mit 64 Prozent sehr häufig, höherer Akademikeranteil, mit steigender Unternehmensgröße Anteil zunehmend, eher in Unternehmen des Dienstleistungsbereichs.

Schnell-Kommunikator

kommuniziert am liebsten über Telefon oder die Postdienste Telex / Teletex / Telefax, 25 Prozent der Top-Manager, eher Nicht-Akademiker, mit sinkender Unternehmensgröße Anteil zunehmend, häufiger in Unternehmen des Handels.

Face-to-Face-Kommunikator

besonders ausgeprägte Vorliebe für das persönliche Gespräch, in dieser extremen Form mit 11 Prozent relativ selten, leichte Tendenz zu Nicht-Akademikern, in Großunternehmen über 1.000 Beschäftigten praktisch nicht vertreten, häufiger in Dienstleistungsunternehmen

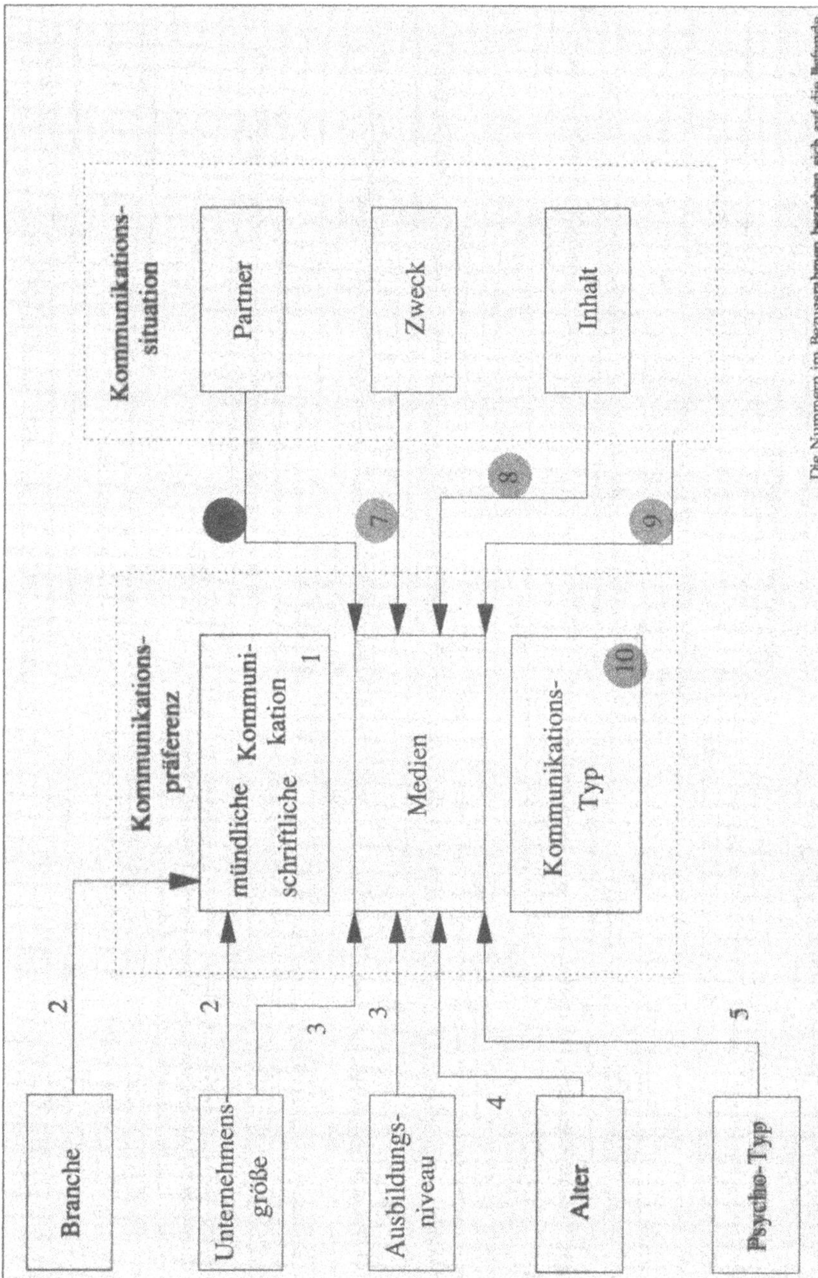

Darstellung 5.-17: *Präzisierter Bezugsrahmen "Kommunikationspräferenzen"*

6. Akzeptanz von Informations- und Kommunikationstechniken durch Top-Manager

In diesem Kapitel wollen wir nunmehr klären, wie es mit der generellen Bereitschaft deutscher Top-Manager steht, überhaupt neue Informations- und Kommunikationstechniken einzusetzen. Jede Diskussion über das Spektrum an Techniken, wie wir sie im Kapitel 1 geführt haben, die Arbeit von Top-Managern - siehe Kapitel 3 - , die Schwachstellen, die wir in Kapitel 4 aufgelistet haben, und die Kommunikationspräferenzen, die wir nun gerade abgearbeitet haben: Jede derartige Diskussion muß ins Leere laufen, wenn Top-Manager neue Techniken nicht akzeptieren.

Diesen Punkt wollen wir hier zuerst einmal unter Berücksichtigung allgemeiner Erkenntnisse, die sich keineswegs nur auf Top-Manager beziehen, angehen. Wir tun dies anhand eines von Müller-Böling über etliche Jahre und über die verschiedensten Studien hinweg erarbeiteten **allgemeinen Akzeptanzmodells**.[1)]

6.1. Ein allgemeines Akzeptanzmodell

Was heißt eigentlich Akzeptanz? Umgangssprachlich bedeutet es, etwas annehmen, indem man es für richtig oder wahr hält oder indem man etwas benutzt, kauft oder zuläßt.[2)] Bereits hierbei wird deutlich, daß unter Akzeptanz zweierlei verstanden wird: etwas Mentales und etwas Habituelles. **Akzeptanz** ist also eine bestimmte **Einstellung** oder ein bestimmtes **Verhalten**. Wir haben es mit einem zweidimensionalen Phänomen zu tun, das wir in die Einstellungsakzeptanz und in die Verhaltensakzeptanz aufteilen wollen.[3)] **Einstellungsakzeptanz** bezieht sich auf Wahrnehmungen und die damit gekoppelte Reaktionsbereitschaft. **Verhaltensakzeptanz** äußert sich dagegen in beobachtbarem Verhalten.

Die Unterscheidung zwischen Einstellungs- und Verhaltensakzeptanz macht deutlich, daß Akzeptanz bzw. Nicht-Akzeptanz bei Benutzern von Informations- und

1) Vgl. insbesondere Müller-Böling /Datenverarbeitung/, Müller- Böling, Müller /Akzeptanzfaktoren/, Müller-Böling /Manager/.

2) Zu einer Übersicht verschiedener Akzeptanzdefinitionen vgl. Müller-Böling, Müller /Akzeptanzfaktoren/ 18ff.

3) Vgl. Müller-Böling, Müller /Akzeptanzfaktoren/ 23ff, Müller- Böling /Manager/ 19f, Müller-Böling /Technikeuphorie/ 22.

Kommunikationstechniken **vierfach** kombiniert sein kann (Darstellung 6.-1). Der erste Fall ist durch eine ablehnende Einstellung und ein ablehnendes Verhalten geprägt. Beim zweiten Benutzertyp hat der Benutzer eine positive Einstellung, kann oder darf das System aber nicht nutzen. Im dritten Fall wird das System einstellungsmäßig abgelehnt, aber die Nutzung erzwungen. Im vierten Fall wird die Informations- oder Kommunikationstechnik in jeder Hinsicht akzeptiert. Dies dürfte der Idealfall sein.

Verhaltensakzeptanz	Einstellungsakzeptanz	
	nein	ja
nein	Der überzeugte Nicht-Benutzer	Der verhinderte Benutzer
ja	Der gezwungene Benutzer	Der überzeugte Benutzer

Darstellung 6.-1: Benutzer-Typen entsprechend Einstellungs- und Verhaltensakzeptanz

Daß es zu Akzeptanz oder Nicht-Akzeptanz kommt, dafür sind eine Reihe von Bedingungen verantwortlich (Darstellung 6.-2). Zuerst einmal kann es Zwangs- und Hinderungsgründe geben, die eine Akzeptanz unmöglich machen oder zumindest behindernd wirken. Wir wollen bei diesen Gründen von **Restriktionen** oder - positiv gewendet - von **Freiräumen** sprechen. Generell gibt es Restriktionen bzw. Freiräume

- naturgesetzlicher,
- systemtechnischer und
- verhaltensmäßiger Art.[4)]

Die **Restriktionen naturgesetzlicher Art** spielen bei der Akzeptanz der Informations- und Kommunikationstechnik eine untergeordnete Rolle. Nur wenige Menschen sind etwa aufgrund körperlicher Behinderungen nicht in der Lage, Informations- oder Kommunikationstechniken zu nutzen.

Dagegen können erhebliche **Beschränkungen systemtechnischer Art**, d.h. Inkompatibilitäten zwischen Systemelementen vorliegen. Systemelemente sind einerseits der Benutzer und die Informations- und Kommunikationstechnik andererseits. Inkompatibilitäten zwischen diesen Elementen bestehen dann, wenn der Benutzer nicht aus-

4) Vgl. hierzu allgemein Szyperski, Müller-Böling /Orientierung/ 160f.

gebildet ist in der Techniknutzung oder -umgekehrt ausgedrückt - die Technik den Fähigkeiten- oder Kenntnishorizont des Benutzers übersteigt.

Ein ebenfalls nicht zu vernachlässigender Block von Hinderungsgründen liegt in **Restriktionen verhaltensmäßiger Art**. Hierzu zählen

- andere Einstellungen, etwa wenn der Benutzer eine kritische Einstellung zum Betrieb hat, was sich auf das Verhalten gegenüber der im Betrieb eingesetzten Informations- und Kommunikationstechnik auswirkt,
- übergeordnete Wertvorstellungen und Normen, etwa wenn ein Benutzer mit auf Recht und Ordnung orientierten Werthaltungen bei negativer Einstellungsakzeptanz positive Verhaltensakzeptanz zeigt, indem er die Anordnungen der Vorgesetzten befolgt,
- soziale Einflüsse, etwa wenn die Kollegen Gruppendruck ausüben,
- ökologische Kontrolle dergestalt, daß die Umwelt so verändert wird, daß der Benutzer keine Verhaltensalternative als die der Verhaltensakzeptanz hat, etwa wenn nur Arbeitslosigkeit, minderqualifizierte Arbeitsplätze oder Beschäftigung an einem anderen Ort als "Alternative" vorhanden sind.[5)]

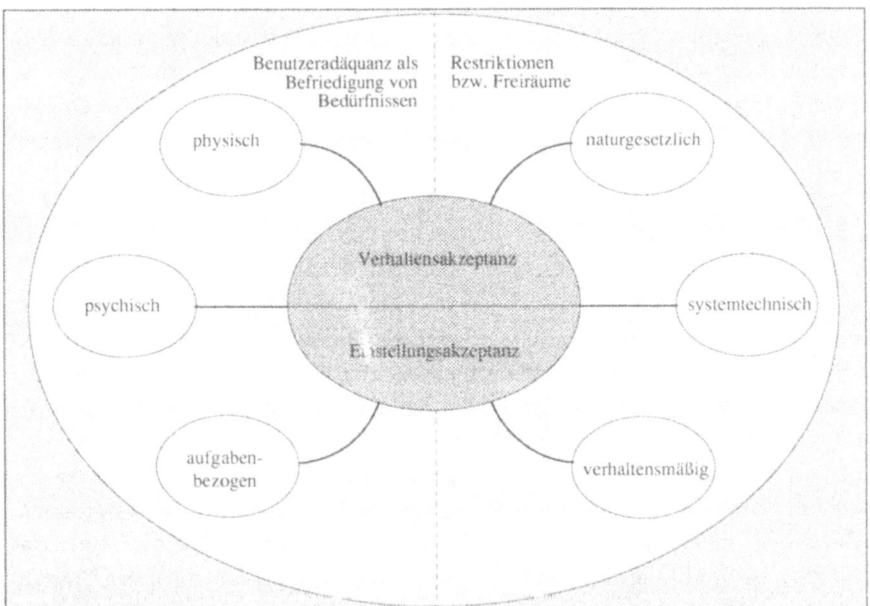

Darstellung 6.-2: Allgemeines Akzeptanzmodell (Schalenmodell - erste Stufe)[6)]

5) Vgl. Müller-Böling /Datenverarbeitung/ 45f, Müller-Böling, Müller /Akzeptanzfaktoren/ 27ff.

6) Vgl. Müller-Böling /Manager/ 21, Müller-Böling /Technikeuphorie/ 24, Müller-Böling, Müller /Akzeptanzfaktoren/ 31. Wir haben dort eine andere graphische Aufbereitung gewählt. Inhaltlich unterscheiden sich die Abbildungen nicht.

Neben den Restriktionen bzw. Freiräumen wird die Akzeptanz auch durch Eigenschaften der Technik selbst bestimmt. Gerade im Zusammenhang mit Informations- und Kommunikationstechniken wird immer wieder die Anforderung der **Benutzeradäquanz, Benutzergerechtigkeit** oder **Benutzerfreundlichkeit** gestellt, die allerdings allgemein für alle Techniken oder Produkte gilt. Benutzeradäquanz ist kein objektives Merkmal einer Technik, sondern es ist das Ergebnis von **subjektiven Bewertungsprozessen** des Benutzers. Diese Bewertungen werden entsprechend den Bedürfnissen des Benutzers vorgenommen. Sind die Bedürfnisse erfüllt, können wir von Benutzeradäquanz sprechen; sind die Bedürfnisse nicht erfüllt, dann ist die Technik nicht benutzergerecht.

Wenn man versucht, die **Bedürfnisse** zu klassifizieren, dann ergibt sich folgende sinnvolle Aufteilung, die auch ihren Niederschlag in der historischen Behandlung des Themas menschengerechter Informationstechnikanwendung findet. Benutzerfreundlichkeit ist zuerst allein unter Fragen der Physiognomie des Menschen, d.h. in erster Linie unter **hardware-ergonomischen** Gesichtspunkten betrachtet worden. Erweitert wurde der Ansatz der Benutzeradäquanz durch Fragen des Informationsverhaltens oder der Arbeitszufriedenheit, die auf die Psyche des Menschen abstellen.[7] Umfassend werden diese Aspekte unter dem Stichwort **Software-Ergonomie** behandelt. Letztlich wurden Fragen der Erfüllung von Fachaufgaben durch den Benutzer mit einbezogen.[8] Es wäre sinnvoll, derartige Aspekte unter dem Stichwort **Organisations-Ergonomie** zu behandeln. Wir gehen nunmehr davon aus, daß Benutzeradäquanz vorliegt, wenn

- physische,
- psychische und
- aufgabenbezogene

Bedürfnisse des Benutzers erfüllt werden. Diese Bedürfnisgruppen sind bei unterschiedlichen Benutzertypen durchaus nicht gleichgewichtig ausgeprägt. So wie der Fahrgast als Benutzer der Deutschen Bundesbahn unterschiedliche Ansprüche im Hinblick auf die Zugfolge oder den Sitzkomfort im Nah- oder Fernverkehr hat, so hat auch ein Benutzer unterschiedliche Schwerpunkte im Hinblick auf physische, psychische oder aufgabenbezogene Bedürfnisse. Bei einer Datentypistin stehen ergonomische, d.h. in erster Linie physische Bedürfnisse im Vordergrund (Blendfreiheit des Bildschirms, ermüdungsfreier Sitz), während die Führungskraft, die unter Umständen nur wenige Minuten pro Tag vor dem Bildschirm sitzt, eventuell unter Vernachlässigung physischer Bedürfnisse schwerpunktmäßig auf die Erfüllung aufgabenbe-

7) Vgl. Müller-Böling /Datenverarbeitung/ 27ff.

8) Vgl. Lippold /Management/ 27.

zogener Bedürfnisse Wert legen dürfte (kurze Rechenzeit, Informationsqualität). Benutzeradäquanz ist demnach kein absoluter Wert, sondern ein an den individuellen Bedürfnissen unterschiedlicher Benutzer ausgerichtetes Phänomen.

Von diesem allgemeinen Akzeptanzmodell ausgehend, wollen wir in diesem Kapitel die Akzeptanzproblematik bei Top-Managern aufrollen. Da die naturgesetzlichen Restriktionen im vorliegenden Zusammenhang keine Rolle spielen, werden wir auf der Seite der Restriktionen lediglich

- **System-Restriktionen** und
- **Verhaltens-Restriktionen**

berücksichtigen. Auf der Seite der Bedürfnisse konzentrieren wir uns auf

- **Physis-Bedürfnisse** und
- **Aufgaben-Bedürfnisse**.

Wir haben versucht, diese Restriktionen und Bedürfnisse mit Hilfe von 14 Aussagen in der Studie 11 "Top-Manager I+K-Technik"[9] zu erfassen. Bevor wir darauf näher eingehen, wollen wir aber zuerst einmal die Grundfrage dieses Kapitels beantworten: Akzeptieren Top-Manager neue Informations- und Kommunikationstechniken? Erst anschließend werden wir auf der Basis der Restriktionen und Bedürfnisse erläutern, warum Top-Manager die Techniken nun akzeptieren oder warum sie es nicht tun.

6.2. Einstellungsakzeptanz - Top-Manager in Technikeuphorie?

6.2.1. Einstellungsakzeptanz von Top-Managern im Vergleich zu anderen Bevölkerungsgruppen

Einstellungsakzeptanz hatten wir als eine Wahrnehmungsorientierung bezeichnet, gekoppelt mit einer Reaktionsbereitschaft. Der letzte Teil dieser Abgrenzung soll lediglich noch einmal unterstreichen, daß Einstellung und Verhalten nicht immer übereinstimmen, sondern Einstellung lediglich eine Disposition für Verhalten bzw. Reaktion darstellt. Aus diesem Grund unterscheiden wir ja gerade zwischen Einstellungs- und Verhaltensakzeptanz. Wahrnehmungsorientierung bedeutet, daß wir in der Wahrnehmung eines Objektes - hier der Informations- und Kommunikationstechnik - durch unsere Einstellung einen bestimmten Blickwinkel einnehmen. Diese Sicht der

9) Siehe Anhang 1-1.6.

Informations- und Kommunikationstechnik bezieht sich insbesondere auf die Wirkungen, die wir von der Technik erwarten. Menschen sehen und diskutieren die **Wirkungen** dieser speziellen Technik - wie im übrigen jeder anderen auch - in der Regel auf **vier Ebenen**:[10] Auf einer **globalen, menschheitsbezogenen Ebene** werden Wirkungen angesprochen, die z.B. das menschliche Miteinander, Veränderungen im Kommunikationsverhalten und in der Sprache oder die (Un-)Kontrollierbarkeit von Waffensystemen betreffen. Auf einer **volkswirtschaftlichen Ebene** werden etwa Beeinflussungen der internationalen Wettbewerbsfähigkeit, der Arbeitslosigkeit oder Beeinträchtungen beim Persönlichkeitsschutz des Bürgers diskutiert. Auf einer **betrieblichen Ebene** gibt es möglicherweise Veränderungen in den Qualifikationsanforderungen der Mitarbeiter und in den Organisations- oder Kommunikationsstrukturen einschließlich der Machtbeziehungen zwischen relevanten Gruppen. Auf einer **individuellen Ebene** schließlich werden beispielsweise Auswirkungen auf die Gesundheit, den Routinisierungsgrad oder die Entfaltungsmöglichkeiten des Einzelnen gesehen (Darstellung 6.-3).[11]

1. Ebene: Globale, menschheitsbezogene Wirkungen
- menschliche Interaktionen
- Kommunikationsverhalten
- (Un-)Kontrollierbarkeit von Waffensystemen

2. Ebene: Volkswirtschaftliche Wirkungen
- internationale Wettbewerbsfähigkeit
- Arbeitslosigkeit
- branchenbezogene Produktivität

3. Ebene: Betriebliche Wirkungen
- Veränderungen der Qualifikationsanforderungen
- Orgnisations- und Kommunikationsstrukturen
- Machtstrukturen

4. Ebene: Individuelle Wirkungen
- Gesundheit
- Routinisierung
- Entfaltungsmöglichkeiten

Darstellung 6.-3: Beispiele für Wirkungen der Informations- und Kommunikationstechnik auf verschiedenen Ebenen

10) Diese Ebenenbetrachtung wurde ursprünglich von Mertens /Nutzen/ 99 sowie Mertens u.a. /Nutzeffekte/ 135ff in die Diskussion eingeführt und bereits mehrfach aufgegriffen, so bei Beckurts, Reichwald /Kooperation/ 21ff sowie Müller-Böling, Müller /Akzeptanzfaktoren/ 115ff.

11) Vgl. auch Müller-Böling /Chancen/ 5.

Wie bei anderen Techniken - etwa beim Auto, wo wir volkswirtschaftliche Schäden des Waldsterbens gegenüber den individuellen Vorteilen eines raschen persönlichen Vorwärtskommens gegenüberstehen sehen - werden auch bei der Informations- und Kommunikationstechnik die Wirkungen auf den einzelnen Ebenen unterschiedlich beurteilt. Hinzu kommen starke zeitliche Veränderungen in den Wirkungseinschätzungen, beispielsweise abhängig von der konjunkturellen Lage. So hat sich die Einschätzung hinsichtlich des Ersatzes menschlicher Arbeitskraft durch Maschinen zwischen den sechziger und den achtziger Jahren **erheblich gewandelt**. Waren Computer Ende der sechziger Jahre **Heilsbringer**, die angesichts des Arbeitskräftemangels dafür sorgten, daß wirtschaftliches Wachstum überhaupt erst ermöglicht wurde, so werden sie in den achtziger Jahren zu **Jobkillern**, die Menschen freisetzen und zu Arbeitslosigkeit führen.[12)]

Um die Einstellungsakzeptanz von Top-Managern zu erfassen, legten wir ihnen - wie auch schon zahlreichen anderen Befragtengruppen - 28 Aussagen (ADV-Skala) vor, denen sie in fünf verschiedenen Abstufungen zustimmen oder nicht zustimmen konnten. Den Antworten werden jeweils Punkte zwischen 1 bis 5 so zugeordnet, daß positiv eingestellte Personen eine hohe Punktzahl erhalten, kritisch eingestellte dagegen wenig Punkte. Die Summe dieser Punkte, die wir als ADV-Wert bezeichnen,[13)] charakterisiert die **allgemeine Einstellungsakzeptanz** zur Informations- und Kommunikationstechnik. In einer empirischen Untersuchung von 1.145 Informations- und Kommunikationstechnik-Benutzern aus dem Jahre 1983 haben wir die Punktskala so festgelegt, daß dem Durchschnitt der Befragten der ADV-Wert 100 entspricht. Mehr als 100 Punkte stehen für eine positivere Haltung, und weniger als 100 Punkte für eine kritischere Meinung als die der damals Befragten. Mittels einer Faktorenanalyse wurden zudem zwei Faktoren erarbeitet: Der von uns ermittelte ADV-Wert G erfaßt in erster Linie die beiden ersten der oben diskutierten Wirkungsebenen, während der ADV-Wert P die beiden letzten Ebenen anspricht. Wir können daher beim ADV-Wert G auch von **gesellschaftlicher Einstellungsakzeptanz** und beim ADV-Wert P von **betrieblicher Einstellungsakzeptanz** sprechen.[14)]

Top-Manager erreichen im Verhältnis zu der 1983 befragten Gruppe von Informationstechnikbenutzern **extrem positive Einstellungswerte** (Darstellung 6.-4).[15)]

12) Vgl. Müller-Böling /Sicht/, Müller-Böling /Wandel/.

13) ADV stand ursprünglich für Automatisierte Datenverarbeitung (Müller-Böling /Datenverarbeitung/ 36ff), später für Akzeptanz der Datenverarbeitung (Müller-Böling /Computer/ 74).

14) Vgl. Müller-Böling u.a. /Handbuch/, Müller-Böling, Müller /Akzeptanzfaktoren/ 36ff.

15) Vgl. Müller-Böling /Technikeuphorie/ 22.

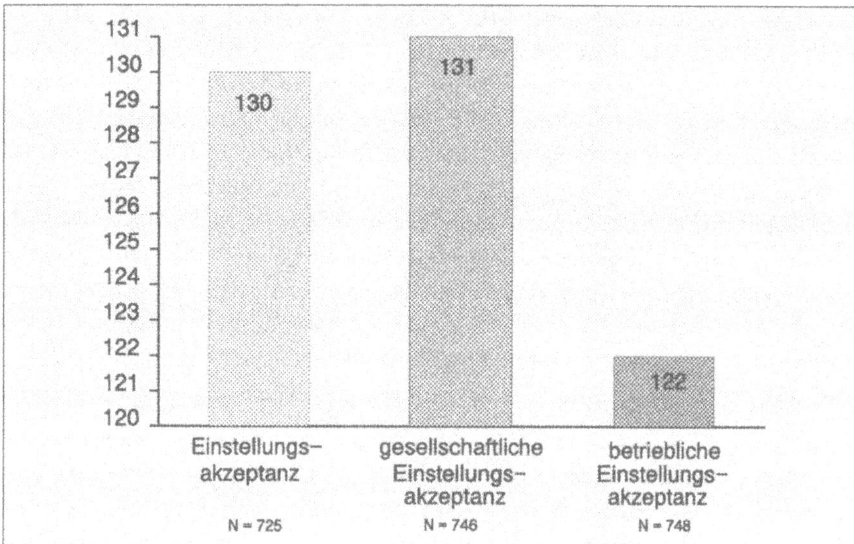

Darstellung 6.-4: Einstellungsakzeptanz deutscher Top-Manager

Der Mittelwert für das Jahr 1983 bei 1.145 Benutzern aller hierarchischer Ebenen lag für alle Faktoren bei jeweils 100. Deutsche Top-Manager des Jahres 1988 weisen die höchsten Akzeptanzwerte auf, die wir seit 1974 jemals bei einer Gruppe angetroffen haben. Dies ist um so bedeutsamer, als es sich bei dem Durchschnittswert nicht um den einer kleinen Gruppe, sondern immerhin um die repräsentative Auswahl von rund 750 Top-Managern handelt. Das Außergewöhnliche dieses Wertes können wir auch an einem anderen Punkt festmachen: **50 Prozent** der Top-Manager erreichen einen höheren Wert als 130 Punkte für die Einstellungsakzeptanz. Im Jahre 1983 sind es nur **7 Prozent** der Informationstechnikbenutzer, die den Wert von 130 überschreiten. Dabei zeigt sich ein besonders deutlicher Unterschied in der gesellschaftlichen Einstellungsakzeptanz mit einem Punktwert von 131, während die Differenz bei der betrieblichen Einstellungsakzeptanz mit 100 zu 122 zwar ebenfalls hoch aber nicht ganz so kraß ausfällt.

Bei der Interpretation der Werte sind allerdings zwei wesentliche Faktoren mit zu berücksichtigen:

Erstens weisen Führungskräfte - auch wenn sie nicht der ersten Hierarchieebene angehören - bereits 1983 höhere Werte auf, d.h. sie haben eine positivere Einstellung zur Informationstechnik als alle anderen Benutzer (Darstellung 6.-5)[16].

16) Vgl. Müller-Böling u.a./Handbuch/ 18.

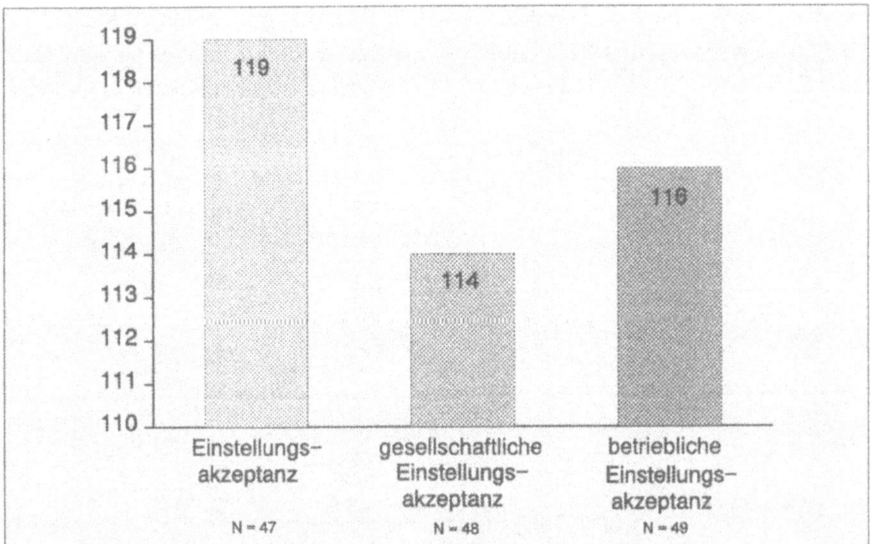

Darstellung 6.-5: *Einstellungsakzeptanz von Führungskräften 1983*

Zweitens hat sich die **Einstellung** zur Informations- und Kommunikationstechnik in der Bevölkerung insgesamt seit 1983 nicht unerheblich **gewandelt**. Am deutlichsten läßt sich dies an Zahlenmaterial nachweisen, das wir bei Studenten der Wirtschafts- und Sozialwissenschaften seit 1981 jährlich erhoben haben. Danach hat es eine besonders kritische Haltung zu den Informations- und Kommunikationstechniken gerade im Jahr 1983 gegeben, wobei hier insbesondere die gesellschaftliche Einstellungsakzeptanz ein außergewöhnliches Tief aufweist (Darstellung 6.-6).[17]

Die gesellschaftliche Einstellungsakzeptanz ist im Zeitablauf den größten Schwankungen unterworfen gewesen (Spannweite zwischen Minimum und Maximum 8 Punkte). Zwischen der Einstellungsakzeptanz allgemein und der betrieblichen Einstellungsakzeptanz liegt die größte Differenz lediglich bei 5 Punkten. Während in den Jahren 1983 und 1984 mit der Diskussion um die Volkszählung18) sowie dem Anstieg der Arbeitslosigkeit über die 2-Millionen-Grenze[19] hinweg die negativen Wirkungen

17) Vgl. Müller-Böling, Kummetz-Zeißner /Computer-Euphorie/ 8, bis 1987, Werte für 1988 bisher unveröffentlicht.

18) Im Frühjahr 1983 erklärte das Bundesverfassungsgericht das Gesetz zur Volkszählung für verfassungswidrig und griff damit bestätigend in eine breite Diskussion um den gläsernen Menschen ein.

19) Diese Grenze wurde im Herbst 1982 erstmals seit mehr als 20 Jahren in der Bundesrepublik Deutschland wieder überschritten.

der Informations- und Kommunikationstechnik besonders betont wurden, steht diese Sicht in den vergangenen Jahren bei weitem nicht mehr so stark im Vordergrund. Dies führt dazu, daß sich insbesondere die gesellschaftliche Einstellungsakzeptanz wieder stark verbessert hat.

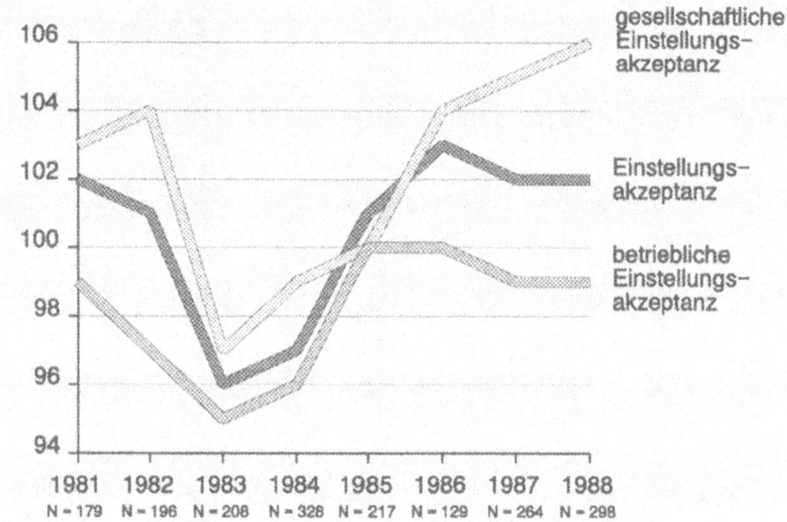

Darstellung 6.-6: Einstellungsakzeptanz von WiSo-Studenten

Allerdings bleibt es bei der grundsätzlichen Interpretation, daß Top-Manager die Informations- und Kommunikationstechnik besonders positiv beurteilen. Vergleichen wir ihre Werte mit denen, die uns ansonsten aus den Jahren 1987 und 1988 vorliegen, dann bleibt es dabei: Top-Manager haben extrem hohe Einstellungsakzeptanz-Werte (Darstellung 6.-7). Studenten (Studie 8)[20)] sind mit einem Punktwert von 102 für die allgemeine Einstellungsakzeptanz am kritischsten. Forschungsmanager, die im Bereich Informations- und Kommunikationstechnik arbeiten (Studie 12)[21)], kommen den Top-Managern zwar hierarchie- und aufgabenmäßig am nächsten,[22)] differieren jedoch in der Einstellungsakzeptanz auch bezogen auf die einzelnen Ebenen noch ganz erheblich.

Wir sind nun **keineswegs** der Meinung, daß möglichst **hohe** Punktwerte eine **sinnvolle** und **erstrebenswerte** Einstellung signalisieren. Vielmehr können sie auch Aus-

20) Siehe Anhang A.1.4.

21) Siehe Anhang A.1.6.

22) Vgl. dazu Ramme /Forschungsinstituts/.

druck einer unkritischen, für Gefahren wenig sensiblen Haltung sein. Um die Relationen zu anderen Bevölkerungsgruppen des Jahres 1988 deutlich zu machen, haben wir eine Klassifizierung der Einstellungsakzeptanz anhand des gesamten Materials vorgenommen.

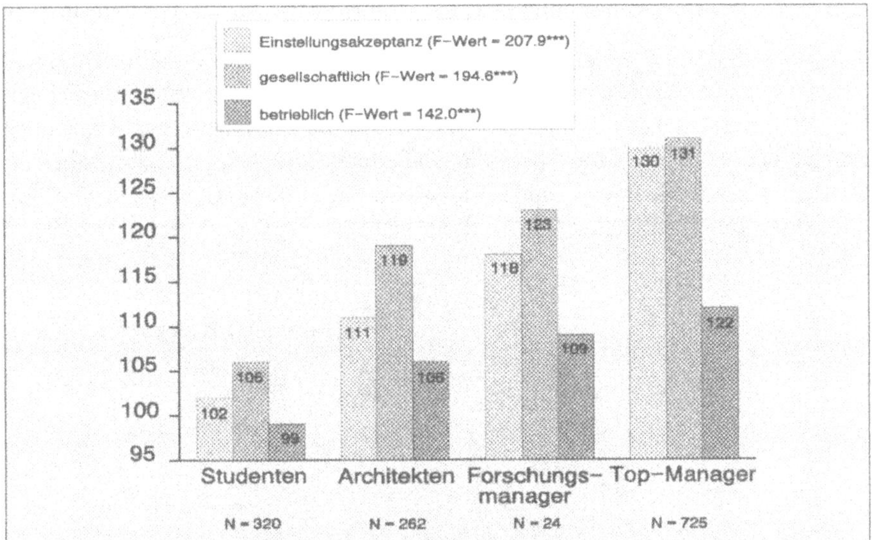

Darstellung 6.-7: Einstellungsakzeptanz verschiedener Gruppen 1987/88

Bei dieser Gruppenbildung wurde nicht der Eichwert von 100 aus dem Jahre 1983 als Gruppierungskriterium verwendet. Es wurde vielmehr berücksichtigt, daß sich die Einstellung zur Informationstechnik im Laufe der Zeit verändert hat. Wir haben daher einen fiktiven Mittelwert für die Bevölkerung in der Bundesrepublik Deutschland aus den drei Gruppen Studenten, Architekten und Top-Managern - gewichtet jeweils mit den Anteilen dieser Gruppen in der Bevölkerung - gebildet.[23)] Die vier Gruppen ergeben sich dann, wenn man die ebenfalls fiktiven Standardabweichungen zur Klasseneinteilung heranzieht und die Grenzen bei der einfachen positiven oder negativen

23) Folgende Zahlen wurden zugrundegelegt: 1.368.000 Studenten (Statistisches Bundesamt /Jahrbuch/ 365 sowie Institut der deutschen Wirtschaft /Zahlen/ 139), 47.000 selbständige Architekten und Bauingenieure (Statistisches Bundesamt /Bevölkerung/ 18 i.V.m. 33), 313.000 Top-Managern (Arbeitsgemeinschaft LAE 88 /LAE/ 15 sowie Kapitel 3.1. und Anhang A.1.5. Der gewichtete Mittelwert wurde durch folgende Rechenoperation gebildet: (111*47.000 + 102*1.368.000 + 130*313.000) : (47.000 + 1.368.000 + 313.000). Es ergibt sich ein fiktiver Mittelwert von 107. Die gewichtete Standardabweichung ergibt sich aus: (21,3*47.000 + 16,6*1.368.000 + 15,1*313.000) : (47.000 + 1.368.000 + 313.000). Sie beträgt 16.

Abweichung vom Mittelwert wählt. Es ergeben sich dann bezogen auf die Bevölkerung insgesamt

- ablehnende Einstellungen (ADV-Wert kleiner 91)
- skeptische Einstellungen (ADV-Wert zwischen 91 und 107)
- aufgeschlossene Einstellungen (ADV-Wert zwischen 108 und 123)
- euphorische Einstellungen (ADV-Wert größer 123).

Nur sechs von 725 Top-Managern sind zur Gruppe der **Ablehnenden** zu rechnen (Darstellung 6.-8). Ebenfalls nur 4 Prozent Top-Manager haben eine **skeptische** Haltung. 31 Prozent stehen der Informationstechnik **aufgeschlossen** gegenüber. Jedoch nehmen nahezu 2 von 3 Top-Managern eine **euphorische** Haltung gerade auch im Verhältnis zu anderen Bevölkerungsgruppen ein. Sie sehen nur Chancen in der Computeranwendung und keinerlei Risiken.[24)]

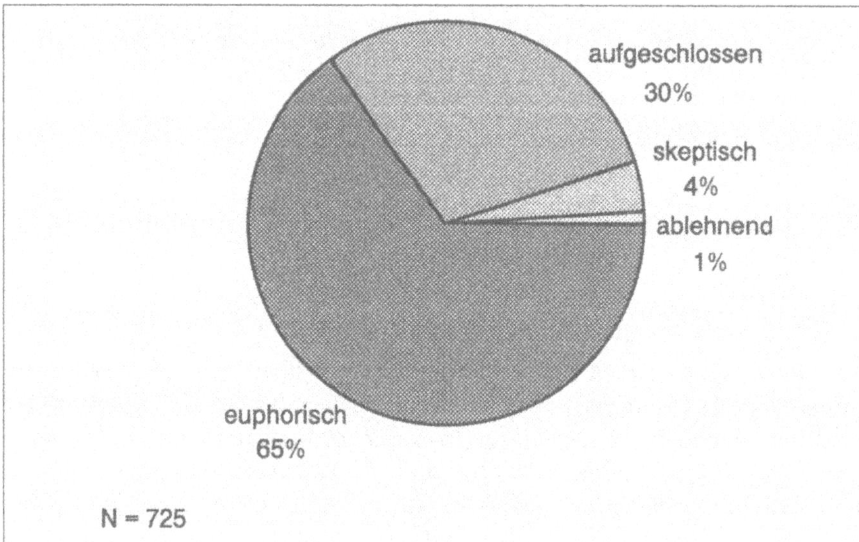

Darstellung 6.-8: Einstellung von Top-Managern zur Informations- und Kommunikationstechnik

Man könnte nun leicht die Meinung vertreten, Top-Manager schätzten die Informations- und Kommunikationstechnik aufgrund ihrer Erfahrung und des beruflichen Überblicks "richtig" ein, während beispielsweise Studenten durch technikfeindliche Lehrer oder Professoren oder einfach aufgrund mangelnder Lebens- und Berufserfahrung in eine "falsche" Einstellung gedrängt wurden. Uns geht es jedoch an dieser

24) Vgl. Müller-Böling /Technikeuphorie/ 22.

Stelle nicht **um richtig oder falsch** - diese Frage ist im Hinblick auf Technikwirkungen sowieso schwierig zu beantworten. Uns geht es vielmehr um die Tatsache, daß deutsche Top-Manager ein extremes, von allen anderen Bevölkerungsgruppen **abgehobenes Verhältnis** zur Informations- und Kommunikationstechnik haben. Ein Top-Manager drückt das bezogen auf Personal Computer treffend aus: "Manager erhoffen für den Fall seines Einsatzes Wunder vom PC."[25)]

6.2.2. Einzelaspekte der Einstellungsakzeptanz

Wir wollen diesen für die gesamte Einstellungsakzeptanz erarbeiteten Befund im Hinblick auf einzelne Aussagen noch etwas differenzieren. Zum Vergleich werden die in den Studien 7 "Architekten", 8 "Studenten", 11 "Top-Manager I+K-Technik" sowie 12 "Forschungsmanager" errechneten Mittelwerte nebeneinandergestellt (Darstellung 6.-9).

Top-Manager nehmen in fast allen Einzelaussagen die positivste Haltung ein. Insgesamt gesehen antworten sie sehr extrem, indem sie die Aussagen in vielen Fällen ganz ablehnen oder voll bejahen. Studenten beurteilen fast alle Aspekte der Informationstechnik am negativsten. Forschungsmanager aus dem Bereich Informations- und Kommunikationstechnik haben das differenzierteste Bild von den Auswirkungen der EDV: bei einigen Aussagen stellen sie die kritischste Gruppe dar, bei anderen sind sie jedoch die am positivsten eingestellte Gruppe.

Die stärkste **Ablehnung** findet bei Top-Managern die Aussage, daß ihre eigene Tätigkeit - bei entsprechender Wahlfreiheit - am liebsten ohne EDV zu bewältigen wäre (Item-Nr. 2). Studenten und Architekten können dies nicht für sich nachvollziehen. Sie stimmen eher einer Tätigkeit ohne jeden EDV-Einsatz zu. So bestehen denn auch die größten Unterschiede in der Frage der Verzichtbarkeit von Informations- und Kommunikationstechniken. Während Studenten und Architekten die Techniken durchaus nicht vermissen würden, wenn sie sie nicht hätten, halten Top-Manager und auch Forschungsmanager sie grundsätzlich für unabdingbar bei ihrer Arbeit (Item Nr. 25). In die gleiche Richtung geht die Aussage, daß viele Arbeiten ohne EDV nicht mehr durchführbar wären (Item-Nr. 5), die ebenfalls von den beiden Manager-Gruppen stärker bejaht wird als von Architekten und Studenten.

Die größte **Übereinstimmung** zwischen allen Gruppen besteht in der Auffassung, daß die Entwicklung auf dem Gebiet der Informations- und Kommunikationstechnik zu schnell geht (Item-Nr. 14). Alle Gruppen sind sich einig, daß dies zutrifft. Sicher spielt Angst, mit der Entwicklung nicht mithalten zu können, hier eine Rolle, wobei diese Furcht bei den Architekten am stärksten ausgeprägt ist.

25) Heilmann /Interview/ 113.

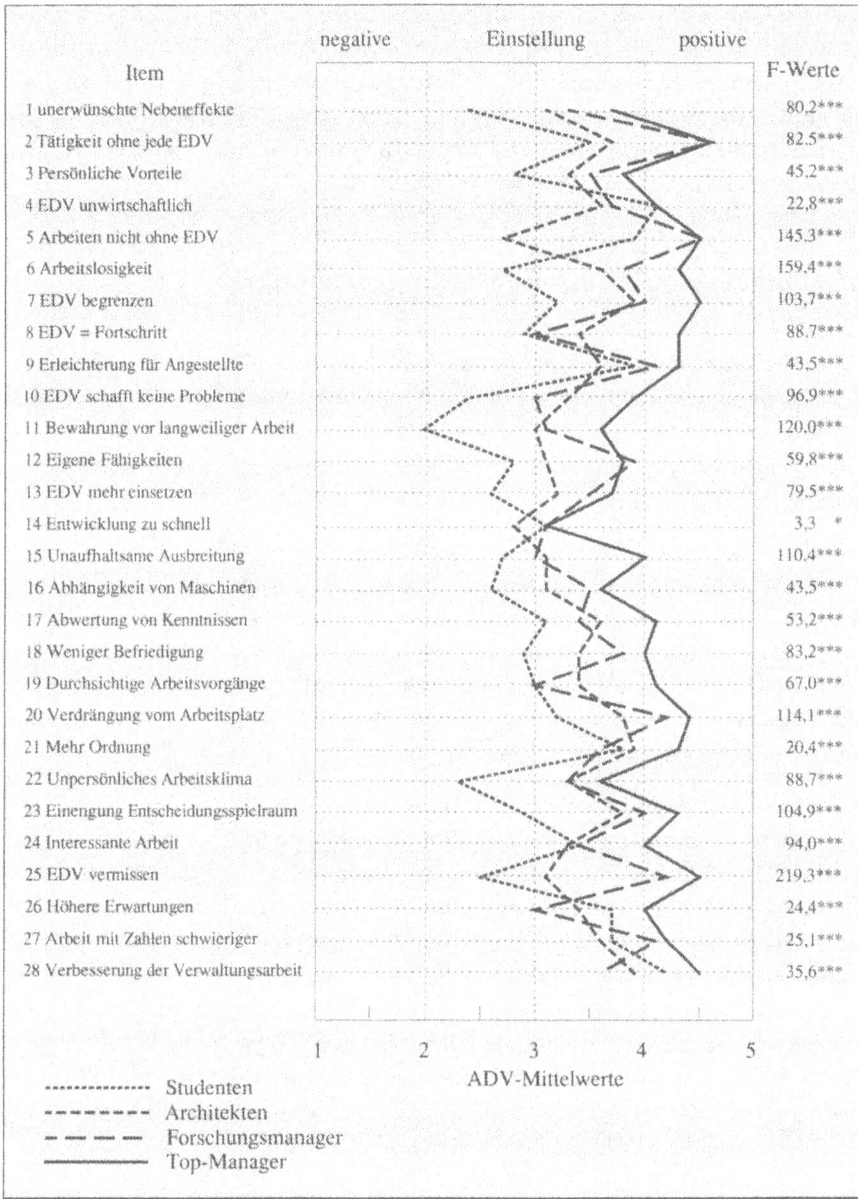

Darstellung 6.-9: Polaritätsprofil der Einzelaussagen zur Einstellungsakzeptanz der Studien 7 "Architekten", 8 "Studenten", 11 "Top-Manager" und 12 "Forschungsmanager"

Ein insgesamt bedeutender Unterschied besteht bei der Aussage, daß die EDV viel Arbeitslosigkeit verursacht habe (Item-Nr. 6). Studenten bejahen diese Aussage tendenziell, Architekten und Forschungsmanager nehmen eine leicht ablehnende Haltung ein, während Top-Manager rigoros keinen Zusammenhang zwischen EDV-Einsatz und Arbeitslosigkeit sehen. Top-Manager haben also praktisch keine Sensibilität für die Fragen der Arbeitslosigkeit in Verbindung mit Informations- und Kommunikationstechniken, die bei anderen Bevölkerungsgruppen eine große Rolle spielen.

Daß die verbal geäußerte Einstellungsakzeptanz von Top-Managern also allgemein und auch im Detail deutlich positiver ist als bei anderen Bevölkerungruppen, gilt generell. Es bestehen auch keinerlei Unterschiede zwischen einzelnen Managergruppen, die etwa über demographische oder unternehmensbezogene Merkmale herauszufiltern wären. Top-Manager verschiedener Ausbildungsniveaus oder Ausbildungsrichtungen ebenso wie Top-Manager verschiedener Unternehmensgrößen oder Branchen haben dieselbe Einstellungsakzeptanz. Sie differiert auch nicht bei verschiedenen Psycho- oder Kommunikations-Typen. Das bedeutet nichts andereres, als daß die Einstellung zur Informations- und Kommunikationstechnik **nicht** von **demographischen Aspekten** geprägt wird.[26)] Dies gilt auch - was verwundern mag - für das Alter. Top-Manager über 60 Jahre haben die gleiche Einstellungsakzeptanz wie Top-Manager zwischen 40 und 50 Jahren, und die unter 40-Jährigen vertreten die gleiche Einstellung wie die 50 bis 60-Jährigen (Darstellung 6.-10). Hier bestehen also noch nicht einmal Andeutungen von linearen Tendenzen, die die These einer größeren Technikscheu älterer Top-Manager stützen könnten. Die Altersunabhängigkeit der Einstellungsakzeptanz ist allerdings bereits für viele andere Bevölkerungsgruppen und Studien belegt.[27)]

Akzeptanz-Befund Nr. 1
Deutsche Top-Manager des Jahres 1988 haben eine aufgeschlossene, zum überwiegenden Teil euphorische Haltung zur Informations- und Kommunikationstechnik. Ihre Einstellungsakzeptanz ist im Vergleich zu allen vergleichbaren Bevölkerungsgruppen sehr groß. Dies gilt für Top-Manager jeden Alters, jeder Ausbildung, jeder Branche, jeder Unternehmensgröße und jedes Psycho-Typs in gleicher Weise.

26) Vgl. bereits Müller-Böling, Müller /Akzeptanzfaktoren/ 103ff.

27) Vgl. Müller-Böling /Datenverarbeitung/ 334f, Müller-Böling, Müller /Akzeptanzfaktoren/ 103ff, Ernst, Koswald /Einstellungsakzeptanz/ 24.

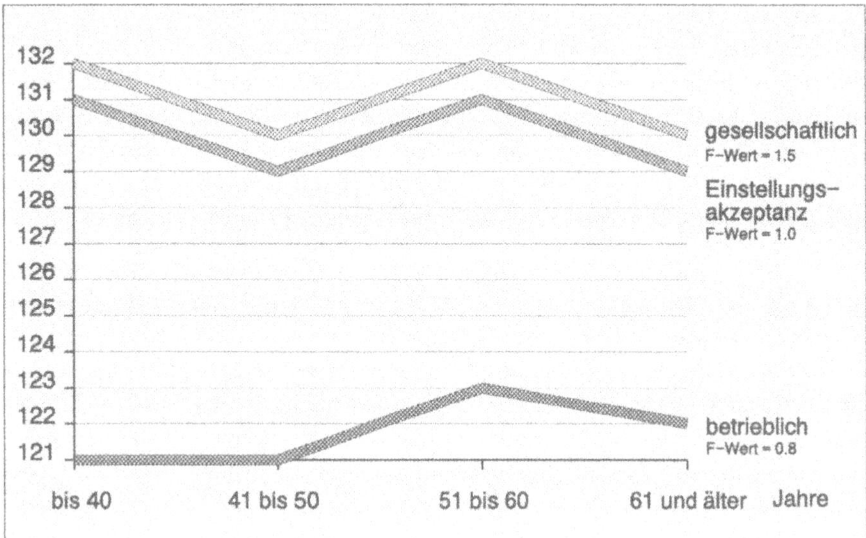

Darstellung 6.-10: Einstellungsakzeptanz von Top-Managern unterschiedlichen Alters

6.3. Verhaltensakzeptanz - Top-Manager mit Tastaturphobie?

Wie ist es nun um die tatsächliche Nutzung von Informations- und Kommunikationstechniken bestellt?[28] Beziehen sie die Aussage "Ich würde die EDV vermissen, wenn wir sie nicht hätten." auf sich persönlich, oder gilt sie nur allgemein für das Unternehmen? Verhalten sich Top-Manager entsprechend ihrer außergewöhnlichen Einstellungsakzeptanz, oder gilt sie nur für ihre Mitarbeiter und hört vor der Tür des Chefzimmers auf?

Ein sehr großer Teil deutscher Unternehmen ist derzeit zumindest mit Computern ausgerüstet (Darstellung 6.-11), wobei eine starke Größenabhängigkeit gegeben ist (Darstellung 6.-12).[29] Die Größenabhängigkeit von Informations- und Kommunikationstechniken wird besonders deutlich bei der Nutzung von Electronic Mail. Da Electronic Mail derzeit vorwiegend inhouse betrieben wird, scheint die Auffassung vorzuherrschen, daß diese Kommunikationstechnik lediglich in größeren Unternehmen lohnt. Immerhin gibt es Electronic Mail in 33 Prozent der Großunternehmen und nur in 7 Prozent der Kleinunternehmen.

28) Vgl. auch Müller /Benutzerverhalten/ 135f, für den das Nutzungsverhalten ein Aspekt der Verhaltensakzeptanz darstellt, sowie Döhl /Akzeptanz/ 208, Klingenberg, Kränzle /Kommunikationstechnik/ 65.

29) Unsere Zahlen werden voll bestätigt von der Arbeitsgemeinschaft LAE 88 /LAE/.

	betriebliche Nutzung	persönliche Nutzung
Rechner / PC / Terminal	91 %	29 %
Telex / Teletex / Telefax	91 %	9 %
BTX	21 %	4 %
Sprachspeicher	14 %	5 %
Electronic Mail	14 %	4 %
Videokonferenz	3 %	1 %

Darstellung 6.-11: Nutzung von Informations- und Kommunikationstechniken

	Anzahl der Mitarbeiter				
	bis 100	100 - 500	500 - 1.000	über 1.000	Sig.
Rechner/PC/Terminal	85 %	91 %	92 %	97 %	**
Telex/Teletex/Telefax	84 %	91 %	99 %	99 %	***
BTX	15 %	21 %	28 %	28 %	**
Sprachspeicher	7 %	16 %	22 %	20 %	***
Electr. Mail	7 %	11 %	20 %	33 %	***
Videokonferenz	1 %	3 %	6 %	4 %	n.s.

Darstellung 6.-12: Informations- und Kommunikationstechnik-Nutzung in verschiedenen Unternehmensgrößen

Was die persönliche Nutzung eines Bildschirmterminals bzw. eines Personal Computers angeht, so liegt die Zahl bei 29 Prozent aller Top-Manager. Allerdings scheint es eine stark ansteigende Tendenz zu geben: Aus einer Untersuchung aus der Schweiz geht hervor, daß im Jahr 1985 nur 10 Prozent der befragten Manager einen Computer persönlich nutzen.[30)]

Ein Großteil an Top-Managern delegiert jedoch Tätigkeiten mit den neuen Medien. Die persönliche unmittelbare Nutzung von anderen Techniken wie Telex / Teletex / Telefax, BTX, Sprachspeichersysteme, Electronic Mail oder gar Videokonferenzen ist verschwindend gering.

Neue Techniken gehören mithin bisher keineswegs zum Alltag des deutschen Top-Managers. Vielmehr besteht eine erhebliche **Diskrepanz** zwischen der Einstellung und dem Verhalten gegenüber neuen Informations- und Kommunikationstechniken.

Um nun die Verhaltensakzeptanz zu erfassen, werden wir uns im folgenden lediglich auf die persönliche Nutzung von Personal Computern bzw. Terminals durch den Top-Manager konzentrieren. Dies ist auch dadurch gerechtfertigt, daß nur ein verschwindender Prozentsatz von Top-Managern kein Bildschirmterminal, dafür aber andere Informations- und Kommunikationstechniken nutzt.
29 Prozent aller Top-Manager zeigen Verhaltensakzeptanz. Die restlichen 71 Prozent nutzen den Computer entweder gar nicht oder **delegieren** diese Arbeit an das Sekretariat oder an andere Mitarbeiter (Darstellung 6.-13). Da die Durchdringung mit Computern auch im Top-Management gestiegen ist,[31)] dürfte es sich bei den von uns ermittelten 29 Prozent durchaus um einen realistischen Wert handeln.

Verhaltensakzeptanz	absolut	relativ
persönliche Nutzung von Personal Computer oder Terminal	226	29 %
Delegation oder keine Nutzung	543	71 %
Gesamt	769	100 %

Darstellung 6.-13 Verhaltensakzeptanz deutscher Top-Manager

Obwohl Top-Manager also eine eher technikeuphorische Haltung kennzeichnet, sie erwiesenermaßen die Informatisierung in den Betrieben bezogen auf alle Mitarbeiter-

30) Vgl. o.V. /Manager/ 13. Nicht einmal 50 Prozent der skandinavischen Manager haben jemals mit einem Personal Computer gearbeitet, vgl. Nordgren /Manager/ 455.

31) o.V. /Management/ 18 spricht von einer gestiegenen Bereitschaft der Topmanager, sich mit Informations- und Kommunikationstechniken auseinanderzusetzen.

bereiche vehement vorantreiben, sind sie in der persönlichen Nutzung eher zurückhaltend und delegieren lieber Arbeiten, die mit dem Computer zusammenhängen. Haben Top-Manager Angst vor der Tastatur? Kennzeichnet sie eine Tastaturphobie? Auf diese Frage wollen wir später zurückkommen.

Akzeptanz-Befund Nr. 2
29 Prozent der Top-Manager nutzen selbst Computer durch die Bedienung einer Tastatur. Wie umfangreich diese Nutzung ausfällt, bleibt dahingestellt. Die Verhaltensakzeptanz von Top-Managern entspricht daher bei weitem nicht ihrer Einstellungsakzeptanz. Dies gilt wiederum für Top-Manager jeder Ausbildung, jeder Branche, jeder Unternehmensgröße und jedes Psycho-Typs in gleicher Weise. Nur hinsichtlich des Alters ergibt sich ein wesentlicher Unterschied (Akzeptanz-Befund Nr. 3).

Die Verhaltensakzeptanz ist ebenso wie die Einstellungsakzeptanz weitestgehend von Ausbildungsniveaus, Ausbildungsrichtungen oder unterschiedlichen Unternehmensgrößen sowie Branchen unabhängig. Allerdings spielt im Gegensatz zur Einstellung beim Verhalten das Alter eine sehr bedeutsame Rolle. Top-Manager der verschiedenen Altersstufen nutzen in sehr unterschiedlichem Umfang neue Informations - und Kommunikationstechniken. So liegt der Nutzeranteil bei den **über 60-Jährigen** bei lediglich **11 Prozent**, während er bei den jungen Top-Managern **unter 40 Jahren** auf **55 Prozent** ansteigt. Hier nutzen also bereits über die Hälfte der Top-Manager Computer persönlich. Dieser Anstieg in den Altersgruppen ist nicht nur statistisch signifikant, sondern vom Umfang der Unterschiede auch außerordentlich bedeutsam. Während also die Einstellung zu Informations- und Kommunikationstechniken altersunabhängig ist, gilt dies keineswegs für den Umgang mit den Techniken. Die Überzeugung, daß etwas eine gute Sache ist, führt noch nicht zwangsläufig dazu, daß man diese Sache auch selbst nutzt. Top-Manager jeden Alters sehen die Notwendigkeit des Einsatzes von Informations- und Kommunikationstechniken. Was ältere Top-Manager nicht sehen, ist die Notwendigkeit, sich selbst noch mit diesen Techniken auseinanderzusetzen. Es fehlt bei ihnen sicherlich oft die Lernfähigkeit, sich neue Arbeitstechniken anzueignen. Sehr viel häufiger jedoch mangelt es an der Lernwilligkeit, sich auf die neuen Techniken einzulassen. Dies sieht man als ein wichtiges Feld für den Nachwuchs an.

Alter	Persönliche Computernutzung
bis 40 Jahre	55 %
41 bis 50 Jahre	35 %
51 bis 60 Jahre	20 %
61 Jahre und älter	11 %
Gesamt	29 %
F-Wert	19,8***

Darstellung 6.-14: Verhaltensakzeptanz von Top-Managern unterschiedlichen Alters

Akzeptanz-Befund Nr. 3

Jüngere Top-Manager nutzen deutlich eher Computer persönlich als ältere. Während die Verhaltensakzeptanz von Top-Managern über 60 Jahren lediglich bei 11 Prozent liegt, steigt sie bei den unter 40-Jährigen auf 55 Prozent an. Bei jungen Top-Managern sind also bereits mehr als die Hälfte selbst Computernutzer.

6.4. Benutzer-Typen: Vom überzeugten Resistenten bis zum verklärten Benutzer

Wir hatten bereits festgestellt, daß es eine Diskrepanz zwischen der insgesamt euphorischen Einstellungsakzeptanz und der mit knapp 30 Prozent eher zurückhaltenden Verhaltensakzeptanz gibt. Zwar wird die Verhaltensakzeptanz relativ gesehen mit höherer Einstellungsakzeptanz größer. Sie steigt bis auf 33 Prozent bei den euphorischen Top-Managern an und liegt bei den wenigen skeptischen bei 0 Prozent (Darstellung 6.-15). Doch kann dieser tendenzielle Zusammenhang, der auch statistisch belegt ist, nicht darüber hinwegtäuschen, daß immerhin 67 Prozent der euphorischen Top-Manager keinen Computer persönlich nutzen.[32)]

32) Vgl. Streicher /EDV/ 40, o.V. /Manager-Arbeitsplatz/ 46, Streicher /Ängste/ 100.

Verhaltens-akzeptanz	Einstellungsakzeptanz			
	ablehnend	skeptisch	aufgeschlossen	euphorisch
nein	6 100 %	26 90 %	164 76 %	309 67 %
ja	0 0 %	3 10 %	53 24 %	154 33 %
Chi-Quadrat-Wert: 13,5**				

Darstellung 6.-15: Einstellungs- und Verhaltensakzeptanz von Top-Managern

Aus der Kombination von Einstellung und Verhalten heraus können wir einzelne Benutzer-Typen ermitteln. Eine Typisierung hat auch Adler vorgenommen.[33] Er unterscheidet Resistente, Freaks, Nutzer und Motivatoren. Seine Unterteilung stellt aber nur auf das Verhalten der Manager ab und berücksichtigt nicht deren Einstellungen. Adler schätzt den Anteil der Resistenten, also der Manager, die keinen Computer nutzen, auf 50 Prozent. Freaks sind Adler zufolge Manager, die "... vor ihrem Personalcomputer sitzen, mit Expertensystemen experimentieren und sich ihre eigene Datenbank aufbauen, ...".[34] Nutzer sind dagegen Manager, die das System entsprechend ihren Informations- und Kommunikationsbedürfnissen nutzen. Es handelt sich ihm zufolge um einen Anteil von 25 Prozent. Darüberhinaus gibt es noch eine Gruppe von Motivatoren, die zwar einen Computer auf ihrem Schreibtisch stehen haben, ihn aber kaum nutzen. Durch ihre angedeutete Nutzungsbereitschaft motivieren sie ihre Mitarbeiter zur Computernutzung.

Wir wollen eine Typisierung entsprechend der Einstellungs- und Verhaltensakzeptanz wählen. Dazu erscheint es zweckmäßig, die Kategorien ablehnend und skeptisch bei der Einstellungsakzeptanz zusammenzufassen, da diese Klassen nur gering besetzt sind. Damit ergeben sich insgesamt 6 Benutzer-Typen (Darstellung 6.-16).

Der mit 43 Prozent am häufigsten vorkommende Typ ist der scheinheilige Resistente. Er beurteilt die Auswirkungen der Informationstechnik zwar überaus positiv, ist zu

33) Vgl. Adler /Management/ 18f.

34) Adler /Management/ 18.

einer persönlichen Nutzung aber nicht bereit.[35] Ein knappes Viertel der Manager sind abwägend Resistente. Sie sind sehr aufgeschlossen in ihrer Einstellung, nutzen die Technik aber ebenfalls nicht selbst. Allerdings sehen sie im Gegensatz zu den scheinheiligen Resistenten in einigen Aspekten auch Nachteile in der Informations- und Kommunikationstechnik. Überzeugte Resistente sind nur eine verschwindende Minderheit von 4 Prozent. Gezwungene Benutzer gibt es unter den Top-Managern nicht. Das heißt nur, daß Top-Manager genügend Entscheidungsspielräume haben, sich dem Einsatz von Techniken entgegenzustellen, wenn sie ihn nicht für sinnvoll erachten.[36] Zu den überzeugten Benutzern zählen 7 Prozent der Befragten, während 22 Prozent zu den verklärten Benutzern zu zählen sind. Als verklärt wurde dieser Benutzer-Typ bezeichnet, weil er die Wirkungen der Technik allzu euphorisch sieht. Er dürfte mit dem Freak von Adler identisch sein.

Verhaltens-akzeptanz	Einstellungsakzeptanz		
	ablehnend-skeptisch	aufgeschlossen	euphorisch
nein	Der überzeugte Resistente 4 %	Der abwägende Resistente 23 %	Der scheinheilige Resistente 43 %
ja	Der gezwungene Benutzer 0 %	Der überzeugte Benutzer 7 %	Der verklärte Benutzer 22 %

Abweichung durch Rundung

Darstellung 6.-16: Zuordnung von Top-Managern zu Benutzer -Typen

35) Vgl. Scharfenberg /Leitartikel/ 3, der diese Haltung mit einem Zitat von Wilhelm Busch beschreibt: "Ist fatal", bemerkte Schlich. "Hehehe! Aber nicht für mich!".

36) Vgl. auch o.V. /Manager-Arbeitsplatz/ 47, der dies bedauert.

Akzeptanz-Befund Nr. 4

Nach der Einstellung und dem Verhalten gegenüber Informations- und Kommunikationstechniken lassen sich Top-Manager in sechs Benutzer-Typen klassifizieren:

Der überzeugte Resistente
hat ablehnend-skeptische Haltung zu den Techniken und ist Nicht-Nutzer; mit 4 Prozent unter Top-Managern sehr selten.

Der abwägende Resistente
ist der Technik gegenüber aufgeschlossen, nutzt sie aber nicht; mit 23 Prozent relativ häufig.

Der scheinheilige Resistente
setzt seine euphorische Haltung nicht in Nutzungsverhalten um; mit 43 Prozent unter Top-Managern der häufigste Typ.

Der gezwungene Benutzer
wird trotz ablehnend-skeptischer Haltung zur Nutzung gezwungen; kommt unter Top-Managern nicht vor.

Der überzeugte Benutzer
verbindet eine aufgeschlossene, kritisch abwägende Haltung mit einem tatsächlichen Nutzungsverhalten; mit 7 Prozent unter Top-Managern eher selten.

Der verklärte Benutzer
verbindete eine euphorische Haltung mit gleichzeitiger Nutzung; mit 22 Prozent unter Top-Managern recht häufig.

6.5. Was beeinflußt die Akzeptanz von Top-Managern? - Ein Schalenmodell

Wir kommen nunmehr auf die Frage zurück, warum Top-Manager Informations- und Kommunikationstechniken akzeptieren bzw. warum sie es nicht tun. Dazu wollen wir einen ersten Kranz von Einflußfaktoren beleuchten, den wir bereits in unserem allgemeinen Akzeptanzmodell in Darstellung 6.-2 angesprochen haben: die Bedürfnisse und die Restriktionen.

6.5.1. Bedürfnisse und Restriktionen - Einflußfaktoren der ersten Schale

Wir haben versucht, Bedürfnisse und Restriktionen mit einigen Aussagen einzufangen, die wir uns im folgenden anschauen wollen. Wir sind uns im Klaren darüber, daß wir mit diesen wenigen Aspekten nicht alle Bedürfnisse und Restriktionen ansprechen können, die eine Rolle spielen. Es geht uns daher auch weniger um Einzelgründe, als um die Ermittlung von Schwerpunkten im Sinne der Bedürfnis- bzw. Restriktionsklassen Physis und Aufgaben bzw. Verhalten und System. Wir haben in der folgenden Darstellung die Einzelaussagen bereits den Bedürfnissen und Restriktionen zugeordnet, wie sie sich auch auf der Basis einer Faktorenanalyse ergeben.[37] Alle Aussagen sind negativ formuliert, so daß Zustimmung seitens der Top-Manager entweder ein starkes Bedürfnis oder eine harte Restriktion, Ablehnung dagegen kein Bedürfnis bzw. kein Hindernis bedeutet.

(1) Physis-Bedürfnisse

In Hinsicht auf die von uns herausgesuchten physischen Bedürfnisse sind Top-Manager nicht anspruchsvoll. Nur eine kleine Minderheit von 3 Prozent ist der Meinung, daß Terminals nur störende Geräusche verursachen oder **nicht** in ein **Managerarbeitszimmer** gehören (Item-Nr. 13, 14). Bildschirmterminals auf Manager-Schreibtischen sind für Top-Manager also nicht mehr unvorstellbar (Darstellung 6.-17).

Nr.	Item	Zustimmung	Ablehnung	Indifferenz
13	Terminals verursachen nur störende Geräusche.	3%	92%	5%
14	Das Arbeitszimmer einer Führungskraft dient zu einem großen Teil der Repräsentation. Ein Terminal würde diese Atmosphäre zerstören.	3%	92%	5%

Darstellung 6.-17: Physis-Bedürfnis-Aussagen von Top-Managern

37) Die Zuordnung von Items zu Faktoren erfolgte über eine Faktorenanalyse mit Varimax-Rotation bei Vorgabe von 4 Faktoren. Die Faktorwerte wurden errechnet, indem die jeweils zugehörigen Itemwerte aufaddiert wurden und durch die entsprechende Anzahl der Items dividiert wurde.

(2) Aufgaben-Bedürfnisse

Im Hinblick auf die aufgabenmäßige Unterstützung ist ein großer Teil (77 Prozent) der Top-Manager der Meinung, daß ihre Informationsversorgung und ihre Kommunikationsmöglichkeiten durch Informations- und Kommunikationstechniken **grundsätzlich verbessert** werden können (Darstellung 6.-18, Item-Nr. 4). Es gibt also nach der Auffassung von Top-Managern Defizite, die durch den Einsatz von EDV gemildert werden können.

Nr.	Item	Zustimmung	Ablehnung	Indifferenz
4	Es ist fraglich, ob die Kommunikationsmöglichkeiten oder die Informationsversorgung für Führungskräfte durch EDV besser werden.	11%	77%	12%
5	Die Arbeit von Führungskräften ist zu komplex. Sie kann nicht automatisiert werden.	41%	45%	14%
6	Es ist vom wirtschaftlichen Standpunkt aus sinnvoller, wenn EDV-Aufgaben an Mitarbeiter delegiert werden.	58%	23%	19%
7	Es gibt bisher noch keine Systeme, die die Arbeit von Führungskräften sinnvoll unterstützen könnten.	15%	69%	16%
12	Es ist nicht die Aufgabe von Führungskräften, an Tastaturen zu arbeiten.	34%	53%	13%

Darstellung 6.-18: Aufgaben-Bedürfnis-Aussagen von Top-Managern

Die Frage, ob ihre Tätigkeit automatisierbar ist, teilt Top-Manager genau in zwei Lager (Item-Nr. 5). Der eine Teil (41 Prozent) hält Führungskräftearbeit für zu komplex, als daß sie durch Technik unterstützt werden könnte. Der andere Teil (45 Prozent) erachtet eine Automatisierbarkeit als durchaus möglich. Im Gegensatz dazu glaubt nach einer empirischen Untersuchung der Zeitschrift Office Management der überwiegende Teil der dort befragten Führungskräfte, daß die meisten Fuhrungsaufgaben nicht oder nur am Rande unterstützbar sind.[38)]

Top-Manager sind allerdings mehrheitlich (69 Prozent) der Meinung, daß es mittlerweile Systeme gibt, die für ihre Führungsaufgaben und die damit verbundene Tätig-

38) Vgl. o.V. /Führung/ 14.

keit eine sinnvolle Unterstützung darstellen (Item-Nr. 7).[39] Reichwald und Stauffert halten es für eine notwendige Voraussetzung, daß gute Systeme für Manager angeboten werden, damit Top-Manager sich vom Techniknutzen überzeugen können.[40] Bisher ist es jedoch mit dem Kenntnisstand über Informations- und Kommunikationstechniken nicht allzu weit her. Entsprechend einer Untersuchung von Töpfer u.a. bei 214 bundesdeutschen Unternehmen ist der Informationsstand von Managern über Informations- und Kommunikationstechniken sehr gering.[41] Deutschmann weist für das Jahr 1982 nach, daß von einer Liste von Telekommunikationstechniken für 20 Prozent der Manager mindestens eine Technik unbekannt war.[42]

Die meisten Top-Manager (58 Prozent) halten es im übrigen für ökonomischer, Aufgaben im Zusammenhang mit EDV an Mitarbeiter zu delegieren (Item-Nr. 6). Dies entspricht dem Trialogkonzept, nach dem Manager nicht im unmittelbaren Dialog mit Computern interagieren, sondern einen menschlichen Informationsspezialisten einschalten.[43] Ein geringer Anteil (23 Prozent) glaubt, daß es auch wirtschaftlich ist, solche Aufgaben selbst in die Hand zu nehmen. Dies hängt damit zusammen, daß es viele Top-Manager (34 Prozent) für unter ihrer Würde halten, an Tastaturen zu arbeiten (Item-Nr. 12). Die Abneigung, eine Tastatur zu bedienen, liegt nicht nur an den mangelnden Fertigkeiten, auf die wir unten noch einmal eingehen, sondern auch an der Assoziation der Tastaturbedienung zu minderwertigen Schreibkrafttätigkeiten,[44] verbunden mit einem fast mythischen Glauben an Prestige- und Imageverlust.[45] Immerhin sind aber bereits auch rund die Hälfte der Top-Manager nicht grundsätzlich gegen die Bedienung von Tastaturen in ihrer Position.

(3) Verhaltens-Restriktionen

Bei Verhaltens-Restriktionen spielen andere Einstellungen - die Frage, ob man sich blamiert, oder der Aspekt des sozialen Drucks in der Gruppe - eine Rolle. Das größte Hindernis in diesem Zusammenhang sehen 31 Prozent Top-Manager in der Belästigung von Mitarbeitern (Darstellung 6.-19, Item-Nr. 9). Häufig gelingt es ja auf Grund der abstrakten Bedieneroberfläche noch nicht einmal, sich in ein System ordnungsgemäß ein- oder auszuloggen. Hierbei müssen Top-Manager ihre mangelnden EDV-Kenntnisse, auf die wir bei den System-Restriktionen noch einmal zurückkommen,

39) Vgl. dagegen Tiemeyer, Herzog /PC-Nutzung/ 28.

40) Vgl. Reichwald, Stauffert /Bürokommunikationstechnik/ 12.

41) Vgl. Töpfer u.a. /Führungskräfte/ 142. Vgl. auch Davenport u.a. /Executives/ 130.

42) Vgl. Deutschmann /Management/ 79.

43) Vgl. Lippold /Management/ 290ff und die dort angegebene Literatur.

44) Vgl. Goldstein /Office/ 417.

45) Vgl. Probst, Valicek /Management/ 182.

gegenüber den Mitarbeitern offenlegen. Dies fällt ihnen in unserem Wertsystem besonders schwer, da die Gesellschaft ihnen oder sie sich selbst keine Mängel und Fehler zugestehen. Führungskräfte sind bei uns mit der Aura des fehlerlosen Alleskönners umgeben.

Nr.	Item	Zustimmung	Ablehnung	Indifferenz
8	Die Einarbeitung in die Benutzung eines Terminals kostet zuviel Zeit.	23%	59%	18%
9	Wenn Fragen auftauchen, muß man immer die Mitarbeiter belästigen.	31%	44%	25%
10	Die Anschaffung von EDV-Terminals für alle Führungskräfte in einem Unternehmen wäre eine hohe Investition, die momentan nicht zu finanzieren ist.	17%	69%	14%
11	Auch wenn man selbst gerne am Computer arbeiten würde - die Kollegen sind davon jedoch nicht zu überzeugen.	15%	55%	30%

Darstellung 6.-19: Verhaltens-Restriktions-Aussagen von Top-Managern

Die Einarbeitung in die Benutzung eines Terminals ist ein weiterer Faktor, der sich für 23 Prozent der Top-Manager hindernd auswirkt (Item-Nr. 8). Auch wenn er insgesamt weniger bedeutsam scheint, ist die Ersteinführung und das Problem der verlorenen Kenntnisse bei geringer Nutzungshäufigkeit nicht vernachlässigbar.[46)]

Die letzten beiden Aussagen sprechen das Verhältnis zu den Kollegen und damit das generelle Klima im Unternehmen an (Item-Nr. 10, 11). Insgesamt sind die hier empfundenen Restriktionen mit 17 bzw. 15 Prozent geringer, wobei die Unsicherheit über die Haltung der Kollegen besonders groß ist, wie der hohe Anteil an indifferenten Antworten belegt (30 Prozent).

(4) System-Restriktionen

Nur sehr wenige Top-Manager (9 Prozent) sind der Meinung, daß EDV lediglich etwas für jüngere Mitarbeiter sei (Darstellung 6.-20, Item-Nr. 1). Nach ihrer Auffassung hat ein Bildschirmterminal grundsätzlich auch Platz auf dem Schreibtisch eines älteren

46) Vgl. Streicher /Ängste/ 100, 102.

Mitarbeiters. Ob dies auch für den eigenen Arbeitsplatz gilt, muß offen bleiben. Denn Streicher behauptet, Manager hätten Angst vor dem Kenntnisstand der Fachleute und überließen daher das Thema EDV lieber den jüngeren Mitarbeitern. Diese Angst liege darin begründet, daß ältere Top-Manager während ihrer Ausbildung noch nicht mit EDV in Berührung kamen, während dies für jüngere Mitarbeiter durchaus der Fall ist.[47] Dies scheint zuzutreffen, denn zu 65 Prozent halten Top-Manager ihre eigenen Computerkenntnisse eindeutig für zu gering (Item-Nr. 2). Kaum einer attestiert sich ausreichendes Fachwissen auf dem Gebiet der Informations- und Kommunikationstechnik.

Nr.	Item	Zustimmung	Ablehnung	Indifferenz
1	EDV ist nur etwas für jüngere Mitarbeiter.	9%	83%	8%
2	Führungskräfte haben in der Regel zu wenig EDV-Kenntnisse.	65%	10%	25%
3	Es gibt kaum Führungskräfte, die eine Schreibmaschinentastatur flüssig bedienen können.	72%	12%	16%

Darstellung 6.-20: System-Restriktions-Aussagen von Top-Managern

Akzeptanz-Befund Nr. 5

Die Haupthinderungsgründe, die Top-Manager für die eigene Nutzung von Informations- und Kommunikationstechniken nennen, sind unzureichende Fähigkeiten, mit einer Schreibmaschinentastatur umzugehen (72 Prozent), mangelnde EDV-Kenntnisse (65 Prozent), die Überzeugung, daß EDV-Aufgaben besser delegiert werden sollten (58 Prozent), sowie die Annahme, daß die Arbeit von Top-Managern zu komplex ist, um automatisiert zu werden (45 Prozent).

Aber nicht nur an grundlegenden EDV-Kenntnissen mangelt es vielen Top-Managern. Zum großen Teil (75 Prozent) fehlt es an manuellen Fertigkeiten, um Informations- und Kommunikationstechniken bedienen zu können (Item-Nr. 3).[48] Solange das

47) Vgl. Streicher /EDV/ 40, Streicher /Ängste/ 100.

48) Vgl. Streicher /EDV/ 42, Streicher /Ängste/ 100.

überwiegende Interaktionsmedium mit Computern die Schreibmaschinentastatur ist, werden Top-Manager Schwierigkeiten mit der Nutzung haben. Man braucht nicht so weit zu gehen, nur eine einzige Taste für Führungskräfte zu fordern, mit der alle relevanten Führungsinformationen abgerufen werden können. Wir kommen allerdings nicht umhin, hier eine wesentliche, nicht zu unterschätzende Restriktion für die Akzeptanz von Top-Managern zu sehen. Teilweise wird ja sogar unterstellt, daß die Lernfähigkeit oder -willigkeit von Top-Managern bereits bei Komforttelefonen überschritten sei.[49)] In Verbindung mit der Assoziation von minderwertigen Schreibkrafttätigkeiten ist die Tastatur ein **Kernproblem** für Top-Manager bei der Nutzung von Informations- und Kommunikationstechniken.

System-Restriktionen werden insgesamt sehr viel stärker gesehen als etwa Verhaltens-Restriktionen.

Fassen wir die Einzelaspekte zusammen und bilden Mittelwerte,[50)] dann zeigt sich, daß Physis-Bedürfnisse die geringste Rolle spielen (Darstellung 6.-21). Sie sind am ehesten erfüllt. Die größten Hindernisse treten bei den System-Restriktionen auf. System-Restriktionen bestehen darin, daß menschliche und maschinelle Fähigkeiten nicht zusammenpassen.

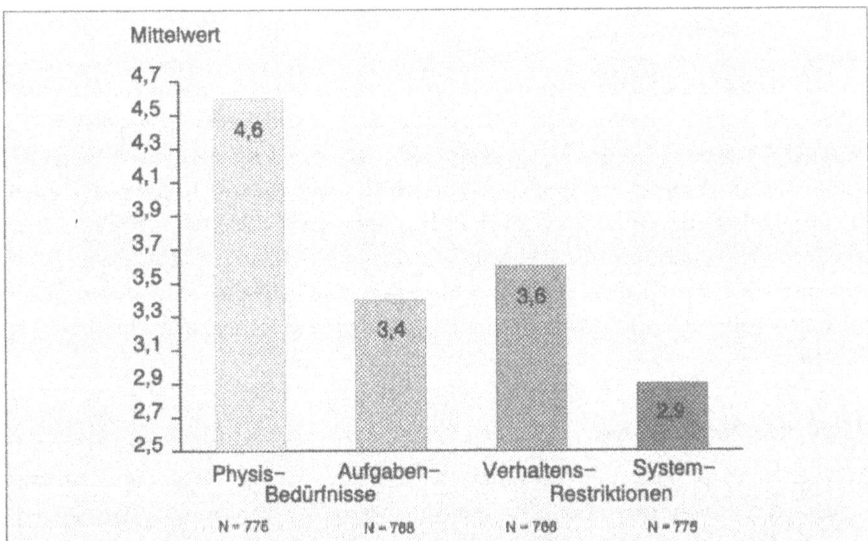

Darstellung 6.-21: Bedeutung von Bedürfnissen und Restriktionen bei Top-Managern

49) Vgl. Weltz /Leitungsfunktion/ 470.

50) Summenbildung über die jeweiligen Items, dividiert durch die Anzahl der Items. Ein niedriger Wert (Minimum=1) weist darauf hin, daß erhebliche Hemmnisse vorliegen, ein hoher Wert (Maximum=5), daß keine Hemnisse gesehen werden.

Aufgabenbezogene Bedürfnisse sind nicht generell erfüllt, Top-Manager sehen ihre Befriedigung durch informations- und kommunikationstechnische Unterstützung aber nicht als unmöglich an. Verhaltensmäßige Restriktionen spielen ebenfalls eine Rolle, sind aber wie die physischen Bedürfnisse weniger bedeutsam in der absoluten Höhe.

Akzeptanz-Befund Nr. 6
Die größten Hemmnisse, die Top-Manager im Hinblick auf die eigene Nutzung von neuen Techniken nennen, sind systemtechnische Restriktionen, d.h. das Auseinanderfallen von menschlichen Fähigkeiten und maschinellen Anforderungen, gefolgt von der bisherigen Nichterfüllung aufgabenbezogener Bedürfnisse sowie verhaltensmäßigen Restriktionen. Physische Bedürfnisse werden nicht als Hinderungsgrund empfunden.

6.5.2. Wie wirken sich Bedürfnisse und Restriktionen auf die Akzeptanz aus?

Bisher haben wir die Bedürfnisse und Restriktionen im Zusammenhang mit Informations- und Kommunikationstechniken aus der Sicht von Top-Managern diskutiert. Nunmehr wollen wir feststellen, ob diese Bedürfnisse und Restriktionen überhaupt etwas mit der Akzeptanz zu tun haben oder ob sie von den Top-Managern eventuell nur **vorgeschoben** werden. Tatsächlich prüfen wir damit auch, inwieweit die einzelnen Bedürfnisse und Restriktionen wirklich einen Einfluß auf die Einstellungs- und Verhaltensakzeptanz haben, wie wir es in unserem allgemeinen Akzeptanzmodell behauptet haben. Gleichzeitig können wir die Bedeutung der einzelnen Einflüsse ermitteln.

(1) Einstellungsakzeptanz

Aus der Höhe der Korrelationskoeffizienten in Verbindung mit dem Signifikanzniveau wird zuerst einmal unmittelbar deutlich, daß ein Zusammenhang zwischen den von Top-Managern verspürten Bedürfnissen und Restriktionen einerseits und der Einstellungsakzeptanz andererseits gesehen wird (Darstellung 6.-22). Die Vorzeichen der Koeffizienten sind alle positiv. Das bedeutet: Je **besser** Bedürfnisse erfüllt werden oder je **weniger** Hindernisse gesehen werden, desto **höher** fällt die Einstellungsakzeptanz aus. Die stärkste Beziehung besteht zwischen den aufgabenbezogenen Bedürfnissen und der allgemeinen Einstellungsakzeptanz. Wenn Top-Manager glauben, daß ihre Aufgaben durch Informations- und Kommunikationstechnik besser unterstützt werden können, dann haben sie auch eine höhere Einstellungsakzeptanz. Das gilt sowohl für die gesellschaftliche wie für die betriebliche Akzeptanz. Den zweitgrößten Einfluß haben die Verhaltens-Restriktionen. Wenn Top-Manager bei den Kollegen oder bei den Mitarbeitern keine Probleme sehen, dann ist ihre Einstellungsakzeptanz auch größer. Offensichtlich wird aber auch, daß System-Restriktionen weniger wichtig für die Einstellungsakzeptanz sind. Auch wenn Top-Manager hier die größten Hindernisse sehen, ist diese Frage nicht entscheidend für die Meinungsbildung über die Akzeptanz und insbesondere nicht über die betriebliche Akzeptanz .

	Einstellungsakzeptanz		
	allgemein	gesellsch.	betriebl.
Physis-Bedürfnisse	0,23***	0,24***	0,16***
Aufgaben-Bedürfnisse	0,34***	0,28***	0,24***
Verhaltens-Restriktionen	0,32***	0,32***	0,14***
System-Restriktionen	0,14***	0,16***	0,03

Darstellung 6.-22: Korrelationen[51)] zwischen Bedürfnissen bzw. Restriktionen und Einstellungsakzeptanz

Wenn wir einmal die Mittelwerte der Einstellungsakzeptanz unter unterschiedlichen Bedürfnis- oder Restriktionsbedingungen anschauen, wird dies noch deutlicher (Darstellung 6.-23). Die Zusammenhänge sind fast ausnahmslos statistisch signifikant und auch sehr stark ausgeprägt.

Sind physische Bedürfnisse nicht erfüllt, schlägt sich dies in einer deutlich geringeren Einstellungsakzeptanz nieder. Das gilt auch für die gesellschaftlichen und persönlichen Aspekte der Einstellungsakzeptanz. Diese Beziehungsrichtung ergibt sich in noch viel stärkerem Maße bei den Aufgaben-Bedürfnissen. Bei speziell auf den Manager zugeschnittenen Systemen, die ihn bei seinen Aufgaben nachhaltig unterstützen, kann am ehesten mit einer hohen Einstellungsakzeptanz gerechnet werden.

Gibt es verhaltensmäßige Restriktionen, wirkt sich dies negativ auf die Beurteilung der Informations- und Kommunikationstechniken aus. Top-Manager, die einem ver-

51) Produkt-Moment-Korrelationskoeffizient nach Brevais-Pearson.

stärkten sozialen Druck in Richtung auf die Ablehnung von Informations- und Kommunikationstechniken unterliegen, sehen die Techniken auch deutlich negativer. Dies betrifft insbesondere die gesellschaftlichen Wirkungen, während die innerbetriebliche Akzeptanz davon weniger betroffen ist. Offensichtlich werden die negativen Einstellungen der Kollegen mehr auf die außerbetrieblichen Wirkungen der Informations- und Kommunikationstechnik projiziert als auf die eigenen, selbst erlebbaren Wirkungen.

	Einstellungsakzeptanz			
	allgemein	gesellsch.	betriebl.	N
Physis-Bedürfnisse				
eher nicht erfüllt	125	127	118	264
eher erfüllt	132	133	124	458
F-Wert	46,2***	48,6***	24,1***	
Aufgaben-Bedürfnisse				
eher nicht erfüllt	126	128	119	382
eher erfüllt	134	134	125	338
F-Wert	52,9***	35,9***	31,4***	
Verhaltens-Restriktionen				
eher vorhanden	126	128	120	359
eher nicht vorhanden	133	134	123	356
F-Wert	38,8***	38,4***	6,9**	
System-Restriktionen				
eher vorhanden	128	129	122	308
eher nicht vorhanden	131	132	122	415
F-Wert	6,0*	9,3**	0,0	
Gesamt	130	131	122	

Darstellung 6.-23: Einstellungsakzeptanz bei Vorliegen bzw. Nichtvorliegen von Bedürfnissen und Restriktionen

Der gleiche Effekt tritt bei den systemtechnischen Restriktionen auf. Hier zeigt sich insgesamt ein geringerer Einfluß auf die Einstellungsakzeptanz. Top-Manager sind zwar in der Tendenz einstellungsmäßig ebenfalls offener gegenüber dem Technikeinsatz, wenn sie mangelnden EDV- und Tastaturkenntnissen als Hindernis eine geringere Bedeutung beimessen. Dennoch sind die Unterschiede hier nicht mehr sehr groß. Bei der betrieblichen Akzeptanz verschwinden sie sogar völlig. Das heißt, daß sich bei Top-Managern eine auf sie selbst bezogene, betriebliche Akzeptanz herausbildet, unabhängig davon welche Einschätzung sie zu den EDV-Qualifikationen von Führungskräften haben. Offensichtlich sehen sie die mangelnden EDV- und Tastaturkenntnisse nur bei anderen als Hindernis, nicht bei sich selbst.

Die mangelnde Bedeutung systemtechnischer Restriktionen für die Einstellungsakztepanz ist kein Widerspruch zu den Befunden 4 und 5 im vorigen Abschnitt. Dort haben wir festgestellt, daß Top-Manager **mangelnde Kenntnisse** im Bereich der Informations- und Kommunikationstechniken **bejahen**. Wir müssen nunmehr feststellen, daß dies aber **nicht zwingend** zu einer geringen Einstellungsakzeptanz führt. Wichtiger als die eigenen Kenntnisse ist das **mangelnde Vertrauen** in die Informations- und Kommunikationstechnik zur Lösung von **Manager-Aufgaben**. Ist dieses Vertrauen vorhanden, dann führt dies in weitaus stärkerem Maß zu Einstellungsakzeptanz; fehlt dieses Vertrauen, dann ist auch die Einstellungsakzeptanz geringer.

Akzeptanz-Befund Nr. 7
Einstellungsakzeptanz ist in erster Linie davon abhängig, ob Top-Manager überzeugt davon sind, daß ihre Aufgaben durch Informations- und Kommunikationstechniken wirkungsvoll unterstützt werden können. An zweiter Stelle steht die Erfüllung physischer Bedürfnisse etwa nach der Geräuschlosigkeit von Terminals. Erst an dritter Stelle kommen Verhaltens-Restriktionen des sozialen Drucks, die allerdings für die gesellschaftliche Akzeptanz bedeutsamer sind. Systemtechnische Restriktionen mangelnder Qualifikation wirken sich kaum auf die Einstellungsakzeptanz aus.

(2) Verhaltensakzeptanz

Auch die Verhaltensakzeptanz ist in starkem Maße von Bedürfnissen und Restriktionen abhängig (Darstellung 6.-24). Ebenso wie bei der Einstellungsakzeptanz steht die **Bedürfniserfüllung** bezogen auf die **Aufgabenstellung** von Top-Managern am stärksten mit dem Verhalten in Beziehung. Je mehr Top-Manager glauben, durch Informations- und Kommunikationstechniken ihre Aufgaben besser erfüllen zu können, desto eher nutzen sie diese Techniken auch tatsächlich. Das gleiche gilt für die Verhaltens-Restriktionen. Je mehr im Unternehmen ein technikfreundliches Klima herrscht, desto eher kommt es auch zu einer persönlichen Nutzung durch Top-Manager. Die Erfüllung von Physis-Bedürfnissen sowie der Wegfall von System-Restriktionen haben tendenziell ebenfalls eine Bedeutung, sie ist allerdings wesentlich geringer.

	persönliche Computernutzung
Physis-Bedürfnisse	0,10**
Aufgaben-Bedürfnisse	0,34***
Verhaltens-Restriktionen	0,20***
System-Restriktionen	0,12***

Darstellung 6.-24: Korrelationen zwischen Bedürfnissen bzw. Restriktionen und Verhaltensakzeptanz[52)]

Noch deutlicher wird der Beziehungszusammenhang, wenn wir uns die Prozentsätze derjenigen Top-Manager, die Verhaltensakzeptanz zeigen, d.h. tatsächlich Computer nutzen, unter unterschiedlichen Bedürfnis- und Restriktionssituationen anschauen (Darstellung 6.-25). Die eindeutig stärkste Trennung erfolgt bei den Top-Managern, die Aufgaben-Bedürfnisse erfüllt oder nicht erfüllt sehen. Wird geglaubt, daß Manager-Arbeit durch Informations- und Kommunikationstechniken sinnvoll unterstützt werden kann, daß es also Systeme für den Manager gibt, EDV-Aufgaben nicht nur delegiert werden sollten und es auch nicht unter der Würde eines Top-Managers ist, an einer Tastatur zu arbeiten, dann steigt die persönliche Nutzung auf 44 Prozent an. Bei denjenigen, die dagegen eine Unterstützbarkeit nicht für möglich oder sinnvoll halten, sinkt die Zahl der persönlichen Nutzer auf 17 Prozent. An zweiter Stelle stehen die Verhaltens-Restriktionen. Der soziale Druck wirkt sich also nicht nur auf die Einstellung, sondern spürbar auch auf das Verhalten aus. Ist dieser Druck vorhanden, dann nutzen lediglich 21 Prozent der Top-Manager Computer persönlich, fehlt er bzw. geht er in eine technikfreundliche Richtung, dann steigt der Anteil Computernutzer auf 38 Prozent. Von geringerer, wenn auch nicht zu unterschätzender Bedeutung für die Verhaltensakzeptanz ist die Erfüllung physischer Bedürfnisse. Sind diese Bedürfnisse erfüllt, nutzen 34 Prozent Top-Manager einen Computer persönlich, wenn nicht, lediglich 22 Prozent. Letztlich treten auch deutlich Unterschiede beim Vorhandensein systemtechnischer Restriktionen auf. Wird die Qualifikation bezweifelt, dann liegt der Anteil an Top-Managern auch bei nur 24 Prozent Nutzern, wird die Qualifikation

52) Produkt-Moment-Korrelationskoeffizient nach Brevais-Pearson.

bejaht, dann beträgt der Nutzeranteil 34 Prozent. Der F-Wert bringt allerdings auch hier - wie bereits bei der Einstellungsakzeptanz - deutlich zum Ausdruck, daß die Bedeutung systemtechnischer Restriktionen bedeutend geringer ist als beispielsweise die der Erfüllung von Aufgaben-Bedürfnissen. Auch wenn Top-Manager zum überwiegenden Teil der Meinung sind, daß EDV- und Tastaturkenntnisse unzureichend sind, führt dies keineswegs dazu, daß sie Computer nicht nutzen. Vielmehr sehen sich Top-Manager offensichtlich doch häufiger zu einer Verhaltensakzeptanz trotz mangelnder Kenntnisse gezwungen. Sehr viel häufiger kommt es zu einer Ablehnung der Nutzung von Informations- und Kommunikationstechniken, weil keine ausreichende Unterstützung gesehen wird.

	persönliche Computernutzung	N
Physis-Bedürfnisse		
eher nicht erfüllt	22 %	275
eher erfüllt	34 %	490
F-Wert	11,3***	
Aufgaben-Bedürfnisse		
eher nicht erfüllt	17 %	396
eher erfüllt	44 %	362
F-Wert	70,6***	
Verhaltens-Restriktionen		
eher vorhanden	21 %	379
eher nicht vorhanden	38 %	377
F-Wert	24,9***	
System-Restriktionen		
eher vorhanden	24 %	326
eher nicht vorhanden	34 %	439
F-Wert	9,7**	
Gesamt	29 %	

Darstellung 6.-25: Verhaltensakzeptanz bei Vorliegen bzw. Nichtvorliegen von Bedürfnissen und Restriktionen

Akzeptanz Befund Nr. 8

Ebenso wie bei der Einstellungsakzeptanz ist die Verhaltensakzeptanz in erster Linie davon abhängig, ob Top-Manager überzeugt davon sind, daß ihre Aufgaben durch Informations- und Kommunikationstechniken wirkungsvoll unterstützt werden können. An die zweite Stelle tritt jedoch - anders als bei der Einstellungsakzeptanz - die Frage, ob Verhaltens-Restriktionen etwa in Form von sozialem Druck vorliegen. Die Erfüllung physischer Bedürfnisse ist für das Verhalten weniger bedeutsam als für die Einstellung. Systemtechnische Restriktionen, etwa mangelnde Qualifikation, wirken sich wie bei der Einstellungsakzeptanz letztendlich auf das Verhalten nicht entscheidend aus.

Die Befunde, die wir jetzt vorgelegt haben, stützen unser im ersten Abschnitt dieses Kapitels vorgetragenes allgemeines Akzeptanzmodell. Wenn wir die einzelnen Bedürfnisse und Restriktionen auch jeweils nur mit einigen wenigen Indikatoren versucht haben zu erfassen, so können wir doch sagen, daß sowohl das Verhalten wie auch die Einstellung im Hinblick auf Informations- und Kommunikationstechniken durch Bedürfnisse und Restriktionen geprägt werden. Dabei nehmen - wie auch angenommen wurde - die physischen Bedürfnisse bei Top-Managern nicht zuletzt wegen der geringen Nutzungsfrequenz eine untergeordnete Rolle ein. Bedeutend für die Akzeptanz ist in erster Linie - dem großen Entscheidungsspielraum von Top-Managern angemessen - die Frage, ob Informations- und Kommunikationstechniken vorhanden sind, die die Arbeit von **Top-Managern erleichtern**.

Akzeptanz Befund Nr. 9

Auch die Akzeptanz von Informations- und Kommunikationstechniken durch Top-Manager läßt sich an einem allgemeinen Modell erklären, das Einstellungs- und Verhaltensakzeptanz an erfüllten Bedürfnissen einerseits und an fehlenden Restriktionen andererseits festmacht. Bei Top-Managern spielt insbesondere die Befriedigung aufgabenbezogener Bedürfnisse durch die Informations- und Kommunikationstechniken eine besondere Rolle. Daneben sind es Verhaltens-Restriktionen, die am ehesten zu einer Nicht-Befriedigung führen. Die Nicht-Erfüllung physischer Bedürfnisse ebenso wie das Vorliegen systemtechnischer Restriktionen sind von geringerer, aber ebenfalls nicht zu vernachlässigender Bedeutung.

6.6. Was beeinflußt Bedürfnisse und Restriktionen? - Schalenmodell zweite Stufe

Nachdem wir nunmehr festgestellt haben, daß und wie stark Bedürfnisse und Restriktionen die Akzeptanz von Top-Managern beeinflussen, wollen wir im folgenden untersuchen, wovon Bedürfnisse und Restriktionen abhängen. Wir fügen dem allgemeinen Akzeptanzmodell damit eine zweite Schale hinzu (Darstellung 6.-26). Hierbei prüfen wir insbesondere demographische Merkmale53) sowie Merkmale der Kommunikationspräferenz, wie sie sich in den von uns erarbeiteten Kommunikations-Typen niederschlagen[54].

Auch hier sind wir uns darüber im klaren, daß möglicherweise eine Vielzahl anderer Einflußgrößen auf Bedürfnisse und Restriktionen wirken, beispielsweise die Aufgabenschwerpunkte von Top-Managern. Auf der Basis empirischen Datenmaterials sind wir allerdings nicht in der Lage, derartige Einflüsse zu präzisieren.[55]

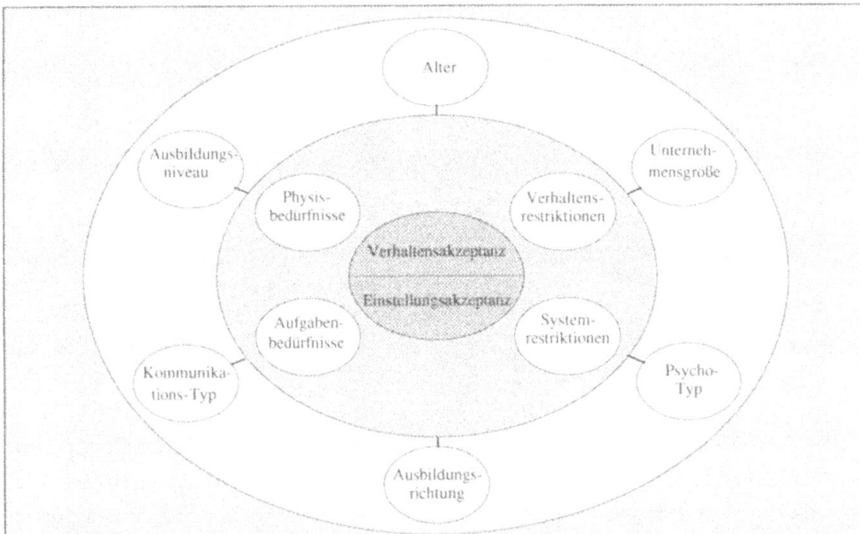

Darstellung 6.-26: Erweitertes Akzeptanzmodell (Schalenmodell - zweite Stufe)

53) Vgl. Kapitel 3.1. Der typische deutsche Top-Manager.

54) Vgl. Kapitel 5. Kommunikationspräferenzen von Top-Managern.

55) Dies ist dadurch begründet, daß die Studien 10 und 11 zwar konzeptionell auf einem Bezugsrahmen aufbauen, datentechnisch aber nicht zusammengeführt werden können.

6.6.1. Wovon sind Physis-Bedürfnisse abhängig?

Wir wollen zuerst prüfen, wovon die Physis-Bedürfnisse von Top-Managern abhängen. Erhebliche Unterschiede bestehen danach im Hinblick auf das Alter der Top-Manager (Darstellung 6.-27). Jüngere sehen ihre physischen Bedürfnisse deutlich mehr erfüllt als ältere. Oder anders formuliert: Geräusche von Bildschirmterminals bzw. die Einbindung des Terminals in die Atmosphäre des Chefzimmers spielt bei jüngeren Top-Managern eine **untergeordnetere Rolle** als bei älteren.

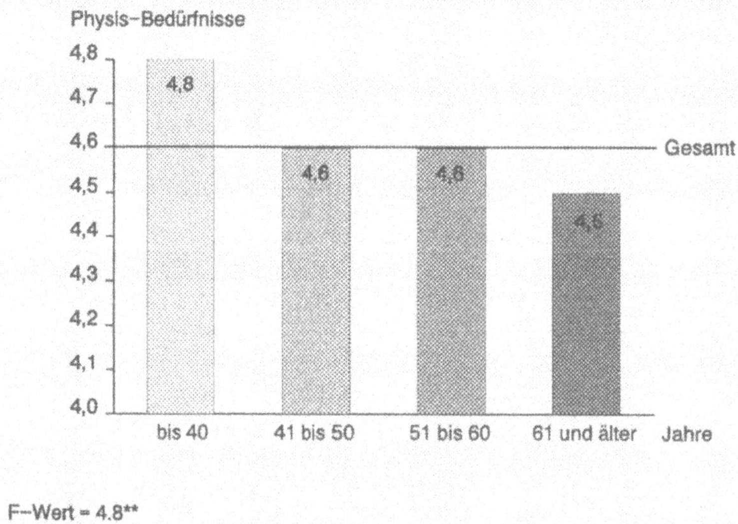

Darstellung 6.-27: Physis-Bedürfnisse bei Top-Managern unterschiedlicher Altersgruppen

Neben dem Alter ist das Ausbildungsniveau für unterschiedliche Physis-Bedürfnisse verantwortlich (Darstellung 6.-28). Allerdings ist der Unterschied nicht ganz so stark. Top-Manager ohne Studium mit allein berufspraktischer Ausbildung empfinden etwas stärker die unzureichende Befriedigung physischer Bedürfnisse als Akademiker. Wie wir wissen, haben gerade die jüngeren Top-Manager eher ein Studium absolviert (Top-Manager-Befund Nr. 5). Insofern stimmt dieses Ergebnis mit der Alterstendenz überein.

Letztlich sind physische Bedürfnisse bei verschiedenen Kommunikations-Typen unterschiedlich ausgeprägt (Darstellung 6.-29). Die stärksten Hindernisse sieht der Schnell-Kommunikator in der Befriedigung physischer Bedürfnisse. Dieser Typ, der am liebsten Medien wie Telefon oder Telex / Teletex / Telefax verwendet, gleichzeitig Haftnotizen und Kurzbriefe ablehnt und sehr zurückhaltend im persönlichen Kontakt ist (Kommunikationspräferenz-Befund Nr. 10), empfindet ein Terminal am ehesten als störend. Am wenigsten gilt dies für den Kurz-Kommunikator, der besonders gern Kurzbriefe bzw. Aktennotizen und Haftnotizen zur Informationsweitergabe oder für Anweisungen verwendet.

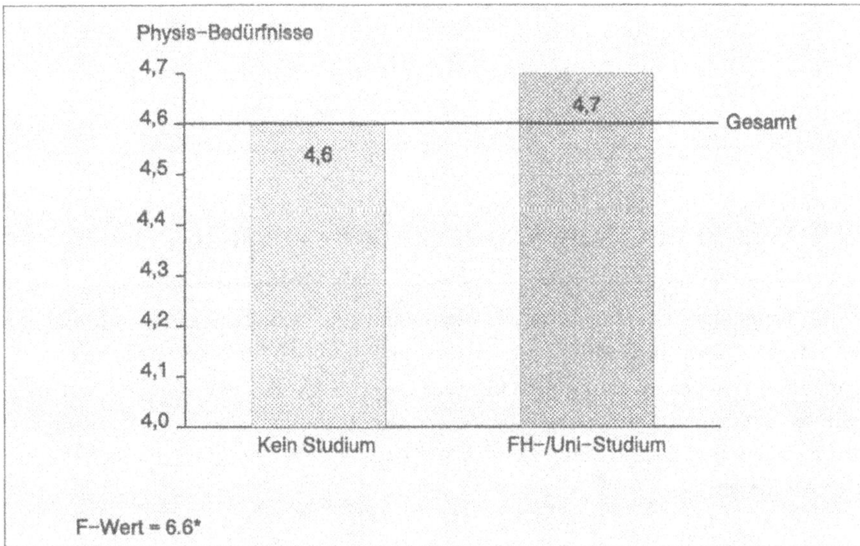

Darstellung 6.-28: Physis-Bedürfnisse bei Top-Managern unterschiedlicher Ausbildungsniveaus

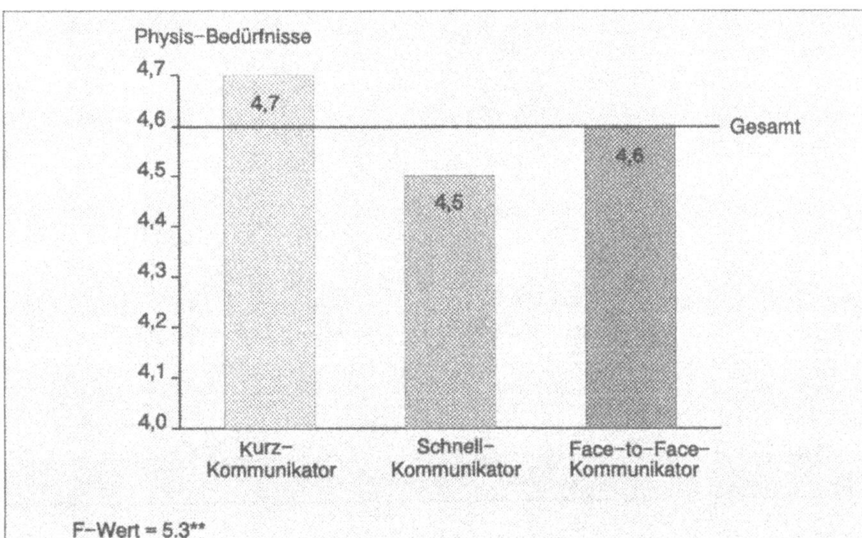

Darstellung 6.-29: Physis-Bedürfnisse bei Top-Managern unterschiedlicher Kommunikations-Typen

Akzeptanz-Befund Nr. 10
Wenn Physis-Bedürfnisse nicht oder nur wenig erfüllt sind, was ja bei Top-Managern recht selten der Fall ist, dann sind es eher ältere Top-Manager, die nicht studiert haben und eine Präferenz für Schnell-Kommunikation zeigen, bei denen derartige Defizite auftreten.

6.6.2. Wovon sind Aufgaben-Bedürfnisse abhängig?

Da die Aufgaben-Bedürfnisse für die Akzeptanz am wichtigsten sind, ist die Frage besonders interessant, wodurch die Befriedigung dieser Bedürfnisse beeinflußt wird. Einmal ist es wiederum ganz eindeutig eine Frage des Alters, inwieweit Top-Manager glauben, daß Informations- und Kommunikationstechniken sie bei ihrer Arbeit unterstützen können (Darstellung 6.-30). Ältere Top-Manager sind hier deutlich skeptischer als jüngere.

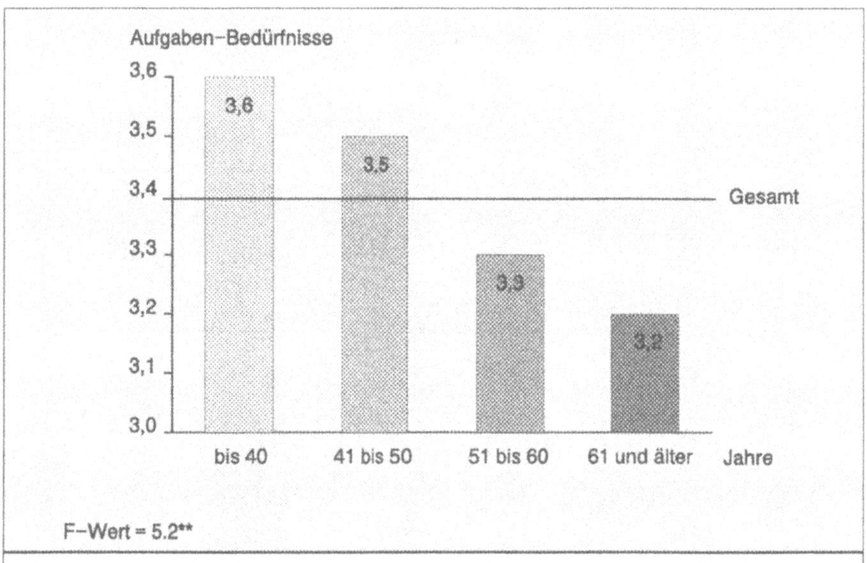

Darstellung 6.-30: *Aufgaben-Bedürfnisse von Top-Managern unterschiedlicher Altersgruppen*

Auch die Kommunikations-Typen unterscheiden sich in ihren Aufgaben-Bedürfnissen. Insbesondere der Kurz-Kommunikator glaubt eher, daß Systeme zur Verfügung stehen, die Top-Manager bei ihrer Arbeit unterstützen können (Darstellung 6.-31). Schnell-Kommunikator und Face-to-Face-Kommunikator sind in dieser Hinsicht skeptischer.

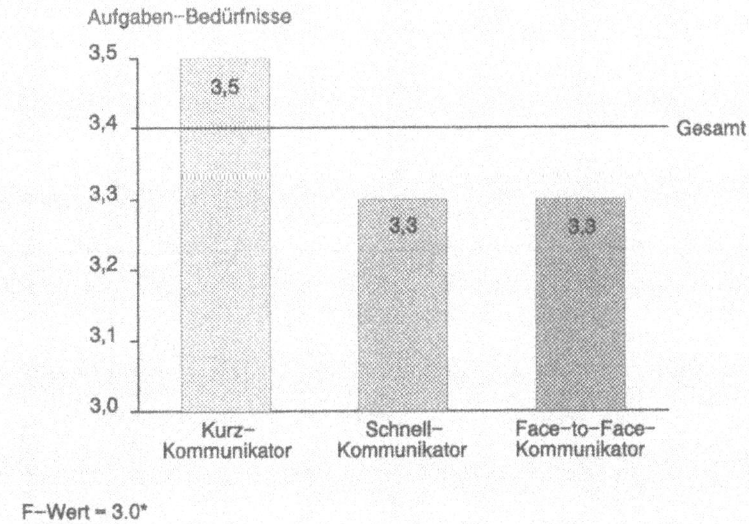

Darstellung 6.-31: Aufgaben-Bedürfnisse von Top-Managern unterschiedlicher Kommunikations-Typen

Am **stärksten** unterscheiden sich in Hinsicht auf die wahrgenommenen Aufgaben-Bedürfnisse jedoch Top-Manager verschiedener Ausbildungsrichtungen (Darstellung 6.-32). Am wenigsten glauben technisch orientierte Top-Manager, in ihren Führungsaufgaben von Informations- und Kommunikationstechniken unterstützt werden zu können. Die positivste Einschätzung in dieser Hinsicht haben die ökonomisch ausgebildeten Top-Manager. Ökonomen schätzen also die Chancen für sachgerechte Informations- und Kommunikationstechniken positiver ein als die Techniker. Dies scheint im Widerspruch zu der These zu stehen, nach der Ingenieure eher Computer für ihre Arbeit nutzen als Kaufleute.[56] Hierbei muß unterschieden werden zwischen der Computernutzung für Fach- und für Führungsaufgaben. Für Fachaufgaben technischer Art mögen Techniker eher Computer nutzen als Ökonomen für betriebswirtschaftliche Probleme. Für die Arbeit von Top-Managern gilt dies allerdings nicht; denn die Verhaltensakzeptanz von Technikern und Ökonomen unterscheidet sich nicht (Akzeptanz-Befund Nr. 2). Was sich jedoch hier unterscheidet, sind die Möglichkeiten,

56) Vgl. Mertens u.a. /Büroautomation/.

die für die Führungsarbeit mit Hilfe von Informations- und Kommunikationstechniken gesehen werden. Hier sind Ökonomen deutlich optimistischer.

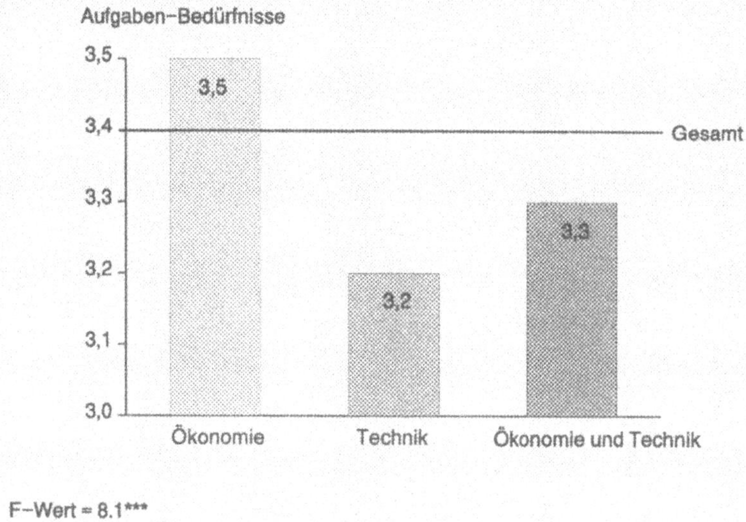

Darstellung 6.-32: Aufgaben-Bedürfnisse von Top-Managern unterschiedlicher Ausbildungsrichtungen

Akzeptanz-Befund Nr. 11

Entscheidenden Einfluß auf die Befriedigung von Aufgaben-Bedürfnissen von Top-Managern durch Informations- und Kommunikationstechniken hat die Ausbildungsrichtung. Ökonomen sind deutlich eher der Meinung, daß Informations- und Kommunikationstechniken auch für Führungsaufgaben einsetzbar sind. Zweitens hat das Alter für diese Einschätzung eine wichtige Bedeutung. Jüngere Top-Manager, die ja auch häufiger Informations- und Kommunikationstechniken nutzen, sehen die Chancen für die Führungskräftearbeit positiver. Letztlich sind es die Kurz-Kommunikatoren, die besonders knapp mit Hilfe von Aktennotizen und Zetteln kommunizieren, die eher glauben, mit Hilfe von Informations- und Kommunikationstechniken Aufgaben-Bedürfnisse erfüllen zu können.

6.6.3. Wovon sind Verhaltens-Restriktionen abhängig?

Auch die Verhaltens-Restriktionen hängen mit dem Alter der Top-Manager zusammen (Darstellung 6.-33). Je älter Top-Manager sind, desto mehr Restriktionen sehen sie im Hinblick auf die Nuzung. Die Einarbeitung kostet dann zu viel Zeit, das Fragen von Mitarbeitern ist lästig oder peinlich, Kollegen sind weniger zu überzeugen.

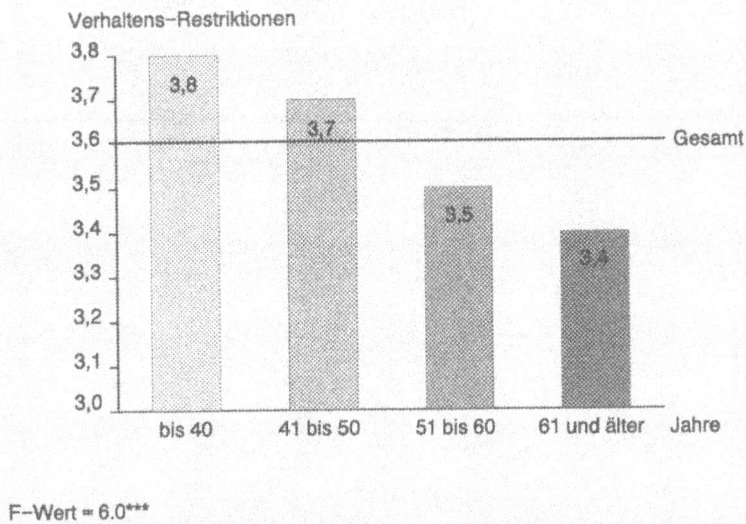

Darstellung 6.-33: Verhaltens-Restriktionen bei Top-Managern unterschiedlicher Altersgruppen

Dieses Phänomen ist gekoppelt mit der Größe des Unternehmens, in dem der Top-Manager arbeitet (Darstellung 6.-34). Je kleiner das Unternehmen ist, desto weniger bedeutsam ist die Rolle der Verhaltens-Restriktionen. Oder umgekehrt: In den größeren Unternehmen entsteht eher ein ökonomischer oder sozialer Druck zur persönlichen Nutzung, dem sich auch die Top-Manager nicht entziehen können. Da es keinen Beziehungszusammenhang zwischen der Unternehmensgröße und dem Alter von Top-Managern gibt, haben wir es hier mit zwei Größen zu tun, die unabhängig auf die Verhaltens-Restriktionen wirken.

Unterschiedliche Verhaltens-Restriktionen treten auch bei den verschiedenen Ausbildungsrichtungen auf. Wiederum sind es die technisch orientierten Top-Manager, die eher Hindernisse für den persönlichen Einsatz von Informations- und Kommunikationstechniken verspüren als die ökonomisch ausgebildeten.

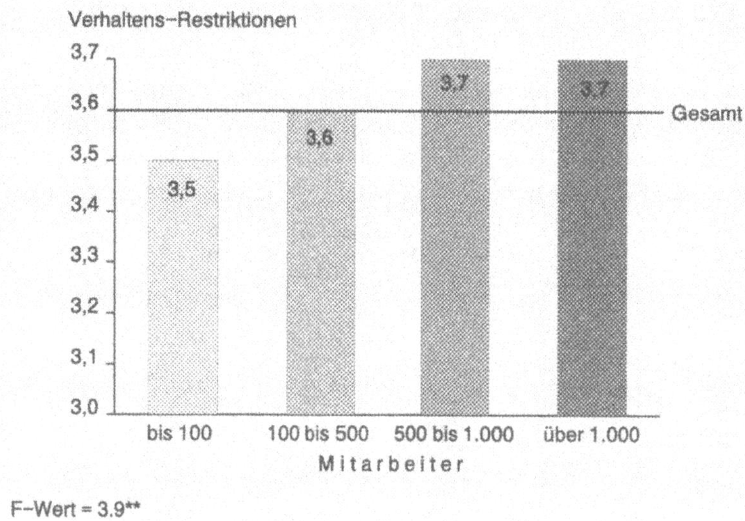

Darstellung 6.-34: *Verhaltens-Restriktionen bei Top-Managern unterschiedlicher Unternehmensgrößen*

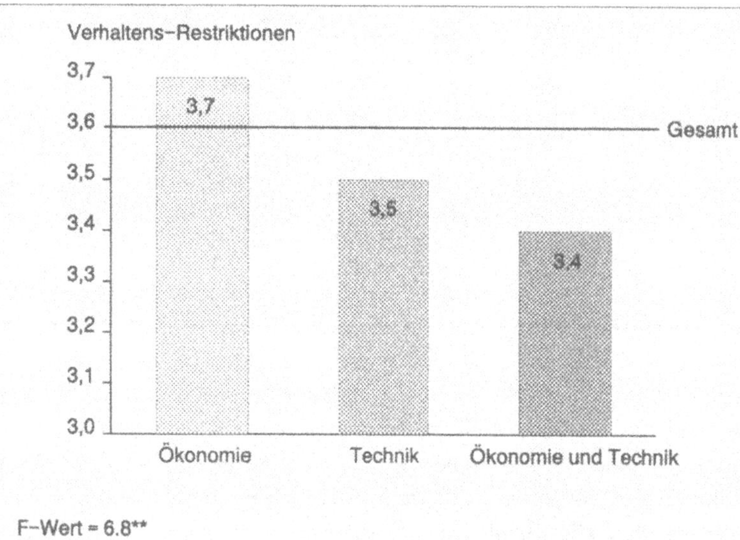

Darstellung 6.-35: *Verhaltens-Restriktionen bei Top-Managern unterschiedlicher Ausbildungsrichtungen*

Am wenigsten Hindernisse im Verhaltensbereich sieht der Kompromißlose (Darstellung 6.-36). Dies steht zwar im Gegensatz dazu, daß diesem Typ häufiger ältere Top-Manager angehören, ist aber offensichtlich damit zu erklären, daß sich Top-Manager dieses Typs nicht sozialem Druck beugen, sondern bestimmend ihre eigene Auffassung durchsetzen. Ebenfalls recht wenig Verhaltens-Restriktionen verspürt der Emotionale, der neben seiner eher gefühlsmäßigen Ausrichtung eine progressive Haltung verbunden mit einer größeren Risikofreude aufweist. Bereits relativ viele Verhaltens-Restriktionen findet der Risikoscheue, der zusätzlich eine eher konservative Grundhaltung aufweist. Am stärksten verhaltensmäßige Restriktionen sieht der Quantitative, der qualitative Elemente verdrängt zugunsten exakter Zahlen und eher zur Kompromißbereitschaft tendiert. Dies ist offensichtlich verbunden mit einem Nachgeben in Hinsicht auf den von außen herangetragenen sozialen Druck.

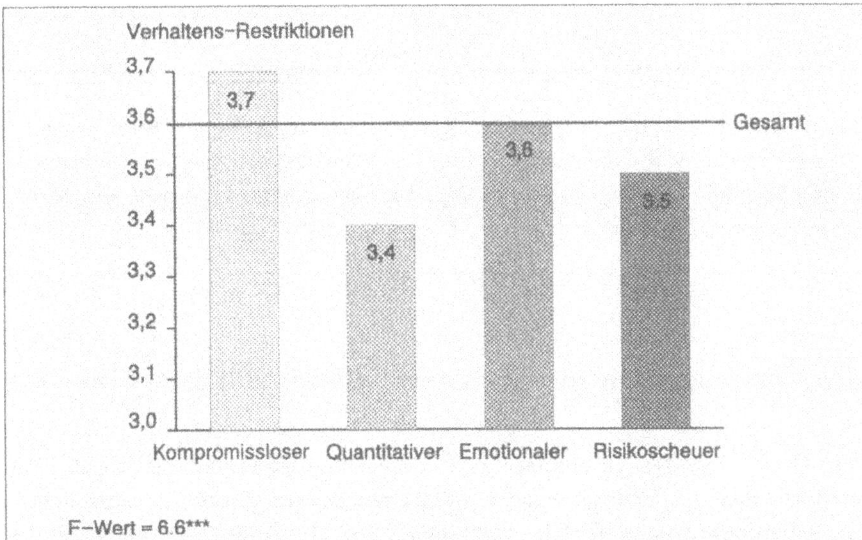

Darstellung 6.-36: Verhaltens-Restriktionen bei Top-Managern unterschiedlicher Psycho-Typen

Akzeptanz-Befund Nr. 12

Verhaltens-Restriktionen sind auf eine Reihe voneinander unabhängiger Faktoren zurückzuführen. Dazu gehört erstens das Alter. Je jünger Top-Manager sind, desto weniger lassen sie sich von Verhaltens-Restriktionen beeinflussen. Zweitens ist es die Größe des Unternehmens, in dem Top-Manager arbeiten. In kleineren Unternehmen ist der Verhaltensdruck in Richtung auf eine Nutzung der Informations- und Kommunikationstechniken für Top-Manager geringer. Drittens stehen ökonomisch orientierte Top-Manager weniger unter diesem Verhaltensdruck und viertens verspüren die Kompromißlosen und die Emotionalen weniger Verhaltens-Restriktionen als die Quantitativen und die Risikoscheuen.

6.6.4. Wovon sind System-Restriktionen abhängig?

Keinerlei Beziehungen lassen sich zwischen den System-Restriktionen und den Merkmalen der zweiten Schale des Akzeptanzmodells feststellen. Das Erleben der Diskrepanz zwischen menschlichen Fähigkeiten und maschinellen Anforderungen ist also weder bei Top-Managern verschiedener Altersgruppen oder verschiedener Ausbildungen noch Unternehmensgrößenordnungen usw. anders. Mangelnde EDV- und Tastaturkenntnisse verspüren alle Top-Manager **unterschiedslos** in gleicher Weise.

Akzeptanz-Befund Nr. 13
Das Empfinden über System-Restriktionen ist bei allen Top-Managern gleich. Unabhängig vom Alter, von verschiedenen Unternehmensgrößen oder Ausbildungsgängen verspüren Top-Manager Defizite in ihren EDV-Kenntnissen und im Umgang mit einer Schreibmaschinen-Tastatur.

6.7. Akzeptanz von Top-Managern - Ein Ausblick

Zum Abschluß wollen wir uns anschauen, wie weit unsere Erklärungen für das Zustandekommen der Akzeptanz von Top-Managern reichen. Hierzu nutzen wir statistische Verfahren, die in der Lage sind, die Einflußstärke einzelner Größen auf die Akzeptanzunterschiede zwischen den Top-Managern prozentual auszudrücken. Wir können es auch anders formulieren: Wieviel Prozent der Unterschiede können wir mit Hilfe der Einflußgrößen erklären?[57)]

Die Einstellungsakzeptanz von Top-Managern wird mit den Merkmalen der ersten und zweiten Schale des Akzeptanzmodells zu insgesamt 14,3 Prozent erklärt (Darstellung 6.-37). Hierbei haben die Aufgaben-Bedürfnisse - wie sich aus den vorhergehenden Analysen bereits herausgeschält hat - die größte Bedeutung. Aufgrund der Interdependenzen zwischen den einzelnen Variablen der beiden Schalen werden

57) Die Unterschiede werden in der Statistik als Varianz bezeichnet, die Prozentsätze als Anteil an erklärter Varianz. Verfahren zur Ermittlung des Erklärungsbeitrages sind die multiple Regressions- (bei der Einstellungsakzeptanz, da diese intervallskaliert erfaßt wurde) sowie die Diskriminanzanalyse (bei der Verhaltensakzeptanz, da diese nominalskaliert gemessen wurde). Siehe Anhang A.2.5. und A.2.6.

durch die in weiteren Schritten berücksichtigten Verhaltens-Restriktionen, Physis-Bedürfnisse usw. jeweils nur noch geringere zusätzliche Erklärungsanteile erreicht. Wesentlichen Einfluß auf die Einstellungsakzeptanz haben in erster Linie die Merkmale **der ersten Schale**. Merkmale der zweiten Schale wirken eher **indirekt**.

Schritt	bedeutende Einzelvariablen	zusätzlich erklärte Varianz
1	Aufgaben-Bedürfnisse	10,0%
2	Verhaltens-Restriktionen	2,1%
3	Physis-Bedürfnisse	0,9%
4	Schulabschluß	0,7%
5	Alter	0,6%

Darstellung 6.-37: Bedeutende Einzelvariablen für die Beeinflussung der Einstellungsakzeptanz

Insgesamt werden also gut 14 Prozent der Einstellungsakzeptanz durch die untersuchten Größen beeinflußt. Dementsprechend sind rund 86 Prozent der Einstellungsakzeptanz auf andere Faktoren zurückzuführen, die wir nicht untersucht haben. Das erscheint auf den ersten Blick viel. Aus anderen Untersuchungen wissen wir, daß die Einstellungsakzeptanz von Informationstechnik-Benutzern jeweils etwa zur Hälfte durch innerbetriebliche und außerbetriebliche, gesellschaftliche Faktoren beeinflußt wird.[58)] Innerbetriebliche Faktoren sind insbesondere

- die konkret eingesetzte Informationstechnik selbst, in Form von Antwortzeiten, Ausfallzeiten, Fehlerbehebungsmöglichkeiten etc. (etwa 15 Prozent),
- die organisatorisch festgelegten Entscheidungsspielräume, die dem Mitarbeiter verbleiben (etwa 13 Prozent), sowie
- die Art und Weise der Einführung neuer Systeme der Informations- und Kommunikationstechnik (etwa 27 Prozent).[59)]

Insbesondere die Art und Weise der Einführung neuer Systeme hat mit rund einem Viertel Erklärungsanteil eine sehr große Bedeutung für die Einstellungsakzeptanz.[60)]

58) Vgl. Müller-Böling, Müller /Akzeptanzfaktoren/ 217.

59) Vgl. insbesondere Müller-Böling, Müller /Akzeptanzfaktoren/ 216ff sowie bereits Müller-Böling /Datenverarbeitung/ 306ff.

60) Vgl. Müller-Böling, Müller /Akzeptanzfaktoren/ 228.

Dies dürfte auch für Top-Manager gelten, die vielleicht noch mehr als alle anderen Mitarbeiter durch Information und Mitwirkung bei Auswahl und Einsatz der Techniken auf Innovationen vorzubereiten sind. Durch falsche Einführungsstrategien - meistens entsprechend dem Prinzip des Bombenwurfs - werden bekanntermaßen erhebliche Akzeptanzpotentiale verschenkt.[61)]

Ähnlich sieht es bei der Verhaltensakzeptanz aus, wobei hier allerdings bereits 17,2 Prozent der Unterschiede zwischen Top-Managern mit Hilfe der Merkmale der ersten und zweiten Schale erklärbar werden (Darstellung 6.-38). Insbesondere das Alter spielt hier neben den Aufgaben-Bedürfnissen eine stark eigenständige Rolle. Die übrigen Einflüsse sind so gering, daß sie in der vorherigen Einzelanalyse gar nicht auftauchten. Verhaltensakzeptanz von Top-Managern ist also vornehmlich eine Frage der Befriedigung von Aufgaben-Bedürfnissen bei den Jüngeren.

Schritt	bedeutende Einzelvariablen	zusätzlich erklärte Varianz
1	Aufgaben-Bedürfnisse	11,2%
2	Alter	5,0%
3	Branche: Produktion	0,4%
4	Schulabschluß	0,3%
5	Psycho-Typ: Quantitativer	0,1%
6	Psycho-Typ: Emotionaler	0,2%

Darstellung 6.-38: Bedeutende Einzelvariablen für die Beeinflussung der Verhaltensakzeptanz

Akzeptanz-Befund Nr. 14

Die Einstellungsakzeptanz kann zu rund 14 Prozent, die Verhaltensakzeptanz zu 17 Prozent mit Hilfe der in der Studie 11 "Top-Manager I+K-Technik" untersuchten Merkmale des allgemeinen Akzeptanzmodells der ersten und zweiten Schale erklärt werden. Haupteinflußgrößen der Einstellungsakzeptanz sind Aufgaben- und Physis-Bedürfnisse sowie Verhaltens-Restriktionen. Bei der Verhaltensakzeptanz sind es Aufgaben-Bedürfnisse und das Alter.

61) Vgl. Müller-Böling /Partizipation/.

6.8. Präzisierter Bezugsrahmen "Akzeptanz": Zusammenfassung der Befunde

Akzeptanz-Befund Nr. 1

Deutsche Top-Manager des Jahres 1988 haben eine aufgeschlossene, zum überwiegenden Teil euphorische Haltung zur Informations- und Kommunikationstechnik. Ihre Einstellungsakzeptanz ist im Vergleich zu allen vergleichbaren Bevölkerungsgruppen sehr groß. Dies gilt für Top-Manager jeden Alters, jeder Ausbildung, jeder Branche, jeder Unternehmensgröße und jedes Psycho-Typs in gleicher Weise.

Akzeptanz-Befund Nr. 2

29 Prozent der Top-Manager nutzen selbst Computer durch die Bedienung einer Tastatur. Wie umfangreich diese Nutzung ausfällt, bleibt dahingestellt. Die Verhaltensakzeptanz von Top-Managern entspricht daher bei weitem nicht ihrer Einstellungsakzeptanz. Dies gilt wiederum für Top-Manager jeder Ausbildung, jeder Branche, jeder Unternehmensgröße und jedes Psycho-Typs in gleicher Weise. Nur hinsichtlich des Alters ergibt sich ein wesentlicher Unterschied (Akzeptanz-Befund Nr. 3).

Akzeptanz-Befund Nr. 3

Jüngere Top-Manager nutzen deutlich eher Computer persönlich als ältere. Während die Verhaltensakzeptanz von Top-Managern über 60 Jahren lediglich bei 11 Prozent liegt, steigt sie bei den unter 40-Jährigen auf 55 Prozent an. Bei jungen Top-Managern sind also bereits mehr als die Hälfte selbst Computernutzer.

Akzeptanz-Befund Nr. 4

Nach der Einstellung und dem Verhalten gegenüber Informations- und Kommunikationstechniken lassen sich Top-Manager in sechs Benutzer-Typen klassifizieren:

Der überzeugte Resistente
hat ablehnend-skeptische Haltung zu den Techniken und ist Nicht-Nutzer; mit 4 Prozent unter Top-Managern sehr selten.

Der abwägende Resistente
ist der Technik gegenüber aufgeschlossen, nutzt sie aber nicht; mit 23 Prozent relativ häufig.

Der scheinheilige Resistente
setzt seine euphorische Haltung nicht in Nutzungsverhalten um; mit 43 Prozent unter Top-Managern der häufigste Typ.

Der gezwungene Benutzer
wird trotz ablehnend-skeptischer Haltung zur Nutzung gezwungen; kommt unter Top-Managern nicht vor.

Der überzeugte Benutzer
verbindet eine aufgeschlossene, kritisch abwägende Haltung mit einem tatsächlichen Nutzungsverhalten; mit 7 Prozent unter Top-Managern eher selten.

Der verklärte Benutzer
verbindete eine euphorische Haltung mit gleichzeitiger Nutzung; mit 22 Prozent unter Top-Managern recht häufig.

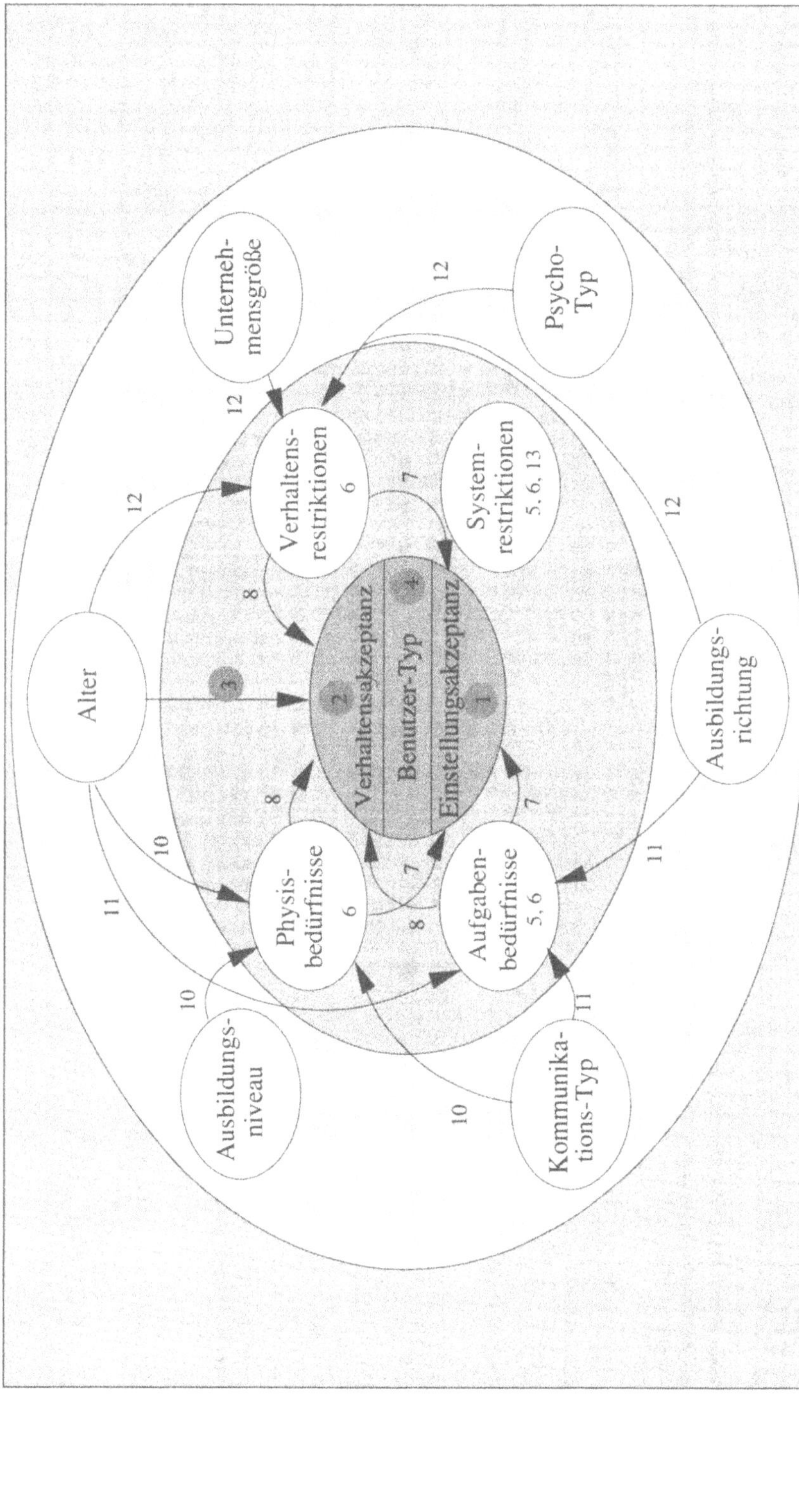

Die Nummern im Bezugsrahmen beziehen sich auf die Befunde

Darstellung 6.-39: *Präzisierter Bezugsrahmen "Akzeptanz"*

Akzeptanz-Befund Nr. 5

Die Haupthinderungsgründe, die Top-Manager für die eigene Nutzung von Informations- und Kommunikationstechniken nennen, sind unzureichende Fähigkeiten, mit einer Schreibmaschinentastatur umzugehen (72 Prozent), mangelnde EDV-Kenntnisse (65 Prozent), die Überzeugung, daß EDV-Aufgaben besser delegiert werden sollten (58 Prozent), sowie die Annahme, daß die Arbeit von Top-Managern zu komplex ist, um automatisiert zu werden (45 Prozent).

Akzeptanz-Befund Nr. 6

Die größten Hemmnisse, die Top-Manager im Hinblick auf die eigene Nutzung von neuen Techniken nennen, sind systemtechnische Restriktionen, d.h. das Auseinanderfallen von menschlichen Fähigkeiten und maschinellen Anforderungen, gefolgt von der bisherigen Nichterfüllung aufgabenbezogener Bedürfnisse sowie verhaltensmäßigen Restriktionen. Physische Bedürfnisse werden nicht als Hinderungsgrund empfunden.

Akzeptanz-Befund Nr. 7

Einstellungsakzeptanz ist in erster Linie davon abhängig, ob Top-Manager überzeugt davon sind, daß ihre Aufgaben durch Informations- und Kommunikationstechniken wirkungsvoll unterstützt werden können. An zweiter Stelle steht die Erfüllung physischer Bedürfnisse etwa nach der Geräuschlosigkeit von Terminals. Erst an dritter Stelle kommen Verhaltens-Restriktionen des sozialen Drucks, die allerdings für die gesellschaftliche Akzeptanz bedeutsamer sind. Systemtechnische Restriktionen mangelnder Qualifikation wirken sich kaum auf die Einstellungsakzeptanz aus.

Akzeptanz Befund Nr. 8

Ebenso wie bei der Einstellungsakzeptanz ist die Verhaltensakzeptanz in erster Linie davon abhängig, ob Top-Manager überzeugt davon sind, daß ihre Aufgaben durch Informations- und Kommunikationstechniken wirkungsvoll unterstützt werden können. An die zweite Stelle tritt jedoch - anders als bei der Einstellungsakzeptanz - die Frage, ob Verhaltens-Restriktionen etwa in Form von sozialem Druck vorliegen. Die Erfüllung physischer Bedürfnisse ist für das Verhalten weniger bedeutsam als für die Einstellung. Systemtechnische Restriktionen, etwa mangelnde Qualifikation, wirken sich wie bei der Einstellungsakzeptanz letztendlich auf das Verhalten nicht entscheidend aus.

Akzeptanz Befund Nr. 9

Auch die Akzeptanz von Informations- und Kommunikationstechniken durch Top-Manager läßt sich an einem allgemeinen Modell erklären, das Einstellungs- und Verhaltensakzeptanz an erfüllten Bedürfnissen einerseits und an fehlenden Restriktionen andererseits festmacht. Bei Top-Managern spielt insbesondere die Befriedigung aufgabenbezogener Bedürfnisse durch die Informations- und Kommunikationstechniken eine besondere Rolle. Daneben sind es Verhaltens-Restriktionen, die am ehesten zu einer Nicht-Befriedigung führen. Die Nicht-Erfüllung physischer Bedürfnisse ebenso wie das Vorliegen systemtechnischer Restriktionen sind von geringerer, aber ebenfalls nicht zu vernachlässigender Bedeutung.

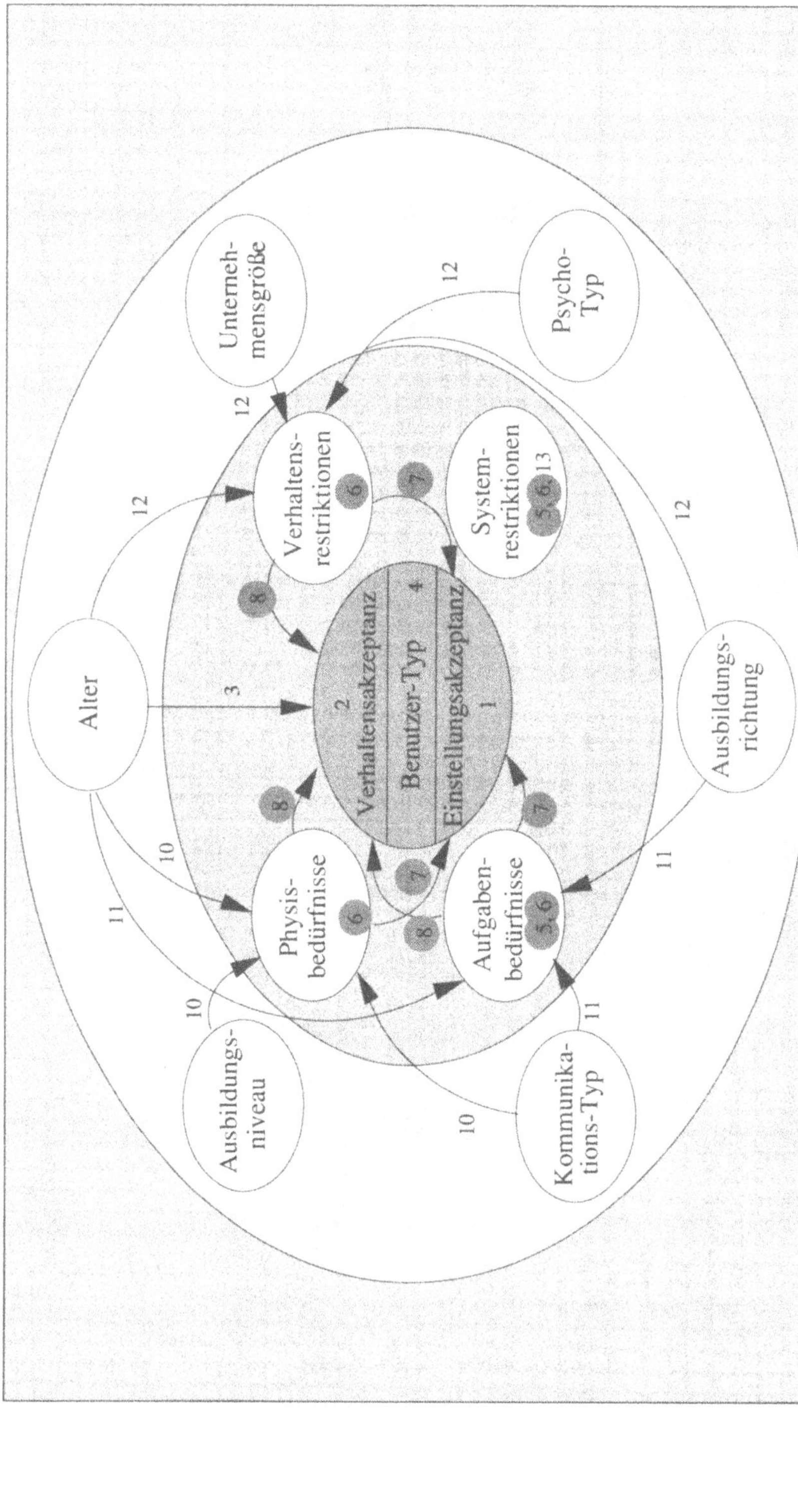

Die Nummern im Bezugsrahmen beziehen sich auf die Befunde

Darstellung 6.-39: *Präzisierter Bezugsrahmen "Akzeptanz"*

Akzeptanz-Befund Nr. 10

Wenn Physis-Bedürfnisse nicht oder nur wenig erfüllt sind, was ja bei Top-Managern recht selten der Fall ist, dann sind es eher ältere Top-Manager, die nicht studiert haben und eine Präferenz für Schnell-Kommunikation zeigen, bei denen derartige Defizite auftreten.

Akzeptanz-Befund Nr. 11

Entscheidenden Einfluß auf die Befriedigung von Aufgaben-Bedürfnissen von Top-Managern durch Informations- und Kommunikationstechniken hat die Ausbildungsrichtung. Ökonomen sind deutlich eher der Meinung, daß Informations- und Kommunikationstechniken auch für Führungsaufgaben einsetzbar sind. Zweitens hat das Alter für diese Einschätzung eine wichtige Bedeutung. Jüngere Top-Manager, die ja auch häufiger Informations- und Kommunikationstechniken nutzen, sehen die Chancen für die Führungskräftearbeit positiver. Letztlich sind es die Kurz-Kommunikatoren, die besonders knapp mit Hilfe von Aktennotizen und Zetteln kommunizieren, die eher glauben, mit Hilfe von Informations- und Kommunikationstechniken Aufgaben-Bedürfnisse erfüllen zu können.

Akzeptanz-Befund Nr. 12

Verhaltens-Restriktionen sind auf eine Reihe voneinander unabhängiger Faktoren zurückzuführen. Dazu gehört erstens das Alter. Je jünger Top-Manager sind, desto weniger lassen sie sich von Verhaltens-Restriktionen beeinflussen. Zweitens ist es die Größe des Unternehmens, in dem Top-Manager arbeiten. In kleineren Unternehmen ist der Verhaltensdruck in Richtung auf eine Nutzung der Informations- und Kommunikationstechniken für Top-Manager geringer. Drittens stehen ökonomisch orientierte Top-Manager weniger unter diesem Verhaltensdruck und viertens verspüren die Kompromißlosen und die Emotionalen weniger Verhaltens-Restriktionen als die Quantitativen und die Risikoscheuen.

Akzeptanz-Befund Nr. 13

Das Empfinden über System-Restriktionen ist bei allen Top-Managern gleich. Unabhängig vom Alter, von verschiedenen Unternehmensgrößen oder Ausbildungsgängen verspüren Top-Manager Defizite in ihren EDV-Kenntnissen und im Umgang mit einer Schreibmaschinen-Tastatur.

Akzeptanz-Befund Nr. 14

Die Einstellungsakzeptanz kann zu rund 14 Prozent, die Verhaltensakzeptanz zu 17 Prozent mit Hilfe der in der Studie 11 "Top-Manager I+K-Technik" untersuchten Merkmale des allgemeinen Akzeptanzmodells der ersten und zweiten Schale erklärt werden. Haupteinflußgrößen der Einstellungsakzeptanz sind Aufgaben- und Physis-Bedürfnisse sowie Verhaltens-Restriktionen. Bei der Verhaltensakzeptanz sind es Aufgaben-Bedürfnisse und das Alter.

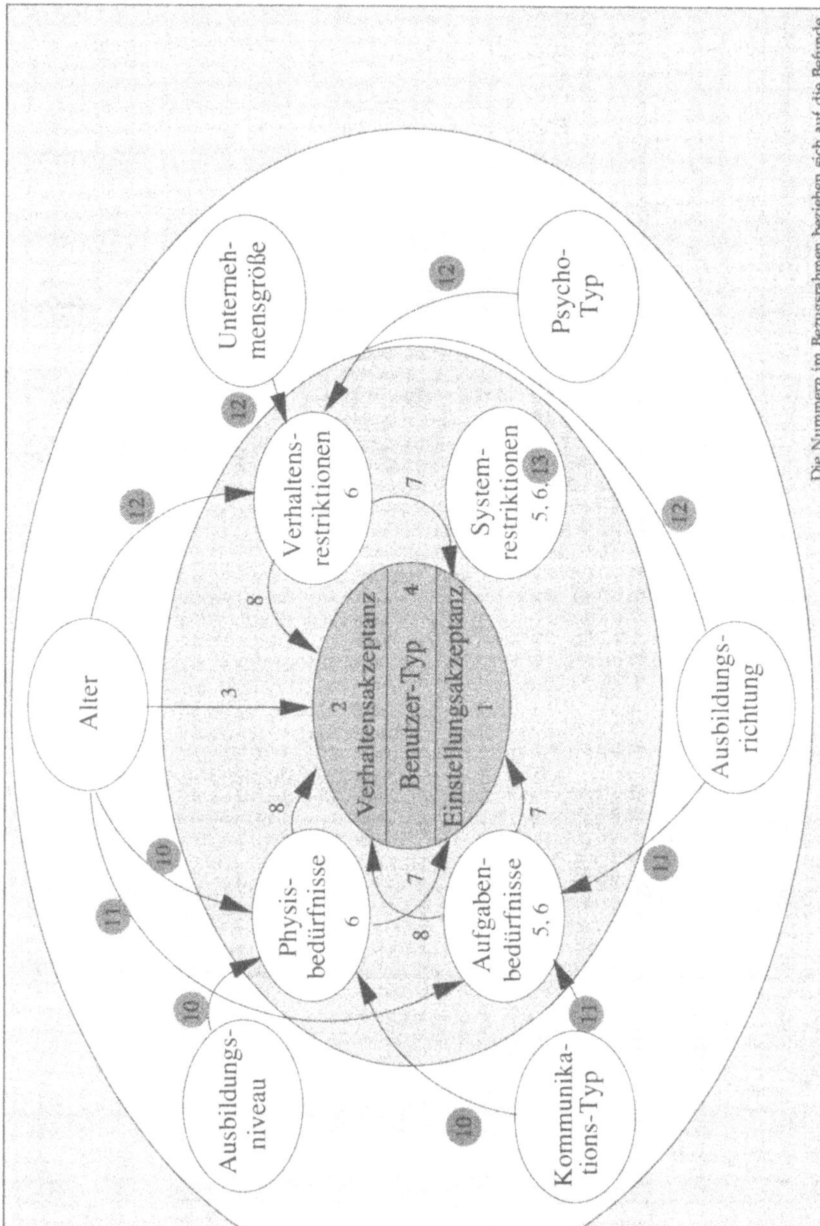

Die Nummern im Bezugsrahmen beziehen sich auf die Befunde

Darstellung 6.-39: *Präzisierter Bezugsrahmen "Akzeptanz"*

7. Informations- und Kommunikationstechniken für Top-Manager - Auswahl nach organisatorischen Anforderungen und persönlichen Bedürfnissen

Wir haben nunmehr dargelegt,

- welche Techniken generell für Führungskräfte geeignet erscheinen (Kapitel 2),
- mit **wem** wir es überhaupt zu tun haben, wenn wir von Top-Managern sprechen (Kapitel 3.1.),
- und **was** diese Führungskräfte tun (Kapitel 3.2.),
- welche Ziele sie nicht als erfüllt empfinden bzw. welche Schwachstellen sie bei ihrer Arbeit sehen (Kapitel 4),
- wie sie gerne **kommunizieren** in den unterschiedlichsten Situationen (Kapitel 5), und letztlich
- wie sie gegenüber neuen Techniken **eingestellt** sind, ob sie sie bereits nutzen und wovon dies abhängig ist (Kapitel 6).

Wir fühlen uns jetzt gerüstet, auf der Basis dieser Vorarbeiten, Auswahlentscheidungen für den Einsatz von Informations- und Kommunikationstechniken für Top-Manager zu treffen bzw. zu empfehlen.

Zuerst einmal vorneweg: Selbstverständlich geht es nicht darum, den Arbeitsplatz des Managers zu automatisieren oder ihn gar **wegzurationalisieren**. Menschliche Entscheidungen sind nicht ersetzbar. Es geht auch nicht darum, jeden Denkprozeß, jede Kommunikation technisch zu unterstützen. Gerade beim Top-Manager verbleibt ein großer Bereich **grundsätzlich nicht technisierbarer Arbeit**. Und auch wenn eine technische Unterstützung grundsätzlich möglich oder sinnvoll wäre, muß damit nicht der einzelne Manager deswegen erfolgreicher sein. Vielmehr ist die technische Unterstützung des Arbeitsplatzes eines Top-Managers zum einen an generellen organisatorischen Anforderungen, die sich aus den Aufgaben ergeben, und zum anderen seinen persönlichen Bedürfnissen, die sich aus seiner Ausbildung, seiner Risikoneigung, seinen Kommunikationspräferenzen usw. ergeben, auszurichten.[1)]

1) Ähnlich Reichwald, Stauffert /Bürokommunikationstechnik/ 6, die jedoch nur auf das Kommunikationsverhalten abstellen. Vgl. auch die Ergebnisse einer Unternehmensumfrage in o.V. /Führung/ 14.

Die organisatorischen Anforderungen sind nicht bei jedem Top-Manager gleich, wie wir gesehen haben. Vielmehr differieren sie nicht unerheblich, sowohl individuell wie auch in verschiedenen Unternehmensgrößen oder einzelnen Branchen. Ebenso haben Top-Manager sehr individuelle persönliche Bedürfnisse. Insofern muß für jeden Top-Manager ein individuelles Informations- und Kommunikationssystem gestaltet werden oder umgekehrt, die Informations- und Kommunikationstechnik muß so flexibel sein, daß jeder Top-Manager sie seinen Anforderungen und Bedürfnissen entsprechend nutzen kann.[2)]

Bei dieser Aussage wollen wir es jedoch nicht belassen, sondern vielmehr anhand der Befunde für einzelne Gruppen von Managern, die wir ja teilweise bereits zu Typen verdichtet haben, spezifische Aussagen machen.[3)] Dabei werden wir um persönliche Bewertungen nicht herumkommen. Ohne sie sind konkrete Empfehlungen nicht möglich. Wir nehmen daher bewußt mögliche Kritik von Leuten, die andere Bewertungsschwerpunkte setzen, in Kauf, sehen aber keine Alternative, wenn wir den folgenden drei Zielgruppen eine Hilfe geben wollen:

- den Top-Managern selbst, die - losgelöst von ihrer eigenen Situation und hoffentlich etwas außerhalb ihres Tagesstresses - ihre Arbeit und die Unterstützungsmöglichkeiten durch Informations- und Kommunikationstechniken **reflektieren** wollen,
- den Systemgestaltern und Beratern in und außerhalb von Unternehmen, die mit dem Informationsmanagement allgemein und dem speziell für Führungskräfte befaßt sind,
- den Herstellern und Systemhäusern, die sich Gedanken über die zukünftige Ausgestaltung ihrer Produkte machen.

7.1. Auswahl nach organisatorischen Anforderungen

Unter organisatorischen Anforderungen verstehen wir Ansprüche an die optimale Informations- und Kommunikationstechnik, die sich aus den Zielen des Unternehmens sowie den Aufgaben der Top-Manager heraus ergeben. Sie bilden den **personenunabhängigen** Teil des Kriterienkatalogs, den wir an Informations- und Kommunikationstechniken zu stellen haben. Am bedeutendsten dabei ist die Aufgabe.[4)] Nicht

2) Vgl. Reichwald, Stauffert /Bürokommunikationstechnik/ 7.

3) Einen nach Manager-Typen differenzierten modularen Aufbau von Bürokommunikationssystemen fordert auch Karcher /Einsatzchancen/ 387.

4) Die Ausrichtung auf die Führungsaufgaben wird vielfach gefordert; vgl. Reichwald, Stauffert /Bürokommunikationstechnik/ 6, Tiemeyer, Herzog /PC-Nutzung/ 28, o.V. /Manager-Arbeitsplatz/ 46.

unberechtigt machen Top-Manager die Nutzung von Informations- und Kommunikationstechniken davon abhängig, ob ihre Aufgaben besser erfüllt werden (Akzeptanz-Befund Nr. 8). Häufiger wird dies recht skeptisch beurteilt.[5] Allerdings bestehen eine Vielzahl von Ansätzen und Möglichkeiten. Auf sie gilt es einzugehen.

7.1.1. Arbeit

Die vielbeschworene Komplexität der Arbeit von Top-Managern bedeutet nichts anderes, als daß es viele verschiedene Teilaufgaben gibt, die jeweils **anders** organisiert oder technisch unterstützt werden müssen.

(1) Fachaufgaben und Führungsfunktionen

Zu diesen Aufgaben gehören einmal Fachaufgaben, zum anderen Führungsaufgaben im engeren Sinne. Fachaufgaben treten bei Top-Managern deutlich zurück. Das Verhältnis von Fach- zu Führungsaufgaben beträgt 40 : 60 (Arbeits-Befund Nr. 3).

* Mannschaftskapitän

Dies repäsentiert sich am ehesten in der Rolle des Mannschaftskapitäns (Arbeitsbefund Nr. 6). Da er keine speziellen Fachaufgaben erfüllt, können auch hierfür keine Empfehlungen zur Technikunterstützung abgegeben werden (Darstellung 7.-1).

Kommunikationstechniken

Seine wesentlichste Führungsfunktion ist die der Mitarbeiterführung. Sie erfordert in hohem Maße Kommunikation. Hierbei ist der persönliche Kontakt unerläßlich. Allerdings gilt dies nicht ausschließlich. Aus diesem Grund sind alle Kommunikationstechniken von Electronic Mail über Komforttelefone bis zu Bildtelefonen und Videokonferenzen von ihm einsetzbar. Wir werden darauf im Zusammenhang mit den Aktivitäten zurückkommen.

Controlling-Systeme

Die zweite wesentliche Funktion des Mannschaftskapitäns besteht in der Steuerung und Kontrolle des Unternehmens. Hierfür sind Controlling-Systeme in Form von Berichts-, Signal- oder Abfragesystemen geeignet.[6] Berichtssysteme liefern zu bestimm-

5) Vgl. Reichwald, Stauffert /Bürokommunikationstechnik/, Rauch /Computerunterstützung/.

6) Vgl. auch zum folgenden Heilmann /Management/ 7f. Nach Kober /Planung/ 13 gehören 80 Prozent der Systeme, die von bzw. für Manager genutzt werden, zu diesen Typen.

ten Zeiten festgelegte Inhalte. Das Dilemma besteht darin, kurze übersichtliche Informationen zu verbinden mit Grundlagen über die Herkunft und die Verdichtungsalgorithmen der Daten, die erst das Vertrauen in die Zuverlässigkeit der Informationen vermitteln. Signalsysteme liefern Informationen bei Über- oder Unterschreiten vorher definierter Grenzwerte. Sie berichten beispielsweise über besondere Umsatzeinbußen im Handel oder über einen starken Anstieg im Wertpapiergeschäft einer Bank. Bei Abfragesystemen fragt der Manager gezielt nach einem Datenbestand, etwa abends nach dem Tagesumsatz oder der Monats-Gewinn-und-Verlustrechnung.

Repräsentation

Für die Repräsentationsfunktion besteht keine Möglichkeit der Technikunterstützung.[7)] Repräsentation bedeutet, das Unternehmen durch die Gegenwart von Personen darzustellen. Diese Anwesenheit, die gesamtheitlich zu erfolgen hat, kann nicht mit Hilfe von Medien der technischen Kommunikation ersetzt werden, auch wenn in einigen wenigen Einzelfällen eine Vertretung über Videokonferenzen oder Bildtelefon möglich sein mag.

Mannschaftskapitän	Empfehlungen für den Einsatz von Informations- und Kommunikationstechniken
wenig Fachaufgaben	keine
Mitarbeiterführung	Kommunikationstechniken
Steuerung / Kontrolle	Controlling-Systeme
Repräsentation	keine

Darstellung 7.-1: Empfehlungen für den Einsatz von Informations- und Kommunikationstechniken beim Mannschaftskapitän

* **Fachmanager**

Der Fachmanager hat im Gegensatz zum Mannschaftskapitän einen hohen Anteil an Fachaufgaben. Darüber hinaus hat er einen Schwerpunkt bei den Führungsfunktionen Organisation und Planung. Organisation als das Aufstellen von Regeln zur Aufgabenerfüllung ist schwerlich durch Informations- und Kommunikationstechniken

7) Vgl. Maciejewski /Bildschirm/ 32.

auf der Top-Managementebene zu unterstützen (Darstellung 7.-2). Dies ist lediglich im operativen Bereich bei Aufgabenanalysen, Kommunikationsflußanalysen oder ähnlichem möglich. Vorstellbar sind in der Zukunft die Bildung von Organisationsstrukturen mit Hilfe von Expertensystemen.

Planungssysteme

Dagegen ist die Entwicklung von operativen und strategischen Unternehmensplänen mit Hilfe von Rechnerunterstützung bereits sehr weit fortgeschritten. In der Planung werden Simulationsmodelle, Risikoanalysen oder Strategiebewertungen bei großen und auch bei kleineren Unternehmen genutzt, häufig bereits auf Personal Computern.[8)]

Expertensysteme

Expertensysteme zur strategischen Planung sind verfügbar bzw. stehen als Prototypen vor einer weiteren Verbreitung.[9)] Mit Expertensystemen kann einmal das fachspezifische Wissen auf Gebieten, die dem Top-Manager selbst nicht so vertraut sind, zur Verfügung gestellt werden. So kann seine Investitions- oder Erweiterungsentscheidung wesentlich verbessert werden durch ein Expertensystem über öffentliche Finanzierungshilfen.[10)] In Expertensystemen können aber auch Bewertungskriterien des Top-Managers abgebildet werden, so daß Entscheidungsprozesse von ihm selbst verkürzt oder sogar delegiert werden können.

Datenbanken

Gerade bei der Planung geht es in erheblichem Umfang um die Einbeziehung von Daten. Diese können innerhalb des Unternehmens verfügbar sein oder nur außerhalb. Kennzeichnend für Top-Manager ist gerade, daß sie in sehr starkem Maße auf externe Informationen angewiesen sind. In etwa **3.000 öffentlichen** Datenbanken, die online zugänglich sind, ist weltweit ein erhebliches Informationsvolumen gespeichert, das in vielerlei Hinsicht genutzt werden kann, etwa:

- zur Reduzierung des Forschungs- und Entwicklungsaufwandes, um das Rad nicht mehrmals zu erfinden,[11)]

8) Vgl. Heilmann /Management/ 9f, Haun, Zeuch /Alternativrechnung/, Hinterhuber, Popp /Bewertung/, Müller- Böling, Graf /Planungsinstrumente/ 618f.

9) Vgl. Plattfaut /STRATEX/, Ruhland, Wilde /Strategische Planung/, Kraetzschmar, Plattfaut /Strategiefindung/, Borgards, Gräff /Unternehmensführung/.

10) Vgl. Effenhauser, Krug /STAKNETEX/, Gerhard, Gniszewski /Finanzierungsplanung/, WGZ-Bank /GENO-STAR/.

11) So wird geschätzt, daß 30 Prozent des F&E-Aufwandes allein durch die Nutzung von technischen Informationsdatenbanken einzusparen wären. Bei einem Gesamtvolumen von jährlich 15 Milliarden Mark sind das immerhin 4,5 Milliarden DM; vgl. Heilmann /Management/ 8.

- zur Ermittlung von Konkurrenzbeziehungen und Marktanteilen oder
- zur Positionierung des Unternehmens im Branchendurchschnitt.

Empfehlungen zur Unterstützung im Hinblick auf Fachaufgaben wollen wir im folgenden im Zusammenhang mit dem Fachspezialisten abgeben.

Fachmanager	Empfehlungen für den Einsatz von Informations- und Kommunikationstechniken
Organisation	keine
Planung	Planungssysteme, Expertensysteme, Datenbanken
Fachaufgaben	siehe Fachspezialist

Darstellung 7.-2: Empfehlungen für den Einsatz von Informations- und Kommunikationstechniken beim Fachmanager

* **Fachspezialist**

Fachspezialisten zeichnen sich dadurch aus, daß bei ihnen die Führungsfunktionen zurücktreten zugunsten eines großen Anteils an Fachaufgaben (Aufgaben-Befund-Nr. 6). Top-Manager in Dienstleistungsunternehmen beschäftigen sich dabei schwerpunktmäßig eher mit den nach innen gerichteten Fachaufgaben Verwaltung, Personal, Finanzen, während Top-Manager des Handels mehr die nach außen orientierten Aufgaben Beschaffung und Absatz vertreten. Im produzierenden Gewerbe finden wir die meisten Top-Manager mit Kombinationen aller Aufgabenklassen (Aufgaben-Befund Nr. 2).

Finanzen

Insbesondere für das Finanzmanagement besteht eine Vielzahl von technischen Unterstützungsmöglichkeiten. Sie reichen von der Datenbankabfrage des aktuellen Dollarkurses bis hin zu Investitionsrechnungen oder Bilanzanalysen. Für den Top-Manager sind gerade auch im Zuge eines wirkungsvollen Cash-Managements aktuelle Daten über Geld-, Kapital-, Devisen- und Aktienmärkte relevant.[12)]

12) Vgl. Tiemeyer, Herzog /PC-Nutzung/ 34f.

Beschaffung, Absatz

Sowohl für den Beschaffungs- wie für den Absatzbereich sind Datenbankinformationen eine wesentliche Entscheidungsgrundlage. Hierbei kann es sich um Informationen über Produkte oder Preise und Konditionen, über Kunden oder Lieferanten handeln. Diese Informationen können in internen oder externen Datenbanken verfügbar sein. Darüber hinaus ist die Nutzung von Systemen zur Ermittlung der optimalen Bestellmenge oder der Make-or-Buy-Entscheidung, von Verkaufsinformationssystemen, die Verkaufsvorgänge erfassen und auswerten, oder von Verkäuferinformationssystemen zur Steuerung des Außendienstes denkbar.[13)]

einheitliche Bedieneroberfläche

Die Palette im Hinblick auf die Unterstützung von Fachaufgaben ist riesengroß und läßt sich hier nur andeuten. Noch umfangreicher wird das Problem, wenn wir uns vergegenwärtigen, daß Top-Manager in der Regel für **mehrere** Fachaufgaben verantwortlich sind (Aufgaben-Befund Nr. 2), so daß ein Dilemma besteht zwischen der **Komplexität** des technischen Systems und der Forderung nach **einfacher Handhabbarkeit**, da die Manager sich in mehrere Systeme einarbeiten müßten.[14)] Gerade hierbei stellen sich erhebliche Anforderungen an eine einheitliche Bedieneroberfläche, die bisher bei weitem **nicht** realisiert ist. Dies wirkt sich insbesondere bei Top-Managern sehr negativ aus, da sie nicht zu den Vielnutzern gehören.[15)]

Standard-Programme

Fachspezialisten unter den Top-Managern arbeiten häufiger in Kleinbetrieben, bei ihnen ist der Anteil an Nicht-Akademikern höher (Aufgaben-Befund Nr. 6). Aus diesem Grund müssen sie alle Fachaufgaben von der Beschaffung über die Produktion bis zum Absatz selbst erfüllen und können nur sehr begrenzt an Mitarbeiter delegieren. Da sie von der Ausbildung oder Ausstattung her nicht in der Lage sind, eigene Systeme zu entwickeln bzw. aus Kostengründen keine maßgeschneiderten Systeme entwickeln lassen, benötigen diese Top-Manager Standard-Anwendungspakete, die leicht verständlich und bedienbar sind. Hier bietet sich ein besonders **großes Entwicklungsfeld** für Systemhäuser und Software-Hersteller. Bei einem Anteil von 19 Prozent gibt es immerhin knapp 60.000 Top-Manager in Deutschland, die Fachspezialisten sind.

13) Vgl. Tiemeyer, Herzog /PC-Nutzung/ 36.

14) Vgl. Lippold /Management/ 25.

15) Vgl. Rauch /Computerunterstützung/ 108, Reichwald, Stauffert /Bürokommunikationstechnik/ 12, o.V. /Manager-Arbeitsplatz/ 46..

Fachspezialist	Empfehlungen für den Einsatz von Informations- und Kommunikationstechniken
viel Fachaufgaben	
Verwaltung, Personal,	Personal-Informationssysteme
Finanzierung	Datenbanken, Informationssysteme
Beschaffung, Absatz	Datenbanken, Informationssysteme
Kombinationen	

Darstellung 7.-3: Empfehlungen für den Einsatz von Informations- und Kommunikationstechniken beim Fachspezialisten

* **Unterstützung des Top-Managers im Dialog oder Trialog**

Gerade bei den Fachaufgaben, aber auch in Zusammenhang mit den Führungsfunktionen stellt sich die Frage, ob der Top-Manager **selbst** Auswertungen am Rechner oder Datenbankabfragen vornehmen soll oder ob er sich dabei von Assistenzkräften unterstützen läßt. Er formuliert dann seine Bedürfnisse und läßt sie von einem Informationsspezialisten oder einem Tastaturerfahrenen umsetzen. Er weicht aus von einem Dialog zu einem Trialog.[16)] Reichwald diskutiert dies unter dem Stichwort Autarkie- vs. Kooperationskonzept.[17)] Die Frage ist nicht generell zu beantworten und hängt auch von den persönlichen Bedürfnissen des Managers ab, auf die wir weiter unten noch zu sprechen kommen werden, und nicht zuletzt von seiner Lernwilligkeit und seiner Lernfähigkeit. Auch unter Top-Managern gibt es "Freaks" oder - nach unserem eigenen Sprachgebrauch - verklärte Benutzer, die mit Expertensystemen experimentieren und sich eigene Datenbanken bauen.[18)] Generell lassen sich folgende Aspekte für oder gegen einen selbst durchgeführten Dialog mit dem Rechner anführen:

16) Vgl. bereits Lippold /Management/ 290f.

17) Vgl. Reichwald, Stauffert /Bürokommunikationstechnik/ 11f.

18) Vgl. Dählmann, Henkel /Management/ 18.

Argumente für die Dialog-Konzeption
- *Unabhängigkeit von Assistenzkräften*[19)] - *ganzheitliche Aufgabenerfüllung* - *Vorbildfunktion im Unternehmen* - *realistische Einschätzungen über die tatsächlichen Möglichkeiten der Informations- und Kommunikationstechnik*

Argumente für die Trialog-Konzeption
- *Hard- und Software erfordern zuviel Zeit für den ungeübten Manager*[20)] - *umfangreiche Planungsprogramme nichts für den sporadischen Benutzer*[21)] - *Navigation in Datenbanken aufwendig*[22)]

Letztlich ist die Frage des Dialogs oder Trialogs abhängig von dem auch **bisher** geübten Delegationsumfang der Aufgaben. Für den Top-Manager, der bisher die Planerstellung an die Mitarbeiter delegierte und den Plan lediglich ratifizierte, ist es mit Sicherheit nicht sinnvoll, nun selbst Simulationsrechnungen durchzuführen oder externe Datenbanken zur Informationssammlung zu kontaktieren.

(2) Aktivitäten

Das Scheitern der Management-Informations-Systeme[23)] in den siebziger Jahren ist sicherlich zu einem wesentlichen Teil darauf zurückzuführen, daß man sich zu viel an den Fachaufgaben orientiert hat und nicht an den Aktivitäten.[24)] Zu wenig wurde berücksichtigt, welche Informationen eine Führungskraft braucht und wie sie sie beschafft. Es geht also um die Frage, ob Manager sich informieren, indem sie an vielen Konferenzen teilnehmen, indem sie viele Berichte oder Fachzeitschriften lesen, indem sie bei Arbeitsessen oder Besprechungen informelle Kontakte suchen oder ob sie viel

19) Vgl. Tiemeyer, Herzog /PC Nutzung/ 29, Reichwald, Stauffert /Bürokommunikationstechnik/ 12.

20) Vgl. Heilmann /Management/ 13.

21) o.V. /Manager-Arbeitsplatz/ 46.

22) o.V. /Manager-Arbeitsplatz/ 47.

23) Vgl. dazu Karcher /Einsatzchancen/ 386.

24) So auch Mintzberg /Myths/ 96.

Zeit damit verbringen, in die Produktionshalle zu gehen, um vor Ort Informationen über ein zu lösendes Problem zu suchen. Dies stellt auf die Aktivitäten von Führungskräften ab. Wenn wir nunmehr die einzelnen Aktivitäts-Typen diskutieren, ist einmal mehr darauf hinzuweisen, daß wir es hierbei mit Rollen zu tun haben. Der Kommunikator sitzt natürlich auch am Schreibtisch oder geht auf Reisen und umgekehrt. Durch die Typen werden lediglich Schwerpunkte in den Tätigkeiten herausgestellt.

* **Kommunikator**

Der Kommunikator hat eine besonders hohen Anteil an Sitzungen, Besprechungen und Telefonaten. Hierbei ist nur der Teil der mündlichen Kommunikation angesprochen. Die schriftliche Kommunikation werden wir unten bei der Diskussion des Schreibtischarbeiters diskutieren.

Videokonferenz

Offizielle Sitzungen bilden mit 8 Prozent der Gesamtarbeitszeit von Top-Managern einen insgesamt nicht zu unterschätzenden Teil der Führungskräftearbeit. Kennzeichen von Sitzungen ist der unmittelbare Informationsaustausch zur Ideen- oder Entscheidungsfindung. Hierbei wird erstens unterschiedliches Wissen durch die verschiedenen Sitzungsteilnehmer eingebracht. Zweitens entstehen neue Wissenselemente oder Ideen in der gruppendynamischen Situation.

Videokonferenzen können hierbei eine Alternative für Führungskräfte, insbesondere bei größeren räumlichen Distanzen, sein (Darstellung 7.-4). Energie- und Reisekosten können eingespart werden, die teure Arbeitszeit des Top-Managers geht nicht für Reisezeiten verloren.[25)] Geeignet erscheinen Videokonferenzen insbesondere für das Krisenmanagement, wenn schnell Informationen ausgetauscht, Probleme gelöst oder Arbeitsanleitungen gegeben werden müssen.[26)] Für **unverzichtbar** halten wir den persönlichen Kontakt zum Aufbau von Vertrauen zwischen den Kommunikationspartnern.[27)] Dieser Vertrauensaufbau vollzieht sich nicht nur in der engeren Sitzungszeit, sondern vielmehr bei vorgelagerten oder nachgelagerten sogenannten "gesellschaftlichen Ereignissen", die sich um die rein geschäftliche Kommunikation herumranken. Dies können gemeinsame Abendessen, Spaziergänge, Theaterbesuche oder Feste sein.[28)] Damit verbunden sind nicht zuletzt auch gesellschaftliche Anerkennung, Prestige und Abwechslung.[29)]

25) Vgl. Karcher /Einsatzchancen/ 387.

26) Vgl. Maciejewski /Bildschirm/ 32.

27) Vgl. Karcher /Einsatzchancen/ 386.

28) Nicht von ungefähr ist beispielsweise ein wesentliches Abrüstungsergebnis der letzten Jahre auf einem Waldspaziergang erzielt worden.

29) Vgl. Karcher /Einsatzchancen/ 388, Maciejewski /Bildschirm/ 34.

Auf die Frage der Technikunterstützung von Sitzungen insgesamt werden wir im Zusammenhang mit den empfundenen Schwachstellen später noch einmal zurückkommen.

Besprechungen

Besprechungen sind im Gegensatz zu Sitzungen in der Regel ungeplant. Obwohl sie insgesamt doppelt so viel Zeit in Anspruch nehmen wie die geplanten Sitzungen, empfinden Manager sie nicht als zu zeitintensiv.[30] Auch hier gelten die unter dem Stichwort Sitzungen gemachten Ausführungen zur Vertrauensbildung oder zur Kreativität. Insofern sehen wir hier nur sehr **eingeschränkte Möglichkeiten** der technischen Unterstützung. Sie dürften am ehesten beim Bildtelefon liegen. Wir kommen darauf im übernächsten Punkt zurück.

Komforttelefon

Das Telefon ist **das** Kommunikationsmedium des Top-Managers. Es wird bei jedem Kommunikationspartner, Kommunikationszweck und Kommunikationsinhalt eingesetzt (Kommunikationspräferenz-Befund Nr. 9). Es ist derzeit die einzige technische Unterstützung, die von **allen** Managern akzeptiert wird. In Form der Komforttelefone werden die seit knapp 100 Jahren zumindest von der Funktion her unveränderten Telefone derzeit erstmalig verbessert. Eine der wichtigsten neuen Funktionen dürfte das Abstellen sein. Wie bei allen anderen technischen Geräten längst üblich, kann man sich dann erstmals der Kommunikationsaufnahme auch beim Telefon entziehen. Eine wichtige Funktion des Sekretariats, die Abschottungsfunktion für die Führungskraft, die **organisatorisch** eingeführt werden mußte, wird nunmehr endlich **technisch** lösbar. Durch die Anklopffunktion, bei der der Teilnehmer auf einem Display sichtbar ist, wird es dann auch möglich sein, ohne ein zwischengeschaltetes Sekretariat die Entscheidung über Annahme oder Nicht-Annahme des Gesprächs zu treffen. Insofern sind Komforttelefone insbesondere für die Führungskräfte eine **zusätzliche Unterstützung**, die nicht über ausreichende **Sekretariatsunterstützung** verfügen. Dies ist insbesondere bei den Top-Managern von Kleinunternehmen - immerhin 31 Prozent der deutschen Top-Manager - der Fall. Funktionen, die bei **fehlendem oder nur zeitweise verfügbarem** Sekretariat helfen können, sind:

- Anklopfen,
- Wahlwiederholung,
- Kurzwahl,
- automatischer Rückruf,
- Anrufumleitung,
- Abstellen.

30) Vgl. Kevenhörster, Schönbohm /Management/ 40, 52.

Für **alle** Führungskräfte, unabhängig davon, ob sie sekretariatsmäßig ausreichend unterstützt werden oder nicht, sind die folgenden Funktionen hilfreich

- Freisprechen und Lauthören,
- Notizbuchfunktionen,
- Konferenzgespächsführung,
- Sprachspeicher.

Mit dem Sprachspeicher wird das Telefon auch zu einem asynchronen Kommunikationsmedium. Eines der schwierigsten Probleme von Top-Managern ist die Kommunikationsaufnahme zu einem Partner. Da beim Telefon synchrone Kommunikation vorliegt, müssen beide Kommunikationspartner zur selben Zeit verfügbar sein. Dies ist **sehr selten** der Fall (Schwachstellen-Befund Nr. 3). Durch das Hinterlegen von Informationen oder Anfragen wird asynchrone Kommunikation ermöglicht. Dies ist auch beim Electronic Mail der Fall, so daß Zeitsprünge auch länderübergreifend überwunden werden können. Hiermit wird die Erreichbarkeit von Kommunikationspartnern ganz erheblich erhöht. Selbstverständlich kann nur ein Teil der bisherigen Telefon-Kommunikation durch Electronic Mail ersetzt werden. Es ist darüber hinaus kein gleichwertiger Ersatz für die mündliche Kommunikation.[31)]

Bildtelefon

Die mündliche Kommunikation per Telefon kann wesentlich erweitert werden durch die zusätzliche Übertragung eines Bewegtbildes des Gesprächspartners. Gegen das Bildtelefon besteht allerdings eine breit gestreute emotionale Ablehnungsfront. Diese Einschätzung stützt sich auf keine systematische empirische Untersuchung. In zahlreichen mittlerweile geführten Gesprächen mußten wir jedoch feststellen, daß sowohl im privaten wie im geschäftlichen Bereich spontan "Nein" gesagt wird zu einer zukünftigen persönlichen Nutzung. Die Gründe sind immer auf den Schutz der Intimsphäre gerichtet, der beim herkömmlichen Telefon noch als gesichert angesehen wird.[32)] Wir sind dennoch davon überzeugt, daß sich das Bildtelefon durchsetzen wird, ganz einfach weil es einen menschlicheren Umgang in der Kommunikation ermöglicht. Auch nonverbales Verhalten ist Kommunikation.[33)] Zumindest ein Teil dieses Verhaltens kann über den Bildschirm vermittelt werden. So sind beispielsweise Gesprächspausen im herkömmlichen Telefon unerträglich, weil man nicht weiß, ob der Teilnehmer aufgelegt hat, die Verbindung unterbrochen wurde oder ob er "nur" nachdenkt. Insofern gibt es einen deutlichen Hang zum unterbrechungslosen Sprechen am Telefon. Beim Bildtelefon werden Pausen tolerierbar, weil man sieht, daß der

31) Vgl. Maciejewski /Bildschirm/ 32.

32) "Da muß ich ja immer lächeln." "Ich bin froh, wenn mich morgens keiner sieht."

33) Vgl. Frey /Kommunikation/.

Gesprächspartner nachdenkt. Es entstehen also andere Gesprächsformen, die sich auch auf den **Inhalt** ausdehnen werden. Allerdings ist die Durchdringung des Bildtelefons in erheblichem Maße von der Bildqualität abhängig. Ein halber Fernsehstandard mit verlangsamtem Bewegungsablauf - wie er derzeit von der Deutschen Bundespost angestrebt wird[34] - wird für eine breite Akzeptanz nicht ausreichend sein. Dennoch plädieren wir bereits heute für einen zuerst unternehmensinternen Einsatz des Bildtelefons. Auch das Bildtelefon wird sich - wie das traditionelle Telefon Anfang dieses Jahrhunderts - zuerst im Bereich der Geschäftskommunikation durchsetzen.

Kommunikator	Empfehlungen für den Einsatz von Informations- und Kommunikationstechniken
Sitzungen	Videokonferenz
Besprechungen	Bildtelefon
Telefonate	Komforttelefon, Bildtelefon,Electronic Mail

Darstellung 7.-4: Empfehlungen für den Einsatz von Informations- und Kommunikationstechniken beim Kommunikator

* **Schreibtischarbeiter**

Der Schreibtischarbeiter ist derjenige, der traditionell viel mit Papier arbeitet, d.h. er erledigt einen Großteil seiner Kommunikation schriftlich und verbringt mehr Zeit mit dem Erstellen und Lesen von Vorlagen und Schriftstücken.

Electronic Mail

Im Hinblick auf die schriftliche Kommunikation hatten wir gesehen, daß sie in Großunternehmen eher unternehmensintern mittels Kurzbriefen, in Kleinunternehmen eher unternehmensextern mittels traditioneller Briefpost abgewickelt wird (Kommunikationspräferenz-Befund Nr. 3). **Beide** könnten durch Electronic Mail unterstützt werden (Darstellung 7.-5). Dies ist für Großunternehmen keine Frage. Die Dokumentation und damit die Aktenmäßigkeit ist gewährleistet, Transportwege innerhalb des Unternehmens entfallen. Der Bedarf für kurze schriftliche Kommunikation ist vorhanden (Kommunikationspräferenz-Befund Nr. 2). Auch für kleine Unternehmen

34) Vgl. Bundesministerium /Bildtelefon/.

kann sich der Aufbau eines Electronic-Mail-Systems lohnen, wenn die Arbeits- oder Anwesenheitszeiten der Mitarbeiter sehr **flexibel** sind. So setzen wir selbst bei 20 Mitarbeitern mit einem hohen Anteil an Teilzeitkräften (studentische Hilfskräfte) ein Electronic-Mail-System auf einem PC-Netzwerk sehr erfolgreich ein. Eine unternehmensexterne Nutzung, die sowohl für große, insbesondere aber auch für kleine Unternehmen in Frage kommt, ist vom Vorhandensein eines öffentlichen oder öffentlich zugänglichen Mailbox-Netzes abhängig. Der Telebox-Dienst der Deutschen Bundespost ist noch in der Erprobung. Private Anbieter wie die Deutsche Mailbox haben bisher anders als in den Vereinigten Staaten noch keine allzu große Verbreitung gefunden. Die mangelnde Kompatibilität einzelner Systeme hemmt ebenfalls eine flächendeckende, unternehmensexterne Nutzung. Die Standardisierung auf die CCITT X.400 Norm wird hier Verbesserungen bringen. Vorstellbar sind dann eine Vielzahl auch kommerziell angebotener Dienste, die Top-Manager nutzen, so beispielsweise elektronische Management-Dossiers35) im Stil der "vertraulichen" Informationsbriefe, die außerordentlich **aktuell** und vom Vertreiber sehr **zielgruppenorientiert** angeboten werden könnten. Eine nicht zu verleugnende Gefahr ist die weitere Steigerung der Informationsflut für den Top-Manager, weil Rundschreiben einfacher versandt werden können.[36)] So gibt es Berichte über das Zusammenbrechen von weltweiten unternehmensinternen Mailbox-Netzen am Ende des Jahres wegen der massenhaft versandten Weihnachts- und Neujahrsgrüße. Problematisch erscheint auch der Medienbruch. Top-Manager haben sich nun nicht mehr nur durch den Postberg, sondern darüber hinaus auch durch die mehr oder weniger lange Liste der Mailbox-Mitteilungen hindurchzuarbeiten. Vorgänge, die aufeinander bezogen sind, können nicht gemeinsam bearbeitet, versandt oder delegiert werden.

Telefax

Für die unternehmensexterne schriftliche Kommunikation hat sich gerade auch bei kleinen Unternehmen Telefax durchgesetzt. Hierbei wird neben der Textkommunikation auch die Bildkommunikation in Fotokopierqualität ermöglicht. Wegen der leichten Bedienbarkeit ohne lange Einarbeitungszeit ist Telefax auch für den Top-Manager einsetzbar, wenn keine Assistenzkräfte zur Verfügung stehen.

Textverarbeitung, Business-Graphik, Tabellenkalkulation

Zur Erstellung von Schriftstücken kommen Textverarbeitungssysteme, Tabellenkalkulationsprogramme sowie Graphikprogramme in Frage. Dabei kann sich die Textverarbeitung etwa nur auf die orthographische oder inhaltliche Korrektur von Vorlagen beschränken. Texte werden traditionell nach Diktat oder schriftlichen Aufzeichnungen von der Sekretärin im Personal Computer erfaßt. Der Top-Manager korrigiert

35) Vgl. Adler / Management/ 16.

36) Vgl. Karcher /Einsatzchancen/ 387.

den Text auf seinem mit dem Sekretariat vernetzten Bildschirm. Hierbei wird zumindest **ein** Ausdruck gespart.[37] Die Führungskraft kann aber auch Texte selbst erstellen, die dann unter Umständen von anderer Seite im Hinblick auf Schreibfehler, Umbruch und Ausdruck weiterverarbeitet werden.[38] Der Einbau von Graphiken sowie Tabellen bietet sich an.

Top-Manager haben gegenüber Mitarbeitern und Geschäftspartnern eine Überzeugungsaufgabe. Überzeugung kann man nicht nur mit dem geschriebenen Wort erzielen. Kurze, graphisch unterstützte Texte sind daher nicht allein ein Instrument zur Information **des** Top-Managers, sondern müssen ebenso **von Seiten** des Top-Managers zur Information und Überzeugung seiner Kommunikationspartner eingesetzt werden. Hierbei können insbesondere die von Personal Computern angebotenen Leistungen eine entscheidende Hilfe sein.

Dagegen gibt es keine technische Unterstützung für die Aufnahme von Informationen durch den Top-Manager. Diese muß weiterhin über das Ohr oder - bei der schriftlichen Information - über das Auge erfolgen. Denkbar, aber auf weite Sicht utopisch sind direkte Signalübertragungen ins Gehirn.

Schreibtischarbeiter	Empfehlungen für den Einsatz von Informations- und Kommunikationstechniken
Eingangspost/Ausgangspost	Electronic Mail, Telefax
Erstellung Schriftstücke	Textverarbeitung, Business-Graphiken, Tabellenkalkulation
Vorlagen lesen	keine

Darstellung 7.-5: Empfehlungen für den Einsatz von Informations- und Kommunikationstechniken für den Schreibtischarbeiter

* **Reisediplomat**

Weite Bereiche der Tätigkeiten des Reisediplomaten sind durch Informations- und Kommunikationstechniken **nicht** unterstützbar. So sind zur Aus- und Weiterbildung

37) Vgl. Rauch /Computerunterstützung/ 107.

38) Dieser Text ist so entstanden.

eindeutig die herkömmlichen Kommunikationsformen vorzuziehen.[39] Dies gilt in gleicher Weise für die Gremienarbeit oder für Abendessen (Darstellung 7.-6). Insofern verbleibt ein nicht unerheblicher Anteil an der Arbeit - über alle Top-Manager hinweg durchschnittlich 20 Prozent ihrer Arbeitszeit (Arbeits-Befund Nr. 5) - ohne die Möglichkeit der Technikunterstützung. Nach allen Gesprächen, die wir mit Top-Managern geführt haben, und nicht zuletzt auch aufgrund eigener Erfahrungen sind es gerade die außerbetrieblichen Veranstaltungen, die entscheidend sind für den Erhalt sowie die Einordnung und Bewertung von Informationen. Ebenso ist das Knüpfen von Verbindungen auf diesen Veranstaltungen ein für die Führungsarbeit überaus hoch einzuschätzender Effekt. Verträge - und darum geht es bei wirtschaftlichem Handeln, ob es Kaufverträge, Kooperationsverträge, Einstellungsverträge usw. sind - Verträge gründen letztlich auf Vertrauen, Vertrauen darauf, daß der Geschäftspartner den Vertrag auch erfüllt. Dieses grundlegende Vertrauen ist immer noch am ehesten über den persönlichen Kontakt - vielleicht gerade auch in der gelockerten Atmosphäre eines Arbeitsessens oder eines Empfangs - herzustellen. So sind häufig weniger die Mitgliederversammlungen bei einem Verband oder die Vorträge auf einer Tagung, sondern das anschließende Abendessen bzw. der gemeinsame Empfang die **wichtigeren Teile** der Veranstaltung für die Führungskraft.

Cityruf, Mobiltelefon

Das Problem des Reisediplomaten besteht in der mit den unverzichtbaren Reisen verbundenen Abwesenheit von seiner Mutterorganisation. Das bedeutet Abwesenheit von seinen Assistenzkräften, Abgeschnittensein vom Informationsfluß, Abgekoppeltsein von unternehmensinternen Entscheidungsprozessen. Die Erreichbarkeit kann erhöht werden durch den Cityruf-Dienst der Deutschen Bundespost, bei dem Kurztexte auf eine scheckkartengroße Empfangseinheit übertragen werden. Wesentlich komfortabler gestaltet sich das Mobiltelefon, bei dem sprachliche Kommunikation ortsunabhängig ermöglicht wird. Mittlerweile ist das Mobiltelefon im Auto weit verbreitet und zählt bereits zu den Statussymbolen eines Top-Managers. Zu bedenken ist dabei allerdings auch, daß Reisezeiten häufig ungestörte Lesezeiten gewesen sind. Die Störungen durch das Telefon (Schwachstellen-Befund Nr. 3) erstrecken sich nunmehr auch auf diesen bisherigen Freiraum.

Laptop

Für die schriftliche Kommunikation stehen leistungsfähige tragbare Personal Computer (Laptops) zur Verfügung. Sie können zur Schriftguterstellung, als komfortables Notizbuch, als Kalender oder vernetzt zur Datenbankabfrage und für Electronic Mail eingesetzt werden. Allerdings haben sie immer noch ein erhebliches Gewicht und sind

39) Vgl. Maciejewski /Bildschirm/ 32.

in der Form eines Aktenkoffers recht **sperrig**. In Verbindung mit dem übrigen Gepäck ist der Transport also aufwendig. Ideal wäre ein Computer in **Taschenkalendergröße**. Es mangelt hier also auch noch an geeigneter Hardware.[40)]

Insgesamt wird der Top-Manager **standortunabhängiger** durch die schnelle Abwicklung raumüberbrückender Kooperations- und Kommunikationsprozesse.[41)]

Reisediplomat	Empfehlungen für den Einsatz von Informations- und Kommunikationstechniken
Arbeitsessen	keine
Gremien	keine
Tagungen	keine
Vorträge	keine
Reise- / Fahrzeiten	Cityruf, Mobiltelefon, Laptop

Darstellung 7.-6: Empfehlungen für den Einsatz von Informations- und Kommunikationstechniken beim Reisediplomaten

7.1.2. Schwachstellen

Unter Schwachstellen haben wir Ziele innerhalb der Arbeit von Führungskräften verstanden, die nicht erfüllt werden. Die Frage ist nun, ob sie besser durch den Einsatz von Techniken erfüllt werden könnten. Selbstverständlich ist die Technik nicht die Lösung aller Managementprobleme, und durch den Einsatz von Electronic Mail wird der Top-Manager nicht plötzlich von Ad-Hoc-Aufgaben oder Telefonstörungen verschont. Die eine oder andere Schwachstelle kann aber zweifellos gemildert werden. Wir wollen dies wiederum in der Reihenfolge zunehmender Bedeutung der Schwachstellen für den Top-Manager untersuchen.

40) Vgl. Dählmann, Henkel /Management/ 19.

41) Vgl. Reichwald, Stauffert /Bürokommunikationstechnik/ 10.

(1) Schwachstelle Zuarbeit

Die Schwachstelle Zuarbeit durch Mitarbeiter wird insgesamt am wenigsten stark empfunden. In der Mehrheit fühlen sich Top-Manager durch ihre Mitarbeiter rechtzeitig und gut mit Entscheidungsvorlagen versorgt. Das deutet darauf hin, daß die Kommunikation mit Informationstechnik für die Erfüllung der Fach- und Führungsaufgaben nach dem Trialogkonzept erfolgt. Allerdings verspüren die Top-Manager einen hohen Unsicherheitsgrad über die Qualität der Vorlagen (Schwachstellen-Befund Nr. 1). Dies liegt darin begründet, daß sie beim praktizierten Trialogkonzept nicht mehr selbst das Zustandekommen und die Herkunft der Entscheidungsgrundlagen nachvollziehen können. Abhilfe kann hier nur eine stärkere Arbeit im Dialog, d.h. die unmittelbare persönliche Nutzung bringen (Darstellung 7.-7). Damit können auch die häufig allzu großen Erwartungen im Hinblick auf die Leistungsfähigkeit der Informationstechnik - wie sie sich in der euphorischen Einstellungsakzeptanz manifestiert (Akzeptanz-Befund Nr. 1) - auf eine **realistische Basis** heruntergeholt werden. Das bedeutet nicht zwingend die Hinwendung zum verklärten Benutzer, der vom Bildschirm nicht mehr wegzuholen ist. Möglich ist es jedoch, eigene Erfahrungen in die Anforderungen an die Mitarbeiter einzubringen und damit **sachgerechter** zu gestalten.

Schwachstelle Zuarbeit	Empfehlungen für den Einsatz von Informations- und Kommunikationstechniken
Infogrundlagen schlecht	Dialog statt Trialog
Vorlagen zu spät	
Vorlagenqualität schlecht	

Darstellung 7.-7: Empfehlungen für den Einsatz von Informations- und Kommunikationstechniken zur Milderung der Schwachstelle Zuarbeit

(2) Schwachstelle Tagesstreß

Wesentliches Problem bei der Schwachstelle Tagesstreß ist die ständige Variation der Aufgaben durch Ad-Hoc-Anforderungen.[42] Dies drückt sich nicht zuletzt in den Störungen bei synchronen Kommunikationsvorgängen aus (Schwachstellen-Befund Nr.

42) Vgl. Beckurts, Reichwald /Kooperation/ 95ff.

3). Hierdurch wird immer wieder eine kontinuierliche Arbeit an einem Problem verhindert. Abhilfe können hier Medien der asynchronen Kommunikation wie Electronic Mail oder Komforttelefone mit Sprachspeicher bringen (Darstellung 7.-8).[43] Die Erreichbarkeit kann auch durch Cityruf und Mobiltelefon erhöht werden. Allerdings sind damit Feuerwehr-Aufgaben und Krisenmanagement selbstverständlich nicht in den Griff zu bekommen. Das mehr oder weniger hektische Tagesgeschäft (Schwachstellen-Befund Nr. 2) kann durch Technik nicht entschärft werden. Hier hilft nur ein effektives Zeitmanagement, das auf menschlichen Planungen und menschlichem Verhalten beruht. Computergestützte Optimierungen der Terminplanung können hier nicht entscheidend helfen.[44] Vielmehr kommt es nicht zuletzt auf die Delegationsmöglichkeiten oder -fähigkeiten des Top-Managers an, die seinen Tagesstreß reduzieren. Diese Möglichkeiten sind in kleineren Unternehmen weniger gegeben als in großen. Auch Akademiker sind tendenziell eher fähig zur Delegation als Praktiker, die mehr Arbeit an sich ziehen (Schwachstellen-Befund Nr. 4). Insofern ist bei Top-Managern aus kleineren Unternehmen bzw. mit berufspraktischer Ausbildung eher mit einer Entlastung durch asynchrone Kommunikationsmittel zu rechnen als bei Akademikern, die in großen Unternehmen arbeiten.

Dienstreisen empfinden Top-Manager nur als geringe Belastung. Sie sind auch nur zu einem Teil durch Videokonferenzen oder Bildtelefon ersetzbar, wie wir oben bereits erläutert haben.

Schwachstelle Tagesstreß	**Empfehlungen für den Einsatz von Informations- und Kommunikationstechniken**
Telefonate stören	Komforttelefon (Sprachspeicher), Electronic Mail
fehlende Erreichbarkeit	Komforttelefon (Sprachspeicher), Electronic Mail, Cityruf, Mobiltelefon
zu viel Tagesgeschäft	keine
zu viele Dienstreisen	Videokonferenz, Bildtelefon

Darstellung 7.-8: Empfehlungen für den Einsatz von Informations- und Kommunikationstechniken zur Milderung der Schwachstelle Tagesstreß

43) Vgl. Reichwald, Stauffert /Bürokommunikationstechnik/ 10.

44) Vgl. Beckurts, Reichwald /Kooperation/ 101.

(3) Schwachstelle Zeitdruck

Das Problem der Papierflut wird **nicht** durch das papierlose Büro gelöst, da das Papier ja nur Medienträger für Informationen ist. Im Gegenteil kann es zu einer weiteren Informationsüberflutung beispielsweise durch Electronic Mail kommen. Die derzeitige Papierflut wird mit Hilfe der Selektion durch Assistenzkräfte eingedämmt, die Post und Vorlagen vorsortieren und gegebenfalls bereits an Mitarbeiter delegieren. Im Bereich der elektronischen Informationen kann eine derartige Funktion von einem Expertensystem übernommen werden, das die Posteingänge analysiert und dem Top-Manager nur noch die Mitteilungen oder Anfragen zuleitet, die nach bestimmten Kriterien von ihm selbst bearbeitet werden müssen (Darstellung 7.-9). Man könnte meinen, hier würde der Teufel mit dem Beelzebub ausgetrieben. Die Geister, die man rief, versucht man nach demselben Verfahren wieder loszuwerden. In der Tat werden unerwünschte Nebeneffekte der Technik durch Technik gemildert.

Den grundsätzlichen Entscheidungsdruck von Top-Managern kann Technik **nicht** abbauen. Wenn Entscheidungen auch durch mehr oder weniger zielgerichtete Informationen etwa aus Datenbanken oder Controlling-Systemen besser vorbereitet werden, so bleibt die Aufgabe des Top-Managers, dort zu entscheiden, "wo man nichts Konkretes weiß"[45]. Insofern wird es den Entscheidungsdruck immer geben, wenn sich vielleicht auch die Entscheidungen verändern.

Schwachstelle Zeitdruck	Empfehlungen für den Einsatz von Informations- und Kommunikationstechniken
Papierflut	Expertensystem zur Selektion
zuviel Entscheidungsdruck	keine

Darstellung 7.-9: Empfehlungen für den Einsatz von Informations- und Kommunikationstechniken zur Milderung der Schwachstelle Zeitdruck

(4) Schwachstelle Sitzungen

Die zu langen Sitzungen sind zwei Dritteln aller Top-Manager ein Dorn im Auge (Schwachstellen-Befund Nr. 6). Sie empfinden Sitzungen damit als die Hauptschwachstelle bei ihrer Arbeit. Einige Ursachen hierfür können durch Technikunterstützung abgebaut werden, andere erfordern Verhaltensänderungen nicht zuletzt von

45) Adler /Management/ 16.

den Top-Managern, die diese Sitzungen häufig selbst leiten. Sitzungsunterlagen und Sitzungsprotokolle können schneller mit Hilfe der Textverarbeitung erstellt und mittels Electronic Mail zugeleitet werden (Darstellung 7.-10). Um Sitzungsteilnehmer von Anfang an auf den gleichen Informationsstand zu bringen, kann die gruppenorientierte Verteilung durch Electronic Mail erfolgen. Darüber hinaus ist die häufig mehrfache Abstimmung von Entwürfen oder Konzepten bei größeren Verteilerkreisen mit Hilfe dieser Techniken in erheblich verkürzter Zeit möglich. Unter Einbindung der Führungskräfte nehmen die Durchlaufzeiten bei der Dokumentenerstellung spürbar ab.[46)] Sowohl für die Vorbereitung als auch für die Nachbereitung ist also Electronic Mail sinnvoll. Erfolge in Richtung auf eine verbesserte Sitzungsvorbereitung werden von Electronic-Mail-Benutzern berichtet.[47)]

Allerdings sind Sitzungen in erster Linie persönliche Kommunikation. Diese ist **nicht** durch Technik ersetzbar. Dennoch kann auch innerhalb von Sitzungen Informations- und Kommunikationstechnik hilfreich sein. Dies bezieht sich beispielsweise auf die Darstellung von Sachverhalten mit Hilfe von Business-Graphiken oder Tabellen, die den Sitzungsteilnehmern online über einen Flat Screen48) direkt aus dem Rechner vermittelt werden können. Weiterhin sind aus dem Gespräch entstehende Fragen unmittelbar mit Hilfe von Tabellenkalkulationsprogrammen oder Datenbankabfragen beantwortbar. So können langwierige Diskussionen, die letztlich dann doch zu einer Vertagung führen, vermieden werden.

Schwachstelle Sitzungen	Empfehlungen für den Einsatz von Informations- und Kommunikationstechniken
Doppelinformationen	Rundschreiben über Electronic Mail
Redner nicht zur Sache	keine
Sitzungen zu lange	Datenbank, Business-Graphik, Tabellenkalkulation

Darstellung 7.-10: Empfehlungen für den Einsatz von Informations- und Kommunikationstechniken zur Milderung der Schwachstelle Sitzungen

46) Vgl. Reichwald, Stauffert /Bürokommunikationstechnik/ 8.

47) Müller-Böling, Ramme /Electronic Mali/.

48) Mit Hilfe eines Flat Screens kann man Bildschirminhalte über einen Overhead-Projektor an die Wand projizieren.

7.2. Auswahl nach persönlichen Bedürfnissen

Daß der Einsatz von Informations- und Kommunikationstechniken nicht nur nach aufgabenbezogenen Kriterien erfolgen soll, sondern auch nach den persönlichen Bedürfnissen jedes einzelnen Top-Managers, ist ein wesentliches Anliegen dieses Buches. Individuelles Kommunikationsverhalten und Informationsgewohnheiten sind dabei zu berücksichtigen.[49)] Wir haben versucht, diese Aspekte mit Hilfe der Kommunikationspräferenzen, den psychographischen Merkmalen von Top-Managern und ihren Physis-Bedürfnissen aufzugreifen. Dies kann nur **ein erster Anfang** im Hinblick auf eine bedürfnisorientierte Auswahl von Informations- und Kommunikationstechniken sein. Wir stehen hier am Beginn der Beschäftigung mit einem bisher wenig erforschten und damit auch noch schlecht strukturierten Gebiet.

(1) Kommunikationspräferenzen

Top-Manager bevorzugen mündliche Kommunikation (Kommunikationspräferenz-Befund Nr. 1). Insofern kommen für sie in erster Linie Kommunikationsmedien in Betracht, die die mündliche Kommunikation unterstützen, also Sprachspeichertelefone, Bildtelefone und Videokonferenzen. Allerdings darf man nicht verkennen, daß bei aller Dominanz der mündlichen Kommunikation auch in immerhin 40 Prozent der Fälle schriftliche Kommunikation präferiert wird.

* **Face-to-Face-Kommunikator**

Lediglich 12 Prozent Top-Manager, die wir Face-to-Face-Kommunikator genannt haben, konzentrieren sich vorwiegend auf persönliche Kontakte (Kommunikationspräferenz-Befund Nr. 10). Diese Top-Manager, die in Großunternehmen praktisch nicht vertreten sind, weil dort auf schriftliche Kommunikation nicht verzichtet werden kann, brauchen **keine** Technikunterstützung (Darstellung 7.-11). Ideenfindung, Verhandlungen und Entscheidungsfindung sind die Domäne des persönlichen Kontakts (Kommunikationspräferenz-Befund Nr. 9) und nur begrenzt auf Videokonferenzen realisierbar. Face-to-Face-Kommunikatoren brauchen bestenfalls noch ein Telefon, wobei ein Bildtelefon für sie auch nur unternehmensextern in Frage käme. Unternehmensintern werden sie, da sie in kleinen Betrieben arbeiten, mit Sicherheit den kurzen Weg zum Büro ihres Kommunikationspartners suchen. Bei älteren Top-Managern ist im Rahmen der mündlichen Kommunikation der Hang zum persönlichen Gespräch noch ausgeprägter, jüngere greifen schon mal häufiger zum Telefon (Kommunikationspräferenz-Befund Nr. 4). Insofern sind hier am ehesten noch Unterstützungs-

49) Vgl. Reichwald, Stauffert /Bürokommunikationstechnik/ 6, Tiemeyer, Herzog /PC-Nutzung/ 32.

chancen etwa durch Bildtelefone gegeben. Durch den starken persönlichen Kontakt entstehen allerdings auch **Probleme** in der Erreichbarkeit, der Informationsweiterleitung, der Informationsrückkopplung und der Abkopplung von Informationsflüssen durch gesprächsbedingte Abwesenheit.[50)] Der Face-to-Face-Kommunikator wird aber diese Probleme gern zugunsten der Vorteile in Kauf nehmen:

- Unmittelbarkeit und Direktheit des Dialogs,
- Austauschmöglichkeiten für vertrauliche, persönliche, komplexe Informationen,
- persönliche Nähe der Kommunikationspartner.[51)]

Kommunikations-Typ	Empfehlungen für den Einsatz von Informations- und Kommunikationstechniken
Face-to-Face-Kommunikator	Videokonferenz
Kurz-Kommunikator	Electronic Mail, Sprachspeicher, Teletex, Telex
Schnell-Kommunikator	Teledienste, Electronic Mail

Darstellung 7.-11: Empfehlungen für den Einsatz von Informations- und Kommunikationstechniken bei verschiedenen Kommunikations-Typen

*** Kurz-Kommunikator**

Der Kurz-Kommunikator hat dagegen einen erheblich höheren Anteil an schriftlicher Kommunikation, den er derzeit am liebsten über Kurzbriefe / Aktennotizen sowie Haftnotizen abwickelt. Diese Medien dienen der Informationsweitergabe und der Anweisung bei vertrauten oder bekannten Personen (Kommunikationspräferenz-Befund Nr. 9). Die schriftlich dokumentierte Kommunikation dient der Eindeutigkeit, aber auch der späteren Kontrollmöglichkeit etwa von Anweisungen. Die geeignete Unterstützung für diesen Typ ist daher Electronic Mail für die Übermittlung kurzer Texte in Verbindung mit einer automatischen Ablage und der Möglichkeit der Rückverfolgung ganzer Vorgangsketten. Dies gilt in jedem Fall für die unternehmensinterne Kommunikation. Darüber hinaus kommen natürlich für kurze Informationswei-

50) Vgl. Reichwald, Stauffert /Bürokommunikationstechnik/ 8.

51) Vgl. Reichwald, Stauffert /Bürokommunikationstechnik/ 10f.

terleitungen, die nicht dokumentiert werden müssen, Komforttelefone mit Sprachspeicher in Frage. Insgesamt sind hier erhebliche Potentiale zu sehen, da Kurz-Kommunikatoren mit immerhin zwei Dritteln der Top-Manager die größte Gruppe bilden.

*** Schnell-Kommunikator**

Der Schnell-Kommunikator zeichnet sich bereits heute durch eine überdurchschnittliche Nutzung von neuen Medien aus. Er kommuniziert am liebsten über Telefon sowie über die Postdienste Telex /Teletex/ Telefax (Kommunikationspräferenz-Befund Nr. 10). Zu der dringlichen Informationsweitergabe mit Hilfe der Postdienste kann bei einer entsprechenden Integration etwa mit der Textverarbeitung Electronic Mail treten. Einkommende Nachrichten können dann unmittelbar **ohne** Medienbruch kommentiert oder unkommentiert weitergeleitet werden. Hinsichtlich des Telefons dürfte dieser Typ auch für alle Weiterentwicklungen in Richtung auf Sprachspeicherung und Bewegtbild aufnahmebereit sein.

(2) Psychographische Merkmale

Grundlegende psychische Eigenschaften führen zu unterschiedlichem Denken und damit auch zu unterschiedlichem Informations- und Kommunikationsverhalten. Mintzberg unterscheidet nach den Funktionen der beiden Gehirnhälften ganzheitlich-relational und analytisch-quantitativ denkende Typen.[52)] Der zahlenorientierte, analytische Menschen-Typ findet sich danach eher in Stäben, der ganzheitlich denkende eher in Managementpositionen. Die ganzheitlich heuristisch orientierten Manager benötigen nicht zuletzt deswegen Hilfe durch ihre Stäbe, weil die Informationstechniken bisher von analytisch orientierten Spezialisten entworfen wurden.[53)] Insofern haben Manager bereits von ihren Denkstrukturen Zugangsprobleme zu den Techniken. Dies könnte sich mit zunehmenden Ausbau der Intelligenz von Rechnern - etwa bei Expertensystemen, die den Denkstrukturen von Managern entgegenkommen - ändern.

*** Der Quantitative**

Am wenigsten Schwierigkeiten in dieser Hinsicht dürfte der quantitative Typ haben, der durch die Technik seinen Bedürfnissen entsprechend mit quantitativen Informationen versorgt werden kann. Für ihn kommen Controlling-Systeme, Datenbanken

52) Vgl. Mintzberg /Planning/ 49ff.

53) Ähnlich Heilmann /Management/12f, die das Problem allerdings nur bezogen auf die Benutzeroberfläche sieht.

oder auch Tabellenkalkulationsprogramme in Frage, während textlich orientierte Medien entfallen, da er ungern schreibt (Kommunikationspräferenz-Befund Nr. 5). Unterstützt werden könnte er in dieser Hinsicht allerdings durch ein Expertensystem, das seine zahlenbezogenen Analysen in Texte überführt (Darstellung 7.-12). In Übereinstimmung mit den Thesen von Mintzberg ist der Quantitative unter Top-Managern mit lediglich 9 Prozent sehr selten (Top-Manager-Befund Nr. 11).

* **Der Risikoscheue**

Im Gegensatz zum Quantitativen schreibt der Risikoscheue gern (Kommunikationspräferenz-Befund Nr. 5). Er müßte also in erster Linie mit dokumentations- und beweissichernden textlichen Kommunikationsmedien ausgestattet werden. Dies ist Electronic Mail in Verbindung mit Textverarbeitung. Ob er allerdings einer elektronischen Ablage vertraut, erscheint zweifelhaft. Zur Absicherung von Entscheidungen benötigt der Risikoscheue mehr Informationen. Für ihn kämen daher Datenbanken und Expertenwissen aus Expertensystemen in Frage, wenn es sein konservativer Grundzug zuläßt.

* **Der Emotionale und der Kompromißlose**

Der Emotionale ist eher progressiv, risikofreudig und hat ein stark gefühlsmäßiges Element (Top-Manager-Befund Nr. 11). Von daher steht er der Nutzung auch neuer Informations- und Kommunikationstechniken grundsätzlich aufgeschlossen gegenüber. Allerdings sehen wir uns nicht in der Lage, für ihn aus den besonderen psychischen Eigenschaften heraus konkrete Techniken vorzuschlagen. Das gleiche gilt für den Kompromißlosen, der eher risikofreudig, mehr rational und qualitativ denkend und in erster Linie bestimmend ist. Aus diesen Merkmalen ohne zusätzliche Ansatzpunkte, die uns aus unseren Untersuchungen nicht vorliegen, können wir keine gehaltvollen Empfehlungen abgeben.

Psycho-Typ	Empfehlungen für den Einsatz von Informations- und Kommunikationstechniken
Quantitativer	Controlling-Systeme, Datenbanken, Tabellenkalkulation
Risikoscheuer	Electronic Mail, Datenbanken, Expertensysteme

Darstellung 7.-12: Empfehlungen für den Einsatz von Informations- und Kommunikationstechniken bei verschiedenen Psycho-Typen

7.3. Einführungsstrategien für Informations- und Kommunikationstechniken bei Top-Managern

Von der Akzeptanzforschung wissen wir, daß im Hinblick auf die Nutzung neuer Techniken erhebliche Potentiale durch die Art und Weise der Technikeinführung verspielt werden, wobei dieser Punkt in den letzten Jahren an Bedeutung eher zu- als abnimmt.[54] Top-Manager sind sehr sensible Benutzer. Es genügt nicht, ihnen ein Terminal auf den Schreibtisch zu stellen und die Benutzung vorzuschreiben, wie das häufig bei anderen Gruppen im Unternehmen üblich ist. Vielmehr müssen sie mehr noch als alle anderen Mitarbeiter **einbezogen** werden in den Systemgestaltungsprozeß von der Aufgabenanalyse, über die Auswahl konkreter Produkte bzw. die Entwicklung spezifischer Systeme bis hin zum Zeitpunkt der Einführung.

Die überwiegende Mehrzahl der Top-Manager ist bisher nicht vom Anwendungsnutzen überzeugt, weil sie glauben, daß ihre spezifischen Aufgaben-Bedürfnisse von den Systemen nicht getroffen werden (Akzeptanz-Befund Nr. 7). Wir haben allerdings in den ersten beiden Abschnitten dieses Kapitels aufzeigen können, daß es sehr wohl Einsatzmöglichkeiten für Top-Manager gibt. Insofern sind Marketingstrategien zu entwickeln, die diesen Anwendungsnutzen dem Manager auch verständlich machen. Dabei muß zwangsläufig nach allem, was wir über die Individualität der Manager gesagt haben, auf unterschiedliche Manager-Typen auch **differenziert** und **zielgruppenorientiert** eingegangen werden. Ausgangspunkt hierfür können die Benutzer-Typen sein (Akzeptanz-Befund Nr. 4).

*** Der überzeugte Benutzer**

Wir gehen davon aus, daß zu einer sinnvollen Nutzung der Informations- und Kommunikationstechnik weder eine ablehnende oder skeptische, noch eine euphorische Haltung, sondern eine aufgeschlossene Einstellung gegenüber den Techniken gehört. Insofern muß das Ziel einer erfolgreichen Einführungsstrategie der überzeugte Benutzer sein (Darstellung 7.-13). Er allein ist in der Lage, sachgerecht und nicht übersteigert, realistisch und ohne Wunder zu erwarten, mit den neuen Techniken umzugehen.

*** Der verklärte Benutzer**

Gerade dieser **realistische Umgang** ist von dem verklärten Benutzer **nicht** zu erwarten. Er verliert sich in übersteigerten Hoffnungen, baut unter Umständen seine eigenen Datenbanken auf und experimentiert mit Expertensystemen.[55] Dabei dürfte er

54) Vgl. Müller-Böling, Müller /Akzeptanzfaktoren/ 106, Müller- Böling /Partizipation/, Müller-Böling /Chancen/.

55) Vgl. Adler /Management/ 18.

schnell seine eigentlichen Aufgaben aus dem Blickfeld verlieren. Ihn gilt es, auf die Schwächen und die Gefahren der Informations- und Kommunikationstechnik aufmerksam zu machen und ihn zu sensibilisieren für die in weiten Teilen der Bevölkerung auch vorhandenen Ängste im Zusammenhang mit Computern. Auf diese Schwächen und Gefahren im Zusammenhang mit der Top-Manager-Arbeit werden wir im abschließenden Kapitel noch einmal zurückkommen.

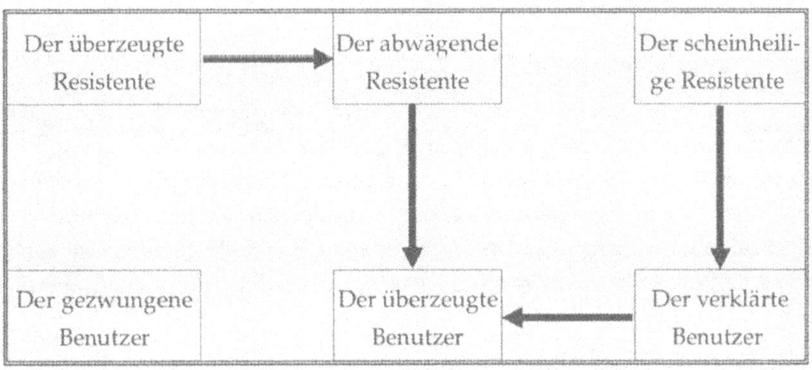

Darstellung 7.-13: Einführungsstrategien nach Benutzer-Typen

* **Der scheinheilige Resistente**

Auch der scheinheilige Resistente, der derzeit die Chefetagen bestimmt und die euphorische Einstellungsakzeptanz mit einer Ablehnung im Verhalten verbindet, muß in Richtung auf eine realistisch-aufgeschlossene Haltung hin aufgeklärt werden. Auch er verbindet übertriebene Hoffnungen mit der Technik, die dann von seinen Mitarbeitern im Trialog entweder überhaupt nicht oder zumindest nicht in der erwarteten Zeit erfüllt werden können. Dies lastet er aber nicht der Dummheit des Computers, sondern dem **Unvermögen** seiner Mitarbeiter an. Aufklärung, die ihn zum abwägenden Resistenten machen würde, wäre hier als Marketingsstrategie sicherlich fehl am Platze. Erfolgversprechender scheint der Weg über die tatsächliche eigene Nutzung zu sein, wobei er dann die Möglichkeiten von Rechnern am eigenen Leib erfahren und erleiden kann. Dabei empfiehlt es sich, durch Auswahl einfacher Techniken die Einstiegshürde möglichst gering zu halten, etwa durch Electronic Mail oder wenig komplexe Datenbankabfragen.[56)]

56) Vgl. Heilmann /Interview/ 113, Rauch /Computerstützung/ 105.

* **Der abwägende Resistente**

Der abwägende Resistente sieht grundsätzlich Nutzungsmöglichkeiten, kennt die Stärken, aber auch die Schwächen der Informations- und Kommunikationstechniken, ist aber bisher nicht bereit, sie zu nutzen. Hier kommt es darauf an, ihn durch bessere Systeme, bei denen die Stärken etwa auch im Hinblick auf seine Aufgaben-Bedürfnisse die Schwächen überwiegen, von einer Nutzung zu überzeugen. Mit 23 Prozent aller Top-Manager ist dieser Typ recht zahlreich und bietet ein erhebliches Potential für eine kurzfristige Erreichung des Ziels eines überzeugten Benutzers.

* **Der überzeugte Resistente**

Schwieriger düfte dies beim überzeugten Resistenten sein. Er lehnt die Nutzung neuer Techniken einstellungs- und verhaltensmäßig ab. Der Weg über eine erzwungene Benutzung dürfte bei Top-Managern nicht vielversprechend sein. Zwar wirken auch hier sozialer Zwang, Gruppendruck oder Prestigedenken, dies führt aber nur dazu, daß der Bildschirm zwar auf dem Schreibtisch steht, aber **nicht genutzt** wird. Einführungsstrategien sollten daher über den Weg einer veränderten Einstellungsakzeptanz laufen.

Im Gegensatz zu anderen Benutzergruppen gibt es den gezwungenen Benutzer bei Top-Managern nicht.

Auf der anderen Seite sind auch die Manager aufgefordert, ihre Bedürfnisse stärker als bisher zu artikulieren. Sie sind die einzige Gruppe im Unternehmen, die ohne spezifische Mitbestimmungs- oder Mitwirkungsregelungen in der Lage ist, ihre Bedürfnisse auch machtpolitisch durchzusetzen, sowohl innerhalb des Unternehmens wie auch als Nachfrager der Produkte beim Hersteller. Insofern müssen sie ihre Forderungen an Informations- und Kommunikationstechniken laut und deutlich artikulieren. Auf der Basis der Erkenntnisse dieses Buches wären das beispielsweise:

* **neue Interaktionsmedien**

Das gebräuchliche Medium der Interaktion mit Informationstechniken ist die Schreibmaschinentastatur. Hiermit haben gerade Top-Manager ihre besonderen Schwierigkeiten (Akzeptanz-Befund Nr. 5). Zu fordern ist jedoch nicht eine in Teak gehaltene Abdeckhaube für die Tastatur mit nur einer Öffnung für die einzige Taste, die die Führungskraft zu drücken in der Lage ist. Es geht auch weniger um eine einheitliche Bedieneroberfläche, die immer wieder gefordert wird, und dem Gelegenheitsbenutzer langwierige Lernvorgänge ersparen soll. Vielmehr muß an völlig andere Medien der Interaktion gedacht werden, die dem bisherigen Verhalten der Manager stärker entgegenkommen. Dazu gehören beispielsweise

- als bereits **marktgängiges Verfahren**
  eine Maus in Verbindung mit Piktogrammen, die Befehle selbsterklärend symbolisieren,
- als **Zukunftsmusik**
  Spracheingabe und Sprachausgabe, die den Manager natürlichsprachlich beispielsweise Datenbankrecherchen durchführen lassen,
- als **Vision**
  ein Bildschirm, der flach in den Schreibtisch eingelassen ist, Befehle durch Berühren von Piktogrammen (sogenannte Touchscreens) erlaubt sowie handschriftliche Eingaben auf der Arbeitsplatte im Bildschirm über Mustererkennungsmechanismen ermöglicht.

Diese Interaktionsmedien schließen sich natürlich nicht aus, sondern sie ergänzen sich und sind gewiß durch weitere Forderungen zu vervollständigen.

* **auf ganzheitliches Denken ausgerichtete Software**

Stärker als bisher muß die Informationstechnik von quantitativem Denken **weggeführt** werden. Dies fängt bei Simulationsrechnungen an und hört bei der Funktionstaste mit der Nummernbezeichnung F5 auf. Top-Manager haben es mit vagen Informationen, mit Problemen zu tun, die sie in der Regel noch **nicht einmal verbal beschreiben**, geschweige denn in Formeln ausdrücken können. Dementsprechend müssen verstärkt **wissensorientierte, natürlichsprachliche Elemente** in die Informationstechnik eingebaut werden, die auf die Anforderungen und das Denken von Managern eingehen. Ist dies nicht möglich, dann müssen derartige Elemente zur Übersetzung in die Sprache und Denkweise des Managers entwickelt werden.

7.4. Für und wider den Einsatz von Informations- und Kommunikationstechnik bei Top-Managern

Wenn wir schon die Technikeuphorie vieler Top-Manager angreifen, wie wir es im sechsten Kapitel getan haben, dann wollen wir nicht selbst in eine Haltung verfallen, die den Anschein erweckt, als sei Informations- und Kommunikationstechnik die Lösung aller Managementprobleme. Vielmehr wollen wir abschließend die realisierbaren Vorteile, aber auch die Gefahren und für den Top-Manager negativen Entwicklungen zusammentragen.[57)]

57) Vgl. auch Reichwald, Stauffert /Bürokommunikationstechnik/ 12, o.V. /Führung/ 14f, Tiemeyer, Herzog /PC-Nutzung/29f.

Argumente für den Einsatz von Informations- und Kommunikationstechniken bei Top-Managern

Effizienzsteigerung bei der Managerarbeit

- Verbesserung der Erreichbarkeit von Top-Managern auch unabhängig von Zeitzonen durch asynchrone Kommunikationsmedien
- beschleunigte Prozesse der Informationsbeschaffung und Informationsaufbereitung
- verringerte Durchlaufzeiten bei der Dokumentenerstellung
- automatisierte Dokumentation ausgetauschter Nachrichten
- Einbeziehung größerer Personengruppen in kommunikative Prozesse
- Zugang zu Unternehmensinformationen und -entscheidungsprozessen auch bei räumlicher Abwesenheit

Effizienzsteigerung im Unternehmen

- Signalwirkung für die übrigen Mitarbeiter durch Vorbildfunktion
- verbesserte Einschätzung der Möglichkeiten von Computern und damit realistischere Anforderungen an sie und an die Mitarbeiter
- Verbesserung der Entscheidungskompetenz bei der Erweiterung des Technikeinsatzes
- Vermeidung von Technologiesprüngen im Unternehmen durch bessere Einsicht in die notwendigen kostenintensiven Lernprozesse
- verbesserte Beurteilung des Schulungs- und Einarbeitungsbedarfs bei Mitarbeitern
- Abbau von Hierarchieebenen durch Vergrößerung der Leitungsspanne aufgrund einer Erhöhung der individuellen Kommunikationskapazität
- Wegfall von Medienbrüchen und Denkbrüchen zu der Arbeit(sweise) der Assistenzkräfte

Ganzheitliche Aufgabenerfüllung

- weniger Delegation an Assistenzkräfte und damit ganzheitlichere Aufgabenerfüllung von der Informationsbeschaffung über die

Informationsbewertung bis zur Entscheidung
- Verringerung der Abhängigkeit von Assistenzkräften auch außerhalb von Kernarbeitszeiten

Argumente wider den Einsatz von Informations- und Kommunikationstechniken bei Top-Managern

Komplexität

- Überflutung mit Informationen
- Übernahme einer Vielzahl operativer Aufgaben, die ökonomischer von Assistenzkräften zu erledigen sind
- Vervielfältigung der Medien mit der Folge noch weiterer Medienbrüche

persönliche Kontakte

- Verringerung von persönlichen Kontakten mit den Folgen geringerer Möglichkeiten des Vertrauensaufbaus, der Erschließung von Hintergrundinformationen, Einordnungs- und Bewertungsmöglichkeiten von Informationen
- verringerte Möglichkeiten der persönlichen Motivation von Mitarbeitern

Delegation

- Einschränkung der Handlungsfähigkeit des Managers durch Abbau der Assistenzkräfte und Abhängigkeit von der Technik
- Abwälzung von Aufgaben auf andere (aufgrund der einfachen Nachrichtendisposition)

Die Anzahl der aufgeführten Für- und Wider-Argumente darf natürlich nicht zu einem vorschnellen generellen Ja oder Nein zur Informations- und Kommunikationstechnik für Führungskräfte verleiten. Vielmehr hoffen wir mit diesem Buch deutlich gemacht zu haben:

> *Die Frage nach dem Einsatz von Informations- und Kommunikationstechniken für Manager ist in jedem Einzelfall anders zu beantworten: Einzelne Techniken müssen die* **individuellen Arbeitsschwerpunkte** *sowie seine* **Persönlichkeit** *berücksichtigen. Es wäre nichts verfehlter als der Aufbau* **eines** *Informations- und Kommunikationssystems für Führungskräfte* **insgesamt**.

A.1. Die empirischen Studien - Überblick

Dieses Buch ist Teilergebnis eines von der Deutschen Forschungsgemeinschaft geförderten Projektes mit dem Titel "Telekommunikation für Führungs- und Fachkräfte". Bei dem Gesamtprojekt sind wir stufenweise vorgegangen. In einem ersten Teilschritt wurden Ansätze in der **Literatur** untersucht.[1)] Darauf aufbauend wurde in einem zweiten Teilschritt ein **Interviewleitfaden** entwickelt, der im Rahmen von mehrstündigen Gesprächen mit Führungskräften (Studie 4) eingesetzt wurde. Die Ergebnisse dieser Intensivinterviews nutzend wurden in einem dritten Teilschritt (Studie 6) Führungskräfte mit einem **standardisierten Fragebogen** mündlich befragt. Die aus den geführten Interviews gewonnenen Erfahrungen wurden dann verwendet, um in einem vierten Teilschritt zwei **schriftliche Befragungen** mit einer repäsentativen Auswahl von Top-Managern durchzuführen. Die mehrstufige Vorgehensweise von fallstudienartigen Befragungen bis zu einer Feldstudie gewährleistet, daß Erkenntnisse der vorhergehenden Untersuchung jeweils in der nächsten Stufe berücksichtigt werden können. Von Stufe zu Stufe sinkt dabei zwar der Informationsgehalt, der Allgemeinheitsgrad steigt jedoch an (Darstellung A.-1).

Teilschritt	Untersuchung	Informationsgehalt	Allgemeinheitsgrad
1	Literaturstudium	-	-
2	Intensivinterviews	hoch	niedrig
3	mündliche Interviews	mittel	niedrig
4	schriftliche Befragung	niedrig	hoch

Darstellung A.-1: Untersuchungsdesign "Telekommunikation für Führungs- und Fachkräfte"

Einen Überblick über alle empirischen Teilstudien des Projektes vermittelt Darstellung A.-2. Die Studien wurden zur besseren Übersicht auch bei allen anderen Publikationen einheitlich durchnumeriert. Datenmaterial von zwei Studien (Studie 1 und

1) Vgl. Ramme /Konzepte/.

Studie	Untersuchungsfeld	Anzahl der Befragten	Erhebungs-methode
Studie 1 E-Mail-Pionier	Führungs-, Fachkräfte, Sachbearbeiter, Industrie	n = 64	schriftliche Befragung
Studie 2 E-Mail Routiniers	Führungs-, Fachkräfte, Sachbearbeiter, Unterstützungs- kräfte, Computerhersteller	n = 90	mündliches Interview
Studie 3 E-Mail-Freaks	Fachkräfte, Electronic Mail Nutzer	n = 30	Teleinterview
Studie 4 **Exploration Arbeit**	**Führungskräfte** **Versicherungs- und Kreditgewerbe**	**n = 8**	**Intensivin-** **terview**
Studie 5 Exploration E-Mail	Führungskräfte Versicherungs- und Kreditgewerbe	n = 6	Intensiv- interview
Studie 6 **Exploration Arbeit und** **IuK-Akzeptanz**	**Führungskräfte** **Industrie,** **Kreditgewerbe**	**n = 12**	**mündliches** **Interview**
Studie 7 **Architekten**	**Führungskräfte** **Architekturbüros**	**n = 274**	**mündliches** **Interview**
Studie 8 **Studenten**	**WiSo-Studenten**	**n = 298**	**schriftliche** **Befragung**
Studie 9 E-Mail-Starter	Führungs- und Fachkräfte, Computerhersteller	n = 30	schriftliche Befragung
Studie 10 **Top-Manager Arbeit**	**Führungskräfte** **Wirtschaft**	**n = 712**	**schriftliche** **Befragung**
Studie 11 **Top-Manager I+K-Technik**	**Führungskräfte** **Wirtschaft**	**n = 781**	**schriftliche** **Befragung**
Studie 12 **Forschungs-Manager**	**Führungskräfte** **Forschungsinstitut**	**n = 24**	**schriftliche** **Befragung**
Studie 13 E-Mail Halbjahresnutzer	Führungs- und Fachkräfte Computerhersteller	n = 17	Teleinterview

Darstellung A.-2: Teilstichproben des Projektes "Telekommunikation für Führungs- und Fachkräfte"

2) wurde uns freundlicherweise aus einer Untersuchung von Herrn Professor Dr. Dietrich Seibt, Universität - GHS Essen, zur Verfügung gestellt. Ihm sei hierfür sehr herzlich gedankt. In den insgesamt 11 von uns selbst durchgeführten Studien wurden mehr als 2.200 Führungs- und Fachkräfte befragt. Die markierten Studien sind in dieses Buch eingearbeitet. Sie werden im folgenden näher beschrieben. Andere Teilstudien des Gesamtvorhabens sind speziell auf eine bereits weiter verbreitete Kommunikationstechnik, nämlich Electronic Mail, gerichtet. Die Ergebnisse werden getrennt publiziert.[2)]

A.1.1. Studie 4 "Exploration Arbeit"[3)]

(1) Zielsetzung

Ausgehend von der Literaturanalyse war es die Zielsetzung der ersten **Intensivinterviews**, zum einen einen groben Überblick über die Arbeit von Führungskräften, speziell ihre Arbeitszeit, die Fachaufgaben, die Führungsfunktionen sowie die Aktivitäten zu gewinnen, zum anderen sollten Kenntnisse über die Schwachstellen der Führungsarbeit erarbeitet werden. Mit diesen Intensivinterviews sollte ein erster Einblick in die Führungskräftearbeit gewonnen und gleichzeitig die Entwicklung eines Fragebogens für die Studie 6 vorbereitet werden.

(2) Datensammlungstechnik

Aufgrund des explorativen Charakters wurde in dieser Phase der Untersuchung kein standardisierter Fragebogen eingesetzt[4)], vielmehr wurden die Fragen anhand eines Interviewer-Leitfadens gestellt.[5)] Die meisten Gespräche begannen mit Fragen nach der Position, der Ausbildung oder dem Aufgabenkreis. Daran anschließend wurden Fragen nach den Führungsfunktionen Planung, Organisation, Steuerung und Menschenführung gestellt. Bei den Fragen nach den Aktivitäten wurde den Befragten eine Liste mit Aktivitäten vorgelegt mit der Bitte, die ungefähre Zeitverteilung anzugeben. Die Reihenfolge der Fragen erfolgte variabel und entsprechend dem Gesprächsverlauf. Daher ist auch der Informationsumfang bezogen auf die einzelnen Führungskräfte unterschiedlich.

2) Vgl. Müller-Böling, Klautke /Electronic Mail/.

3) Vgl. Müller-Böling, Ramme /Intensivinterviews/.

4) Vgl. Friedrichs /Methoden/ 192ff.

5) Der Leitfaden ist wiedergegeben in Müller-Böling, Ramme /Intensivinterviews/ 4f.

(3) Gewinnung von Probanden

Die Gewinnung von Probanden erfolgte durch persönliche Kontakte zu einem **Versicherungsunternehmen** sowie zu einem **Kreditinstitut**. Durch die Kontakte zum Versicherungsunternehmen konnten insgesamt sechs Probanden gewonnen werden, die nach Maßgabe einer Kontaktperson ausgewählt wurden, die ebenfalls für die Befragung zur Verfügung stand. Durch die Kontakte zu dem Kreditinstitut kamen zwei Interviews zustande.

(4) Zeitaufwand und Rücklaufquote

Die Datenerhebung fand im Büro der Befragten statt. Aus der fehlenden Strukturierung der Interviews resultierte eine unterschiedliche Dauer der Gespräche, die zwischen einer Stunde und drei Stunden schwankte. Die Gespräche wurden auf Band aufgezeichnet und danach abgeschrieben, so daß der Volltext der Interviews für die Auswertung zur Verfügung stand. Die Aufzeichnung der Gespräche erfolgte offen und fand mit Einverständnis der Befragten statt. Zur Anonymisierung werden Name und Sitz der Unternehmen nicht genannt und die Namen der Befragten geändert.

(5) Beschreibung der Stichprobe

Die Positionen der Führungskräfte reichen von Vorstandsmitgliedern über Dezernatsleiter, Abteilungsleiter bis hin zu Gruppenleitern.

Eine Führungskraft verfügt über ein Hochschulstudium, vier haben eine Fachhochschulausbildung absolviert. Mit Ausnahme eines Juristen sowie eines Informatikers verfügen alle Führungskräfte über eine kaufmännische Berufsausbildung. Der Aufgabenkreis hängt größtenteils unmittelbar mit den Aufgaben des Unternehmens zusammen: Krankenversicherung, Lebensversicherung, Organisation, Hauptbuchhaltung, Revision, Personal, Ausbildung, Marketing, Ausbildungsbeauftragter, Verbindung Fachbereich/Systementwicklung. Die Anzahl der direkt unterstellten Mitarbeiter schwankt zwischen 0 und 40, wobei sie sehr von der Leitungsebene abhängig ist. Die durchschnittliche Wochenarbeitszeit schwankt stark zwischen der tariflich vereinbarten Arbeitszeit von 37 3/4 Stunden bis zu 70 Stunden ohne Einrechnung der Arbeit zu Hause. Die Führungskräfte aus dem Versicherungsunternehmen waren in der Lage, die Arbeitszeit sehr genau anzugeben, da in diesem Unternehmen ein Arbeitszeiterfassungssystem eingesetzt wird. Der Durchschnitt über alle 8 Führungskräfte liegt bei 47 Stunden in der Woche, wobei auch hier wieder ein Zusammenhang mit der Höhe der Position vorliegt: Je höher die Leitungsebene, desto länger ist die Arbeitszeit.[6)]

6) Zu diesen Ergebnissen detaillierter Müller-Böling, Ramme /Intensivinterviews/ 7ff.

(6) Zusammenfassende Ergebnisse

Ziel der durchgeführten Intensivinterviews war es, die aus dem Literaturstudium gewonnenen Erkenntnisse[7)] durch Gespräche mit Praktikern zu ergänzen.

Die Intensivinterviews hatten zwei Funktionen, eine inhaltliche und eine methodische. Unter dem **inhaltlichen Aspekt** sollte erforscht werden, was Führungskräfte machen. Über die vorliegenden Erkenntnisse der Literaturanalyse hinaus wurde folgende neue Aspekte gewonnen:

- Gremienarbeit ist ein außerordentlich wichtiger Faktor der Arbeit von Führungskräften. Die Gremienarbeit steht zwar nicht immer in einem unmittelbaren Zusammenhang mit der beruflichen Tätigkeit, eine enge Verbindung besteht jedoch insofern, als die (hohe) berufliche Position meist Voraussetzung für die Ausübung des Gremienamtes ist.
- Besuche von Seminaren und Weiterbildungsveranstaltungen gehören zur typischen Arbeit von Führungskräften.
- Eine Trennung von fachbezogenen Tätigkeiten wie Berechnungen oder Auswertungen durchführen und allgemeinen Verwaltungstätigkeiten ist nicht sinnvoll. Sie sollten unter Schreibtischtätigkeiten zusammengefaßt werden.

Unter dem **methodischen Aspekt** ergaben sich folgende Erkenntnisse:

- Die Aktivitäts- und die Funktionsanalyse sind ausreichend und überschneidungsfrei. Zum Teil wurden jedoch ähnliche Aktivitäten in unterschiedliche Kategorien eingeordnet, etwa bei Kontrollaufgaben, die einige Führungskräfte den Verwaltungsaufgaben, andere wiederum den Auswertungen im Rahmen der Fachaufgaben zurechneten.
- Die Befragten waren in der Lage, zumindest für die Aktivitäten Zeitangaben zu machen.

A.1.2. Studie 6 "Exploration Arbeit und I+K-Akzeptanz"[8)]

(1) Zielsetzung

Ziel dieser Interviews war nicht mehr ein grober Überblick über die Arbeit von Führungskräften bzw. ihre Technik-Akzeptanz. Vielmehr ging es darum, detaillierte Informationen zur Arbeit von Führungskräften, der informationstechnischen Ausstattung und den Einstellungen der Führungskräfte zu neuen Techniken zu gewinnen.

7) Vgl. Ramme /Konzepte/.

8) Vgl. Müller-Böling, Ramme /Interviews/.

(2) Datensammlungstechnik

In dieser zweiten Untersuchungsphase wurde die mündliche Befragung[9] als Datensammlungstechnik eingesetzt. Aufgrund der Intensivinterviews in der Studie 4 sowie der umfangreichen Erfahrungen auf dem Gebiet der Akzeptanzforschung[10] konnte auf ein Vorwissen zurückgegriffen werden, das den Einsatz eines standardisierten Fragebogens rechtfertigte.[11] Mündlich abgefragte **standardisierte Fragebogen** sichern eine weitgehend einheitliche Interpretation der Fragen durch die Respondenten bei gleichzeitiger Möglichkeit der Gewinnung von zusätzlichen Informationen durch Rückfragen oder Kommentare.

Eingesetzt wurde ein 12 Seiten umfassender Fragebogen, bestehend aus zwei Teilen: Fragen zur Arbeit der Führungskräfte und der informationstechnischen Ausstattung und Einstellungen zu neuen Techniken. Die Reihenfolge der Fragen wurde immer eingehalten. Jedoch wurde teilweise über die Fragen diskutiert. Die Befragten wurden auch ausdrücklich ermuntert, Kritik zu üben. Die Zielsetzung der Studie und der im Vergleich zu einer schriftlichen Befragung hohe Zeitaufwand sprachen für eine kleine Stichprobe.

(3) Gewinnung von Probanden

Die Gewinnung der Probanden erfolgte ausschließlich durch persönliche Kontakte. Insgesamt wurden 14 Führungskräfte angesprochen, von denen sich 12 zu einem Interview bereit erklärten.

(4) Zeitaufwand und Rücklaufquote

Die Datenerhebung fand in neun Fällen im beruflichen Umfeld der Befragten statt. Drei Führungskräfte wurden in ihrer Privatwohnung befragt. Die Interviews dauerten in der Regel etwa eine Stunde. Es konnten alle durchgeführten Interviews ausgewertet werden.

(5) Beschreibung der Stichprobe

Unter den insgesamt 12 interviewten Führungskräften ist nur eine Frau. Dies entspricht jedoch dem immer noch geringen Anteil weiblicher Führungskräfte in der

9) Vgl. zu dieser Problematik ausführlich Remer /Personalmanagement/ 421, Friedrichs /Methoden/ 216f., Rippel /Interviewdauer/ 61, Karmasin /Umfrageforschung/ 159, Atteslander /Sozialforschung/ 89, Nieschlag, Eckardstein /Aspekte/ 148, Rosenstiel /Grundlagen/ 211, Friedrichs /Personalführung/ 323f.

10) Vgl. Müller-Böling, Müller /Akzeptanzfaktoren/.

11) Vgl. Friedrichs /Methoden/ 192ff.

Bundesrepublik Deutschland. Die Führungskräfte sind im Schnitt 51 Jahre alt. Nur zwei sind unter 40 Jahre. Die Hälfte der Führungskräfte haben ein Studium absolviert. Die anderen sechs Befragten haben ihre Führungspositionen ohne Hochschulbildung erreicht. Sowohl bei der Berufsausbildung als auch bei den Studienfächern dominiert in dieser Stichprobe die wirtschaftswissenschaftliche Ausrichtung. Fünf der zwölf Führungskräfte arbeiten in kleinen Organisationen mit einer Mitarbeiterzahl unter 200. Sieben Führungskräfte sind in Organisationen mit 500 und mehr Beschäftigten zu finden. Bei den Branchen haben wir uns bemüht, trotz der kleinen Stichprobe eine möglichst breite Streuung zu realisieren. Die Führungskräfte entstammen der Energieversorgung, der chemischen Industrie, der Nachrichtentechnik, dem Handel (2), der Kreditwirtschaft (3), einem Verband sowie dem öffentlichen Dienst (3). Die Positionsbezeichnungen sind recht unterschiedlich. Befragt wurden 2 Vorstandsmitglieder, 3 Geschäftsführer, 3 Direktoren, davon 1 Abteilungsdirektor, 2 Hauptabteilungsleiter sowie 2 Universitätsprofessoren. 8 Führungskräfte gehören der obersten Ebene ihrer Organisation an, 4 sind Mitglieder der zweiten Hierarchieebene. Die Führungskräfte der Studie 6 sind damit hierarchisch höher aufgehängt als die der Studie 4. Zusätzlich zu den demographischen und beruflichen Angaben beantworteten die Führungskräfte auch Fragen nach der Einschätzung ihrer psychischen Eigenschaften. Sie schätzen sich als besonders dynamisch, aktiv, interessiert, sicher und konzentriert ein.

(6) Zusammenfassende Ergebnisse

Ziel der Interviews war es, die aus Literaturstudium[12)] und den Intensivinterviews gewonnenen Erkenntnisse[13)] in einer standardisierten Befragung zu testen. Die Interviews hatten, wie in der Studie 4, eine inhaltliche und eine methodische Funktion.

Unter dem **inhaltlichen Aspekt** erzielten wir folgende neue Erkenntnisse:

- Die Führungsfunktionen sind um die Funktion Repräsentation zu ergänzen, so daß Aktivitäten in der Funktionen-Aktivitäten-Matrix auch Repräsentationsfunktionen zugeordnet werden können.
- Das gleiche gilt für die Fachaufgaben, die ebenfalls in der Aufgaben-Aktivitäten-Matrix enthalten sein sollten.
- Vorträge gehören zu den Aktivitäten von Führungskräften. Gerade diese Aktivität wurde nach den Intensivinterviews der Studie 4 aus der Liste der Aktivitäten gestrichen, weil sie zu den nicht ins Gewicht fallenden Aktivitäten gehörte. Jedoch ist hier sicherlich ein Zusammenhang mit der höheren hierarchischen Ebene der in Studie 6 befragten Führungskräfte zu sehen.

12) Zum Themenkomplex Arbeit vgl. Ramme /Konzepte/, zum Bereich Managerakzeptanz vgl. Müller-Böling /Manager/.

13) Zum Themenkomplex Arbeit vgl. Müller-Böling, Ramme /Intensivinterviews/.

- Zusätzliche Schwachstellen kennzeichnen den Arbeitsalltag der Führungskräfte. Es handelt sich dabei um Items wie "Man muß zu viele Vorlagen lesen" und "Bei Vorträgen kommen Redner nicht zur Sache".

Unter **methodischen Aspekt** gab es folgende Erkenntnisse:
- Die Beantwortung der Frage nach der Arbeitszeit fällt Führungskräften schwer. Es wurde auch zugegeben, daß die Arbeitszeit nach oben verzerrt angegeben würde, da es zum Bild einer Führungskraft gehöre, viel zu arbeiten.
- Einige Schwierigkeiten bereitete die Frage nach dem Zeitaufwand für die einzelnen Aktivitäten. Von allen Führungskräften wurden allerdings Zeitangaben gemacht.
- Eine Matrix, bei der Aktivitäten den Führungsfunktionen zugeordnet wurden, war nur nach mehr oder weniger umfangreicher Hilfestellung zu beantworten.
- Der bereits häufig eingesetzte Fragebogen zur Akzeptanz ist auch für Führungskräfte leicht beantwortbar.

A.1.3. Studie 7 "Architekten" [14)]

(1) Zielsetzung

Zielsetzung dieser Studie war es, das Informationsmanagement von Architekten - als einer weiteren Zielgruppe von Führungskräften - zu untersuchen. Speziell ging es um die Frage, wie Architekten ihre Informationen beschaffen, unabhängig davon, ob dies mit neuen Informations- und Kommunikationstechniken geschieht oder nicht. Gleichzeitig sollten die Einstellungs- und Verhaltensakzeptanz gegenüber neuen Informations- und Kommunikationstechniken generell untersucht werden.

(2) Datensammlungstechnik

Im Rahmen eines Projektseminars mit Studenten wurde die schriftliche sowie die mündliche Befragung als Datensammlungstechnik ausgewählt. Die Befragungen wurden durch mehrere Pretests vorbereitet. Insgesamt wurden 11 Pretests durchgeführt.

14) Vgl. Müller-Böling /Informationsmanagement/.

(3) Gewinnung von Probanden

*** Die mündliche Befragung**

Die Studenten erhielten eine Adressenliste von Architekten aus dem Großraum Dortmund. In einem vorherigen Schreiben wurden die Architekten über die Untersuchung aufgeklärt und um Unterstützung gebeten. Dann wurden die Architekten von den Studenten angerufen und um einen Befragungstermin gebeten.

*** Die schriftliche Befragung**

Nachdem der Fragebogen in den Pretests und in den mündlichen Interviews im Hinblick auf die Verständlichkeit hinreichend getestet worden war, wurde der Fragebogen an 545 Architekten im Stuttgarter Raum verschickt. Die Adressen wurden von der Architektenkammer Baden-Württemberg zur Verfügung gestellt. Der Fragebogen wurde zusammen mit einem Begleitschreiben der Universität Dortmund versandt.

(4) Zeitaufwand und Rücklaufquote

*** Die mündliche Befragung**

Die Interviews wurden im September/Oktober 1987 durchgeführt. Die Dauer der Interviews variierte zwischen 40 Minuten und zwei Stunden. Im Schnitt dauerten sie eine Stunde. Von den insgesamt 485 zu Verfügung stehenden Adressen konnten 211 Befragungsteilnehmer gewonnen werden, mit denen die Interviews durchgeführt wurden. Dies entspricht einer Rücklaufquote von 43,5 Prozent.

*** Die schriftliche Befragung**

Die Fragebogen wurden im November 1987 verschickt. Nach zwei Wochen wurde mit einem Erinnerungsschreiben nachgefaßt. Der Rücklauf zog sich bis Februar 1988 hin. Allerdings konnten aus Auswertungsgründen nur die bis Ende 1987 eingetroffenen Fragebogen berücksichtigt werden. Das waren von den 545 versendeten Fragebogen insgesamt 63. Damit ergibt sich eine Rücklaufquote von 12 Prozent. Angesichts der Tatsache, daß der Fragebogen sehr umfangreich und die Beantwortung sehr zeitintensiv war,[15)] muß man von einer befriedigenden Rücklaufquote sprechen.

(5) Beschreibung der Stichprobe

Auch in dieser Studie zeigt sich eine deutliche Dominanz der Männer. Von insgesamt 273 Architekten sind lediglich sieben weiblich. Die Unterrepräsentation der Frauen

15) Je kürzer der Fragebogen, desto höher ist der Rücklauf. Vgl. Friedrichs /Methoden/ 241.

könnte darauf zurückzuführen sein, daß die Baubranche, und hier insbesondere der Beruf "Architekt", immer noch eine Domäne der Männer ist. Ein weiterer Grund für den geringen Frauenanteil könnte darin liegen, daß nur selbständige Architekten befragt wurden. Die Struktur des Alters zeigt eine hohe Konzentration in der Klasse der 50 bis 60-Jährigen. Das Durchschnittsalter der Architekten liegt bei 49 Jahren bei einer Schwankung zwischen 25 und 81 Jahren. 95 Prozent der Architekten haben ein Studium absolviert.

A.1.4. Studie 8 "Studenten"

(1) Zielsetzung

Seit 1981 werden an der Universität Dortmund jährlich Studenten der Wirtschafts- und Sozialwissenschaften, die im ersten Semester an der Veranstaltung "Einführung in die Methoden der Empirischen Wirtschafts- und Sozialforschung" teilnehmen, nach ihrer Einstellung zur Informations- und Kommunikationstechnik (Einstellungsakzeptanz) befragt.[16] Ziel ist es unter anderem, aus diesen Längsschnittdaten Vergleichsinformationen für andere Studien zu erhalten.

(2) Datensammlungstechnik

Als Datensammlungstechnik kommt die schriftliche Befragung zur Anwendung. Neben den demographischen Merkmalen wird den Studenten die ADV-Skala vorgelegt.

(3) Gewinnung von Probanden

Die Probanden sind die jeweiligen Teilnehmer der Vorlesung. Die Anzahl der Befragungsteilnehmer richtet sich dementsprechend nach der Anzahl der Vorlesungsteilnehmer, die zwischen 200 und 400 Studenten schwankt.

(4) Zeitaufwand und Rücklaufquote

Die Fragebogen werden in der Vorlesung verteilt und unmittelbar nach dem Ausfüllen wieder eingesammelt. An der Befragung, die im Sommersemester 1988 durchgeführt wurde, nahmen 298 Studenten teil. Es konnten alle Fragebogen ausgewertet werden.

(5) Beschreibung der Stichprobe

Von den 298 Studenten waren fast die Hälfte weibliche Studenten. Dieser Anteil ist

16) Vgl. Müller-Böling u.a. /Studenten/, sowie Müller-Böling, Kummetz-Zeißner /Computer-Euphorie/.

im Verhältnis zu den Vorjahren außerordentlich hoch. Die meisten Studenten sind erwartungsgemäß zwischen 20 und 21 Jahren alt. Der jüngste Student ist 18 Jahre alt, der älteste 40 Jahre. Die Mehrzahl strebt den Studienabschluß Diplom-Kaufmann/-frau an. Nur 10 Prozent wollen den volkswirtschaftlichen Abschluß machen.

A.1.5. Studien 10 "Top-Manager Arbeit" und 11 "Top-Manager I+K-Technik"

(1) Zielsetzung

Ziel der repräsentativ angelegten Studie 10 war es, Informationen über die Arbeit, die Arbeitszeitverteilung, den Anteil von Fach- und Führungsaufgaben sowie über die Schwachstellen der Arbeit von Top-Managern zu erhalten. Studie 11 sollte vor allem Kenntnisse über das Verhalten und die Einstellung von Top-Managern zu neuen Informations- und Kommunikationstechniken ermitteln. Da beide Studien vom Aufbau her im wesentlichen gleich durchgeführt wurden, werden sie auch gemeinsam dargestellt.

(2) Datensammlungstechnik

Aufbauend auf den Studien 4 und 6, die als Pretests fungierten, wurde für die Studien 10 und 11 jeweils ein Fragebogen entwickelt, der postalisch versandt werden sollte.

Für die Studie 10 wurde ein Fragebogen von insgesamt 5 Seiten konzipiert, der neben den demographischen und unternehmensspezifischen Fragestellungen im wesentlichen Fragen zur Arbeitszeit, zu den Aufgaben, zu den einzelnen Führungsaktivitäten und -funktionen sowie zu den Schwachstellen der Arbeit von Führungskräften enthält (Darstellung A.-3).

Auch in der Studie 11 wurde ein 5 Seiten umfassender Fragebogen eingesetzt. Mit den insgesamt elf Fragen wurden hier die Führungskräfte demographischen, unternehmensspezifischen und psychographischen Fragestellungen gegenübergestellt, und daneben wurde vor allem nach der informationstechnischen Ausstattung sowie ihren Vorbehalten und ihrer Einstellung gegenüber den neuen Informations- und Kommunikationstechniken gefragt (Darstellung A.-4).

Beide Fragebogen wurden auf Selbsterklärungsfähigkeit hin konzipiert und sollten die folgenden Kriterien erfüllen:

- gute optische Erfaßbarkeit der Fragen und Antwortmöglichkeiten (Layout, Antwortkästchen),
- Klarheit und Eindeutigkeit der Fragestellung und Frageformulierung,

- inhaltlich interessante Aufbereitung der Fragen für den Top-Manager, um einen Anreiz für die Beantwortung zu schaffen,
- genügend Spielraum für die einzelnen Antworten, d.h. Zulassung von offenen bzw. halboffenen Fragen.

(3) Gewinnung von Probanden

Zielsetzung war, eine repräsentative Auswahl von Top-Managern aller Wirtschaftsbereiche in der Bundesrepublik Deutschland zu befragen. Die Auswahl der Befragungsteilnehmer erfolgte über das Adressenmaterial des Hoppenstedt-Handbuches "Leitende Männer und Frauen der Wirtschaft"[17]. Die Adressen wurden nach einem vorher festgelegten Schema bestimmt, um so die Zufälligkeit der ausgewählten Top-Manager zu gewährleisten. Im einzelnen wurde für die Studien 10 und 11 nach folgendem Schema vorgegangen:

1. Jede zehnte Adresse wird ausgewählt und mit einem "-" gekennzeichnet.
2. Falls er/sie den Selektionskriterien in Punkt 6 standhält, wird aus dem "-" durch querschreiben ein "+".
3. Abwechselnd wird ein "A" für Arbeit und ein "T" für Technik vergeben und im Hoppenstedt vermerkt.[18]
4. Beginne mit "A"!
5. Falls eine zehnte Adresse nach den Selektionskriterien in Punkt 6 nicht in Frage kommt, so nehme man in diesem Falle die 11. Adresse. Falls diese auch nicht in Frage kommt die 9. Adresse, ansonsten die 12., 8., 13., 7. usw. Danach wieder zum ursprünglichen Zehnerrhythmus zurückkehren.
6. Selektionskriterien:
   Nicht ausgewählt werden sollen Personen, die
   - ein Ehrenamt bekleiden,
   - im Ruhestand sind,
   - nur Kommanditisten sind,
   - nur Verbandstätige u.ä. sind,
   - Männer, die ihr Geburtsjahr vor 1923 haben,
   - Frauen, die ihr Geburtsjahr vor 1928 haben,
   - in Forschungsinstituten,
   - in eingetragenen Vereinen (e.V.),
   - in öffentlichen Verwaltungen,
   - im Aufsichtsrat,
   - im Verwaltungsrat tätig sind.

17) Vgl. Hoppenstedt /Männer/.

18) A steht also für den Fragebogen der Studie 10, T für den den Fragebogen der Studie 11. Es wurde also abwechselnd jeweils eine Adresse für die Studie 10 und eine für die Studie 11 ermittelt.

EINGEGANGEN
18. MRZ. 1988

353

UNIVERSITÄT DORTMUND

Fachbereich Wirtschafts- und Sozialwissenschaften
Fachgebiet Methoden der empirischen
Wirtschafts- und Sozialforschung

Prof. Dr. Detlef Müller-Böling

Dortmund, im Frühjahr 1988

Sehr geehrte Führungskraft,

mit einem repräsentativen Verfahren haben wir Sie aus dem Hoppenstedt-Handbuch „Leitende Männer und Frauen der Wirtschaft" ausgewählt. Sie gehören damit zum Kreis von knapp **6.000 Topmanagern**, die wir mit dem vorliegenden Fragebogen um Auskunft über Ihre **Arbeitsbelastung und Arbeitszeitverteilung** bitten.

Unsere Forschungsarbeit wird finanziell von der Deutschen Forschungsgemeinschaft getragen, ist also unabhängig von gesellschaftlichen oder parteilichen Gruppierungen. Ihre Antworten werden selbstverständlich **anonym behandelt**.

Eine besonders herzliche Bitte haben wir: **Beantworten Sie die Fragen alle selbst!** Da es uns um die Einschätzung von **Führungskräften** geht, bitten wir, die Beantwortung **nicht zu delegieren**.

Wir wissen um Ihre **zeitliche Belastung**. Aus diesem Grund haben wir uns um einen **knappen Fragebogen** bemüht. Bei Rückfragen rufen Sie uns bitte an!

Können wir auf Ihre **freundliche Unterstützung** hoffen?

(Professor Dr. Detlef Müller-Böling)

(Dipl.-Volksw. Iris Ramme)

(Dipl.-Kff. Susanne Kirchhoff)

Postanschrift: Postfach 50 05 00 · 4600 Dortmund 50 Telefon (0231) 7554600

Darstellung A.-3: Fragebogen Arbeit

Zunächst möchten wir Sie bitten, uns einige Fragen zu Ihrer Person und Ihrer beruflichen Stellung zu beantworten.

1. *Sie sind*

- ☐ weiblich
- ☒ männlich

2. *Wie alt sind Sie?*

[59] Jahre

3. *Welchen höchsten Schulabschluß haben Sie erreicht?*

- ☐ Volksschule bzw. Hauptschule
- ☐ Realschule oder Handelsschule
- ☐ Fachoberschule
- ☐ Gymnasium
- ☐ Fachhochschule
- ☒ Hochschule

4. *Welche Ausbildung haben Sie absolviert? (Mehrfachnennungen möglich)*

Studium

- ☐ Wirtschaftswissenschaften
- ☐ Rechtswissenschaften
- ☐ Naturwissenschaften
- ☒ Ingenieurwissenschaften
- ☐ Geisteswissenschaften
- ☐ andere

Berufsausbildung

- ☐ Kaufmännische Ausbildung
- ☐ gewerblich-technische Ausbildung
- ☒ handwerkliche Ausbildung
- ☐ andere

5. *Wie hoch schätzen Sie Ihre wöchentliche Gesamtarbeitszeit incl. Arbeit zu Hause und / oder am Wochenende ein?*

[60] Stunden pro Woche

6. *Wie groß ist das Unternehmen, für das Sie unmittelbar Führungsverantwortung tragen?*

☐		bis unter	100 Mitarbeiter
☒	100	bis unter	500 Mitarbeiter
☐	500	bis unter	1.000 Mitarbeiter
☐	1.000	bis unter	5.000 Mitarbeiter
☐	5.000	Mitarbeiter	und mehr

7. *Zu welcher (welchen) Branche(n) gehört Ihr Unternehmen?*

BRAUEREIEN 2031

Wir möchten Sie nun bitten, uns anzugeben, in welchen Bereichen die Schwerpunkte Ihrer Arbeit liegen. Führungskräfte erledigen zum Teil **Fachaufgaben** wie z.B. Aufgaben im Marketing, im Rechnungswesen oder in der Forschung und Entwicklung. Dies sind in der Regel Aufgaben, bei denen Sie als Fachmann gefragt sind. Losgelöst von den Fachaufgaben beschäftigen sich Führungskräfte mit den eigentlichen **Führungsaufgaben** Planung, Organisation, Steuerung und Kontrolle, Mitarbeiterführung und Repräsentation des Unternehmens. Als erstes möchten wir dabei gerne von Ihnen wissen, für welche Fachaufgaben Sie verantwortlich sind.

8. *Welche Fachaufgaben erledigen Sie?*

PRODUKTION, VERPACKUNG, BAUTEN, VERFAHRENSTECHNIK

9. *Beim Ausfüllen der nun folgenden Fragen bitten wir Sie, die Führungsaufgaben auf einer Skala von 1 bis 5 danach einzustufen, wie stark sie mit ihnen jeweils beschäftigt sind.*

Bewertung nach Zeitaufwand

Führungsaufgaben	1 (gar nicht)	2	3	4	5 (viel)
Planung	☐	☐	☐	☐	☒
Organisation	☐	☒	☐	☐	☐
Steuerung und Kontrolle	☐	☐	☐	☒	☐
Mitarbeiterführung	☐	☐	☒	☐	☐
Repräsentation des Unternehmens	☐	☐	☒	☐	☐

10. *Der Anteil von Führungsaufgaben und Fachaufgaben ist unterschiedlich groß. Bitte geben Sie in etwa das Verhältnis zwischen Führungs- und Fachaufgaben an, das für Ihre Arbeit zutrifft.*

[30] *% Führungsaufgaben* [70] *% Fachaufgaben*

Um Ihre Aufgaben zu erledigen, sind vielfältige Aktivitäten wie Telefonieren, Postbearbeitung, Teilnahme an Sitzungen und ähnliches notwendig.

11. *Hier möchten wir Sie bitten, für die einzelnen Aktivitäten den jeweiligen Zeitaufwand aufzuschreiben. Um Ihnen dieses zu erleichtern, überlassen wir die Wahl der Zeiteinheit (Tag, Woche, Monat, Jahr) Ihnen.*

Aktivitäten	**Zeitaufwand**
Kommunikation	
offizielle Sitzungen	8 Std. pro WOCHE
Besprechungen	12 Std. pro "
Telefonate	3 Std. pro "
Schreibtischtätigkeiten	
Eingangspost bearbeiten	5 Std. pro WOCHE
Ausgangspost bearbeiten	5 Std. pro "
Schriftstücke erstellen	7 Std. pro "
Vorlagen lesen	5 Std. pro "
Sonstige Tätigkeiten	
Arbeitsessen / Empfänge	2 Std. pro WOCHE
Gremien- / Verbandsarbeit	8 Std. pro WOCHE
Teilnahme an Tagungen / Kongressen	2 Std. pro WOCHE
Halten von Vorträgen	2 Std. pro "
Fahrzeiten für Reisen	4 Std. pro "

12. *Jetzt möchten wir Sie bitten, die Führungs- und Fachaufgaben den aufgeführten Aktivitäten zuzuordnen. Am besten gehen Sie dabei* ***spaltenweise*** *vor und füllen die Kästchen nach folgendem Muster aus, wobei 1 für selten und 2 für häufig steht.*

MUSTER:

Aufgaben	Planung	Organisation	Steuerung und Kontrolle	Mitarbeiterführung	Repräsentation des Unternehmens	Fachaufgaben
Aktivitäten						
Kommunikation						
offizielle Sitzungen			2	1		
Besprechungen		1		2	1	
Telefonate	2		1			
Schreibtischtätigkeiten						
Eingangspost bearbeiten						
Ausgangspost bea…						

Aufgaben	Planung	Organisation	Steuerung und Kontrolle	Mitarbeiterführung	Repräsentation des Unternehmens	Fachaufgaben
Aktivitäten						
Kommunikation						
offizielle Sitzungen	1	1		2	1	1
Besprechungen	2		2	1		
Telefonate	2		1		1	1
Schreibtischtätigkeiten						
Eingangspost bearbeiten	2	1	2			
Ausgangspost bearbeiten	2	1	1			1
Schriftstücke erstellen	2		1			1
Vorlagen lesen	2		2	1	1	
Sonstige Tätigkeiten						
Arbeitsessen / Empfänge	1					1
Gremien- / Verbandsarbeit	2		1		2	
Teilnahme an Tagungen und Kongressen	2		2		1	
Halten von Vorträgen	2	1	2			1
Fahrzeiten für Reisen	2		2		2	

13. *Bei Ihrer Arbeit gibt es gewiß Dinge, über die Sie sich zuweilen ärgern. Hier sind einige typische Schwachstellen der Arbeit von Führungskräften aufgelistet, die wir Sie abschließend bitten zu beurteilen.*

	stimmt	stimmt weitgehend	stimmt vielleicht	stimmt eher nicht	stimmt nicht
• Bei Sitzungen kommen Redner nicht zur Sache.	☐	☐	☐	☒	☐
• Durch Telefonate fühle ich mich oft gestört.	☐	☐	☒	☐	☐
• Kommunikationspartner sind nicht erreichbar.	☐	☐	☐	☒	☐
• Sitzungen dauern zu lange.	☐	☐	☐	☒	☐
• Bei Sitzungen geht viel Zeit dadurch verloren, daß ich Informationen erhalte, die ich schon kenne.	☐	☐	☒	☐	☐
• Die Informationsgrundlagen für die Entscheidungs-vorbereitung sind schlecht.	☐	☐	☒	☐	☐
• Das Tagesgeschäft nimmt derart viel Zeit in Anspruch, daß ich kaum Zeit für eigentliche Führungs-aufgaben habe.	☐	☐	☐	☐	☒
• Zu viele Dienstreisen stehlen mir kostbare Zeit, da Reisezeiten gleichbedeutend mit toten Zeiten sind.	☐	☐	☐	☒	☐
• Als Führungskraft steht man unter dem Druck, Entscheidungen schnell treffen zu müssen.	☐	☒	☐	☐	☐
• Die internen und externen Postwege sind zu lang.	☐	☐	☐	☒	☐
• Bei Unterschriftsleistungen muß man sich immer wieder in einen alten Vorgang hineindenken.	☐	☐	☒	☐	☐
• Die Papierflut ist fast nicht mehr zu bewältigen.	☐	☐	☒	☐	☐
• Es dauert lange, bis Mitarbeiter Vorlagen auf den Tisch bringen.	☐	☐	☐	☒	☐
• Bei Vorlagen, die man lesen muß, läßt die Qualität oft zu wünschen übrig.	☐	☐	☐	☒	☐
• Mit meinen Kollegen kann ich nicht über private Dinge sprechen.	☐	☒	☐	☐	☐

Herzlichen Dank für Ihre Mitarbeit. Bitte senden Sie den Fragebogen zurück an:

Professor Dr. Detlef Müller-Böling
— persönlich —
Universität Dortmund
Postfach 500500
4600 Dortmund 50

16.3.88

377

UNIVERSITÄT DORTMUND

Fachbereich Wirtschafts- und Sozialwissenschaften
Fachgebiet Methoden der empirischen
Wirtschafts- und Sozialforschung

Prof. Dr. Detlef Müller-Böling

Dortmund, im Frühjahr 1988

Sehr geehrte Führungskraft,

mit einem repräsentativen Verfahren haben wir Sie aus dem Hoppenstedt-Handbuch „Leitende Männer und Frauen der Wirtschaft" ausgewählt. Sie gehören damit zum Kreis von knapp **6.000 Topmanagern**, die wir mit dem vorliegenden Fragebogen um Auskunft über Ihre **Arbeit** und Ihre **Haltung zu neuen Informations- und Kommunikationstechniken** bitten.

Unsere Forschungsarbeit wird finanziell von der Deutschen Forschungsgemeinschaft getragen, ist also unabhängig von gesellschaftlichen oder parteilichen Gruppierungen. Ihre Antworten werden selbstverständlich **anonym behandelt**.

Eine besonders herzliche Bitte haben wir: **Beantworten Sie die Fragen alle selbst!** Da es uns um die Einschätzung von **Führungskräften** geht, bitten wir, die Beantwortung **nicht zu delegieren**.

Wir wissen um Ihre **zeitliche Belastung**. Aus diesem Grund haben wir uns um einen **knappen Fragebogen** bemüht. Bei Rückfragen rufen Sie uns bitte an!

Können wir auf Ihre **freundliche Unterstützung** hoffen?

(Professor Dr. Detlef Müller-Böling)

Iris Ramme
(Dipl.-Volksw. Iris Ramme

Susanne Kirchhoff
(Dipl.-Kff. Susanne Kirchhoff)

Postanschrift: Postfach 50 05 00, 4600 Dortmund 50 Telefon (0231) 7554600

Darstellung A.-4: Fragebogen Technik

Zunächst möchten wir Sie bitten, uns Fragen zu Ihrer Person und Ihrer beruflichen Stellung zu beantworten.

1. *Sie sind*

☐ weiblich
☒ männlich

2. *Wie alt sind Sie?*

45 Jahre

3. *Welchen höchsten Schulabschluß haben Sie erreicht?*

☐ Volksschule bzw. Hauptschule
☒ Realschule oder Handelsschule
☐ Fachoberschule
☐ Gymnasium
☐ Fachhochschule
☐ Hochschule

4. *Welche Ausbildung haben Sie absolviert?*
(Mehrfachnennungen möglich)

Studium

☐ Wirtschaftswissenschaften
☐ Rechtswissenschaften
☐ Naturwissenschaften
☐ Ingenieurwissenschaften
☐ Geisteswissenschaften
☒ andere

Berufsausbildung

☐ Kaufmännische Ausbildung
☐ gewerblich-technische Ausbildung
☐ handwerkliche Ausbildung
☒ andere

5. *Wie würden Sie sich auf der folgenden Liste von Gegensatzpaaren einordnen? Entscheiden Sie ganz nach Ihrem Gefühl. Bitte genau ein Kreuz pro Zeile.*

progressiv	☐	☐	☒	☐	☐	☐	☐	konservativ
risikofreudig	☐	☐	☒	☐	☐	☐	☐	risikoscheu
emotional	☐	☐	☐	☐	☐	☒	☐	rational
kompromißbereit	☐	☐	☐	☒	☐	☐	☐	bestimmend
qualitativ denkend	☐	☐	☐	☒	☐	☐	☐	quantitativ denkend

6. *Wie groß ist das Unternehmen, für das Sie unmittelbar Führungsverantwortung tragen?*

☐		bis unter	100 Mitarbeiter
☒	100	bis unter	500 Mitarbeiter
☐	500	bis unter	1.000 Mitarbeiter
☐	1.000	bis unter	5.000 Mitarbeiter
☐	5.000	Mitarbeiter	und mehr

7. *Zu welcher (welchen) Branche(n) gehört Ihr Unternehmen?*

öff. Verwaltung

8. *Einige Führungskräfte nutzen bereits vereinzelt neuere Informations- und Kommunikationstechniken. Wie sieht dies bei Ihnen aus? (Bitte genau ein Kreuz pro Zeile.)*

	entfällt	ja, aber ich delegiere an Sekretariat und Mitarbeiter	ja, persönlich
Personal Computer / Bildschirmterminal	☒	☐	☐
BTX	☒	☐	☐
Telex / Teletex / Telefax	☒	☐	☐
Electronic Mail	☒	☐	☐
Videokonferenz	☒	☐	☐
Sprachspeichersysteme	☒	☐	☐
Telefonkonferenz	☒	☐	☐

9. *Es gibt verschiedene Mittel der Kommunikation. Die Wahl des Kommunikationsmittels hängt zum einen von der persönlichen Präferenz , zum anderen aber auch von der Situation ab. Hier möchten wir gerne von Ihnen wissen, welche Kommunikationsmittel Sie — situationsbedingt — im allgemeinen vorziehen. (Mehrfachnennungen möglich)*

Als Kommunikationsmittel wähle ich...

Kommunikationsmittel / **Situation**	persönlicher Kontakt	Telefon	Brief	Kurzbrief Aktennotiz	Haftnotizen	Telex Telefax Teletex
<u>Der Kommunikationspartner ist...</u>						
unbekannt	☒	☒	☒	☐	☐	☐
bekannt	☒	☒	☒	☐	☐	☐
vertraut	☒	☒	☒	☐	☐	☐
<u>Zweck der Kommunikation ist...</u>						
Ideenfindung	☒	☒	☒	☐	☐	☐
reine Informationsweitergabe	☒	☒	☒	☐	☐	☐
Anweisung	☒	☒	☒	☐	☐	☐
Verhandlung	☒	☒	☒	☐	☐	☐
Entscheidungsfindung	☒	☒	☒	☐	☐	☐
<u>Inhalt der ausgetauschten Information ist...</u>						
vertraulich / geheim	☒	☒	☒	☐	☐	☐
dringlich	☒	☒	☒	☐	☐	☐
umfangreich	☒	☒	☒	☐	☐	☐
kompliziert	☒	☒	☒	☐	☐	☐

10. *Viele Führungskräfte befürworten zwar den Einsatz von Informations- und Kommunikationstechniken, nutzen sie aber nicht selber. Was meinen Sie, sind die Gründe dafür? Hier sind einige Aussagen aufgelistet, denen Sie zustimmen oder die Sie ablehnen können.*

	stimmt	stimmt weitgehend	stimmt vielleicht	stimmt eher nicht	stimmt nicht
• EDV ist nur etwas für jüngere Mitarbeiter.	☐	☐	☐	☐	☒
• Führungskräfte haben in der Regel zuwenig EDV-Kenntnisse.	☐	☒	☐	☐	☐
• Es gibt kaum Führungskräfte, die eineSchreibmaschinentastatur flüssig bedienen können.	☐	☐	☐	☐	☒
• Es ist fraglich, ob die Kommunikationsmöglichkeiten oder die Informationsversorgung für Führungskräfte durch EDV besser werden.	☐	☐	☒	☐	☐
• Die Arbeit von Führungskräften ist zu komplex. Sie kann nicht automatisiert werden.	☐	☐	☐	☒	☐
• Es ist vom wirtschaftlichen Standpunkt aus sinnvoller, wenn EDV-Aufgaben an Mitarbeiter delegiert werden.	☐	☒	☐	☐	☐
• Es gibt bisher noch keine Systeme, die die Arbeit von Führungskräften sinnvoll unterstützen könnten.	☐	☐	☐	☒	☐
• Die Einarbeitung in die Benutzung eines Terminals kostet zuviel Zeit.	☐	☐	☐	☒	☐
• Wenn Fragen auftauchen, muß man immer die Mitarbeiter belästigen.	☐	☐	☐	☐	☒
• Die Anschaffung von EDV-Terminals für alle Führungskräfte in einem Unternehmen wäre eine hohe Investition, die momentan nicht zu finanzieren ist.	☐	☐	☐	☐	☒
• Auch wenn man selbst gerne am Computer arbeiten würde — Kollegen sind davon jedoch nicht zu überzeugen.	☐	☐	☐	☐	☒
• Es ist nicht die Aufgabe von Führungskräften, an Tastaturen zu arbeiten.	☐	☐	☐	☒	☐
• Terminals verursachen nur störende Geräusche.	☐	☐	☐	☐	☒
• Das Arbeitszimmer einer Führungskraft dient zu einem großen Teil der Repräsentation. Ein Terminal würde diese Atmosphäre zerstören.	☐	☐	☐	☒	☐

11. *Es folgen abschließend einige Aussagen über die elektronische Datenverarbeitung (EDV) bzw. über Computer allgemein. Bitte lassen Sie keine Aussage aus!*

	stimmt	stimmt weitgehend	stimmt vielleicht	stimmt eher nicht	stimmt nicht
• Die EDV hat eine Reihe von unerwünschten Nebeneffekten für die Mitarbeiter hervorgebracht.	☐	☐	☒	☐	☐
• Wenn ich es mir aussuchen könnte, wäre meine Tätigkeit ohne jede EDV.	☐	☐	☐	☒	☐
• Die EDV bringt mir persönlich nur Vorteile.	☐	☒	☐	☐	☐
• Die EDV hat sich häufig als unwirtschaftlich erwiesen.	☐	☐	☐	☒	☐
• Viele Arbeiten können gar nicht ohne EDV ausgeführt werden.	☒	☐	☐	☐	☐
• Durch die EDV wird viel Arbeitslosigkeit verursacht.	☐	☐	☐	☒	☐
• Der Einsatz von EDV-Anlagen sollte begrenzt werden.	☐	☐	☐	☒	☐
• Die EDV negativ beurteilen, heißt den Fortschritt negativ beurteilen.	☐	☒	☐	☐	☐
• Die EDV erleichtert die Arbeit der meisten Angestellten.	☐	☐	☒	☐	☐
• Die EDV schafft keine wirklich großen Probleme.	☐	☐	☐	☒	☐
• Der Mensch wird durch den Computer vor langweiliger Arbeit bewahrt.	☐	☐	☐	☒	☐
• Durch die EDV kann ich meine eigenen Fähigkeiten besser einsetzen.	☐	☒	☐	☐	☐
• Die EDV lohnt sich immer; sie müßte viel mehr eingesetzt werden.	☐	☒	☐	☐	☐
• Die Entwicklung auf dem Gebiet der EDV geht zu schnell heutzutage.	☐	☐	☐	☒	☐

	stimmt	stimmt weitgehend	stimmt vielleicht	stimmt eher nicht	stimmt nicht
• Obwohl sich die EDV unaufhaltsam ausbreitet, heißt das noch lange nicht, daß sie eine gute Sache ist.	☐	☐	☒	☐	☐
• Die EDV macht die Menschen zu abhängig von Maschinen.	☐	☐	☐	☒	☐
• Durch die EDV werden bisherige berufliche Fähigkeiten und Kenntnisse abgewertet.	☐	☐	☐	☒	☐
• Weniger Leute finden Befriedigung in ihrer Arbeit wegen der EDV.	☐	☒	☐	☐	☐
• Durch die EDV sind die Arbeitsvorgänge durchsichtiger geworden.	☐	☐	☐	☒	☐
• Durch die EDV wird der Angestellte seiner Aufgabe beraubt und von seinem Arbeitsplatz verdrängt.	☐	☐	☒	☐	☐
• Durch die EDV kommt mehr Ordnung in die Arbeit.	☐	☐	☐	☒	☐
• Der Computer schafft ein unpersönliches Arbeitsklima.	☐	☒	☐	☐	☐
• Durch die EDV wird der eigene Entscheidungsspielraum eingeengt.	☐	☐	☐	☒	☐
• Die Arbeit heutzutage ist viel interessanter, da der Computer die meisten langweiligen Arbeiten übernimmt.	☐	☐	☐	☒	☐
• Ich würde die EDV vermissen, wenn wir sie nicht hätten.	☐	☒	☐	☐	☐
• Alles in allem hatte man sich eigentlich mehr von der EDV versprochen.	☐	☐	☐	☒	☐
• Das Arbeiten mit Zahlen ist schwieriger als früher mit Buchstaben und Wörtern.	☐	☐	☐	☒	☐
• Die EDV hat die Verwaltungsarbeit erheblich verbessert.	☐	☒	☐	☐	☐

Herzlichen Dank für Ihre Mitarbeit. Bitte senden Sie den Fragebogen zurück an:

Professor Dr. Detlef Müller-Böling
— persönlich —
Universität Dortmund
Postfach 500500
4600 Dortmund 50

Um die Anonymität bei der Beantwortung des Fragebogens sicherzustellen, wurde jedem Fragebogen eine Antwortkarte beigefügt, auf der die Befragten ihre Teilnahme und somit die Rücksendung des Fragebogens bestätigen sollten. Gleichzeitig konnten damit die Untersuchungsergebnisse angefordert werden. Die Karte war getrennt vom Fragebogen zurückzusenden.

(4) Zeitliche Dimension und Rücklaufquote

Der Versand der Fragebogen erfolgte in dem Zeitraum von Ende Februar bis Ende März 1988. Zur Erhöhung des Rücklaufs wurde eine schriftliche Nachfaßaktion in Form eines Erinnerungsschreibens[19)] durchgeführt, in der nochmals diejenigen Top-Manager angeschrieben wurden, die bis zu diesem Zeitpunkt ihre Antwortkarte noch nicht zurückgesandt hatten. Diese Aktion wurde ca. acht Wochen nach Versendung der Fragebogen gestartet. Die Resonanz auf diese Mahnaktion war groß, es wurden weitere 446 Fragebogen an Führungskräfte verschickt, die Interesse an einer Teilnahme hatten, denen der erste Fragebogen jedoch - aus welchen Gründen auch immer - nicht mehr vorlag. Dadurch bedingt zog sich der Rücklauf bis Ende Juli 1988 hin. In der Studie 10 haben insgesamt 717 Top-Manager geantwortet, das entspricht einem Rücklauf von 24,7 Prozent, wobei 712 Fragebogen (24,6 Prozent) auswertbar waren. In der Studie 11 betrug der Rücklauf 782 Fragebogen (27,0 Prozent), von denen nur einer nicht ausgewertet werden konnte (Darstellung A.-5).

Studie	**10**		**11**	
	absolut	relativ	absolut	relativ
zurückgesandte Fragebogen	717	24,7	782	27,0
Absagen bzw. keine Reaktion	2.182	75,3	2.110	73,0
insgesamt	2.899	100,0	2.892	100,0

Darstellung A.-5: Rücklaufquote der Studien 10 und 11

In telefonischen und schriftlichen Absagen wurden folgende Begründungen für eine Nicht-Teilnahme an der Befragung angeführt:

- aus Altersgründen nicht mehr berufstätig,
- der Angeschriebene nicht mehr im Unternehmen tätig,

19) Vgl. zu dieser Problematik Wieken /Befragung/ 152f.

- keine Zeit,
- Krankheit,
- kein Interesse.

Insgesamt haben die Studien 10 und 11 einen Rücklauf von 1.499 Fragebogen, das entspricht einer Rücklaufquote von 25,9 Prozent, wobei 1.493 Fragebogen (25,8 Prozent) auswertbar sind (Darstellung A.-6).

Die Studien 10 und 11 basieren demnach auf den Antworten von 1.493 deutschen Top-Managern.

Reaktion auf dieFragebogenaktion	Studien 10 und 11	
	absolut	relativ
zurückgesandte Fragebogen	1.499	25,9
Absagen bzw. keine Reaktion	4.292	74,1
insgesamt	5.791	100,0

Darstellung A.-6: Rücklaufquote der Studien 10 und 11 zusammen

(5) Beschreibung der Stichprobe

Die Stichprobe wird detailliert im Kapitel 3.1. Der typische deutsche Top-Manager beschrieben. An dieser Stelle wollen wir uns daher lediglich mit der Beurteilung der **Repräsentativität** der Studien 10 und 11 auseinandersetzen. Wir ziehen dazu das Statistische Jahrbuch[20], die Leseranalyse Entscheidungsträger[21] sowie verschiedene andere Quellen[22] heran. Nach der LAE 88 gibt es in der Bundesrepublik Deutschland ca. 1.042.000 Führungskräfte. Davon sind

178.000 selbständig,

475.000 leitende Angestellte,

202.000 Beamte und

187.000 freiberuflich tätig.

20) Statistisches Bundesamt /Jahrbuch/.

21) Arbeitsgemeinschaft LAE 88 /LAE/.

22) Bruhn, Wuppermann /Geschäftsführer/, Bertelsmann /Arbeitsmotivation/.

Genaue statistische Zahlen gibt es über die Anzahl der Führungskräfte in der Bundesrepublik nicht, aber die Werte aus der LAE 88 "dürften recht zuverlässig sein."[23] Die Zahl der Top-Manager, d.h. der Führungskräfte der ersten Ebene, liegt danach, bereinigt um die Freiberufler, Beamten sowie die leitenden Angestellten der zweiten Führungsebene, bei 313.000.[24] Unsere Stichprobe von insgesamt 1.493 Top-Managern liegt also bei 0,5 Prozent der Grundgesamtheit. Allerdings ist nicht die Größe der Stichprobe für die Repräsentativität entscheidend, sondern inwieweit wesentliche Merkmale der Grundgesamtheit in der Stichprobe im richtigen Verhältnis vertreten sind. Dies gilt es zu prüfen.

*** Demographische Merkmale**

In unserer Stichprobe beträgt der Anteil der männlichen Führungskräfte 97,7 Prozent, der der weiblichen Top-Manager liegt bei 2,3 Prozent. Insgesamt sind im Hoppenstedt-Handbuch[25] 2.560 weibliche Führungskräfte aufgeführt. Dies entspricht einem Anteil von 4,4 Prozent. Allerdings sind dabei auch Verbandstätigkeiten, Ehrenämter, Aufsichtsratsmandate usw. vertreten, die wir nicht als Top-Managementtätigkeit eingestuft haben. In der LAE 88 liegt der Frauenanteil bei 4 Prozent (Darstellung A.-7).[26] Nach einer Untersuchung vom Institut der deutschen Wirtschaft besetzen Frauen rund sechs Prozent aller Managementpositionen in der Bundesrepublik. In den Top-Positionen liegt hiernach der Anteil bei der GmbH-Geschäftsführung bei 2,6 Prozent, während Vorstandspositionen nur zu 0,7 Prozent von weiblichen Führungskräften besetzt sind.[27]

Geschlecht	Top-Manager	Hoppenstedt	LAE 88
männlich	97,7 %	95,6 %	96 %
weiblich	2,3 %	4,4 %	4 %

Darstellung A.-7: Vergleich - Geschlecht der Führungskräfte

Der Anteil jüngerer Führungskräfte in der Altersklasse bis 39 Jahre fällt bei der LAE mit 22 Prozent rund 10 Prozent höher aus, als in unserer Stichprobe[28], ansonsten sind

23) Langer /Führungskräfte/ 879.

24) Vgl. Arbeitsgemeinschaft LAE 88 /LAE/ 15.

25) Vgl. o. V. /Literatur/ 88.

26) Vgl. Arbeitsgemeinschaft LAE 88 /LAE/ Tabelle 2.

27) Vgl. Huck /Aufstieg/ 81.

28) Vgl. Arbeitsgemeinschaft LAE 88 /LAE/ Tabelle 2.

die Ergebnisse aber durchaus vergleichbar (Darstellung A.-8). Zu einem ähnlichen Ergebnis kommt auch eine von EMNID für die Bertelsmann Stiftung durchgeführte Studie bei Unternehmern und leitenden Angestellten.[29)] Der geringe Anteil jüngerer Manager in unserer Stichprobe kann dadurch erklärt werden, daß wir es nur mit Managern der ersten Ebene zu tun haben, während bei der LAE ebenso wie bei EMNID der Anteil der Top-Manager eher gering ist (EMNID 19 Prozent). Berufserfahrung und damit auch ein bestimmtes Alter sind jedoch Voraussetzungen für Top-Positionen.

Alter	Top-Manager	EMNID	LAE 88
bis 39 Jahre	10,5 %	22 %	22 %
40 - 49 Jahre	38,1 %	42 %	40 %
50 - 59 Jahre	41,7 %	26 %	32 %
60 und älter	9,7 %	8 %	6 %

Darstellung A.-8: Vergleich - Alter der Führungskräfte

Schulabschluß	Top-Manager	LAE 88
Volks-, Hauptschule	4 %	10 %
Weiterführende Schule ohne Abitur	14 %	22 %
Abitur	82 %	68 %

Darstellung A.-9: Vergleich - Schulabschluß der Führungskräfte

Die neueste Gehaltsstruktur-Untersuchung der Kienbaum Vergütungsberatung weist für Top-Manager der obersten Führungsebene Einkommen von 100 TDM bis über eine Million DM aus.[30)] Um die Top-Manager von den anderen Führungskräften in

29) Vgl. Bertelsmann Stiftung /Arbeitsmotivation/ 57.

30) Vgl. Näser /Erfolg/ 372.

der LAE 88 unterscheiden zu können, werden wir im folgenden Vergleich nur diejenigen Führungskräfte aus der LAE 88 betrachten, deren Einkommen über 100 TDM pro Jahr liegt.[31)] Es zeigt sich, daß unsere Top-Manager höher qualifiziert sind (Darstellung A.-9).

Vergleicht man die akademische Ausbildung unserer Stichprobe mit der LAE 88 sowie auch einer von Bruhn/Wuppermann durchgeführten Studie über die GmbH-Geschäftsführer in der Bundesrepublik Deutschland[32)], so kommt man zu dem Ergebnis, daß in allen drei Untersuchungen rund zwei Drittel der Top-Manager eine akademische Ausbildung absolviert haben. Eine Untersuchung von Evers und von Landsberg, die im Jahre 1971 bei 194 Top-Managern aller Wirtschaftsbereiche durchgeführt wurde, ermittelte, daß sogar 82 Prozent der Führungskräfte eine akademische Ausbildung besitzen.[33)] Sie liefern hierzu auch genauere Zahlen zu den einzelnen Studienrichtungen (Darstellung A.-10).

Studium	Top-Manager	Evers, v.Landsb.	Geschäfts-führer	LAE 88
akadem. Ausbildung	69 %	82 %	72,2 %	65 %
Naturwissenschaft	4,6 %	8 %		
Ingenieurwissenschaft	24,8 %	26 %		
Wirtschafts-/Rechtsw.	44,3 %	58 %		
Geisteswissenschaft	2,1 %	-		
anderes Studium	3,2 %	-		

Darstellung A.-10: Vergleich - Studium der Führungskräfte

Ein weiteres Ergebnis der Evers/von Landsberg-Studie von 1971 war, daß "die Absolvierung einer Fachlehre für einen angehenden Akademiker entbehrlich erscheint."[34)] Mittlerweile hat sich dieses Bild, wie unsere Untersuchung und auch die

31) Vgl. Arbeitsgemeinschaft LAE 88 /LAE/ Tabelle 10.

32) Vgl. Bruhn, Wuppermann /Geschäftsführer/.

33) Vgl. Evers, von Landsberg /Qualifikation/ 18f.

34) Vgl. Evers, von Landsberg /Qualifikation/ 20.

LAE 88 zeigen, gewandelt. Eine Berufsausbildung ist für die Top-Manager nicht mehr unwichtig, es zeigt sich ein deutlicher Trend zu einer Doppelqualifikation (Darstellung A.-11).[35)]

Berufsausbildung	Top-Manager	LAE 88
kaufmännische	47 %	43 %
handwerkliche, gewerbl.-techn.	18 %	19 %
andere Ausbildung	5 %	7 %

Darstellung A.-11: Vergleich - Berufsausbildung der Führungskräfte

* **Merkmale des Unternehmens**

Bei der Größe des Unternehmens - gemessen an der Mitarbeiterzahl - hat EMNID in der Untersuchung für die Bertelsmann Stiftung festgestellt, daß 66 Prozent der befragten Führungskräfte in Unternehmen mit bis zu 1.000 Mitarbeitern arbeiten.[36)] In der LAE 88 liegt dieser Anteil bei 89 Prozent.[37)] In unserer Stichprobe arbeiten insgesamt 83 Prozent der Top-Manager in Unternehmen mit bis zu 1.000 Beschäftigten (Darstellung A.-12).

Unternehmensgröße Anzahl der Mitarbeiter	Top-Manager	EMNID	LAE 88
bis unter 100	31 %		
100 bis unter 500	42 %		
500 bis unter 1.000	10 %	66 %	89 %
1.000 bis unter 5.000	12 %	19 %	9 %
5.000 und mehr	5 %	16 %	2 %

Darstellung A.-12: Vergleich - Größe des Unternehmens

35) Vgl. dazu A.1.2 dieser Arbeit.

36) Vgl. Bertelsmann Stiftung /Arbeitsmotivation/ 58.

37) Vgl. Arbeitsgemeinschaft LAE 88 /LAE/ Tabelle 121.

Auch im Hinblick auf die Branche ergeben sich nur geringe Abweichungen zu den Ergebnissen, die die LAE 88 festgestellt hat (Darstellung A.-13).[38)]

Branche	Top-Manager	LAE 88
Grundstoffe, Energie	3 %	2 %
Verarbeitendes Gewerbe	50 %	42 %
Baugewerbe	6 %	6 %
Handel	11 %	16 %
Verkehr, Nachrichtenübermittlung	2 %	4 %
Kredit-, Versicherungsgewerbe	14 %	9 %
Dienstleistungen	13 %	5 %
andere	0,7 %	-

Darstellung A.-13: Vergleich - Branche der Unternehmen

Sowohl bezogen auf die demographischen Merkmale, wie auch auf die Branchenverteilungen bzw. die Größenordnungen der Unternehmen liegen sehr große Übereinstimmungen zu anderen Untersuchungen vor. Die Repräsentativität der Stichprobe ist demnach gesichert.

A.1.7. Studie 12 "Forschungsmanager"[39)]

(1) Zielsetzung

Führungskräfte eines Forschungsinstituts sollten im Hinblick auf ihre Arbeit und ihre Einstellung zu neuen Informations- und Kommunikationstechniken (Einstellungsakzeptanz) untersucht werden. Ziel war eine umfassende Untersuchung der Aspekte der Studien 10 und 11 ergänzt um Aspekte der speziellen Kommunikationstechnik Electronic Mail.

38) Vgl. Arbeitsgemeinschaft LAE 88 /LAE/ Tabelle 1.

39) Vgl. Ramme /Forschungsinstituts/.

(2) Datensammlungstechnik

Es erfolgte eine schriftliche Befragung mit den in den Studien 10 und 11 verwendeten Fragen, die um Electronic-Mail-spezifische Fragestellungen erweitert wurden.

(3) Gewinnung von Probanden

Die Gewinnung der Probanden erfolgte durch persönliche Kontakte zu einem Forschungsinstitut, das auf dem Gebiet der Informations- und Kommunikationstechnik tätig ist. Nach Maßgabe eines Vorstandsmitglieds wurden insgesamt 32 Mitarbeiter als Führungskräfte eingestuft. An sie wurde der Fragebogen zusammen mit einem Begleitschreiben der Universität Dortmund versandt.

(4) Zeitliche Dimension und Rücklaufquote

Die Versendung der Fragebogen erfolgte im Zeitraum von Ende Februar bis Ende März 1988. Zur Erhöhung des Rücklaufs wurde eine schriftliche Nachfaßaktion durchgeführt, in der nochmals alle Untersuchungsteilnehmer angeschrieben wurden. Die Rücklaufquote betrug 75 Prozent (Darstellung A.-14). Es konnten alle Fragebogen ausgewertet werden.

	Studie 12	
	absolut	relativ
zurückgesandte Fragebogen	24	75,0
keine Reaktion	8	18,8
insgesamt	32	100,0

Darstellung A.-14: Rücklaufquote Studie 12 "Forschungsmanager"

(5) Beschreibung der Stichprobe

Die Forschungsmanager sind im Durchschnitt 50 Jahre alt. Die Altersgruppe ab 60 Jahren ist nicht besetzt.

Alle Manager bis auf einen haben ein Hochschulstudium absolviert. Die Ausnahme ist Fachhochschul-Absolvent. Anders als bei den Studien 10 und 11 liegt mit 50 Prozent der Schwerpunkt auf einem naturwissenschaftlichen Studium. Das wirtschaftswissenschaftliche Studium steht mit 29 Prozent erst an zweiter Stelle.

A.2. Beschreibung der verwendeten statistischen Verfahren

Grundprinzip wissenschaftlichen und insbesondere empirischen Arbeitens ist die **Kontrollierbarkeit** der Befunde. Um dies zu ermöglichen, ist eine Dokumentation auch der statistischen Auswertungsverfahren notwendig. Für den interessierten Leser stellen wir hier daher die verwendeten Statistiken sowie die SPSS-Prozeduren dar, mit deren Hilfe wir zu den Befunden gekommen sind.

A.2.1. Chi-Quadrat-Test

Mit Hilfe des Chi-Quadrat-Tests kann überprüft werden, ob zwischen zwei Variablen ein signifikanter Zusammenhang besteht.[40)] Zur Anwendung gelangt der Chi-Quadrat-Test insbesondere bei nominalskalierten Variablen.[41)] Das Verfahren beruht auf einem Vergleich der tatsächlichen Häufigkeiten mit den erwarteten Häufigkeiten bei Unabhängigkeit der beiden Variablen.[42)] Der empirische Chi-Quadrat-Wert, der aus der quadrierten, standardisierten und nachher aufsummierten Differenz aus tatsächlichen und erwarteten Häufigkeiten errechnet wird,[43)] wird mit dem theoretischen Chi-Quadrat-Wert bei vorgegebenem Signifikanzniveau verglichen.[44)] Das Signifikanzniveau ist die Wahrscheinlichkeit, die Hypothese (hier der Unabhängigkeit) abzulehnen, obwohl sie richtig ist, und beschreibt somit die Wahrscheinlichkeit, eine falsche Schlußfolgerung zu ziehen.[45)]

Kreuztabellen bzw. graphische Abbildungen in dieser Arbeit weisen die empirischen Chi-Quadrat-Werte auf und werden mit Sternen versehen, wobei die Anzahl der Sterne die Höhe des vorgegebenen **Signifikanzniveaus** wie folgt wiedergibt:

- * Signifikanzniveau unterhalb von 5 %

40) Vgl. Ferschl /Statistik/ 215, Winkler /Statistik/ 227.

41) Vgl. Winkler /Statistik/ 227, Benninghaus /Statistik/ 94f, Kriz /Statistik/ 168.

42) Vgl. Ferschl /Statistik/ 213.

43) Vgl. Clauß, Ebner /Statistik/ 215, Ferschl /Statistik/ 213, Fisz /Statistik/ 507, Benninghaus /Statistik/ 100, Kriz /Statistik/ 168.

44) Vgl. Clauß, Ebner /Statistik/ 215ff.

45) Vgl. Clauß, Ebner /Statistik/ 217f.

** Signifikanzniveau unterhalb von 1 %

*** Signifikanzniveau unterhalb von 0,1 %.

Chi-Quadrat-Tests sind nur noch beschränkt aussagefähig, wenn die Kreuztabelle leere Zellen aufweist oder erwartete Häufigkeiten unterhalb von 5 liegen.[46] Diese Gefahr ist insbesondere bei kleinen Stichproben gegeben und kann hier vernachlässigt werden.

Chi-Quadrat-Tests können mit der Prozedur CROSSTABS in Verbindung mit dem Aufruf von STATISTICS = 1 des Programmpakets SPSS gerechnet werden.[47]

A.2.2. Varianzanalyse

Die einfaktorielle Varianzanalyse ist ein Verfahren, das auf dem Vergleich von Mittelwerten in unterschiedlichen Gruppen basiert.[48] Die abhängige Variable muß daher intervallskaliert oder zumindest intervallskaliert interpretierbar sein. Die unabhängige Variable muß klassifiziert vorliegen.[49]

Die Varianzanalyse untersucht, ob sich die Mittelwerte in den unterschiedlichen Gruppen der klassifizierten unabhängigen Variablen signifikant unterscheiden.[50] Dies ist der Fall, wenn die Varianz innerhalb der Gruppen klein und die Varianz zwischen den Gruppen groß ist.[51] Als Maß für die Beurteilung gilt der empirische F-Wert, der mit dem theoretischen F-Wert bei vorgegebenem Signifikanzniveau verglichen wird.[52] Die Tabellen bzw. Abbildungen in dieser Arbeit, die Mittelwertvergleiche zeigen, sind mit den F-Werten und der entsprechenden Anzahl an Sternen versehen, die wie bei den Chi-Quadrat-Tests zu interpretieren sind.

Voraussetzung für die Varianzanalyse ist, daß "die in den Gruppen zusammengefaßten Meßwerte (...) unabhängiger Zufallsstichproben aus normalverteilten Grundge-

46) Vgl. Clauß, Ebner /Statistik/ 217.

47) Vgl. zur Syntax Norusis /SPSS/ C33ff.

48) Vgl. Schuchard-Ficher u.a. /Analysemethoden/ 13.

49) Vgl. Schubö, Uehlinger /SPSSX/ 208, SAS Institute Inc. /Guide/ 20, Winkler /Statistik/ 87, Schach, Schäfer /Varianzanalyse/ 170, Schuchard-Ficher u.a. /Analysemethoden/ 11.

50) Vgl. SAS Institute Inc. /Guide/ 20, Clauß, Ebner /Statistik/ 304, Fisz /Statistik/ 610, Schach, Schäfer /Varianzanalyse/ 171.

51) Vgl. Schuchard-Ficher u.a./Analysemethoden/ 15.

52) Vgl. Hartung /Statistik/ 612, Clauß, Ebner /Statistik/ 312, Fisz /Statistik/ 615, Schuchard-Ficher u.a./Analysemethoden/ 19.

samtheiten sind, die die gleiche Varianz haben."[53] Wenn die Verteilung auf die Gruppen der unabhängigen Variablen jedoch weitgehend gleich ist, dürfen diese Annahmen durchaus verletzt sein.[54]

Einfaktorielle Varianzanalysen werden mit dem Programmpaket SPSS über die Prozedur MEANS in Verbindung mit der Angabe von STATISTICS = 1 gerechnet.[55]

A.2.3. Clusteranalyse

Mittels der Clusteranalyse können Gruppen von Fällen (Cluster) ermittelt werden, die bezüglich bestimmter Variablenausprägungen ähnlich sind.[56] Die Clusteranalyse ist ebenfalls geeignet, Ausreißer zu bestimmen.

Aufgrund von Distanzmaßen[57] werden Abstände zwischen den Fällen einer Stichprobe berechnet.[58] Fälle, die einen geringen Abstand aufweisen, werden einem Cluster zugeordnet. Dagegen gehören Fälle mit großem Abstand zu unterschiedlichen Clustern.[59] Das Ziel der Clusteranalyse besteht darin, Cluster so zu bilden, daß die Varianz innerhalb der Cluster möglichst gering ist und die Varianz zwischen unterschiedlichen Clustern möglichst groß ist.[60]

Ein Problem entsteht dadurch, daß dieses Ziel dann am besten erreicht ist, wenn die Anzahl der Cluster der Fallzahl entspricht.[61] Es muß nun eine Second-Best-Lösung gefunden werden, die die (sub)-optimale Anzahl von Clustern bestimmt.[62] Hierzu

53) Clauß, Ebner /Statistik/ 305. Schach, Schäfer /Varianzanalyse/ 172 fordern noch strengere Voraussetzungen.

54) Vgl. Clauß, Ebner /Statistik/ 313. Zu den Voraussetzungen vgl. auch die Diskussion in Schuchard-Ficher u.a./Analysemethoden/ 41ff.

55) Vgl. zur Syntax Norusis /SPSS/ C89ff.

56) Vgl. Tenhagen /Clusteranalyse/ 49f, Schuchard-Ficher u.a./Analysemethoden/ 107. Auch Whitely benutzte die Clusteranalyse, um Managergruppen zu bestimmen, die sich in bestimmten Variablenausprägungen gleichen. Vgl. Whitely /Work/ 349.

57) Eine Diskussion verschiedener Distanzmaße findet sich in Trampisch, Deichsel /Diskriminanzanalyse/ 21ff sowie in Tenhagen /Clusteranalyse/ 49ff.

58) Vgl. Schuchard-Ficher u.a./Analysemethoden/ 116.

59) Vgl. Tenhagen /Clusteranalyse/ 52f, Schuchard-Ficher u.a./Analysemethoden/ 116f.

60) Vgl. Schubö, Uehlinger /SPSSX/ 212, SAS Institute Inc. /Guide/ 47, Stewart /Managers/ 177.

61) Vgl. Stewart /Managers/ 180.

62) Vgl. Stewart /Managers/ 179.

existieren keine statistischen Tests.[63] In dieser Arbeit wurde folgendes heuristisches Verfahren gewählt.

In einem ersten Schritt wurden Clusteranalysen mit 2 bis 6 Clustern berechnet. Mit Hilfe einer Varianzanalyse wurden die Clusterlösungen gewählt, die geringe Varianz innerhalb und große Varianz zwischen den Clustern aufwiesen. Eine (nur deskriptive) Beurteilung liefert der F-Test.[64]

Im zweiten Schritt wurden die Lösungen weiter betrachtet, die aufgrund der Fallzahlen eine sinnvolle Verteilung auf die einzelnen Cluster aufwiesen. Wenn es nicht möglich war, eine solche sinnvolle Verteilung zu erzielen, wurde das Ergebnis dahingehend interpretiert, daß es keine Gruppen gibt, die sich innerhalb der Gruppe sehr ähneln, sich von den anderen Gruppen aber stark unterscheiden. Die Fälle, die den gering besetzten Clustern zugeordnet wurden, wurden als Ausreißer betrachtet.

Gelang es hingegen, Lösungen zu erhalten, die eine befriedigende Verteilung der Fälle auf die Cluster erreichte, so daß kein Cluster mit weniger als 10 Prozent der Fälle besetzt war, wurde in einem dritten Schritt die inhaltliche Interpretation der Cluster als Entscheidungskriterium für die Bestimmung der Clusterzahl herangezogen.[65] Interpretierbar sind Lösungen, wenn ein Cluster eindeutige Schwerpunkte in einer oder mehreren Variablen aufweist. Dies soll der Fall sein, wenn der Mittelwert[66] der Variablen oberhalb von 0,20 liegt.

Aufgrund der großen Fallzahl wurde mit der Prozedur QUICK CLUSTER des Programmpakets SPSS gearbeitet, da die Prozedur CLUSTER bei großen Stichproben zuviel Speicherkapazität benötigt.[67] Diese Prozedur ist insofern eingeschränkt, daß die Anzahl der Cluster vorgegeben werden muß und daß eine Auswahl der Distanzmaße und Clusteralgorithmen nicht möglich ist.[68] Als Distanzmaß wird von QUICK CLUSTER die euklidische Distanz gewählt,[69] als Algorithmus wird das Verfahren des "Nearest Centroid Sorting" von Anderberg verwendet.[70]

63) Vgl. SAS Institute Inc. /Guide/ 80ff, Tenhagen /Clusteranalyse/ 68, Stewart /Managers/ 179, Whitely /Work/ 349.

64) Vgl. Norusis /Statistics/ B95, Schubö, Uehlinger /SPSSX/ 343, SAS Institute Inc. /Guide/ 80, Tenhagen /Clusteranalyse/ 69.

65) Stewart sieht dies als das wichtigste Entscheidungskriterium an. Vgl. Stewart /Managers/ 181.

66) Es handelt sich hier nicht um das arithmetische Mittel der Variablen, sondern um sogenannte Centroide, die aber als Mittelwerte interpretiert werden können. Vgl. Norusis /Statistics/ B91.

67) Zur Syntax vgl. Norusis /Statistics/ C83ff. Vgl. auch Schubö, Uehlinger /SPSSX/ 212.

68) Vgl. zur Auswahl von Distanzmaßen und Clusteralgorithmen SAS Institute Inc. /Guide/ 50, Tenhagen /Clusteranalyse/ 51ff.

69) Vgl. Norusis /Statistics/ B91.

70) Vgl. Norusis /Statistics/ B91.

Die Clusteranalyse verlangt als Voraussetzung gleiche Mittelwerte und Standardabweichungen der in die Analyse einbezogenen Variablen, wenn als Distanzmaß die euklidische Distanz genutzt wird,[71)] wie dies bei der hier verwendeten SPSS-Prozedur QUICK CLUSTER geschieht.[72)] Aus diesem Grunde wurden die eingeführten Variablen vorher normiert.[73)]

Will man neue Fälle der gewählten Clusterlösung hinzufügen, ist dies bei Vorgabe der Clusterlösung aus der Eichpopulation mit SPSS möglich.[74)]

A.2.4. Faktorenanalyse

Verfahren, mit deren Hilfe komplexe, miteinander korrelierte Indikatoren eines Datensatzes intervallskalierter oder als solche interpretierbarer Daten auf eine geringe Zahl von Einflußgrößen reduziert werden können, sind Faktorenanalysen.[75)] Der Begriff "Faktorenanalyse" bezeichnet als Oberbegriff eine Anzahl von Verfahren für unterschiedliche Untersuchungszwecke mit verschiedenen Graden an Unbestimmtheit und Subjektivität.[76)] Wir haben das Modell der Hauptkomponentenanalyse als das am häufigsten angewandte Verfahren[77)] genutzt.

Das Erkenntnisinteresse der Faktorenanalyse besteht hauptsächlich darin, nicht direkt beobachtbare, latente Phänomene, sogenannte Faktoren, aus einer größeren Anzahl von Variablen zu extrahieren.[78)] Sie hat überwiegend explorativen Charakter für die Datenanalyse, obgleich sie, wenn auch selten, als Instrument zur Falsifikation von Hypothesen eingesetzt wird.[79)] Bei der vorliegenden Untersuchung diente die Faktorenanalyse ausschließlich zur Exploration.

Inhaltlich interpretiert wird ein Faktor mit Hilfe des mathematischen Konstrukts der Faktorladung. Die Werte liegen im Intervall (-1; 1). Je höher eine Variable auf einem

71) Vgl. Trampisch, Deichsel /Diskriminanzanalyse/ 21, Schuchard-Ficher u.a. /Analysemethoden/ 122.

72) Vgl. Norusis /Statistics/ B91.

73) Vgl. Trampisch, Deichsel /Diskriminanzanalyse/ 22, Schuchard-Ficher u.a. /Analysemethoden/ 122, Stewart /Managers/ 175.

74) Vgl. Norusis /Statistics/ B91 in Verbindung mit B98f.

75) Vgl. Roth /Methoden/ 634.

76) Vgl. Roth /Methoden/ 635.

77) Vgl. Gaensslen, Schubö /Analyse/ 201.

78) Vgl. Hartung /Multivariate/ 505, Schubö, Uehlinger /SPSSX/ 238.

79) Vgl. Roth /Methoden/ 635

Faktor lädt, desto höher ist ihr Erklärungsanteil an dem durch den Faktor repräsentierten Phänomen.[80)]

Faktorenanalysen werden in SPSS mit der Prozedur FACTOR VARIABLES in Verbindung mit Optionen für verschiedene faktoranalytische Verfahren gerechnet,[81)] wobei die Hauptkomponentenanalyse Voreinstellung ist.[82)]

A.2.5. Regressionsanalyse[83)]

Regressionsrechnungen werden eingesetzt, um die Stärke des Zusammenhangs zwischen unabhängigen intervallskalierten Variablen und einer abhängigen intervallskalierten Variablen zu ermitteln.[84)] Über diese Bedingung zur Qualität des Skalenniveaus der Variablen hinausgehende Voraussetzungen sind:[85)]

- Normalverteilung und Varianzenhomogenität der Variablen
- keine Multikollinearität
- annähernd gleich große Zuverlässigkeit der Messung der unabhängigen Variablen.[86)]

Auf die Voraussetzung der Normalverteilung kann verzichtet werden, falls keine Signifikanztests durchgeführt werden sollen. Multikollinearität, d.h. lineare Abhängigkeit der unabhängigen Variablen untereinander,[87)] kommt bei vorliegendem Datenmaterial nicht vor. Nimmt man als Indikator für die Zuverlässigkeit die Anzahl der fehlenden Fälle, ist von annähernd gleicher Zuverlässigkeit auszugehen.[88)] Liegen nominalskalierte unabhängige Variablen vor, können diese mittels Dummyvariablen in dichotome Variablen umgeformt werden und so in die Regressionsrechnung mit aufgenommen werden.

80) Vgl. Roth /Methoden/ 635, Schuchard-Ficher u.a. /Analysemethoden/ 221 "Die Faktorenanalyse unterstellt nämlich, daß die Korrelationen der Ausgangsdaten durch einen oder mehrere hinter den Variablen stehenden Faktoren beschreibbar sind und sucht diese Faktoren durch mathematisch-statistische Behandlung der Ausgangsinformation aufzudecken."

81) Zur Syntax vgl. Norusis /Statistics/ B40ff. Vgl. auch Schubö, Uehlinger /SPSSX/ 239.

82) Vgl. Schubö, Uehlinger /SPSSX/ 243.

83) Vgl. zu diesem Abschnitt auch Müller-Böling, Müller /Akzeptanzfaktoren/ 246ff.

84) Vgl. Holm /Befragung 5/ 63, 83ff, Gaensslen, Schubö /Analyse/ 145f, Schubö, Uehlinger /SPSSX/ 345, SAS Institute Inc. /Guide/ 3.

85) Vgl. Holm /Befragung 5/ 65, Schach, Schäfer /Varianzanalyse/ 2f, SAS Institute Inc. /Guide/ 8.

86) Vgl. Holm /Befragung 5/ 66.

87) Vgl. Holm /Befragung 5/ 72f.

88) Vgl. auch Müller-Böling, Müller /Akzeptanzfaktoren/ 246f.

Als Maß für den Zusammenhang zwischen den unabhängigen und der abhängigen Variablen wird das multiple Bestimmtheitsmaß R^2 verwendet. Es gibt Auskunft darüber, wieviel Prozent der Gesamtvarianz der abhängigen Variablen durch die unabhängigen Variablen erklärt wird.[89)] Da eine schrittweise Regressionsrechnung durchgeführt wird,[90)] können auch noch Angaben über die durch die Aufnahme einer weiteren Variablen erklärte Varianz (zusätzlich erklärte Varianz) gemacht werden.

Für die Datenauswertung wurde die SPSS-Prozedur REGRESSION in Verbindung mit der Angabe METHOD = STEPWISE gewählt.[91)]

A.2.6. Diskriminanzanalyse

Die Diskriminanzanalyse[92)] erfüllt eine ähnliche Funktion wie die Regressionsrechnung. Im Gegensatz zur Regressionsrechnung ist die abhängige Variable jedoch nominalskaliert und nicht intervallskaliert.[93)] Die Beurteilung des Zusammenhangs zwischen der abhängigen und den unabhängigen Variablen erfolgt mit Hilfe von Wilk's Lambda,[94)] das einen dem Bestimmtheitsmaß R^2 komplementären Koeffizienten darstellt.[95)]

Das Ziel der Diskriminanzanalyse besteht in der möglichst guten Trennung zwischen zwei durch eine nominalskalierte Variable getrennten Gruppen mit Hilfe von unterschiedlichen unabhängigen Variablen, so daß Aussagen über die Bedeutung dieser Variablen für die abhängige Variable möglich sind.[96)]

Voraussetzungen für die Diskriminanzanalyse bestehen neben dem geforderten Skalenniveau in der Normalverteilungsseigenschaft und der Varianzenhomogenität.[97)]

89) Vgl. Holm /Befragung 5/ 67, Hartung /Statistik/ 595ff, Gaensslen, Schubö /Analyse/ 102, Schach, Schäfer /Varianzanalyse/ 20ff, SAS Institute Inc. /Guide/ 14.

90) Dies wird mit der Angabe von METHOD=STEPWISE erreicht. Vgl. Norusis /SPSS/ 127.

91) Vgl. Norusis /SPSS/ C123.

92) Vgl. Schuchard-Ficher u.a. /Analysemethoden/ 153ff, Gaensslen, Schubö /Analyse/ 198f, Schubö, Uehlinger /SPSSX/ 226ff, Holm /Befragung 6/ 139f. Vgl. zu diesem Abschnitt auch Müller Böling, Müller /Akzeptanzfaktoren/ 242f.

93) Vgl. Holm /Befragung 5/ 83, Schubö, Uehlinger /SPSSX/ 226, SAS Institute Inc. /Guide/ 39.

94) Vgl. Schuchard-Ficher u.a. /Analysemethoden/ 174.

95) Vgl. Schuchard-Ficher u.a. /Analysemethoden/ 210.

96) Vgl. Schuchard-Ficher u.a. /Analysemethoden/ 153f.

97) Vgl. Schubö, Uehlinger /SPSSX/ 226.

Verwendet wurde die SPSS-Prozedur DSCRIMINANT mit der Angabe von METHOD = WILKS,[98] um eine schrittweise Einführung der unabhängigen Variablen zu ermöglichen.[99]

98) Vgl. Norusis /Statistics/ C17ff.

99) Vgl. Schubö, Uehlinger /SPSSX/ 228.

Literaturverzeichnis

A

Adler, G.
Top-Management online? In: Office Management, Heft 4 1989, S. 16.

Alexander, L.D.
The **Effect** Level in the Hierarchy and Functional Area Have on the Extent Mintzberg's Roles are Required by Managerial Roles. In: Academy of Management Proceedings, 1979, S. 186-189.

Ambros, H.
Plane das **Büro** von morgen heute, denn morgen ist es zu spät. In: Office Management, Heft 9 1985, S. 830-839.

Appley, L.A.
Management at Mid-Century. New York 1954.

Arbeitsgemeinschaft LAE 88
LAE 88. Vergleichende Leseranalyse ausgewählter Titel bei Entscheidungsträgern in Wirtschaft und Verwaltung.

Atteslander, P.
Methoden der empirischen **Sozialforschung**. 4. erw. Aufl. Berlin/New York 1975.

B

Balzert, H.
Wissensverarbeitende **Systeme** im Büro von morgen. In: Office Management, Heft 9 1985, S. 808-811.

Beckurts, K.H.; **Reichwald**, R.
Kooperation im Management mit integrierter Bürotechnik - Anwendererfahrungen. München 1984.

Benninghaus, H.
Deskriptive **Statistik**. Stuttgart 1974.

Berke, J.
Videokonferenzen: Per **Fernsehen** forschen. In: Wirtschaftswoche, Special: Büroautomation II, Heft 3 1988, S. 101-106.

Bernardin, H.J.; **Beatty**, R.W.
Can **Subordinate** Appraisals Enhance Managerial Productivity? In: Sloan Management Review, Heft 4 1987, S. 63-73.

Bertelsmann Stiftung (Hrsg.)
Die **Arbeitsmotivation** von Führungskräften der deutschen Wirtschaft. Ergebnisse einer Umfrage bei Unternehmern und leitenden Angestellten. Gütersloh 1985.

Beyer, H.-T.
Die **Lehre** der Unternehmensführung. Berlin 1970.

Borgards, A.; **Gräff**, S.
Informationssysteme in der strategischen **Unternehmensführung** und Aufbau eines prototypischen wissensbasierten Systems - Erörterung des Konzepts einer Unternehmensberatung zum strategischen Informationsmanagement sowie die Umsetzung eines dort ausgewählten Problembereichs auf eine Expertensystem-Shell. Unterlagen zum Vortrag auf der 1. Erfa-Tagung: Expertensysteme in Finanzdienstleistungsunternehmen, veranstaltet vom Betriebswirtschaftlichen Institut für empirische Gründungs- und Organisationsforschung (bifego) am 1. und 2. Juni 1989.

Boyatzis, R.E.
The Competent **Manager**. New York u.a. 1982.

Bruhn, M.; **Wuppermann**, M.
Position und Aufgaben der **Geschäftsführer**. In: DBW-Die Betriebswirtschaft, Heft 4 1988, S. 421-434.

Bundesministerium für das Post- und Fermeldewesen
Pressemitteilung: Schwarz-Schilling stellt Einführungsstrategie für das **Bildtelefon** vor, 12. 11. 1987.

Bundesministerium für Post und Telekommunikation
Pressereferat: Teilnehmerzahlen für verschiedene **Telekommunikationsdienste**, Stand: 21.09.89.

Burns, T.
Management in Action. In: Operational Research Quarterly, 1957, S. 45-60.

C

Campbell, J.P.; **Dunette**, M.D.; **Cawler**, E.E.; **Weick**, K.E.
Managerial **Behavior**, Performance, and Effectiveness. New York 1970.

Carlson, S.
Executive **Behavior** - A Study of the Work Load and the Working Methods of Managing Directors. Stockholm 1951.

Carroll, S.J.; **Gillen**, D.J.
Are the Classical Management **Functions** Useful in Describing Managerial Work? In: Academy of Management Review, Heft 1 1987, S. 38-51.

Case, F.E.
An **Executive** Day. In: California Management Review, Heft 5 1962, S. 67-70.

Chase, S.
Die **Wissenschaft** vom Menschen. Wien Stuttgart 1951.

Choran, I.
The **Managers** of a Small Company. M.B.A. Thesis, McGill University 1969.

Christensen, C.P.; **Andrews**, V.R.; **Bower**, J.L.
Business Policy. 4. Aufl., Homewood (Illinois) 1978.

Clauß, G.; **Ebner**, H.
Grundlagen der **Statistik**. Berlin (DDR) 1983.

Coenenberg, A.G.
Kommunikation. In: Gablers Wirtschaftslexikon. 10. Aufl., Wiesbaden 1980, Sp. 2342-2346.

Connell, S.; **Galbraith**, I.A.
Electronic **Mail**. London 1980.

Connors, E.J.; **Hutts**, J.C.
How **Administrators** Spend their Day. In: Hospitals Journal of the American Hospital Association, 16. Februar 1967, S. 45-141.

Conrath, D.
Measuring the Impact of Office Systems Technology: Needs, Methods and Consequences, Invited Paper, International Symposium on Office Automation, Stanford University, Stanford (California), 26.-28.3.1980.

Cooper, C.L.
Streß auf verschiedenen Stufen der Managementhierarchie. In: Frese, M. (Hrsg.): Streß im Büro. Bern 1981, S. 282-304.

Cooper, C.L.
Executive Stress around the **World**. In: University of Wales Review Business & Economics 2, 1988, S. 3-8.

Cooper, C.L.; **Cooper**, R.D.; **Eaker**, L.H.
Living with **Stress**. London 1988.

Cooper, C.L.; **Hensman**, R.
A Comperative **Investigation** of Executive Stress: A Ten Nation Study. In: Stress Medicine, 1985, S. 295-301.

Copeman, G.
How British **Executives** Spend Their Day. In: Copeman, G.; Hanika, F. de P.; Luijk, H. (Hrsg.): How the Executive Spends his Time. London 1963, S. 1-16.

D

Dähler, Th.
Konzeption, Planung und Einführung der benutzergesteuerten **Datenverarbeitung** im Bürobereich. Bern Stuttgart 1985.

Dählmann, C.; **Henkel**, N.
Management und Computer: "Keine Hilfe bei Top-Entscheidungen". Interview mit Dr. Gerhard Adler zu computerunterstützten Führungsinformationssystemen. In: Office Management, Heft 4 1989, S. 18-19.

Davenport, T.H.; **Hammer**, M.; **Metsisto**.
How **Executives** Can Shape Their Company's Information Systems. In: Harvard Business Review, Heft März/April 1989, S. 130-134.

Deutsche Bundespost (Hrsg.)
Telefonprogramm: Rund ums **Telefon** von A-Z. März 1989.

Deutschmann, J.A.
Management und neue Telekommunikationsformen. Neuried 1983.

Dieckmann, H.-W.; **Fuchs**, H.
Fernkopierer: Wachsen mit **Faxen**. In: Wirtschaftswoche, Special: Büroautomation I, Heft 2 1988, S. 45-48.

Döhl, W.
Akzeptanz innovativer Technologien in Büro und Verwaltung. Göttingen 1983.

Doil, V.
Cityruf: Piep mal wieder! In: Postmagazin, Heft 1 1989, S. 6-7.

Dorney, R.C.
Making **Time** to Manage. In: Harvard Business Review, Heft 1 1988, S. 38-40.

Dubin, R.
Business Behavior Behaviorally Viewed. In: Strother, G.B. (Hrsg.): Social Science Approaches to Business Behavior. London 1962, S. 11-55.

Dubin, R.; **Spray**, S.L.
Executive **Behavior** and Interaction. In: Industrial Relations, Februar 1964, S. 99-108.

Dworatschek, S.
Einführung in die Datenverarbeitung. Berlin 1969.

E

Effenhauser, R.; **Krug**, P.
Stand des Expertensystems **STAKNETEX** zur Subventionsanalyse. Arbeitspapiere Informatik-Forschungsgruppe VIII der Friedrich-Alexander-Universität Erlangen-Nürnberg, 2. Aufl., Erlangen 1987.

Ernst, W.; **Koswald**, M.
Die **Einstellungsakzeptanz**. In: Müller-Böling, D. (Hrsg.): Informationsmanagement bei Architekten. Band 3 "Akzeptanz neuer Informations- und Kommunikationstechniken im Architekturbüro". FuE-Bericht Nr. 3 des bifego, Dortmund 1988, S. 18-30.

Evers, H.; **von Landsberg**, G.
Qualifikation und Karriere. Beiträge zur Gesellschafts- und Bildungspolitik 75, Köln 1982.

F

Fayol, H.
Allgemeine und industrielle **Verwaltung**. Berlin 1929.

Federico, P.-A.
Management Information Systems and Organizational Behavior. 2. Aufl., New York u.a. 1985.

Ferschl, F.
Deskriptive **Statistik**. Würzburg Wien 1978.

Fisz, M.
Wahrscheinlichkeitsrechnung und mathematische **Statistik**. Berlin (DDR) 1980.

Fornfeist, M.
Kommunikationstechnik und Aufgabe. Organisatorische Aufgabenanalyse unter Berücksichtigung des Kommunikationsproblems. München 1985.

Frese, E.
Unternehmungsführung. Landsberg 1987.

Frey, S.
Die nonverbale **Kommunikation**, Bd. 1 der SEL-Schriftenreihe. Stuttgart 1984.

Friedrich, J.; **Jansen**, K.D.; **Manz**, T.
Organisationsmodelle für das Büro von morgen. In: Office Management, Nr. 3 1987, S. 16-22.

Friedrichs, H.
Moderne **Personalführung**. 5. Aufl., München 1978.

Friedrichs, J.
Methoden empirischer Sozialforschung. 9. Aufl., Reinbek 1981.

Fuchs, H.
Expertensysteme: Die Super-**Assistenten**. In: Wirtschaftswoche, Special: Büroautomation II, Heft 3 1988, S. 70-78.

G

Gabriel, R.; **Lamersdorf**, W.
Anforderungsanalyse und Design eines elektronischen Mailbox-Systems. In: Angewandte Informatik, Nr. 9 1986, S. 363-369.

Gaensslen, H.; **Schubö**, W.
Einfache und komplexe statistische **Analyse**. München Basel 1973.

Gaitanides, M.; **Beck**, Ch.; **Klaedtke**, M.; **Lütke Schwienhorst**, R.
Der **Personalcomputer** auf dem Weg zur Spitze. Konsequenzen des PC-Einsatzes für Organisation und Personal. In: zfo Zeitschrift Führung und Organisation, Heft 2 1988, S. 89-95.

Galbraith, J.K.
Die moderne **Industriegesellschaft**. München Zürich 1968.

Gardner, N.D.
Gute Noten als **Manager**. 3. Aufl., München 1970.

Gerhard, S.; **Gniszewski**, W.
Expertensystementwicklung auf Personal Computern: **Finanzierungsplanung** bei Existenzgründung unter Einschluß öffentlicher Förderprogramme. Bd. 1: Grundlagen und Entwicklung, Bd. 2: FÖNEX - Aufbau und Einsatz. Diplomarbeit am Fachbereich Wirtschafts- und Sozialwissenschaften der Universität Dortmund, Fachgebiet Empirische Wirtschafts- und Sozialforschung, Dortmund 1989.

Gerhard, S.; **Vollmerig**, H.
Tätigkeiten des **Architekten**. In: Müller-Böling, D. (Hrsg.): Informationsmanagement bei Architekten. Band 2 "Berufliches Umfeld und Analyse der Tätigkeiten von Architekten". FuE-Bericht Nr. 3 des bifego, Dortmund 1988, S. 21-26.

Gilson, N.J.
Principal Productivity ... A Frustration Index. In: Quinn, K. (Hrsg.): Advances in Office Automation, Chichester u.a. 1985, S. 255-272.

Glöckner, Th.
Datenbanken: Sesam, öffne dich! In: Wirtschaftswoche, Special: Büroautomation II, Heft 3 1988, S. 81-87.

Goldstein, M.H.
Office Automation and Executive Productivity. In: National Productivity Review, Autumn 1985, S. 416-418.

Graus; **Schneider**; **Schoenberger**; **Weigand**
Menschliche **Kommunikation** in technischen Kommunikationssystemen. In: ÖVD, Heft 1 1975, S. 5-14.

Greenwood, W.T.
Management and Organizational Behavior Theories: An Interdisciplinary Approach. Cincinnati 1965.

Grochla, E.
Grundlagen der organisatorischen Gestaltung. Stuttgart 1982

Grochla, E.; **Thom**, N.
Organisationsformen, Auswahl der. In: Grochla, E. (Hrsg.): Handwörterbuch der Organisation, 2. Aufl., Stuttgart 1980, Sp. 1494-1517.

Grünewald, U.; **Koch**, R.
Informationstechnik in Büro und Verwaltung. Studie über die Entwicklung und Anwendung der Informationstechnik in den Tätigkeitsfeldern kaufmännischer und verwaltender Berufe, Berichte zur beruflichen Bildung des Bundesinstituts für Berufsbildungsforschung Nr. 32, Berlin 1981.

Gutschmidt, S.
Mailboxen: Postwendende Botschaft. In: Wirtschaftswoche, Special: Büroautomation I, Heft 2 1988, S. 61-63.

H

Haas, J.A.; **Porat**, A.M.; **Vaughan**, J.A.
Actual versus Ideal Time Allocations Reported by **Managers**: A Study of Managerial Behavior. In: Personnel Psychology, 1969, S. 61-75.

Hahn, W. von
Sprachverarbeitung. In: Computer Magazin, Nr. 3 1986, S. 51-52.

Haidvogl, G.; **Leonhard**, U.
Effizienzsteigerung durch **PC-Einsatz** bei Ablauf- und Kommunikationsanalysen. In: Office Management, Heft 7-8 1987, S. 20-23.

Hansen, H. R.
Wirtschaftsinformatik. 5. Aufl., Stuttgart 1987.

Harmon, P.; **King**, D.
Expertensysteme in der Praxis. Perspektiven, Werkzeuge, Erfahrungen. München Wien 1986.

Hartung, J.
Multivariate Statistik. München Wien 1984.

Hartung, J.
Statistik. München Wien 1982.

Haun, P.; **Zeuch**, K.
Alternativrechnungen mit Planungssprachen und Tabellenkalkulationssystemen. In: Handbuch der modernen Datenverarbeitung, Heft 138 1987, S. 52-64.

Hausmann, J.P.
Der überlastete **Manager**. Bern Stuttgart 1969.

Hax, H.
Kommunikation. In: Grochla, E.; Wittmann, W. (Hrsg.): Handwörterbuch der Betriebswirtschaft. 4. Aufl., Stuttgart **1975**, Sp. 2169-2176.

Heilmann, H.
Das **Interview** mit Dr. Dietrich Solaro, Vorstandsmitglied der Standard Electric Lorenz

AG, Stuttgart. In: Handbuch der modernen Datenverarbeitung, Heft 138 1987, S. 110-113.

Heilmann, H.
Computerunterstützung für das **Management** - Entwicklung und Überblick. In: Handbuch der modernen Datenverarbeitung, Heft 138 1987, S. 3-18.

Heiner, V.
Videokonferenzen - ein neues Kommunikationsmittel. In: io Management Zeitschrift, Heft 5 1987, S. 253-257.

Heinrich, L.J.; **Hartwig**, Th.
Ersetzbarkeit von Mensch-Mensch-Kommunikation durch Mensch-Maschine-Kommunikation. Institutsbericht Nr. 89.02 des Instituts für Wirtschaftsinformatik und Organisationsforschung der Johannes-Kepler-Universität Linz. Linz, Mai 1989.

Hinrichs, J.R.
Where Has all the **Time** Gone? In: Personnel, Heft 4 1976, S. 44-49.

Hinterhuber, H.H.; **Popp**, W.
PC-gestützte **Bewertung** strategischer Alternativen. In: Handbuch der modernen Datenverarbeitung, Heft 138 1987, S. 85-103.

Hirsch, E.
Auch bei Fach- und Führungskräften läßt sich die **Produktivität** steigern. In: Handelsblatt, Heft 73 1983, S. B2.

Hirzel, M.
Management-**Effizienz**. 3. Aufl., Wiesbaden 1986.

Holden, P.E.; **Fish**, L.S.; **Smith**, H.L.
Industrielle **Führungskunst**. Essen 1957.

Holm, K.
Die **Befragung 5**. Stuttgart 1976.

Holm, K.
Die **Befragung 6**. Stuttgart 1976.

Hoppenstedt (Hrsg.)
Leitende **Männer** und Frauen der Wirtschaft. 35. Ausgabe, Darmstadt 1987.

Horne, J.H.; **Lupton**, T.
The Work **Activities** of Middle Managers: An Explanatory Study. In: Journal of Management Studies, 1965, S. 14-33.

Huber, W.
Versuche jenseits des menschlichen Geistes. In: Computer Persönlich, Ausgabe vom 30.9.1987, S. 170-176.

Huck, H..
Mehr Mut zum **Aufstieg**. In: Management Wissen, Heft 5 1988, S. 79-83.

Hürlimann, Werner
Mängel in der **Kommunikation** werden immer gefährlicher! In: io Management Zeitschrift, Nr. 10 1987, S. 441-445.

I

Institut der deutschen Wirtschaft
Zahlen zur wirtschaftlichen Entwicklung der Bundesrepublik Deutschland. Köln 1987.

K

Karcher, H.B.
Büro der Zukunft. 5. Aufl., Baden-Baden 1983.

Karcher, H.B.
Kommunikationsstrukturen an Büroarbeitsplätzen und **Einsatzchancen** für Bürokommunikationssysteme. In: Zeitschrift Führung und Organisation, Heft 7 1982, S. 385-393.

Karmasin, F.; **Karmasin**, H.
Einführung in die Methoden und Probleme der **Umfrageforschung**. Graz 1977.

Kevenhörster, P.; **Schönbohm**, W.
Zeitökonomie im **Management**. Opladen 1974.

Klare, B.; **Gidom**, D.
Arbeitsumfeld. In: Müller-Böling, D. (Hrsg.): Unterstützung der Arbeit von Führungs- und Fachkräften durch Mailboxen - Erste Ergebnisse von Teleinterviews mittels Electronic Mailing. Arbeitsbericht Nr. 17 des Fachgebiet Empirische Wirtschafts- und Sozialforschung, Universität Dortmund, März 1987, S. 72-96.

Klaus, G.
Wörterbuch der **Kybernetik**. Berlin 1968.

Klingenberg, H.; **Kränzle**, H.P.
Kommunikationstechnik und Nutzerverhalten. München 1983.

Kmetz, J.T.; **Willower**, D.J.
Elementary **School** Principals' Work Behavior. In: Educational Administrative Quarterly, 1982, S. 62-78.

Kober, H.
Strategische **Planung** in der Datenverarbeitung - Strukturelle Voraussetzungen und Instrumente. In: H. Strunz (Hrsg.): Planung in der Datenverarbeitung, Berlin et al. 1985, S. 67-81.

Koch, K.
Electronic **Mail**. In: PC-Welt, Heft 3 1988, S. 83-88.

Koontz, H.
The **Management** Jungle Revisited. In: The Academy of Management Review, Heft 2 1980, S. 175-187.

Koontz, H.; **O'Donnell**, C.
Principles of **Management**: An Analysis of Managerial Functions. 5. Aufl., New York 1972.

Kotter, J.P.
The **General** Managers. New York London 1986.

Kotter, J.P.; **Lawrence**, P.R.
Mayors in Action. New York u.a. 1947.

Kraetzschmar, G.K.; **Plattfaut**, E.
Unterstützung der **Strategiefindung** im Rahmen der Unternehmensplanung mit Hilfe eines in PROLOG implementierten wissensbasierten Systems. Arbeitspapiere der Informatik-Forschungsgruppe VIII der Friedrich-Alexander-Universität Erlangen-Nürnberg, hrg. von Peter Mertens, 3. Aufl., Erlangen 1987.

Krallmann, H.; **Rieger**, B.
Vom Decision Support System (DSS) zum **Executive** Support System (ESS). In: Handbuch der modernen Datenverarbeitung, Heft 138 1987, S. 28-38.

Kreifelts, T.; **Wißkirchen**, P.
Informationstechnik im Büro. In: Wißkirchen u.a.(Hrsg.),Informationstechnik und Bürosysteme, Stuttgart 1983, S. 43-93.

Kriz, J.
Statistik in den Sozialwissenschaften. Reinbek 1973.

Krüger, W.
Grundlagen der Organisationsplanung. Gießen 1983.

Krüger, W.; **Pfeiffer**, P.
Kurzfassung der Befragungsergebnisse in der Untersuchung "Informationstechnologie und Organisation". Unveröffentlichtes Manuskript, Universität Gießen, Juli 1988.

Kuba, R.
Herr **Manager**, wie meistern Sie Ihr Zeitproblem? In: io Management Zeitschrift, Heft 11 1986, S. 457-459.

Kurbel, K.
Entwicklung und Einsatz von Expertensystemen. Eine anwendungsorientierte Einführung in wissensbasierte Systeme. Berlin Heidelberg 1989.

L

Langer, R.
Führungskräfte. In: Management Enzyklopädie, Band 3, 2. Aufl., Landsberg 1982, S. 866-880.

Lanius, I.; **Schwieder**, B.
Organisierte **Kommunikation** im Büro. In: data report 16, Heft 5 1981, S. 8-11.

Lau, A.W.; **Newman**, A.R.; **Broedling**, L.A.
The **Nature** of Managerial Work in the Public Sector. In: Public Administration Review, 1980, S. 513-520.

Leavitt, H. J.
Applied organizational **change** in industry: Structural, technological and humanistic approaches. In: March, J. G. (Hrsg.): Handbook of Organization, Chicago 1965, S. 1144 - 1170.

Lebsanft, E.W.; **Gill**, Uwe
Expertensysteme in der **Praxis** - Kriterien für die Verwendung von Expertensystemen zur Problemlösung. In: Savory, S.E. (Hrsg.), Expertensysteme: Nutzen für Ihr Unternehmen. München Wien 1987, S. 135-149.

Lippold, H.
Management und interaktive Systeme. Frankfurt/Main 1982.

Loewenheim, A.
Office Automation: Durchbruch erst mit Computern der 5. Generation? In: Office Management, Heft 2 1986, S. 184-187.

Luhmann, N.
Soziale **Kommunikation**. In: Grochla, E. (Hrsg.): Handwörterbuch der Organisation. 4. Aufl., Stuttgart 1973, Sp. 831f.

M

Maccoby, M.
The **Gamesman**. New York 1976.

Maciejewski, P.G.
Der Boß auf dem **Bildschirm**. In: Funkschau, Heft 11 1989, S. 32-35.

Mag, W.
Kommunikation. In: Grochla, E.; Wittmann, W. (Hrsg.): Handwörterbuch der Betriebswirtschaft. 4. Aufl., Stuttgart 1975, Sp. 1031-1040.

Mahoney, T. A.; **Jerdee**, T H.; **Carroll**, S.J.
The Job(s) of **Management**. In: Industrial Relations 1965, S. 97-110.

Mann, G.
Streß im Management. München 1987.

Marples, D.L.
Studies of Managers - a Fresh Start? In: Journal of Management Studies, 1967, S. 282-299.

Martin, **W.J.**; **Willower**, D.J.
The Managerial **Behavior** of High School Principals. In: Educational Administration Quarterly, 1981, S. 69-90.

McCall, M.W.; **Segrist**, C.A.
In **Pursuit** of the Manager's Job: Building on Mintzberg. Technical Report No 14, Greensboro (N.C.) 1980.

McDougall, W.
The **Group** Mind. London 1927.

Mee, J.F.
A **History** of Twentieth Century Management Thought. Ann Arbor (Michigan) 1963.

Meier, B.
Büroarbeit im Wandel. Köln 1985.

Mertens, P.
Nutzen und Schaden der elektronischen Datenverarbeitung. In: Niemann, H.; Seiter, D.; Schüßler, H.-W. (Hrsg.): Mikroelektronik, Information, Gesellschaft. Berlin u.a. 1983, S. 97-121.

Mertens, P.; **Anselstetter**, R.; **Eckardt**, T.; **Nickel**, R.
Betriebswirtschaftliche **Nutzeffekte** und Schäden der EDV - Ergebnisse des NSI-Projektes. In: Zeitschrift für Betriebswirtschaft, 52. Jg. 1982, S. 135-152.

Mertens, P.; **Borkowski**, V.; **Geis**, W.
Betriebliche **Expertensystem-Anwendungen**. Eine Materialsammlung. Berlin Heidelberg 1988.

Mertens, P.; **Zeitler**, P.; **Schumann**, M.; **Koch**, H.
Untersuchungen zum Kosten-Nutzen-Verhältnis der **Büroautomation**. Vortrag am 26.11.86 anläßlich der 5. Fachtagung des Fachausschusses Büroinformations- und -kommunikationssysteme der Gesellschaft für Informatik in Frankfurt/Main.

Metzger, R.
Bürokommunikation: Herstellerkonzepte auf dem Prüfstand. In: Office Management, Heft 7-8 1987, S. 40-47.

Meyer, R.
Organisatorische **Integration** im Büro. In: Office Management, Heft 6 1987, S. 381-388.

Meyer-Eppler, W.
Grundlagen und Anwendung der Informationstheorie. In: Kommunikation und Kybernetik in Einzeldarstellungen, Band 1, Berlin u.a. 1969.

Miner, J.
The **Management** Process - Theory, Research and Practice. New York 1973.

Mintzberg, H.
The Manager's **Job**: Folklore and Fact. In: Harvard Business Review, Heft Juli/August 1975, S. 49-61.

Mintzberg, H.
A New **Look** at the Chief Executive's Job. In: Organizational Dynamics 1973, S. 21-30.

Mintzberg, H.
The **Myths** of MIS. In: California Management Review, Heft 1 1972, S. 92-97.

Mintzberg, H.
The **Nature** of Managerial Work. New York u.a. 1973.

Mintzberg, H.
Planning on the Left Side and Managing on the Right. In: Harvard Business Review, Heft Juli/August 1976, S. 49-58.

Mintzberg, H.
Managerial Work: Analysis from Observation. In: Management Science, 1971, S. 97-110.

Müller, M.
Benutzerverhalten beim Einsatz automatisierter betrieblicher Informationssysteme. München Wien 1986.

Müller-Böling, D.
Arbeitszufriedenheit. In: Strutz, H. (Hrsg.): Handwörterbuch der Verwaltung und Organisation. Köln 1982, S. 25-31.

Müller-Böling, D.
Verspielt die Informationstechnik ihre **Chancen**? in: Zeitschrift für das Post- und Fernmeldewesen, Heft 10 1987, S. 4-8.

Müller-Böling, D.
Computer im Büro - Zu zweit geht's am besten. In: bild der wissenschaft, März 1987, S. 68-78.

Müller-Böling, D.
Arbeitszufriedenheit bei automatisierter **Datenverarbeitung**. München Wien 1978.

Müller-Böling, D.
Akzeptanz der Computerunterstützung durch den **Manager**. In: Handbuch der modernen Datenverarbeitung, Heft 138 1987, S. 19-27.

Müller-Böling, D.
Methodik der empirischen Organisationsforschung. In: Frese, Erich (Hrsg.): Handwörterbuch der Organisation, 3. Aufl., Stuttgart, im Druck.

Müller-Böling, D.
Akzeptanz und **Partizipation**. Sind Systemgestalter lernfähig? In: Schröder, K.T. (Hrsg.): Arbeit und Informationstechnik. Berlin u.a. 1986, S.153-166.

Müller-Böling, D.
Informationstechnik aus der **Sicht** der Benutzer im Wandel des letzten Jahrzehnts, in: GMD-Spiegel, Heft 3/4 1983, S. 35-41; wieder abgedruckt unter: Computerängste. In: Der Volks- und Betriebswirt, Heft 4 1984, S. 13-15.

Müller-Böling, D.
Zwischen **Technikeuphorie** und Tastaturphobie. In: Office Management, Heft 4 1989, S. 22-26.

Müller-Böling, D.
Einstellung zur Informationstechnik im zeitlichen **Wandel**. Ergebnisse von Benutzerbefragungen aus den Jahren 1974 und 1983. In: Angewandte Informatik, 26. Jg. 1984, S. 98-107.

Müller-Böling, D. (Hrsg.)
Informationsmanagement bei Architekten, bifego-FuE-Bericht Nr. 3, Dortmund März 1988, bestehend aus Bänden 1 bis 5.

Müller-Böling, D.; **Bröckelmann**, J.
Entwicklung eines Expertensystems zur Gestaltung und Formulierung vorteilhalfter Gesellschaftsverträge: **GEFOVEX**, bifego-FuE-Bericht Nr. 5, Dortmund August 1989.

Müller-Böling, D.; **Bröckelmann**, J.; **Kirchhoff**, S.; **Sudhaus**, H.-J.
Expertensysteme in der Gründungsberatung: **REFOWEX** und GEFOVEX, bifego-FuE-Bericht Nr. 4, Dortmund August 1989.

Müller-Böling, D.; **Göbel**, J.; **Peters**, H.W.
ADV-Attitüden von **Studenten**. Eigenschaften der ADV-Skala bei zwei Studentenpopulationen. Arbeitsbericht Nr. 2 des Fachgebiets Methoden der empirischen Wirtschafts- und Sozialforschung, Universität Dortmund, 1983.

Müller-Böling, D.; **Graf**, H.
Planungsinstrumente für die Gründung von Unternehmungen. In: WiSt - Wirtschaftswissenschaftliches Studium, 17. Jg. 1988, S. 615-619.

Müller-Böling, D.; **Klautke**, E.
Electronic Mail - Empirische Untersuchungen zur Effizienz. In Vorbereitung.

Müller-Böling, D.; **Kummetz-Zeißner**, H.-P.
Kommt die **Computer-Euphorie**? ADV-Attitüden von WiSo-Studenten im zeitlichen Längsschnitt, bifego-FuE-Bericht Nr. 2, Dortmund 1988.

Müller-Böling, D.; **Müller**, M.
Akzeptanzfaktoren der Bürokommunikation. München Wien 1986.

Müller-Böling, D.; **Ramme**, I.
Electronic Mail für Führungskräfte - Ergebnisse von sechs Intensivinterviews. Arbeitsbericht Nr. 20 des Fachgebiets Empirische Wirtschafts- und Sozialforschung, Universität Dortmund, 1988.

Müller-Böling, D.; **Ramme**, I.
Die Arbeit von Führungskräften - Ergebnisse von acht **Intensivinterviews**. Arbeitsbericht Nr. 19 des Fachgebiets Empirischen Wirtschafts- und Sozialforschung, Universität Dortmund, 1987.

Müller-Böling, D.; **Ramme** I.
Die Arbeit von Führungskräften und ihre Akzeptanz neuer Informations- und Kommunikationstechniken - Ergebnisse von zwölf **Interviews**. Arbeitsbericht Nr. 21 des Fachgebiets Empirischen Wirtschafts- und Sozialforschung, Universität Dortmund, 1988.

Müller-Böling, D.; **Szyperski**, N.; **Fürtjes**, H.-T.; **Aichele-Hoff**, M.
PLORGA-**Handbuch**. Version 2.1. Arbeitsbericht Nr. 44 des Seminars für Allgemeine Betriebswirtschaftslehre und Betriebswirtschaftliche Planung der Universität zu Köln, Juni 1984.

Munter, H.
Die **Revolution** in unseren Büros hat bereits begonnen. In: zfo Zeitschrift Führung und Organisation, Heft 3 1987, S. 185-186.

Müri, P.
Der **Chef**: viele Rollen - eine Persönlichkeit. In: io Mangement Zeitschrift, Heft 7/8 1986, S. 320-323.

N

Nagel, I.
Mailboxen. In: DSWR - Datenverarbeitung, Steuer, Wirtschaft, Recht -, Heft 6 1989, S. 125-127.

Näser, Ch.
Erfolg macht Kasse. In: Manager Magazin, Heft 10 1988, S. 372-377.

Nealey, S.M.; **Fiedler**, R.E.
Leadership Functions of Middle Managers. In: Psychological Bulletin, Heft 5 1968, S. 313-329.

Neubauer, D.
Finanz-Expertensysteme: Heißer Tip vom **Chip**. In: Wirtschaftswoche, Special: Bürokommunikation 3, Heft 11 1989, S. 154-156.

Nieschlag, R., **Eckardstein**, D.
Methodische **Aspekte** der Mitarbeiterbefragung. In: Personal, Mensch und Arbeit, Heft 4 1974, S. 147-149.

Noelle-Neumann, E.; **Piel**, E.
Allensbacher **Bericht** Nr. 30. Allensbach 1986.

Noelle-Neumann, E.; **Schulz**, W. (Hrsg.)
Fischer Lexikon **Publizistik**. Frankfurt/Main 1971.

Nordgren, P.E.
Warum sind **Manager** computerfremd? In: io Management Zeitschrift, Heft 10 1985, S. 455.

Norusis, M.J.
SPSS/PC+ for the IBM PC/XT/AT. SPSS Inc. Chicago 1986.

Norusis, M.J.
Advanced Statistics. SPSS/PC+ for the IBM PC/XT/AT. SPSS Inc. Chicago 1986.

O

o.V.
Autotelefon: Mobile Paare. In. Wirtschaftswoche, Special: Büroautomation I, Heft 1 1987, S. 38.

o.V.
Bildtelefon: Nichts für Elite. In: Wirtschaftswoche, Special: Büroautomation I, Heft 1 1987, S. 30-31.

o.V.
Btx: Nachhilfe vom Nachbarn. In: Wirtschaftswoche, Special: Büroautomation II, Heft 3 1988, S. 28-29.

o.V.
Schnuppern per Telefon und **Computer**. In: Chip, Heft 6 1987, S. 196-198.

o.V.
Telefax: Ein bewährter **Draht**. In: Wirtschaftswoche, Special: Büroautomation I, Heft 1 1987, S. 36-43.

o.V.
Datenbanken: Zapfsäule für **Fakten**. In: Wirtschaftswoche, Special: Büroautomation I, Heft 1 1987, S. 44-48.

o.V.
Informations- und Kommunikationstechnik im Aufgabenbereich der **Führung**. In: Office Management, Heft 4 1989, S. 14-15.

o.V.
Infrastruktur. Neue Dimensionen. In: Wirtschaftswoche, Heft 7 1985, S. 68-75.

o.V.
Die mobile **Invasion**. In: Funkschau, Heft 11 1989, S. 22-29.

o.V.
Literatur. In: Wirtschaftswoche, Heft 38 1988, S. 88.

o.V.
Expertensysteme: **Logik** auf Knopfdruck. In: Wirtschaftswoche, Special: Büroautomation I, Heft 1 1987, S. 48-52.

o.V.
Management der individuellen Informationsverarbeitung - Nutzendarstellung. IBM Deutschland GmbH, Stuttgart 1987.

o.V.
Jeder 10. Schweizer **Manager** am PC. In: Schweizerische Handelszeitung (SHZ), Heft 39a 1985, S. 13.

o.V.
Gibt es den "intelligenten" **Manager-Arbeitsplatz**? In: Office Management, Heft 4 1989, S. 46-47.

o.V.
Bildschirmtext: Hoffnungsfrohe **Parolen**. In: Wirtschaftswoche, Special: Büroautomation I, Heft 1 1987, S. 25-31.

o.V.
Phones on the move. In: Funkschau, Heft 11 1989, S.5.

o.V.
Wie Macher ihre **Rollen** wechseln. In: Management Wissen, Heft August 1988, S. 72-77.

o.V.
Teletex: Mißverstandenes **System**. In: Wirtschaftswoche, Special: Büroautomation I, Heft 1 1987, S. 31-36.

o.V.
Videokonferenz liegt im **Trend**. In: Ruhrnachrichten vom 22. 10.1987.

o.V.
Videokonferenzen: Immer nur lächeln. In: Wirtschaftswoche, Special: Büroautomation I, Heft 1 1987, S. 43-44.

Odemer, Werner
Moderne Bürotechnik: **Hemmschwellen** überwinden! In: io Management Zeitschrift, Heft 56 1987, S. 461-464.

P

Pack, L.
Planung und Führung. In: Kieser, A.; Rieber, G.; Wunderer, R. (Hrsg.): Handwörterbuch der Führung. Stuttgart 1987, Sp. 1707-1718.

Pack, L.
Lehre von der **Unternehmungsführung**. In: Grochla, E.; Wittmann, W. (Hrsg.): Handwörterbuch der Betriebswirtschaft. 4. Aufl., Stuttgart 1975, Sp. 4079-4093.

Paolillo, J.G.
Role Profiles for Managers at Different Hierarchical Levels. In: Academy of Management Proceedings, 1981, S. 91-94.

Pavett, C.M.; **Lau**, A.W.
Mangerial **Work**: The Influence of Hierarchical Level and Functional Specialty. In: Academy of Management Journal, 1983, S. 170-177.

Peters, G.A.; **Lees**, M.
How Do Research **Scientists** Spend their Time? In: Mechanical Engineering, Dezember 1958, S. 46-47.

Picot, A.; **Reichwald**, R.
Bürokommunikation - Leitsätze für den Anwender. 3. Aufl. Hallbergmoos 1987.

Pieper, A.
Produktivkraft **Information**. Schriftenreihe "Beiträge zur Gesellschafts- und Bildungspolitik". Institut der deutschen Wirtschaft (Hrsg.), Heft 119 1986.

Plattfaut, E.
Portfolio-Analyse mit dem prototypischen Expertensystem **STRATEX**. In: Handbuch der modernen Datenverarbeitung, Heft 138 1987, S. 65-84.

Ploeger, A.; **Schuh**, L.
Ergebnisse der Beobachtung. In: Müller-Böling, D. (Hrsg.): Unterstützung der Arbeit von Führungs- und Fachkräften durch Mailboxen - Erste Ergebnisse von Teleinterviews mittels Electronic Mailing, Arbeitsbericht Nr. 17 des Fachgebiet Empirische Wirtschafts- und Sozialforschung, Universität Dortmund, März 1987, S. 10-17.

Potthoff, Ch.
Mobile **Kommunikation**: Piep-Show der Minis. In: Wirtschaftswoche, Special: Büroautomation I, Heft 2 1988, S. 48-52.

Preissner-Polte, A.
Fax mal wieder. In: Manager Magazin, Heft 10 1988, S. 224-232.

Probst, A.R.; **Valicek**, A.
Management Support Systems. In: Die Unternehmung, Heft 3 1986, S. 180-193.

Pross, H.; **Boetticher**, K.W.
Manager des Kapitalismus. Frankfurt/Main 1971.

Pye, R.; **Young**, I.
Do Current Electronic System **Designers** Meet User Needs? Paper Presented at the International Symposium on Office Automation, Stanford University, Stanford (California), 26.-28.3.1980.

R

Radig, B.
Robotik. In: Computer Magazin, Nr. 3 1986, S. 53 - 55.

Ramme, I.
Die **Arbeit** von Führungskräften - Konzepte und empirische Ergebnisse. Dissertation Fachbereich Wirtschafts- und Sozialwissenschaften der Universität Dortmund, 1989.

Ramme, I.
Die Arbeit von Führungskräften eines **Forschungsinstituts**. Ein Vergleich mit Top-Managern der deutschen Wirtschaft. Arbeitsbericht Nr. 22 des Fachgebiets Empirische Wirtschafts- und Sozialforschung, Universität Dortmund, 1989.

Ramme, I.
Konzepte zur Erfassung der Arbeit von Führungkräften. Arbeitsbericht Nr. 16 des Fachgebiets Empirische Wirtschafts- und Sozialforschung, Universität Dortmund, 1986.

Ramme, I.
Top-Manager in der Bundesrepublik Deutschland - Chakterisierung der **Stichprobe** einer Repräsentativbefragung. Arbeitsbericht Nr. 24 des Fachgebiets Empirische Wirtschafts- und Sozialforschung, Universität Dortmund, 1989.

Ramme, I.
Typisierung von Führungskräften nach Funktionen, Aktivitäten, Kommunikationspräferenz, Psychovariablen und IuK-Nutzung. Arbeitsbericht Nr. 23 des Fachgebiets Empirische Wirtschafts- und Sozialforschung, Universität Dortmund, 1989.

Rauch, F.K.
Computerunterstützung für das Management in einem Versicherungsunternehmen. In: Handbuch der modernen Datenverarbeitung, Heft 138 1987, S. 104-109.

Reichwald, R.
Büroautomatisierung mit ganzheitlichem Planungsansatz. In: Office Management, Heft 12 1985, S. 1218-1221.

Reichwald, R.; Stauffert, T.
Bürokommunikationstechnik für Führungskräfte - Gibt es ein Nutzungspotential? In: Office Management, Heft 4 1989, S. 6-12.

Remer, A.
Personalmanagement. Mitarbeiterorientierte Organisation und Führung von Unternehmungen. Berlin New York 1978.

Richter, K.
Bürokommunikation - Wunsch und Wirklichkeit - In: Tenzer, G. (Hrsg.): Büroorganisation - Bürokommunikation, Heidelberg 1984.

Rinderknecht, H.R.
Büro im **Aktenkoffer**. In: BTS - Büro Technik Systeme -, Heft 2 1989, S. 45-49.

Rippel, K.
Fragebogenlänge und **Interviewdauer** als Kriterium alternativer Befragungstechniken. In: Marktforscher, Heft 3 1973, S. 61-65.

Rose, G.
Forschung findet in der Freizeit statt In: Mitteilungen des Hochschulverbandes, Heft 2 1983, S. 82.

Rosenstiel, L.
Die motivationalen **Grundlagen** des Verhaltens in Organisationen, Leistung und Zufriedenheit. Berlin 1975.

Roth, E.
Sozialwissenschaftliche **Methoden**. 2. Aufl., München Wien 1987.

Ruhland, J.; **Wilde**, K.
Expertensystem für **strategische Planung**. In: Die Unternehmung, Heft 4 1987, S. 266-273.

Runge, G.
Telefax. In: Mertens, P. (Hrsg.): Lexikon der Wirtschaftsinformatik. Berlin Heidelberg 1987. S. 333-334.

Rupprecht, M.
Farbe und Grafik: Bunt wie der **Regenbogen**. In: Wirtschaftswoche, Special: Bürokommunikation 3, Heft 11 1989, S. 94-99.

S

SAS Institute Inc.
SAS/STAT^{TM} **Guide** for Personal Computers. Version 6 Edition, Cary (North Carolina) 1987.

Sauga, M.
Digitale Nebenstellenanlagen: Turbulenzen ums **Telefon**. In: Wirtschftswoche, Special: Bürokommunikation I, Heft 2 1988, S. 39-45.

Savory, S.E.
Expertensysteme: Welchen **Nutzen** bringen sie für Ihr Unternehmen? In: Savory, S.E. (Hrsg.): Expertensysteme: Nutzen für Ihr Unternehmen. 2. Aufl., München Wien 1989, S.17-38.

Schach, S.; **Schäfer**, T.
Regressions- und **Varianzanalyse**. Berlin u.a. 1978.

Scharfenberg, H.
Leitartikel zu "Manager am Computer". In: Office Management, Heft 4 1989, S. 6.

Schirmer, F.
Funktionswandel im mittleren Management. In: Die Unternehmung, Heft 5 1987, S. 353-364.

Schmidt, S.
Büro-Informationssysteme - Ein Überblick. In: Informatik-Spektrum, Heft 12 1989, S. 19-30.

Schnupp, P.; **Leibrandt**, U.
Expertensysteme. Nicht nur für Informatiker. Berlin Heidelberg 1986.

Scholl, J.
Büroautomation mit CEO. Data General GmbH, Schwalbach 1985.

Schönecker, H.G.
Organisatoren im Spannungsfeld aktueller Büro-Analyse. In: Office Management, Heft 7-8 1987, S. 6-9.

Schubö, W.; **Uehlinger**, H.-M.
SPSS^{X}. Stuttgart New York 1984.

Schuchard-Ficher, C.; **Backhaus**, K.; **Humme**, U.; **Lohrberg**, W.; **Plinke**, W.; **Schreiner**, W.
Multivariate **Analysemethoden**. 2. Aufl., Berlin u.a. 1982.

Schulte-Döinghaus, U.
Neue Kommunikationstechniken: Ende des **Büroschlafs**. In: Wirtschaftswoche, Special: Bürokommunikation 3, Heft 11 1989, S. 171-172.

Siekmann, J.
Deduktionssysteme. In: Computer Magazin, Heft 3 1986, S. 55-56.

Snyder, N.; **Glueck**, W.F.
How **Managers** Plan - The Analysis of Managers' Activities. In: Long Range Planning, Februar 1980, S. 70-76.

Snyder, N.; **Wheelen**, T.I.
Managerial **Roles**: Mintzberg and the Management Process Theorists. In: Academy of Management Proceedings, 1981, S. 249-253.

Sorg, S.
Computergestützte Bürokommunikation. **Chancen** für eine neue Management-Technologie? In: Reichwald, Ralf (Hrsg.): Neue Systeme der Bürotechnik, Berlin 1982, S. 303-346.

Sorg, S.; **Zangl**, H.
Vorteile integrierter Bürosysteme für Führungskräfte. Erfahrungen aus einem Pilotprojekt. In: Office Management, Heft 5 1985, S. 474-479.

Staehle, W.H.
Management. 4. Aufl., München 1989.

Statistisches Bundesamt
Bevölkerung und Erwerbstätigkeit. Fachserie 1, Reihe 4.1.2.: Beruf, Ausbildung und Arbeitsbedingungen der Erwerbstätigen 1985. Wiesbaden 1987.

Statistisches Bundesamt (Hrsg.)
Statistisches **Jahrbuch** 1987 für die Bundesrepublik Deutschland. Wiesbaden 1987.

Stehle, B.
Belastungssituationen und Reaktionstendenzen von Führungskräften der Industrie - eine empirische Analyse. Frankfurt/Main u.a. 1987.

Stewart, R.
Contrasts in Management. London u.a. 1976.

Stewart, R.
Managers and their Jobs. London 1967.

Stewart, R.
A **Model** for Understanding Managerial Jobs and Behavior. In: Academy of Management Review, 1982, S. 7-13.

Stoner, J.A.F.
Management. Englewood Cliffs (New Jersey) 1978.

Strehl, F.
Arbeitsrollen der Führungskräfte (nach Mintzberg). In: Kieser, A.; Rieber, G.; Wunderer, R. (Hrsg.): Handwörterbuch der Führung. Stuttgart 1987, Sp. 33-46.

Streicher, H.
Die **Ängste** der Manager. In: Personal Computer, Heft 2 1989, S. 100-102.

Streicher, H.
EDV am Arbeitsplatz des Managers. In: Office Management, Heft 4 1989, S. 38-42.

Strong, L.
Of **Time** and Top Management. In: The Management Review 1956, S. 486-493.

Szyperski, N.
Das elektronische Büro. In: bild der wissenschaft, Sonderdruck: Computer heute, 1985, S. 13-18.

Szyperski, N.
Bürosysteme der Zukunft. In: IBM-Nachrichten, Heft 253 1981, S. 7-13.

Szyperski, N.
Strategisches **Informationsmanagement** im technologischen Wandel: Fragen zur Planung und Implementation von Informations- und Kommunikationssystemen. In: Angewandte Informatik, 22. Jg. 1988, S. 141-143.

Szyperski, N.; **Grochla**, E.; **Höring**, K.; **Schmitz**, P.
Bürosysteme in der Entwicklung. Braunschweig 1982.

Szyperski, N.; **Müller-Böling**, D.
Zur technologischen **Orientierung** der empirischen Forschung. Überlegungen zur Integration empirischer Forschungsergebnisse und Forschungsinstrumente in eine Strategie Forschung durch Entwicklung. In: Witte, E. (Hrsg.): Der praktische Nutzen empirischer Forschung, Tübingen 1981, S. 159-188.

Szyperski, N.; **Winand**, U.
Grundbegriffe der Unternehmungsplanung. Stuttgart 1980.

T

Tellefsen, J.
Executive Guide to **Estimating** Office Automation Benefits. Studie von Booz, Allen & Hamilton im Auftrag von Data General 1984.

Tenhagen, P.
Die Anwendung der **Clusteranalyse** auf ökologische Datensätze am Beispiel der bundesweiten immissionsökologischen Waldzustandserfassung. Diplomarbeit am Fachbereich Statistik, Universität Dortmund 1987.

Theordoson, A.G.; **Theordoson**, G.A.
Modern Dictionary of **Sociology**. London 1970.

Thönnesmann, T.
Darstellung und Analyse akzeptanzbeeinflussender Merkmale bei der Einführung neuer Informationstechnologien im Bürobereich. Eine Untersuchung am Beispiel höherer Führungskräfte. Diplomarbeit im Fach Betriebswirtschaftliche Organisationslehre an der Universität zu Köln, 1986.

Tiemeyer, E.; **Herzog**, F.
PC-Nutzung durch Führungskräfte. In: Office Management, Heft 4 1989, S. 28-37.

Töpfer, A.; **Bromann**, P.; **Odemer**, W.; **Lechelt**, F.
Führungskräfte sind noch zu wenig informiert **(I)**. In: Office Management, Heft 2 1986, S. 142-146.

Töpfer, A.; **Bromann**, P.; **Odemer**, W.; **Lechelt**, F.
Führungskräfte sind noch zu wenig informiert **(II)**. In: Office Management, Heft 3 1986, S. 232-239.

Töpfer, A.; **Bromann**, P.; **Odemer**, W.; **Lechelt**, F.
Führungskräfte sind noch zu wenig informiert **(III)**. In: Office Management, Heft 4 1986, S. 390-398.

Trampisch, H.J.; **Deichsel**, G.
Cluster- und **Diskriminanzanalyse**. Stuttgart 1985.

Tsui, A.S.
A **Role** Set Analysis of Managerial Reputation. In: Organizational Behavior and Human Performance, August 1984, S. 64-96.

U

Uebel, C.; **Thoms**, E.-M.
Digitale Nebenstellenanlagen: Tausendsassa **Telefon**. In: Wirtschaftswoche, Special: Bürokommunikation 3, Heft 11 1989, S. 88-94.

Uhlig, R.P.; **Farber**, D.J.; **Bair**, J.H.
The **Office** of the Future. Amsterdam u.a. 1979.

W

W.H.
Die tägliche **Arbeitseinteilung** der Direktoren. In: Betriebswirtschaftliche Forschung und Praxis, 1949, S. 603-614.

Waterman, D. A.
A **Guide** to Expert Systems. Reading (Mass.) u.a. 1986.

Weber, D.
Foulspiel im Management. In: Management Wissen, Heft 10 1987, S. 80-100.

Weinshall, T. (Hrsg.)
Managerial **Communication**. London u.a. 1979.

Welge, M.K.
Unternehmungsführung. Band 2: **Organisation**. Stuttgart 1987.

Weltz, F.
Veränderung der **Leitungsfunktion** durch neue Technik. In: Office Management, Heft 5 1985, S. 468-470.

Wersig, G.; **Meyer-Uhlenried**, K.H.
Versuche zur Technologie II: Kommunikation und Information. In: Nachrichten für Dokumentation, Heft 7 1969.

WGZ-Bank
GENO-STAR - Genossenschaftlicher Staatshilfen-Ratgeber, Informationsblatt der Westdeutschen Genossenschafts-Zentralbank eG, 1988.

Whitely, W.
An Exploratory **Study** of Managers' Reactions to Properties of Verbal Communication. In: Personnel Psycholoy, 1984, S. 41-59.

Whitely, W.
Managerial **Work** Behavior: An Integration of Results from two Major Approaches. In: Academy of Management Journal, Heft 2 1985, S. 344-362.

Wickesberg, A.K.
Communications **Networks** in the Business Organization Structure. In: Academy of Management Journal, Heft 11 1968, S. 253-262.

Wieken, K.
Die schriftliche **Befragung**. In: Technik der empirischen Sozialforschung, Band 4, Erhebungsmethoden: Die Befragung. Hrsg. von Jürgen van Koolwijk und Maria Wieken-Mayser, München 1974.

Wilkens, H.
Telekonferenz. In: Lexikon der Wirtschaftsinformatik. Hrsg. von Peter Mertens u.a. Berlin Heidelberg 1987, S. 334-336.

Winkler, W.
Vorlesungen zur mathematischen **Statistik**. Leipzig 1983.

Worthy, F.S.
Sie **arbeiten** (wahrscheinlich) zuviel. In: Esquire, Heft 12 1987, S. 36-39.

Z

Zangl, H.
Durchlaufzeiten im Büro. Berlin 1985.

Stichwortverzeichnis

A

B

F

G

H

I

S

Z

www.ingramcontent.com/pod-product-compliance
Lightning Source LLC
LaVergne TN
LVHW081330011026
849161LV00013BB/2888